LAND USE MANAGEMENT

本质特征 | 基本原理 | 内容体系 | 管理方法

土地利用管理学

张宇 杜习乐 主编

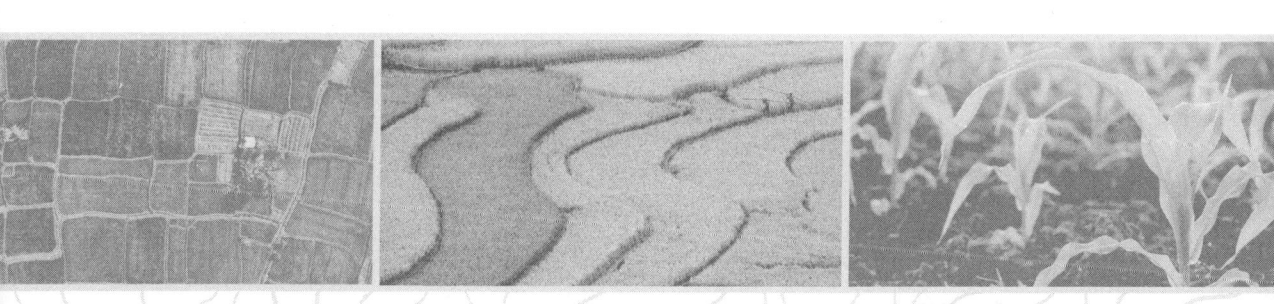

经济管理出版社
ECONOMY & MANAGEMENT PUBLISHING HOUSE

图书在版编目（CIP）数据

土地利用管理学/张宇，杜习乐主编 .—北京：经济管理出版社，2023.11
ISBN 978-7-5096-9445-9

Ⅰ.①土… Ⅱ.①张… ②杜… Ⅲ.①土地利用—中国—教材 ②土地管理—中国—教材 Ⅳ.①F321.1

中国国家版本馆 CIP 数据核字（2023）第 217935 号

组稿编辑：任爱清
责任编辑：任爱清
责任印制：黄章平
责任校对：张晓燕

出版发行：经济管理出版社
　　　　　（北京市海淀区北蜂窝 8 号中雅大厦 A 座 11 层　100038）
网　　址：www.E-mp.com.cn
电　　话：（010）51915602
印　　刷：北京晨旭印刷厂
经　　销：新华书店
开　　本：787mm×1092mm/16
印　　张：17.5
字　　数：405 千字
版　　次：2023 年 11 月第 1 版　2023 年 11 月第 1 次印刷
书　　号：ISBN 978-7-5096-9445-9
定　　价：88.00 元

·版权所有　翻印必究·
凡购本社图书，如有印装错误，由本社发行部负责调换。
联系地址：北京市海淀区北蜂窝 8 号中雅大厦 11 层
　　电话：（010）68022974　　邮编：100038

编写人员

主　编：张　宇　杜习乐

副主编：隋洪鑫　王　芳　王宏亮　于子棋

　　　　包日新

参　编：（按照参编章节排序）

　　　　杨轶涵　董　涛　韩佳欣　黄申琪

　　　　徐浩然　刘　璞　吴　婷　王新宇

　　　　张雨欣　张轩毓　王瑞洁

前　言

土地是人民生存和国家之根本，古人有言"地者，政之本也"。土地作为不可再生的宝贵资源，在国民经济和社会发展中占有十分重要的位置。统筹协调和合理安排各业、各类用地，加强对土地利用的控制与管理，落实土地用途管制，保障土地资源的科学合理利用，对促进经济社会的全面可持续发展具有重要意义。当前，我国经济发展进入新常态，在土地资源越发紧缺的环境下，一方面需要积极保障新能源、新材料、信息技术、高技术制造等产业的用地需求，另一方面又要严厉打击擅自改变土地用途、耕地"非粮化"、违规批地、非法买卖土地等行为，国土开发利用与保护在面临重大机遇的同时也面临着严峻挑战。土地利用管理是土地管理的核心，高效地利用有限的土地资源，实现土地资源的合理配置和有效保护，是实现可持续发展战略目标的重要条件之一。严格规范的土地利用管理是维护经济社会健康发展、保障国家粮食安全、践行绿色发展理念的必然要求。

随着我国社会经济发展和深化改革进入新阶段，土地资源的利用和管理也面临着许多新变化、新要求。在自然资源管理体制改革过程中，土地资源的管理机构和职能分配重新进行了调整。城乡统筹发展和城乡公共服务的互通共享，要求创新土地利用的管理制度和方式。在乡村振兴的背景下，乡村地区各类产业的发展不仅需要合理配置建设用地，同时也需要盘活利用闲置宅基地和农民住房。伴随着集体经营性建设用地入市，建设用地市场又会面临新的动向。这些都要求在新形势下我国土地利用管理的本质特征、基本原理、内容体系、管理方法等进行系统的梳理和总结，以适应土地资源管理高级专门人才的培养需要。

本书的第一至二章表述了土地利用管理的本质、特征和要求，详细地阐述了土地利用管理的基本原理和内容体系。第三章围绕国土空间规划进行阐述，包括我国空间规划的体系、国土空间规划的编制审批、实施管理以及国土空间用途管制。第四章分别阐述了我国农用地、耕地、园地、林地、牧草地的利用与管理。第五章阐述了基本农田的划定、保护与管理制度。第六至八章就农用地转用与土地征收、建设用地市场管理、建设用地集约利用管理等对城镇土地合理利用至关重要的几个方面进行详细阐述。目前，土地整治已上升为国家层面的战略部署，第九章主要围绕土地整治进行阐述，涉及土地整治的基本情况、类型体系、规划管理及其实践成果，并且对全域土地综合整治的相关内容作了详细说明。这一时期的土地整治已经不再局限于土地的综合整治，更强调形成"四区一带"的国土空间综合治理格局。第十章详细地阐述了国土空间生态修复的内容、发展历程、类型体系及规划编制。国土空间生态修复注重整体平衡，加强生态保护和修复对于推进生态文明建设、保障国家生态安全具有重要意义。最后，第十一章阐述了土地利用的督察与动态监测。

  本书各章编写分工如下：全书框架由张宇、杜习乐确定；第一章由张宇、杨轶涵编写；第二章由隋洪鑫、董涛编写；第三章由杜习乐、韩佳欣编写；第四章由王芳、黄申琪编写；第五章由王宏亮、徐浩然编写；第六章由于子棋、刘璞编写；第七章由张宇、吴婷编写；第八章由杜习乐、王新宇编写；第九章由张雨欣、张轩毓编写；第十章由包日新、王瑞洁编写；第十一章由张雨欣、张轩毓编写。全书最后由张宇、杜习乐总纂定稿。

  本书在编写过程中，参阅吸收了众多专家学者在土地利用管理领域的相关教材、专著和论文，引用了其中的部分内容，在此向他们表示诚挚的谢意。但因编写人员能力有限，不足之处在所难免，恳请广大读者批评指正！

编者

2023 年 10 月

目 录

第一章 绪论 ·· 1

 第一节 土地利用概述 ·· 1
  一、土地利用的概念 ·· 1
  二、影响土地利用的因素 ·· 3
  三、土地合理利用的原则 ·· 3
  四、当前我国土地利用面临的基本问题 ·· 5
 第二节 土地利用管理概述 ··· 7
  一、土地利用管理的概念 ·· 7
  二、土地利用管理的指导思想 ·· 8
  三、土地利用管理的原则 ·· 9
 第三节 土地利用管理的目标 ··· 10
  一、总体目标 ·· 10
  二、各级政府的具体目标 ·· 13
 第四节 土地利用管理的内容体系 ·· 16

第二章 土地利用管理的基本原理 ·· 19

 第一节 资源利用外部性原理 ··· 19
  一、外部性 ··· 19
  二、土地利用外部性 ··· 20
 第二节 系统论 ·· 23
  一、系统的概念 ··· 23
  二、土地利用系统 ·· 25
 第三节 控制论 ·· 27
  一、控制论的内涵 ·· 27
  二、控制实施 ·· 28
  三、土地控制论的理论体系 ·· 29
 第四节 可持续发展理论 ··· 32

一、可持续发展理论的背景 …………………………………………… 32
　　二、可持续发展理论对土地利用的指导作用 ………………………… 34

第三章　国土空间规划管理 ……………………………………………… 35

第一节　我国空间规划体系概述 ………………………………………… 35
　　一、主体功能区规划 …………………………………………………… 35
　　二、城市规划（城乡规划） …………………………………………… 36
　　三、土地利用规划 ……………………………………………………… 38
　　四、国土空间规划 ……………………………………………………… 39

第二节　国土空间规划概述 ……………………………………………… 40
　　一、国土空间规划的含义 ……………………………………………… 40
　　二、国土空间规划的体系和定位 ……………………………………… 40
　　三、国土空间规划编制的要求 ………………………………………… 42

第三节　国土空间规划的编制审批和实施管理 ………………………… 43
　　一、国土空间规划编制和审批主体 …………………………………… 43
　　二、国土空间规划的编制范围和期限 ………………………………… 44
　　三、国土空间规划编制的重点内容 …………………………………… 44
　　四、国土空间规划的审批管理 ………………………………………… 46
　　五、国土空间规划的实施管理 ………………………………………… 47

第四节　国土空间用途管制 ……………………………………………… 48
　　一、国土空间用途管制的起源 ………………………………………… 48
　　二、国土空间用途管制的基础 ………………………………………… 49
　　三、国土空间用途管制的基本依据 …………………………………… 51
　　四、国土空间用途管制的实施依据 …………………………………… 53

第四章　农用地利用与流转管理 ………………………………………… 55

第一节　农用地利用与流转管理概述 …………………………………… 55
　　一、农用地利用内涵 …………………………………………………… 55
　　二、农用地利用的内容与效益 ………………………………………… 56
　　三、农用地经营与管理 ………………………………………………… 58
　　四、农用地流转与管理 ………………………………………………… 60

第二节　耕地利用与管理 ………………………………………………… 65
　　一、耕地利用管理的目标和内容 ……………………………………… 65
　　二、耕地利用管理的具体措施 ………………………………………… 75

第三节　园地利用与管理 ………………………………………………… 78
　　一、园地分类、分布与生产状况 ……………………………………… 78
　　二、园地的管理 ………………………………………………………… 80

第四节　林地利用与管理 ·················· 81
一、林地分类及分布 ·················· 81
二、林地的管理 ·················· 83

第五节　牧草地利用与管理 ·················· 86
一、草地的概念 ·················· 86
二、草地的管理 ·················· 87

第五章　基本农田建设与保护 ·················· 90

第一节　基本农田保护概述 ·················· 90
一、基本农田保护相关概念 ·················· 90
二、我国基本农田保护制度相关政策演进 ·················· 92
三、基本农田保护面临的问题 ·················· 92
四、基本农田"非粮化"问题 ·················· 94
五、基本农田保护机制 ·················· 94

第二节　基本农田保护区的划定 ·················· 96
一、基本农田保护区划定的概述 ·················· 96
二、基本农田保护区划定的技术方法 ·················· 97
三、基本农田保护区划定的步骤 ·················· 100
四、基本农田调整划定要求 ·················· 100
五、基本农田保护区验收与保护标志的设立 ·················· 102
六、永久基本农田储备区划定 ·················· 102

第三节　基本农田保护区的管理 ·················· 103
一、基本农田保护区管制规则 ·················· 103
二、基本农田占用、审批与补划 ·················· 104
三、基本农田档案管理和信息系统建设 ·················· 105
四、基本农田保护的监督及问责 ·················· 109

第六章　农用地转用与土地征收 ·················· 112

第一节　农用地转用管理 ·················· 112
一、农用地转用概述 ·················· 112
二、农用地转用的依据和条件 ·················· 113
三、农用地转用的审批权限及程序 ·················· 116
四、农用地转用方案的编制 ·················· 118

第二节　土地征收管理 ·················· 118
一、土地征收概述 ·················· 118
二、征收土地的实施程序 ·················· 120
三、土地征收的补偿 ·················· 122

四、土地征收的审批权限 …………………………………………………… 126
　第三节　建设项目用地审查报批管理 …………………………………………… 126
　　一、建设用地审查报批程序 ………………………………………………… 126
　　二、建设用地审批必备的材料 ……………………………………………… 130

第七章　建设用地市场管理 …………………………………………………… 132
　第一节　建设用地市场管理概述 ………………………………………………… 132
　　一、建设用地市场的概念、产权基础及交易主体 ………………………… 132
　　二、建设用地市场结构 ……………………………………………………… 134
　第二节　土地储备管理 …………………………………………………………… 136
　　一、土地储备的程序 ………………………………………………………… 136
　　二、土地储备的范围 ………………………………………………………… 137
　　三、土地储备机构 …………………………………………………………… 138
　　四、土地储备运行管理 ……………………………………………………… 139
　第三节　国有建设用地供应管理 ………………………………………………… 140
　　一、国有建设用地供应概述 ………………………………………………… 140
　　二、国有土地划拨 …………………………………………………………… 141
　　三、国有建设用地有偿使用 ………………………………………………… 144
　第四节　集体建设用地管理 ……………………………………………………… 151
　　一、集体建设用地概述 ……………………………………………………… 151
　　二、宅基地审批 ……………………………………………………………… 152
　　三、农村集体经营性建设用地审批 ………………………………………… 154
　　四、公共设施和公益事业用地审批 ………………………………………… 155
　　五、集体建设用地使用权的收回 …………………………………………… 155
　第五节　集体建设用地有偿流转管理 …………………………………………… 155
　　一、集体建设用地有偿流转概述 …………………………………………… 156
　　二、集体建设用地有偿流转方式 …………………………………………… 157
　第六节　地价管理 ………………………………………………………………… 158
　　一、我国的地价体系 ………………………………………………………… 159
　　二、地价管理的内容体系 …………………………………………………… 160
　　三、城市地价动态监测 ……………………………………………………… 162
　　四、农村建设用地价格管理 ………………………………………………… 164

第八章　建设用地集约利用管理 ……………………………………………… 169
　第一节　建设用地集约利用的概念及意义 ……………………………………… 169
　　一、概念 ……………………………………………………………………… 169
　　二、意义 ……………………………………………………………………… 171

第二节 建设用地集约利用管理体系 ………………………………………… 171
　　一、城镇用地集约利用管理 ………………………………………………… 172
　　二、城乡建设用地规模管控 ………………………………………………… 172
　　三、城乡建设用地增减挂钩管理 …………………………………………… 172
　　四、低丘缓坡地开发管理 …………………………………………………… 172
　　五、新增建设用地的集约利用考核 ………………………………………… 172
第三节 城镇用地集约利用管理 ……………………………………………… 173
　　一、概述 ……………………………………………………………………… 173
　　二、土地集约利用存在的问题 ……………………………………………… 174
　　三、城镇低效用地再开发 …………………………………………………… 174
第四节 工矿用地集约利用管理 ……………………………………………… 176
　　一、概述 ……………………………………………………………………… 177
　　二、工矿用地供地集约管理 ………………………………………………… 177
第五节 开发区集约利用评价 ………………………………………………… 180
　　一、评价目的、对象、原则 ………………………………………………… 180
　　二、开发区土地集约利用评价工作体系 …………………………………… 181
　　三、评价工作程序与方法 …………………………………………………… 182
　　四、评价成果 ………………………………………………………………… 183
第六节 城乡建设用地增减挂钩管理 ………………………………………… 183
　　一、政策发展历程 …………………………………………………………… 183
　　二、城乡建设用地增减挂钩项目实施规划编制 …………………………… 185
　　三、城乡建设用地增减挂钩的实施管理 …………………………………… 187
第七节 低丘缓坡地综合开发管理 …………………………………………… 187
　　一、概述 ……………………………………………………………………… 188
　　二、实施管理 ………………………………………………………………… 190

第九章 土地整治 ……………………………………………………………… 192

第一节 土地整治概述 ………………………………………………………… 192
　　一、土地整治的内涵 ………………………………………………………… 192
　　二、土地整治的特点 ………………………………………………………… 194
　　三、土地整治的原则 ………………………………………………………… 194
　　四、土地整治的主要任务 …………………………………………………… 196
　　五、土地整治的意义 ………………………………………………………… 196
　　六、土地整治取得的成就 …………………………………………………… 197
第二节 我国土地整治的实践 ………………………………………………… 199
第三节 土地整治的类型体系 ………………………………………………… 201
　　一、农用地整治 ……………………………………………………………… 202

二、农村建设用地整治 ……………………………………………… 203
三、城镇工矿建设用地整治 …………………………………………… 203
四、土地复垦 ……………………………………………………………… 204
五、土地开发 ……………………………………………………………… 205

第四节 土地整治规划管理 …………………………………………… 207
一、土地整治规划概述 ………………………………………………… 207
二、土地整治规划编制程序 …………………………………………… 210
三、土地整治规划的主要内容 ………………………………………… 211
四、土地整治规划成果 ………………………………………………… 213

第五节 全域土地综合整治概述 ……………………………………… 215
一、全域土地综合整治的内涵 ………………………………………… 215
二、全域土地综合整治的具体内容 …………………………………… 215
三、全域土地综合整治的原则 ………………………………………… 218
四、全域土地综合整治存在的问题 …………………………………… 219
五、全域土地综合整治在各地的实践 ………………………………… 220

第十章 国土空间生态修复 …………………………………………… 223

第一节 国土空间生态修复概述 ……………………………………… 223
一、国土空间生态修复的内涵 ………………………………………… 223
二、国土空间生态修复的特点 ………………………………………… 224
三、国土空间生态修复的原则 ………………………………………… 225

第二节 国土空间生态修复发展历程 ………………………………… 226
一、以生态建设与重点治理为主的阶段（1997~2006年） ………… 226
二、以生态空间和生态功能保护恢复为主的阶段（2007~2011年）…… 226
三、以山水林田湖草沙系统保护修复为主的阶段（2012年至今）…… 227

第三节 国土空间生态修复的类型体系 ……………………………… 228
一、国土空间生态恢复 ………………………………………………… 228
二、国土空间生态整治 ………………………………………………… 229
三、国土空间生态重建 ………………………………………………… 229

第四节 国土空间生态修复规划 ……………………………………… 229
一、国土空间生态修复规划的体系定位 ……………………………… 229
二、国土空间生态修复规划编制原则 ………………………………… 230
三、国土空间生态修复规划编制任务 ………………………………… 231
四、国土空间生态修复规划编制程序 ………………………………… 231

第十一章 土地利用督察与动态监测 ………………………………… 238

第一节 土地督察 ……………………………………………………… 238

一、土地督察的内涵、特点及任务 ············· 238
　　二、土地督察的内容体系 ················· 241
　　三、土地督察的程序 ··················· 246
　　四、土地督察的方法 ··················· 248
　　五、土地督察的信息反馈与纠错问责 ············ 250
第二节　土地利用动态监测 ··················· 253
　　一、土地利用动态监测的特点与作用 ············ 253
　　二、土地利用动态监测的内容 ··············· 254
　　三、土地利用动态监测方法 ················ 255
　　四、土地利用动态监测分析评价 ·············· 258

参考文献 ························ 261

后　记 ·························· 266

第一章 绪论

第一节 土地利用概述

土地是人类赖以生存的重要自然资源和物质财富，人类因生产生活的需要开展各种各样的土地利用活动。土地利用活动受自然条件、经济社会发展需要和技术手段等多种因素的制约。基于我国人多地少的基本国情，在经济社会快速发展的背景下，土地利用中的矛盾和问题不断显现。因此，严格规范的土地利用管理是保障经济社会健康发展、实现土地资源可持续利用的必然要求。

一、土地利用的概念

自从人类出现在地球上，便开始了对土地的利用，人类社会的发展史和文明史，实际上就是一部土地利用史。从原始的渔猎游牧、刀耕火种，到现代的工业、农业，各个历史时期的土地利用状况可以折射出文明和发展的轨迹。土地利用与人类的生存和发展休戚相关，但对何谓土地利用，学术界却存在着不同的看法，其代表性的观点主要有以下几种：

周诚（2003）[1]在《土地经济学原理》一书中提出，土地利用是指对于某一集团、某一地区、某一单位之土地，在社会需要的不同方式上、在国民经济各部门之间、在各个不同项目上的分配与使用。

许牧和陈瓦黎（1990）[2]认为，土地利用是人们为了一定的目的，对既是自然综合体又是生产资料的土地所进行的经营活动。

刘书楷（1993）[3]则认为，土地利用是人们根据土地资源的特性功能和一定的经济目的，对土地的使用、保护和改造。

---

[1] 周诚.土地经济学原理 [M].北京：商务印书馆，2003.
[2] 许牧，陈瓦黎.试论土地科学 [J].中国土地科学，1990（1）：1-4.
[3] 刘书楷.土地经济学 [M].徐州：中国矿业大学出版社，1993.

毕宝德（2006）[①]在《土地经济学》一书中指出，土地利用是人类通过与土地结合获得物质产品和服务的经济活动过程，这一过程是人类与土地进行的物质、能量和价值、信息的交流、转换过程。

陆红生（2015）[②]认为，土地利用是指人类通过特定的行为，以土地为劳动对象（或手段），利用土地的特性，获得物质产品和服务，以满足自身需要的经济活动过程。土地利用是土地的利用方式、利用程度和利用效果的总称。

联合国粮农组织（FAO）对土地利用的定义则是由自然条件和人的干预所决定的土地的功能。[③]

王万茂和王群（2010）[④]将土地利用定义为人们依据土地资源的特殊功能和一定的经济目的，对土地的开发、利用、保护和整治，是指由土地质量特性和社会土地需求协调所决定的土地功能过程。

虽然学者对土地利用的定义各有不同，但从中我们可以得到以下七点认识：

（1）人类与土地是密不可分的，人类发展离不开土地，没有土地就没有人类。同时，人们在利用土地的过程中也改造了土地，通过人类的干预，土地质量和土地类型及土地利用方式等也在发生变化。

（2）人类需要土地，不是需要土地物质本身，而是土地的各种功能，即从土地利用中获得物质产品和服务。人类对土地的需求实质是对土地功能的需求，是一种引致需求。人们利用土地就是为了满足人类社会经济发展的需要而决定土地的具体功能。

（3）对土地的利用不仅要考虑到满足人类的需求，同时也必须与土地本身的质量特性相一致。

（4）由于人类需求多样化，土地利用方式也具有多样性。

（5）土地资源是一种稀缺的资源，因此应集约利用土地。

（6）土地在空间上互相联结在一起，不能移动和分割。因此，每块土地利用的后果，不仅影响到自身的经济利益、生态环境，也必然会影响到邻近土地，甚至整个区域的生态环境与经济利益，产生巨大的社会后果。也就是说，土地利用具有明显的社会性和外部性。所以，任何土地利用都必须与其他土地的利用相协调，这就要求它必须在社会的统一管理控制下进行。

（7）为使人类能够世代繁衍，生生不息，土地利用必须是可持续的。因此，就要求土地利用方式必须是合理的，不仅要对土地开发、利用，还必须对土地加以整治和保护。

综上所述，本书将土地利用定义为：土地利用是指人类通过特定的行为，以土地为劳动对象（或手段），利用土地的特性，获得物质产品和服务，以满足自身需要的经济活动过程。这一过程是人类与土地进行物质、能量和信息的交流及转换的过程。

---

① 毕宝德. 土地经济学（第五版）[M]. 北京：中国人民大学出版社，2006.
② 陆红生. 土地管理学总论（第六版）[M]. 北京：中国农业出版社，2015.
③ Food and Agriculture Organization. The role of legislation in land use planning for developing countries [R]. Rome：FAO，1985.
④ 王万茂，王群. 土地利用规划学（第二版）[M]. 北京：北京师范大学出版社，2010.

二、影响土地利用的因素

土地利用不是一成不变的,它是一个动态的过程。土地的用途、土地资源的分配、土地利用的程度和效益等,是随着社会经济条件和自然条件的变化而不断变化的。地球表面原是一片原始自然状态,在自然因素和社会经济因素作用下,原始森林逐渐缩小,耕地逐渐扩展,随着人口的增加,城镇用地又在不断蚕食农田。随着生产的发展,科学技术的进步,使不少沙漠变成了绿洲,荒芜的不毛之地变成了良田,土地利用的程度与效益不断提高。当然,由于自然条件的变化和人类活动的影响,在一些地区土地利用也产生了不良的后果——沙漠化土地增加、水土流失加剧等。影响土地利用的因素是多种多样的,归纳起来,主要有以下三个方面:

(1) 自然因素。影响土地利用的自然条件是指土地的自身状况和环境状况,包括土地的位置、地貌、水文、气候、土壤、植被、矿藏及自然景观等。土地的自然条件对土地的可用性及土地的适合用途起着决定性的作用。土地的自然属性是土地利用的基础,但土地的自然属性几乎是永久性的,人们只能在固定的地块上进行生产和生活活动,而这些生产和生活活动是受土地的自然属性及其他外部环境条件的制约的。因此,必须因地制宜,依据土地的适宜性和限制性,合理地确定与土地自然特征相适应的土地利用方式和利用程度、强度等。

(2) 社会经济因素。社会经济因素主要是指社会制度、政策、土地所处的位置、交通条件,土地利用的成本、效益,土地利用现状等。土地是经济活动中一种供给有限但用途无限的特殊经济资源,是社会经济活动的空间和载体,经济条件决定着土地利用的可能性、广度与深度的加强程度。国家的社会制度和经济政策对土地利用有着重要的影响,尤其是国家采用怎样的土地资源配置机制,即按照何种方式,或通过何种途径将土地资源配置到各部门、各单位,将会影响土地利用效率的高低。

(3) 人的文化素质。人们的知识水平、科学技术水平,对土地利用的整体性、长远性的认识,都会给土地利用带来深远的影响。历史上,小亚细亚的人们,乱伐森林,形成了后来的"不毛之地";今天,人们乱占耕地,排放"二废"等行为,都对未来的土地利用造成很大的危害。当然,人的文化素质是可以提高的,通过宣传教育,普及科学技术知识,提高对自然规律和社会经济规律的认识,可以使人们做到自觉、合理地利用土地。

三、土地合理利用的原则

(一) 先评价规划后开发利用

要查清土地资源的数量、质量、分布和潜力,对各种土地类型和土地利用类型进行科学的分类,了解土地资源优势及各种土地的利用特征和特性功能。然后,在此基础上对各类土地资源进行生态经济综合评价,以明确其合理利用的方向和方式。要依据土地评价制定科学合理的国土空间规划,按照规划对土地进行综合开发、利用、治理、保护和管理。

（二）珍惜节约和合理集约利用

我国土地特别是农用地的自然供给和经济供给有限，劳动力十分充裕，经济技术相对落后，地力消耗大而投入少。因此，必须及时采取有效措施，增加对土地的开发性投入，提高治水改土标准，以改善农业生产的基本条件；尤其要重视生态农业的开发和建设。同时，各项建设用地必须统筹兼顾，全面安排，做到节约用地，不占或少占良田。

（三）均衡协调开发与合理布局

根据土地利用上生产水平基数低、一般增产较快的特点，要使全国的土地利用水平大幅度快速提高，就要加强对中、低产地区和经济欠发达地区的土地开发和经济开发，促使全国生产和经济的均衡协调发展。按照我国自然经济技术条件的优势一般自东部向西部递降，东部基础好，中西部潜力大，全国中、低产耕地大部分分布在中西部地区。目前应实行对东部、中部和西部地区的梯度开发战略，尤其是对西部地区实行重点开发。这样，将从根本上改变我国长期以来土地利用水平在地区分布上的不平衡状况。

（四）国土整体开发与农业优先利用，充分合理有效地利用各类土地

耕地的利用是我国现有农业用地的主体，是提供农产品的主要源泉。我国耕地资源稀缺，耕地对生态条件（特别是肥力条件）的要求严格，土地的开发利用，首先应保证农业的择优利用，这应是不可动摇的原则。其次还必须看到，在对土地的开发利用中，除耕地以外，广大的非耕地农业用地对提供人们衣食住行用等产品和原料也至关重要，而且蕴藏着无穷的生产潜力，亟待开发利用。这些非耕地农业用地的进一步开发利用，直接关系到我国70%的国土面积的开发，并将从根本上改变我国农村产业结构和农业生产的面貌。

（五）开发利用与整治保护相结合

贯彻这一原则，主要是协调人地关系，改善生态环境，以提高社会经济效益和生态环境效益。土地利用是人与土地（自然）关系的动态表现，它与生态环境是相互制约的。要保持地力持续利用不衰，人们必须在对土地利用时，即在向土地索取时，向土地附加以人工、物质和技术的投入，实行用地与养地相结合。这实质是开发利用与整治保护相结合。所以，人在土地利用中与土地的关系，应该是对等、和谐和协调的关系，而不是对立和掠夺与被掠夺的关系。

人类依靠土地来哺育，须臾离不开土地，人要生存就得利用土地，土地是与人类共存的，又是先于人类而存在的。所以利用土地就要保护土地，这是由自然生态规律所决定的。如果人们蔑视生态，在利用土地中肆意掠夺地力，污染和破坏生态环境，必然要受到大自然加倍的惩罚。实践证明，森林、草场和地力、环境一旦被破坏，恢复起来就很困难，并须付出巨大代价。因此，在土地利用中，应把保持生态平衡、提高生态环境效益作为前提，在增进生态环境效益的基础上求得社会经济效益。

（六）加强法制和依法管理

贯彻社会主义法制原则，加强土地利用管理，要不断深化改革，建立和健全必要的土地制度和土地政策，包括土地产权制度与土地有偿使用政策、土地金融制度与土

地金融政策、土地税制与土地税政策等，以维护土地公有制及其经济上的实现和土地的合理开发利用。尤其是要进一步完善和发展土地承包制，充分调动农民珍惜、自觉保护和养育土地的积极性，保证和鼓励农民向土地多投入；要加强土地立法，实行法制管理，改革土地征收制度与土地开发复垦制度等，严格控制非农业生产用地和滥占耕地，防止耕地面积继续下降，保证管好用好各类土地。

四、当前我国土地利用面临的基本问题

土地既是珍稀的资源，又是特殊的资产，土地的基本属性决定了土地问题始终是事关我国经济发展、社会安定和政治稳定的重大问题。随着人口的继续增加，工业化、城镇化的快速成长，土地与人口、土地与农业、土地与市场、土地与发展、土地与环境、土地与法制、土地与社会稳定等方面的问题和矛盾将日益突出。

（一）耕地持续减少，粮食安全面临严峻考验

根据全国土地利用变更调查，1997~2008年全国耕地面积总计减少1.23亿亩，其后，虽然耕地净减少量得到了有效控制，但耕地总面积仍然呈现持续减少的态势。2008~2018年"三调"数据显示，从"二调"到"三调"的10年期间，全国耕地净减少1.13亿亩，平均每年净减少0.113亿亩。过去10年的地类转换中，既有耕地流向林地、园地的情况，也有林地、园地流向耕地的情况，总的来看，耕地净流向林地1.12亿亩，净流向园地0.63亿亩。到2022年底，全国耕地总量为19.14亿亩，但由于我国人口众多，人均耕地面积只有1.39亩，人均耕地面积排在126位以后，还不到世界人均耕地面积的一半。加拿大的人均耕地是我国的18倍，印度是我国的1.2倍。目前我国已经有664个市县的人均耕地在联合国确定的人均耕地0.8亩的警戒线以下，而且现有耕地总体质量不高。与此同时，人口总数仍在持续增长，随着经济社会发展，人均粮食需求量也稳步上升，预计到2030年粮食需求将达到7亿吨，粮食总产量的增速将远远低于需求的增速。持续下降的耕地面积和不断上升的粮食消费量使粮食产需平衡的缺口不断扩大，中国的粮食安全将直接受到威胁，或将成为制约我国经济发展的突出因素。

（二）工业化、城镇化快速发展，建设用地供需矛盾加剧

改革开放40多年来，我国国民经济和社会发展取得了长足进步，突出表现在经济结构的工业化和人口结构的城镇化方面。2022年，我国第二产业增加值384255亿元，增长2.6%；第三产业增加值553977亿元，增长2.1%。城镇化水平从1978年的17.9%提高到2020年的63.9%。根据《中国城市建设统计年鉴》，我国城市建成区面积从1981年的7438公顷上升到2020年的910819公顷。考虑到我国目前正处于快速工业化、加速城镇化的发展阶段，未来经济社会仍将保持较快速的增长，城镇工矿用地、交通等基础设施用地仍将保持较高的需求。但是，随着耕地保护和生态建设力度的加大，我国可用作新增建设用地的土地资源十分有限，各项建设用地的供给面临前所未有的压力，土地供需矛盾也更趋尖锐。

（三）土地利用效率有待提高

首先，土地利用效率偏低问题集中表现为建设用地利用效率低下。据调查，全国

城镇规划范围内共有闲置、空闲和批而未供的土地近26.67万公顷（400万亩）。全国工业项目用地容积率为0.3~0.6，工业用地平均产出率远低于发达国家水平。2021年5月11日，第七次全国人口普查主要数据公布，居住在乡村的人口为50979万人，占36.11%，在过去10年，农村人口锐减1.6亿，而农村居民点用地却增加了近11.75万公顷（170万亩），农村建设用地利用效率普遍较低。其次，农用地利用效率也偏低。我国的耕地、林地、园地等的各类经济指标都低于世界水平，土地深度开发的潜力远未得到发挥。耕地中高产田只占1/3，中低产田中有的单产仅每公顷1500~3000千克。林地生产率仅为先进国家的1/3~1/2。

（四）土地利用的生态环境问题凸显

随着人类对土地资源开发利用强度的逐渐增大和不合理利用行为的日益频繁，水土流失、土地荒漠化、土地污染等土地生态环境问题凸显。据统计，全国每年流失的土壤达50亿吨，年流失氮（N）、磷（P）、钾（K）约为400万吨，仅黄土高原每年流失的土壤就达16亿吨。水利部提供的数据显示，近50年来我国因水土流失毁掉的耕地达5000多万亩，平均每年近100万亩。至2020年，我国荒漠化土地总面积为263.62万平方千米，占国土总面积的27.46%，而且每年仍以2460平方千米的速度推进。同时，随着工业化的快速发展，工业"三废"及农业化肥农药的大量入侵，有一定数量的耕地受到污染。2014年，原环境保护部和国土资源部发布的《全国土壤污染状况调查公报》显示，全国土壤总的点位超标率为16.1%，污染类型以无机型为主，有机型次之，复合型污染比重较小，无机污染物超标点位数占全部超标点位的82.8%，主要无机污染物包括镉、汞、砷、铜、铅、铬、锌、镍等重金属，点位超标率分别为7.0%、1.6%、2.7%、2.1%、1.5%、1.1%、0.9%、4.8%。在不同土地利用类型土壤中，耕地土壤点位超标率最高，为19.4%，林地土壤点位超标率为10.0%，草地土壤点位超标率为10.4%，未利用地土壤点位超标率为11.4%。严峻的土地生态问题给土壤、水资源及环境造成严重破坏，给我国的农业造成了巨大的经济损失。

（五）土地利用调控难以落实

由于特殊的土地制度，我国土地利用面临的一个突出问题是中央和地方政府土地利用目标不一致，由此造成了中央对地方的土地利用调控难度加大。在中央对地方的土地调控中，土地利用总体规划是宏观配置调控区域土地资源的手段，因此严格执行土地利用总体规划成为科学用地、合理用地和科学管理土地的关键。《全国土地利用总体规划纲要（2006-2020年）》提出了"守住18亿亩耕地红线""保障科学发展的建设用地""土地利用结构得到优化"等目标，这些目标的实现有赖各省（自治区、直辖市）、市、县、乡镇级土地利用总体规划的科学编制和严格实施。然而，地方政府出于地方利益考虑，在土地利用和管理过程中往往倾向于自利性考虑，导致土地利用总体规划执行难度大，违反土地利用总体规划的现象时有发生，如开发区热、炒地皮热，随意扩大城镇范围，随意占用良田沃土等。总体上，违规违法用地的形势依然严峻。土地督察制度确立以后，每年均能查出一定数量的违法用地。

第二节 土地利用管理概述

一、土地利用管理的概念

管理就是管辖治理的意思，是管理者在一定的环境条件下，为有效地实现既定目标，运用一定的方式和手段所进行的一项综合性活动。管理是人类社会基本活动之一，只要有人群存在，有多人共同协作的现象，就需要管理。管理是管理者的一种主动的、积极的、有计划的活动，其运作受到社会制度、人口状况、经济体制与政策、科技水平、法制建设等诸多环境因素影响。

土地管理是国家的基本职能之一，国家通过立法机构将土地管理意志用法律的形式固定下来，各级政府贯彻执行土地管理的法律法规，从而达到实现土地管理国家职能的目的。土地管理的概念可以这样描述：国家综合运用行政、经济、法律、技术等手段，为维护土地所有制、调整土地关系、合理组织土地利用，而进行的计划、组织、指挥、协调、控制等综合性活动。其本质是对土地的行政管理。这一概念包括六个方面的含义：①土地管理的主体是政府。各级人民政府的土地管理部门是土地管理的行政执法机关和行政监督机关，其行为具有国家行为特征。国务院土地管理部门代表中华人民共和国主管全国土地。②土地管理的客体是土地以及土地利用中产生的人与人、人与地、地与地之间的关系。③土地管理的目的是维护土地所有制、调整土地关系和合理组织土地利用，目标是不断提高土地利用的生态效益、经济效益和社会效益，以满足社会日益增长的需求。④综合运用行政、经济、法律、技术等手段管理土地。⑤管理的职能是计划、组织、指挥、协调与控制。⑥土地管理具有鲜明的阶级性，其目的和特点受社会环境的制约，特别受社会制度、土地制度的制约。

土地利用管理是土地管理最基本的组成部分，是指从国家利益的全局出发，根据国家经济和社会发展的需要，依据土地的自然特点和地域条件，对土地资源的配置、开发、利用、整治和保护等所进行的计划、组织、控制等工作的总称。如编制土地利用总体规划，然后再分解编制土地利用计划，进行土地开发，加强土地的复垦整治等，以达到充分发挥土地效益、合理利用土地的目的（欧名豪，2016）[①]。土地利用管理是土地管理的核心，通过土地利用管理，提高土地利用的生态、经济、社会综合效益，也就实现了土地管理的总目标。

土地是一个系统，它的组成部分与外部环境之间存在着相互依存、相互制约的关系。土地利用的演变是以连锁反应的形式进行的。由于土地利用的外部性与社会性的存在，土地利用的每一点变化都会产生一定的社会经济与生态环境的影响。土地利用

[①] 欧名豪. 土地利用管理（第三版）[M]. 北京：中国农业出版社，2016.

符合客观规律就会取得好的效果，反之则可能导致灾难性后果的产生，有些后果要在很长时间以后才会发生，等到人们发觉时为时已晚。由于自然、社会经济以及人们认识水平等原因，土地利用中常常会出现各种不合理的现象。为了将这些不合理的现象控制在最低限度，就必须按照预定目标和客观规律，对土地的开发、利用、整治和保护进行管理。

土地开发是指通过对土地投入活劳动和物化劳动，一方面将未利用的土地改变为可利用的土地，使潜在的土地功能发挥出来；另一方面是对已利用土地进行再开发，使低效利用的土地变为高效利用，提高土地利用的集约化程度和利用水平，或使土地由一种利用状态转变为另一种利用状态。土地整治是指通过生物、工程措施，克服土地原有的某些缺陷，改善土地的质量，以提高其利用潜力，如平整土地、改良盐碱地、治理水土流失等。土地保护是指为防止土地乱占滥用和防治土地退化、破坏、污染等采取的各种保护措施，以使土地能够永续利用。

二、土地利用管理的指导思想

实施土地利用管理的基本指导思想是控制和协调好土地资源供给与社会经济发展对土地需求的矛盾，在国民经济各部门间科学地分配土地，提高土地利用效率，保障土地资源安全和有效供给，实现土地资源的可持续利用；同时要具有科学性和前瞻性。

（一）促进土地资源合理分配，优化土地资源利用结构

土地资源部门间的科学分配是资源配置的重要内容。首先，应从国民经济整体角度加以研究解决。在为建设项目分配土地时应本着节约的原则，尽量少占或不占农业土地，尤其是耕地。在具体操作时，既要考虑会给有关农业生产单位和个人带来的损失，又要估计占用土地对整个国民经济造成的不利影响。其次，要保证国民经济各部门中土地利用的合理性和提高其集约经营水平。土地资源部门间的分配和再分配，合理的土地资源利用结构，最终将以增加土地因素对国民收入的贡献，减少土地，尤其是农业用地的非农业占有量，国民经济折算费用最小和国民收入的土地占用率最低作为评价标准。

（二）体现公平和效益，兼顾生态，保证土地资源的可持续利用

可持续发展是我国社会经济发展的战略选择。所谓可持续发展就是要在经济社会快速发展的同时，做到自然资源的合理开发利用与环境保护相协调。《中国21世纪议程》指出："中国可持续发展建立在资源的可持续利用和良好的生态环境基础上，国家保护整个生命支撑系统和生态系统的完整性，保护生物多样性；解决水土流失和荒漠化等重大生态环境问题；保护自然资源，保持资源的可持续供给能力。"土地资源可持续利用是社会经济可持续发展的基础。土地资源可持续利用表现为以下五个主要特征：①保有一定数量，且结构合理、质量不断提高的各类土地资源；②土地资源的生产性能和生态功能不断提高；③土地资源利用的经济效益不断提高；④降低土地利用可能带来的风险；⑤土地资源的利用能够被社会接受，体现公平和效率。

保障土地资源的安全及有效供给，对于资源相对贫乏、人均土地占有量较少的我

国尤为重要。资源安全是指一个国家或地区自然资源可持续保障的程度。土地资源及有效供给包括三个方面的含义：①土地资源保障的充裕度，它反映土地资源供给与需求之间的平衡状况；②土地资源保障的稳定性，即土地资源供给来源的多样性或多元性；③土地资源供给在地区、部门、人群之间的均衡。

（三）具有前瞻性和科学性

实施土地利用管理，应具有前瞻性和科学性。一方面，要对土地资源数量、质量、分布、结构变化趋势、土地供求关系变化等做出正确的预测和判断；另一方面，要注意根据土地利用的自然规律和经济规律，采用科学的方法和技术利用土地、管理土地。

三、土地利用管理的原则

土地利用管理应遵循以下三个基本原则：

（一）正确处理国家、集体、个人之间关系的原则

土地利用本质上是一项经济活动，在市场经济体制下，各单位和个人在利用土地时都有各自相对独立的经济利益。土地利用又具有很强的外部性和社会性，土地利用不仅会给土地所有者带来一定的经济利益，同时也会产生广泛的社会影响和生态环境后果。我国实行的是社会主义土地公有制，从本质上来讲，国家、集体和个人土地利用的长远的根本利益是一致的，但在一定的时期和在土地利用的一些具体问题上，各方的利益也常常会出现不一致的现象。如相对于城市建设用地来说，农业土地的比较利益低，土地使用者希望将农用地转变为建设用地，但保持一定数量的农用地，从而保证食物的安全供应对于保持社会的稳定与社会经济的可持续发展是至关重要的。因此，在进行土地利用管理时，必须要对农用地的转用进行一定的限制。又如在具体的用地位置选择上，单位和个人希望占用交通便利、地势平坦、离城镇较近的耕地，作为国家则要求节约用地，并尽量利用荒地、劣地和闲置废弃地等。土地利用管理必须要在保证社会整体利益和长远利益的前提下，本着既要保证十几亿人口的吃饭用地，又要保证各项建设用地的方针，正确处理好国家、集体、个人之间的土地分配和利用关系，以使土地利用的总效益最佳。

（二）坚持生态、经济、社会三效益统一的原则

从全局的、长远的观点来看，土地利用的三效益是一致的，具有良好生态效益的土地利用，必然也会取得良好的经济效益与社会效益。但在土地利用中，常常会出现只重视当前经济利益而忽视长远的社会和生态环境利益的短期行为，如不适当的毁林开荒、盲目涸湖造田、随意挖沙取土等，这些短期行为的后果在当时并不明显，而是经过一段较长的时间才显现出来，当人们注意到时，已产生了很严重的后果，如果要消除这种后果，就需要付出很高昂的代价。因此，在进行土地利用管理时，必须从长远利益出发，在土地利用上，坚持生态、经济、社会三效益统一的原则。

（三）坚持依法、统一、科学地管理土地利用的原则

土地既是重要的资源，也是特殊的资产。只有将土地利用管理纳入法制轨道，依法管理，才能有效地保护土地所有者和土地使用者的合法权益，才能保证土地的合理

利用。土地利用涉及城市、乡村以及社会各行各业，为了避免在管理上的政出多门、互相扯皮的混乱局面，必须对全国城乡的土地利用实行统一管理，做到统筹兼顾城乡各部门、各行业对土地的需求，协调各部门、各行业的土地利用关系，提高土地利用的效率。土地既是自然历史综合体，又是生产资料，土地利用受到一系列自然条件和社会经济条件的制约。因此，必须依据土地利用的自然、经济规律，采用先进的科学技术，科学地利用和管理土地。

第三节 土地利用管理的目标

一、总体目标

新时期土地利用管理工作的总体要求是，全面贯彻党的二十大精神，围绕统筹推进"五位一体"总体布局和协调推进"四个全面"战略布局，牢固树立新发展理念，落实节约优先战略，严格执行最严格的节约用地制度，立足"尽职尽责保护国土资源、节约集约利用国土资源、尽心尽力维护群众权益"工作定位，聚焦节约集约用地和城乡统一建设用地市场建设两条业务主线，深化改革，创新土地利用管理机制，促进土地资源的高效配置和合理利用，为经济平稳健康发展提供有力保障。

土地利用管理的政府目标不同于市场机制作用下的土地使用者的土地利用目标，即市场目标。一般来说，市场目标是利润最大化，而政府目标则要广泛得多。归纳起来，政府土地利用管理的目标总体上应包括以下三个方面：社会经济目标、社会公共目标和生态环境目标。

（一）社会经济目标——土地资源配置效率

土地利用作为一种经济活动必须达到一定的经济效率，对于土地使用者如此，对于政府也同样如此。效率是指资源的有效使用与有效配置，即资源是否在不同生产目的之间得到合理配置，使其最大限度地满足人们的各种需要。资源的配置效率可以分为两种，当研究现有的资源和技术是否提供了最大福利时，相应的概念是"静态配置效率"（Static Allocation Efficiency）；当研究资源在满足当前需要与未来需要之间的合理配置和技术进步、资源扩大与社会福利增进的关系问题时，相应的概念是"期间配置效率"（Intertemporal Allocation Efficiency），也称为"动态效率"（Dynamic Efficiency）。土地资源是一种稀缺的资源，实现土地资源的合理有效配置一直是资源配置的核心，对如何衡量土地资源配置是否合理有效，有许多学者进行了研究。王万茂和王群（2010）[1]研究认为，土地资源在部门间合理配置的评价标准包括三项指标：国民经济折算费用、土地收入对国民收入增长的贡献份额、单位国民收入占地率。

---

[1] 王万茂，王群. 土地利用规划学（第二版）[M]. 北京：北京师范大学出版社，2010.

一般认为，土地作为稀缺的、不可移动的资源，其有效配置可从两个方面来考虑：一是从土地利用者的角度来看；二是从社会或宏观控制者的角度来看。

对于土地使用者来说，土地利用的目标是其经济效益的最大化。土地的稀缺性决定了获得土地使用权必须付出高昂的费用，在取得同样经济效果的情况下，是多用一些土地资源还是少用一些土地资源，土地使用者必须通过对使用土地资源还是使用其他可替代的资源进行比较权衡后才能决定。同样，在既定的土地资源条件下，土地使用者如何使用土地，将土地投入到何种使用方向，也是要看哪种使用方式能使其获得最大的经济效益。而对于社会或宏观决策者来说，土地利用的经济效率与个别土地使用者则有所不同。土地是一切生产和存在的前提，任何部门、任何人都离不开土地。同时，土地资源的利用也必然涉及其他资源的利用。由于土地资源的稀缺性和土地位置的固定性，人们增加某一部门的土地资源或其他资源的投入，必然要减少对其他部门的投入，而对于一定的区域来说，其土地利用的功能或效用是取决于土地利用的整体功能而非个别的土地功能。从个别土地使用者的角度来看，其追求的是效益或效用的最大化；而对整个土地利用系统来说，个别土地利用的效用最大化并非就是整体效用最大化。从土地利用系统论的观点来看，系统的功能受制于系统的结构，结构不同，功能也不同。所以，对于政府来说，要取得土地利用的整体效用的最大化，其实质就是要达到区域土地利用结构的最优化，即土地在各种不同用途之间的有效配置。土地利用管理要实现土地利用的经济效率目标，不仅要从社会或宏观的角度来看土地资源的配置是最优的，同时，由于土地利用是涉及每个土地使用者切身利益的事情，因而它也应是能够被各个部门、各个土地使用者接受的。所以，对于土地利用管理所应达到的效率目标应该从政府与土地使用者结合的角度来看待。

在技术和经营状况一定的条件下，资源配置的结果是总的产出或社会总产品，不同的资源配置方式将会带来不同的产出结构和产出量，并进而影响到社会从消费这些总产品中所获得的满足程度或效用水平。资源配置不仅是指资源在现实生产各种不同产品之间的分配，而且包括资源在生产当前消费产品和未来消费产品之间的分配。资源配置的最优标准实际上就是一定社会历史阶段的社会生产目的是否得以实现，程度如何，即社会成员的效用水平是否达到了既定范围中的最大值。一般来讲，对于配置为工业、农业、商业等生产经营性利用的土地，无疑是获得土地利用中的利润最大化，在这一点上社会和土地使用者的目标是基本一致的。就土地利用的生产函数曲线来说，单个土地使用者希望将投入规模停留在第二阶段中平均产量最大的位置，而整个社会则希望达到总产量最大。而对于住宅建设用地来说，它涉及居民的切身利益，人人都希望得到一个舒适的空间，以达到生存的满足，或者说效用最大化，这也基本符合社会的目标。不过就具体个人而言，如果他想获得过分宽大的居住空间，则必然使别人的居住空间缩小，这就违反了社会公平的目标，是属于社会加以限制和制止的。对于公共和公益用地，如交通、水利、医院、广场等，因其属于社会为其成员而提供的福利，因此，其配置的效率标准就是福利最大化。

从社会及其成员目标同一性角度来看，土地资源的有效或优化配置应该是帕累托标准或准则（Pareto Situation 或 Pareto Efficiency），即指存在这样一种状态，资源配置的任何改变都不可能使一个人的情况变好而又不使别人的境况变坏，或者说，任何一个人的境况变好必须以另一个人的境况变坏为前提。资源配置达到帕累托最优（Pareto Optimum）表明，在技术、消费者偏好、收入分配等既定条件下，资源配置的效率最高，从而使社会经济福利达到最大。如果改变资源配置会出现如每个人的情况都较以前变好了，或者至少一个人的境况变好了，而没有使其他人的境况变坏的情况，那么现状资源没有达到最优，即存在"帕累托无效率"（Pareto Inefficiency）。在这种情况下，如果进行资源重新配置，那么确实会使某些人的效用水平在其他人的效用不变的情况下有所提高，这种"重新配置"就称为"帕累托改进"（Pareto Improvement）。在某种条件下，一种重新配置导致某些人状况变好，而另一些人状况变坏，但由于个人之间的效用无法比较，则无法确定社会福利总水平是提高还是降低了。

（二）社会公共目标——土地资源分配公平

土地利用管理的分配公平的目标是指社会各阶层、各部门、各成员在土地利用管理中能获得公平的对待。分配公平主要内容是指地权占有的公平和土地收益分配的公平。地权占有公平就是要实现"耕者有其田，居者有其屋"，使人们在土地这一人类生存与发展的最基本的物质条件的占有上能够"机会均等"。土地收益分配公平则应是在社会各成员、各阶层、各地区、各部门，中央与地方之间对土地收益进行合理的分配。当然，分配公平并不等于平均占有，而应是遵循权利与义务"对等原则"，合理地分配土地收益，并使这种分配能够合理地调节各利益主体的行为和社会福利。同时，分配公平不仅指当代人之间的分配公平，也应包括当代人与后代人之间的分配公平，当代人福利的增加，不应以牺牲后代人的利益为代价。公平问题历来是经济理论与实践中难解决的一个问题，它不仅是一个分配问题（资源配置成果的分享问题），而且是一个生产问题；它不仅涉及经济领域的内容，而且涉及道德领域的内容。

公平可以从多种角度来理解，不同角度判断得出的结论各不相同。如在住房分配中，可以从家庭人口的多少，工龄或年龄的大小，要房的紧迫程度，职位、职称的高低，申请参加分房的先后顺序等方面来加以考虑，甚或可以凭运气抽签，从各个角度看似乎都有其合理性，也似乎都有其不合理性。住房商品化、私人买房，则从付出代价的角度来看也是平等的。

要确定一个统一的公平标准是很难的，也几乎是不可能的。经济学中一般理解公平的含义应是机会均等，即指"在市场竞争中让大家处于同一条起跑线上，全都按照自己的能力与努力程度来进行竞争，尽管竞争的结果有差异，但出发点相同，这就可以理解为公平了"。土地是一切生产和存在的源泉，人们衣食住行皆离不开土地。土地分配是与地权制度相关联的，地权制度是随着国家的产生而产生的，并随着社会的发展而发展，每个国家的公民都充分享有其在自己国家的生存权和发展权，这是天经地义的，是符合社会伦理道德的。因此，土地分配的公平或机会均等主要体现在"地权均等"上。综观古今中外的地权制度，"机会均等"在稳定社会、促进经济发展中起到了重要作用。我国的农村土地集体所有，社会成员共同劳动，按劳分配，实现了较为彻底的平均地权，对促进农村社会经济的发展起到过十分重要的作用。但随着社会的发展，这种集体所有制下的共同劳动的土地使用制度已越来越不适宜。20世纪70年代末至80年代初普遍推行的农村经济体制改革，实质上是一次新的比较彻底的土地改革，农民获得了比较稳定的土地经营使用权，在政府的宏观政策指导下，自主经营，并且放开农产品价格，引导农民进入市场，使其站在了"同一起跑线上"。农村集体所有的荒山、荒地、荒坡、荒滩的使用权向农民公开招标，使农民享有了更充分的机会均等。而从城市土地使用来看，政府以土地所有者的身份，将一部分土地无偿地划拨给机关、学校、居民住宅建设等社会公益性项目使用，使广大居民得以安居栖身，体现了人们生存权的平等，而对各种经营性用地，分不同区位条件和地段优劣向使用者收取土地使用费，或者通过招标、拍卖等有偿出让土地使用权，从而使土地使用者在经济活动中"站在了同一起跑线上"，这实质上是土地分配在价值取向上的"机会均等"。显然，由于各种土地利用方式所带来的收益不同，各种土地用途的竞争能力是不相同的，而人们的需求是多样化的，为使人们的各种需求都能获得应有的土地，政府针对不同的土地利用方式采取不同的使用制度和土地供应价格，在规划控制时对各种土地的用途、使用强度等加以规定和限制，以保障社会公众的利益和消除对他人的干扰，这无疑是市场经济条件下更为全面意义上的公平。

（三）生态环境目标——环境质量

土地利用管理的环境质量目标就是通过土地利用管理保证一定数量的绿地；控制土地利用的强度，防止土地的沙漠化、盐渍化和水土流失，防止建筑物与人口的过度拥挤；合理地确定土地利用的布局，避免土地利用的相互干扰和土地污染等。值得注意的是，在比较利益和利润最大化的驱动下，市场机制会不断地蚕食农地和绿地，土地使用者会最大限度地扩大土地利用的强度。因此，只有通过政府的管理才能保证环境质量目标的实现。从整体与长远的利益来看，土地利用的环境质量目标与经济利益目标是一致的，而不是相悖的，良好的环境质量会有助于经济利益目标的实现。如在城市房地产开发中，尽管过高的建筑密度和容积率能增加建筑面积，但由此而带来的通风、采光等方面的问题可能会导致房地产价格的下降；反之，虽然降低建筑密度和容积率减少了建筑面积，但环境质量的改善能促使房地产升值，可能会更有利于开发利润的实现。

综上所述，土地利用管理的一般目标是多元化的，而非单一的。在任何时期、任何条件下，土地利用管理的目标虽可以侧重于某一方面，但都必须兼顾到其他目标的要求。

二、各级政府的具体目标

在不同历史时期，不同的社会经济条件和资源条件下，在不同的管理层面，政府所要实现的侧重点是不相同的。中央政府和地方政府基于不同的出发点，其土地利用管理目的会有所差异。

（一）中央政府的土地利用管理目标

中国共产党在带领人民百年奋斗历程中，始终对土地问题高度重视，把握社会主要矛盾变化，调整土地关系，将建立适应各个历史阶段的土地制度作为推动社会发展的重要手段和基础建设，开展土地制度改革，完善土地法律和政策。土地管理事业的与时俱进，为保障经济社会发展、维护人民根本利益作出了巨大贡献，有力支撑了中华民族从站起来、富起来到强起来的伟大飞跃。中央政府作为国家政权依法对全国范围内的土地利用进行宏观管理的领导机构，是土地利用管理的宏观主体，其利益呈现出公共性、整体性和长远性三个特点。作为土地利用管理的宏观主体，中央政府决策的目标是土地资源的合理配置与可持续利用以及经济社会协调发展。基于人多地少的基本国情，考虑经济社会持续快速发展的要求和土地生态环境脆弱、自然灾害频发的实际情况，中央政府的具体目标为在切实保护耕地、保证粮食安全的前提下，为经济社会发展和生态环境建设提供用地保障，实现土地利用生态、经济和社会效益的统一。这表现在以下三个方面：

1. 保护耕地是土地利用管理的核心目标

基于我国人多地少、耕地资源紧缺的国情，中央政府历来十分重视耕地保护工作，先后出台一系列重大方针、政策，一再强调加强土地管理、切实保护耕地的重要性。1990年全国人大将"十分珍惜和合理利用每寸土地，切实保护耕地"确定为基本国策；1998年修订的《中华人民共和国土地管理法》（以下简称《土地管理法》）则围绕这一基本国策，规定了一系列的具体制度，包括土地利用规划制度、土地用途管制制度、耕地占补平衡制度以及基本农田保护区制度等，分别从指标、布局、数量及质量上落实对耕地的保护；2005年国务院发布《省级政府耕地保护责任目标考核办法》，强化了对省级政府履行耕地保护职责的监督；2007年3月5日，时任总理温家宝在第十届全国人民代表大会第五次会议上明确提出一定要守住全国耕地不少于18亿亩这条红线，坚决实行最严格的土地管理制度；2020年9月和11月，国务院办公厅先后印发《关于坚决制止耕地"非农化"行为的通知》和《关于防止耕地"非粮化"稳定粮食生产的意见》，强调耕地是粮食生产的重要基础，解决好14亿人口的吃饭问题，必须守住耕地这个根基。地方各级人民政府要增强"四个意识"、坚定"四个自信"、做到"两个维护"，按照党中央、国务院决策部署，采取有力措施，强化监督管理，落实好最严格的耕地保护制度，坚决制止各类耕地"非农化"行为，坚决守住耕地红线。由此可见，实行最严格的耕地保护制度，实现耕地数量不减少、质量不降低，保障国家粮食安全，是我国土地利用管理的底线。

2. 以节约集约利用为原则，为经济社会发展提供基本用地保障

我国正处于快速工业化和城镇化的进程中，国民经济各行各业的用地需求十分旺盛。土地利用管理应该重点保证对国计民生有重大意义的能源、交通、水利等基础设施用地，同时发挥市场机制在土地资源配置中的作用，通过价格信号积极引导建设用地内涵挖潜，提高建设用地的集约利用水平。2004年国务院在《关于深化改革严格土地管理的决定》中提出建设用地要严格控制增量，积极盘活存量，把节约用地放在首位，同时鼓励农村建设用地整理，提出城镇建设用地增加要与农村建设用地减少相挂钩，这是国家第一次对城乡建设用地总量提出明确要求和限制。2008年，根据国务院

发出的《关于促进节约集约用地的通知》，国土资源部发出《关于开展开发区土地集约利用评价工作的通知》，对建设用地中低效利用问题最严重、最突出的开发区土地进行考核和管理。2009年，国土资源部、国家发展和改革委员会和国家统计局联合发布了《单位GDP和固定资产投资规模增长的新增建设用地消耗考核办法》，对省级层面的新增建设用地开展定量考核，以约束地方新增建设用地扩张速度。2014年，原国土资源部发布《节约集约利用土地规定》，要求建设项目应当严格按照建设项目用地控制标准进行测算、设计和施工；建设项目用地审查、供应和使用，应当符合建设项目用地控制标准和供地政策。这些政策的出台，意味着我国建设用地利用管理的重点就是要通过开展节约集约实现建设用地总量控制。

3. 保护和优化土地生态环境

在实现耕地总量动态平衡和保障经济社会发展用地的同时，还要构建环境友好型的土地利用模式，保护和改善土地生态环境。从1999年开始，我国开始了大规模的退耕还林、还草的实践，2003年开始实施的《退耕还林条例》使这一工作走上了法制化管理轨道。此外，还在长江中游的洞庭湖、鄱阳湖等区域开展大面积的退田还湖。这些措施对于保护森林资源、减少水土流失、治理土地荒漠化、优化土地生态环境起到了良好的作用。

由此可见，国家土地利用管理具有多目标性。保护耕地、集约利用建设用地和优化土地生态环境三大目标可以概括为"一要吃饭，二要建设，三要保护环境"，这也是我国土地利用管理的指导方针。三大目标相互独立又紧密依存，是既矛盾又统一的关系：①保障国民经济各行业用地需求以及为优化生态环境而开展的退耕还林、退耕还牧等工程不可避免地会占用部分耕地，对确保18亿亩耕地红线的目标产生考验；②为补充耕地、实现保护耕地目标，需要开垦部分后备资源如荒草地、滩涂等，虽然这些未利用土地没有农产品产出，但往往具有很高的生态价值，开垦不当将会对区域生态平衡产生不利影响；③建设用地增长将会使区域内具有生态调控作用的土地（如林地、园地、水域和耕地）比重下降，交通等线状基础设施的布局对景观有分割作用，从而影响区域生态环境。国家土地利用管理就是要在这相互独立、存在矛盾的三大目标中寻找平衡，以实现三大目标的统一：保护耕地的核心目标，只有通过建设用地内涵挖潜、集约利用，降低新增建设用地扩张的速度才能实现；在科学论证和评估的前提下开展建设用地整理和土地综合整治，不仅可以增加耕地面积，而且能使建设用地布局更合理，污染土地得到治理，从而显著改善土地生态环境。

(二) 地方政府的土地利用管理目标

作为政策执行者，地方政府是国家公共事务的地方行政管理机关，隶属于中央政府；同时，地方政府又要依据相关法律，承担起本地区公共事务管理和责任。因此在土地利用管理中，地方政府首先要落实中央政府对本行政区内土地利用管理的目标，同时要依据本行政区内土地资源禀赋和经济社会发展的特点，完成自身发展目标。具体包括以下两个方面：

1. 完成中央政府下达的目标

依托现行的行政管理体制，中央政府为实现宏观土地利用管理目标，构建了耕地占补平衡制度、用途管制制度并通过土地利用总体规划、土地利用年度计划贯彻执行，最终形成了一系列控制指标，并据此对地方政府进行考核。这些控制指标包括耕地保有量、基本农田保有量、新增建设用地量、新增建设占用耕地量、土地整理复垦开发补充耕地量等。因此，地方政府在土地利用管理中必须完成上级下达的指标，如为了完成耕地保有量、基本农田保有量指标必须要加大土地整理复垦开发补充耕地力度；同时，控制建设用地扩张速度，开展建设用地内涵挖潜。

2. 促进地方发展的目标

地方政府除了要实现中央政府管理目标外，还承担着管理地方公共事务、促进地方发展的重任。本区域的经济增长、就业安排、基础设施和公共服务设施建设、社会保障等都依赖地方政府的组织管理。因此地方要制订国土资源节约集约创建方案，明确创建的目标、原则、任务和保障措施，做好方案报批和实施前期工作。分税制改革将中央与地方的事权和财权做了明确的划分，财政上收和事权下放造成了地方财政压力。在土地管理上，地方政府则是城市土地事实上的所有者，拥有城市土地的使用权、收益权、分配权和处置权，而城市土地在市场化过程中，价值高、增值潜力大，能带来巨大的收益，城市土地成为地方政府掌握的最为重要的资源。因此，地方政府在土地利用过程中，往往追求高额土地收益，以缓解地方财政压力，保障公共事务管理的需要。

此外，随着中央对地方政府的管理制度由规则管理转向目标管理，国内生产总值（GDP）、财政收入等关键性经济指标是地方政府业绩考核的标准。对于地方官员个人而言，也希望通过土地资源利用推动地方经济发展，以获取更大的政绩。

可见，地方政府的土地利用管理具有明显的多目标特征，兼具了公共行政主体与经济利益主体的双重身份。然而，这些目标并不总是一致的。发展地区经济不可避免地要占用耕地甚至破坏生态环境，要以牺牲土地资源和环境为代价。如何在落实中央目标和实现地区发展间寻找合适的平衡点，以实现两个目标的双赢，是地方政府土地利用管理的难点。

第四节 土地利用管理的内容体系

土地利用管理从总体上可划分为宏观管理和微观管理，既要结合经济社会发展和资源合理利用来研究具有战略意义的全局性土地利用管理，又要对局部地区土地利用实施监督。

从行政地域层次上来看，应对各乡（镇）、县、市、省（自治区、直辖市），乃至全国的土地利用实施统一的归口管理。

依据土地利用类型，土地利用管理可分为农业土地利用管理、非农业建设用地利用管理和未利用土地的开发利用管理，农业土地又包括耕地、园地、林地、草地等，非农业建设用地又可划分为城市用地、乡村建设用地、专门用途土地（特殊用地）等。

从土地资源的利用过程来看，土地利用管理内容包括以下四个方面：

（1）土地利用规划与计划管理。土地利用规划与计划管理即通过编制和实施土地利用规划和土地利用年度计划，对土地利用进行宏观调控，合理确定未来一定时期内区域土地利用结构和布局，以保证土地的总供给与总需求的平衡。土地利用规划与计划是区域土地利用管理的依据和前提。

（2）土地利用分类管理。土地利用分类管理即对各类土地资源的利用分别进行管理。土地资源可分为农用地、建设用地、未利用地三大类：①农用地利用管理的内容除了要对耕地、园地、林地、牧草地等各类农用地进行经营与管理以外，还要特别针对基本农田进行保护。②建设用地利用管理的内容首先是围绕建设用地市场进行建设用地资源配置，包括土地储备、城镇建设用地供应、农村建设用地许可及有偿流转以及地价的调控与监测；其次，建设用地集约利用也是建设用地利用管理的重点，需要对城镇、工矿、农村居民点等不同建设用地类型分别开展集约利用管理。③未利用地管理的重点是限制开发未利用地，保护土地生态环境。土地利用管理的内容体系如图1-1所示。

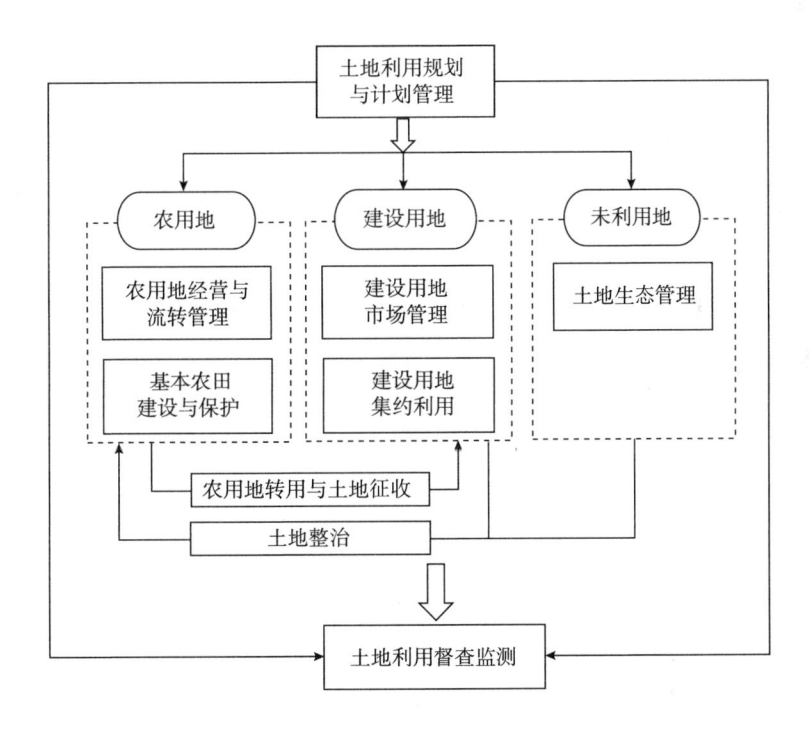

图 1-1 土地利用管理的内容体系

资料来源：欧名豪. 土地利用管理（第三版）[M]. 北京：中国农业出版社，2016.

（3）不同类型土地资源转移管理。在土地利用过程中，由于经济社会发展的需要，不同用途土地资源转移是一种必然。转移管理主要包括两方面内容：①农用地转用和土地征收管理，主要针对农用地向建设用地转移的过程；②土地综合整治管理，主要针对未利用地、建设用地向农用地尤其是耕地转移的过程，包括土地整理、土地复垦、土地开发等内容。

（4）土地利用督察和监测管理。土地利用分类管理和土地资源转移管理均应该在土地利用规划和计划管理的指导下进行，并能够促进土地利用规划和计划的落实。因此，需要实行土地利用督察和监测管理。一方面，国家设立专门的督察机构，对省级政府和市县级政府的土地利用管理现状进行监督、检查，确保省级、市县级层面的土地利用分类管理和土地资源转移管理符合土地利用规划和计划；另一方面，各级政府通过土地利用动态监测，及时了解土地利用状况，为土地利用管理决策服务。通过土地利用督察和监测，实现土地调控。

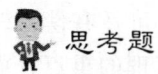

思考题

1. 如何理解土地利用的含义？
2. 影响土地利用的因素有哪些？
3. 土地利用应遵循哪些规则？
4. 简述土地利用管理的内容体系。
5. 简述土地利用管理的目标。

第二章 土地利用管理的基本原理

为了实现土地利用管理的目标，土地利用管理活动必须依据一定的基本原理，遵循一定的原则，运用一定的方式。土地利用管理是管理的一种具体类型，管理学的一些基本原理，如人本原理、系统原理、动态原理、效益原理等都能用于指导土地利用管理。土地利用管理的对象是土地这一稀缺资源及其利用活动，土地利用既是经济活动，又具有广泛的社会性，同时还可能产生严重的生态环境后果，所以，土地利用管理除遵循管理学的一般原理外，还有一些基本原理必须遵守，如土地利用外部性原理、系统论与控制论、可持续发展理论等。

第一节 资源利用外部性原理

一、外部性

外部性的概念是剑桥学派两位奠基者亨利·西季威克和阿尔弗雷德·马歇尔率先提出的。在经济学中，虽然这个概念出现较晚，但却十分重要。到了20世纪20年代，马歇尔的学生、另一位剑桥经济学家庇古在其《福利经济学》一书中进一步研究和完善了外部性问题。他提出"内部不经济"和"外部不经济"的概念，并从社会资源最优配置的角度出发，应用边际分析方法，提出边际社会净产值和边际私人净产值，最终形成了外部性理论（向昀、任健，2002）[1]。

所谓外部性是指经济主体之活动，对和该活动无直接关系的他人或社会所产生的影响。如经济主体为一企业，该企业为用户提供产品或服务，用户即为与企业活动有直接关联者。但该企业的生产活动又会对该企业周围的居民产生影响，这些居民即与该企业生产并无直接关系者。企业对居民的这一影响就被称为"外部性"或"外部经济"。

---

[1] 向昀，任健. 西方经济学界外部性理论研究介评[J]. 经济评论，2002（3）：58-62.

二、土地利用外部性

（一）土地利用外部性的概念

土地利用的外部性是指某一块土地的利用活动对相邻土地的质量、利用方式选择、土地价值等产生的影响，其综合表现为正外部性或负外部性。产生土地利用外部性的本质原因是土地空间的连续性以及土地资源或资产具有多重价值和功能特征。土地除了能为人类提供生产和生活物质资料外，还能提供活动空间。由于土地提供的空间具有不可分割性、不可增加性和不可移动性，一方面使土地的承载量和土地的空间扩张具有一定的限制；另一方面使土地上的经济活动与相邻土地及其使用者息息相关，因为任何一块土地利用产权边界的变动，必然涉及其他的相关部分，以致整个土地利用结构及其效益发生相应变化，从而为各类土地利用结构的调整规定了界限，也使土地无论做何种用途，都存在着外部性的必然性。土地利用的外部性，如从具有纯公共物品性质的国防用地到具有准公共用品性质的行政事业用地、公园、纪念堂、图书馆、学校、医院等公益性、福利性用地以及自然保护区用地等，都会产生一定的外部效果。

（二）土地利用外部性的类型

依据不同的分类标准，外部性可分为不同的类型。例如，从效果来看，可分为正外部性（外部经济）和负外部性（外部不经济）。这是最普遍且易于理解的外部性类型。

正外部性是指某经济行为使该经济行为主体之外的人受益，但无法收费。土地资源或资产具有多重价值和功能特征，土地利用的正外部性在现实经济中的表现范围也较广，如城市边缘区土地，作为公共建设用地使用，因公共投资的基础设施建设而修筑道路、通水、通电工程等，无疑为相邻地块带来经济效益或地产增值，即为土地利用的正外部性；同样，一块广场绿地或公园用地等均有正外部性，市场不会给予其合理的补偿，此也为"涨价归公"或国家征收土地增值税的理由，因为即使不进行投资开发，因其所处较佳的经济地理位置，也会因为其周边土地的投资开发带来预期增值。当然，作为理性经济人，会考虑地产开发，地产开发会有更大的收益。作为政府既可通过经济手段，改变其行为选择，也可通过强制的管制手段，超过一定时段则收缴归公。

负外部性是指某经济行为使该经济行为主体之外的人受损，但无须补偿。同样基于土地资源或资产的多重价值和功能特征，交易的成本（获取信息及监测、管理等成本）过高，因此土地利用的负外部性较多。如一块土地上种植的某种作物因花粉传播等可能造成相邻地块同类作物品种的退化；工业用地在生产过程中可能对其周围土地形成污染；不当利用造成的土地资源质量退化以及沙漠化；不符合城市规划的高层建筑破坏街区环境或阻挡了邻近楼层的采光，损害了他人的利益；某种具有非市场价值如自然人文价值的古迹的永久消失；农地过量"非农化"引发的诸如对粮食安全造成的社会成本；等等。

从产生时空来看，可分为代内外部性和代际外部性，其主要关注资源在代内的分配是否合理，当代经济行为主体会给后代带来什么影响，均以实现资源的可持续利用为目标。从稳定性来看，可分为稳定的外部性和不稳定的外部性，稳定与否取决于人们是否可以采取一定的手段，对外部性的正负或者强弱进行评估和预测，从而将外部性内部化。

从方向性来看，可分为单向外部性和交互外部性。如果将生产主体记为 X，接受主体记为 Y，那么，在单向外部性中，生产主体和接受主体身份无法扭转，即 X 影响 Y，Y 不能影响 X。交互外部性可以是 X 和 Y 互相影响，也可以是 X_n 和 Y_n（n 为主体数量）相互影响。

从外部性的根源来看，可分为制度外部性和科技外部性。这是新制度经济学家对外部性理论的扩展，主要关注的是公共物品的外部性。制度外部性主要关注制度变革产生的新增利益如何分配，如何避免不付费的"搭便车"行为和被迫付费的牺牲者行为。科技外部性则聚焦于科学技术的开发与应用对经济发展产生了怎样的影响。

外部性的产生需要行为主体（经济主体）和行为载体。其中，行为主体是人，行为载体可以是有形的（如土地资源），也可以是无形的（如制度和科技）。规划的本质是如何分配和利用土地，在此过程中，涉及的经济主体有个人、开发商、政府等，他们既可以是生产主体，也可能是接受主体。因此，土地利用的外部性是交互的，且交互过程十分复杂。此外，土地资源具有数量有限性和不可再生性，土地利用力求最大限度地保护土地、节约集约土地，实现土地的可持续利用，以满足当代和后代的发展需求。对于土地利用这一经济过程而言，其稳定性受到规划理念、经济发展阶段、制度偏好、政策导向、科学技术等多种因素的影响。因此，从长期来看，土地利用的外部性涉及代内和代际，并且是不稳定的。由于谈判成本过高，土地利用遵循规划条款，而规划一般具有较强的行政性，这就造成不同经济个体付出的成本和取得的收益不匹配，从而存在制度外部性（见表2-1）。

表2-1 土地利用的外部性类型

分类标准	外部性类型	土地利用的外部性类型
效果	正外部性	√
	负外部性	√
产生时空	代内外部性	√
	代际外部性	√
稳定性	稳定的外部性	
	不稳定的外部性	√
方向	单向外部性	
	交互外部性	√
根源	制度外部性	√
	科技外部性	

资料来源：高文文，张占录，张远索．外部性理论下的国土空间规划价值探讨［J］．当代经济管理，2021，43（5）：80-85．

(三) 土地利用的外部性行为

假设某一经济行为带给个人和社会的有利影响分别为私人收益（a）和社会收益（a'），带给私人和社会的不利影响分别为私人成本（b）和社会成本（b'），那么，当不存在外部效应时，则有：$a=a'$，$b=b'$；当存在正外部效应时，如果外部收益记为 a_1，那么有：$a+a_1=a'$；当存在负外部效应时，如果外部成本记为 b_1，那么有：$b+b_1=b'$。从中可以看出，在完全自由竞争条件下：当存在正外部效应时，$a<a'$，如果不对经济行为给予奖励，经济主体将会减少经济活动量，从而减少外部收益 a_1，那么，社会收益 a' 随之减少；当存在负外部效应时，$b<b'$，如果不对经济行为进行惩罚，经济主体将会增加经济活动量，从而增加外部成本 b_1，那么社会成本 b' 随之增加。也就是说，当存在外部效应时，行为主体就会采取行动以减小社会收益或增大社会成本，企图提高自身行为的"性价比"。实现这种目标的行为方式主要体现为以下两个方面：一是减小生产量或增加消费量；二是尽量与社会环境"隔绝"，独自受益或受损。但是，要想实现与社会环境"隔绝"通常需要较大的成本，而且在有些情况下，即使愿意付出成本，从技术操作层面上也未必能够实现，如私人的开放性绿地。因此，外部性让人们产生一种逆向选择的行为，这种行为往往使得社会资源的配置无法实现帕累托最优。

土地作为生产要素之一，为人们提供了生存、生活、生产所需的物品。它是万物的载体，一切活动离不开土地。因此，土地利用存在多种多样的正外部效应。但是，在土地利用过程中，同样存在着威胁个体利益或者影响可持续发展的负外部效应，分为有形的负外部效应（如土地污染、土地破碎化、耕地破坏等）和无形的负外部效应（如不相容的土地利用对周边土地价值的影响、土地利用效率低下等）。一般情况下，前者可从土地面积上直接统计，后者则需要借助模型或工具进行测算。在自由竞争条件下，负外部性强的土地利用方式的主体会因无须补偿而扩大生产规模，正外部性强的土地利用方式的主体会因利益受损而减小经济活动量。

如图 2-1 所示，工矿仓储用地存在较强的负外部性（污染），住宅用地、商服用地、交通运输用地、公共管理与公共服务用地既存在负外部性（噪声、污染），也存在正外部性（生活便利），耕地、园地、林地、草地、水域及水利设施用地则存在较强的正外部性（景观、生态）。但在此要特别强调的是，经济主体的行为以利益为导向，利益即收益与成本之差。当经济活动的收益远远大于外部成本时，即使存在外部成本，他人从中无偿受益，该经济活动的主体也会增加经济活动量。这也就是为什么农业补贴在一定时期内大大地激发了农民的耕作积极性，但随着经济的发展，仍旧出现了大量耕地闲置撂荒的情况。这是因为，农业边际收益持续下降，即使国家投入了大量农业补贴，终究抵不过市场经济的力量，越来越多的农村劳动力流向城市，去从事收益大于农业的工作（高文文等，2021）。[①]

[①] 高文文，张占录，张远索. 外部性理论下的国土空间规划价值探讨 [J]. 当代经济管理，2021，43(5)：80-85.

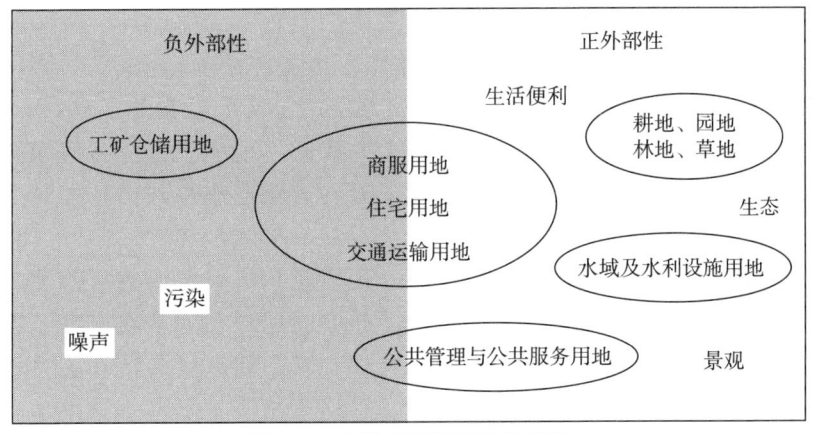

图 2-1 土地利用类型及外部性

资料来源：高文文，张占录，张远索．外部性理论下的国土空间规划价值探讨［J］．当代经济管理，2021，43（5）：80-85．

第二节 系统论

人类对"系统"一词并不陌生，早在我国古代就有朴素的系统思想。在我国古代哲学中，"五行说"把金、木、水、火、土看成世界万物的本源，大千世界、芸芸众生，无不是这五种要素有机结合的整体；"阴阳说"用阴与阳的对立统一来表达自然界是一个相互制约、相互联系的动态系统。我国古人把朴素的系统思想自发地运用于实践活动，取得了令世人惊叹的辉煌成就。在古希腊，人们很早就认识了事物的整体性、秩序性以及结构与功能的关系。原子论的创始人德谟克利特在其《世界大系统》一书中最早提出"系统"这个概念，并认为世界是由原子和虚空组成的有秩序的大系统。亚里士多德则明确指出，"一般说来，所有的方式显示全体并不是部分的总和"，而是"整体大于部分的总和"。在继承古代朴素的系统思想和实践基础上产生和发展起来的现代系统理论，则是以 1945 年美籍奥地利生物学家贝塔朗菲（Bertalanffy）的《关于一般系统论》的发表为标志的。系统论一经诞生，便与自然科学、社会科学和工程技术等相互渗透、相互影响。系统科学的概念、理论、原则和方法日益被运用到科学技术体系的各个层次、各个领域，为现代科学技术提供了有效的思维方式与方法，成为现代科学技术整体化、综合化趋势的重要桥梁和工具。

一、系统的概念

系统论的创立者贝塔朗菲（Bertalanffy，1968）[①] 把系统定义为："处于一定的相互

---
① ［美］冯·贝塔朗菲．一般系统论：基础、发展和应用［M］．林康义，魏宏森，译．北京：清华大学出版社，1987．

关系中的并与环境发生联系的各组成部分（要素）的总体（集合）。"我国著名学者钱学森给系统下的定义是："系统是由相互作用和相互依赖的若干组成部分结合成的具有特定功能的有机整体（于景元，2016）[①]。"从系统的定义可以看出，一个具体的系统，必须具备三个条件：①系统必须由两个以上的要素（元素、部分或环节）所组成；②要素与要素、要素与整体、整体与环境之间存在着相互作用和相互联系；③系统整体具有确定的功能。

要素始终是和系统不可分割地对应着的。要素是构成系统的必要因素，即组成系统的各个部分或成分，是系统最基本的单位，也是系统存在的基础和实际载体。一般来说，系统的性质是由要素决定的，有什么样的要素，就有什么样的系统。系统和要素是对立统一的，它们相互依存，互为条件。系统通过整体作用支配和控制要素，要素通过相互作用决定着系统的特性和功能，同时，系统和要素在一定条件下是可以相互转化的。

任何系统都有一定的结构和功能。所谓结构，是指系统内部各组成要素之间的相互联系、相互作用的方式或秩序，也就是各要素之间在时间或空间上排列和组织的具体形式。结构是系统的普遍属性，没有无结构的系统，也没有离开系统的结构。系统的结构就是组成要素之间的相对固定和比较稳定的有机联系，这种联系是系统保持整体性和具有一定功能的内在根据，是从系统内部对系统整体的描述。系统是功能和结构的统一体，两者是不能分割的。所谓功能，是指系统与外部环境相互联系和作用过程的秩序和功能。系统功能体现了一个系统与外部环境之间物质、能量和信息的输入和输出的变换关系。

如图2-2所示，在这里环境对系统的作用表现为系统的输入，系统在特定环境下对输入进行工作，就产生出反作用于环境的输出，系统把输入转换为输出的能力，就是系统的功能，输入与输出共同表现了系统与环境的相互作用。

图2-2 环境和系统的相互作用

资料来源：欧名豪. 土地利用管理（第三版）[M]. 北京：中国农业出版社，2016.

系统有整体性、动态相关性、层次等级性和有序性等属性。

（1）系统的整体性是指系统诸要素集合起来的整体性能，就是系统诸要素相互联系的统一性。要素一旦构成系统，系统作为有机联系的整体，就获得了各个组成要素所没有的特性。

（2）任何系统都处在不断发展变化之中，系统状态是时间的函数，这就是系统的

---

① 于景元. 从系统思想到系统实践的创新——钱学森系统研究的成就和贡献[J]. 系统工程理论与实践，2016，36（12）：2993-3002.

动态性。系统的动态性，取决于系统的相关性，系统的相关性是指系统的要素之间、要素与系统整体之间、系统与环境之间的有机关联性，它们之间相互制约、相互影响、相互作用，存在着不可分割的有机联系。

（3）要素的组织形式就是系统的结构，而结构又可以分成不同的层次等级。在简单系统之中，结构只有一个层次，在复杂系统中，存在着不同等级的系统层次关系。一个系统的组成要素，是由低一级要素组成的子系统，而系统本身又是高一级系统的组成要素。系统的层次等级结构是一切物质系统具有的普通形式。处于不同等级层次的系统具有不同的结构和功能，不同层次等级的系统之间是相互联系、相互制约的，它们处于辩证的统一之中。

（4）系统的有序性是指构成系统的诸要素通过相互作用，在时间和空间上按一定秩序组合和排列，由此形成一定的结构，决定系统的特定功能。系统的有序性是表示系统的结构实现系统功能的程度。任何系统都有特定的结构，结构合理，系统的有序度就高，功能就好；结构不合理，系统的有序度就低，功能就差。

二、土地利用系统

土地利用系统是指为人类活动所利用的土地表层及其以上和以下的所有要素相互联系、相互制约而构成的具有特定功能的有机结合体。它是一个由自然系统和人工系统相结合的复合系统。

土地利用系统是由一定的要素构成的。郑振源（1992）[1]认为，土地利用系统主要有两个要素：一定的土地单元和一定的土地利用方式。一定的土地单元有其一定的质量，一定的土地利用方式有一定的土地（利用）要求，两者相互作用而产生一定的产出。这种产出可以是一定的产品，如粮食、棉花、木材等，也可以是某种服务，如旅游、风景的美学欣赏。产出的大小与好坏取决于土地单元的质量与土地利用方式的土地利用要求匹配的程度。

一般而言，要素、功能和结构是构成系统的三大主要组分。结合自身特性，土地利用系统由土地利用自然生态子系统和土地利用社会经济子系统耦合而成，如图2-3所示。具体组成要素包括人、土地利用单元和土地利用方式。其中，土地利用单元是一系列利用单元的总称，是研究客体，也是土地科学最基本的学术语言，有别于处在自然状态中的土地；人在土地利用系统中处于核心位置，人的需求决定了土地利用的方向；土地利用方式则是连接人和土地自然实体之间的桥梁，实现资源向资产的转化，所以，土地利用系统是客观规律和人类主观能动性相结合的产物。系统内各要素相互作用呈现出生产、生活和生态三重功能，系统与外界环境相互作用表现出自然物质、社会权属和经济价值三重属性（林坚、刘文，2015）[2]。

土地利用系统是一个具有多层次等级的大系统：从土地利用系统的地域范围看，

---

[1] 郑振源. 土地资源人口承载潜力研究的概念和方法问题 [J]. 中国土地科学, 1992, 6 (2): 17-22.
[2] 林坚, 刘文. 土地科学研究对象和学科属性的思考 [J]. 中国土地科学, 2015, 29 (4): 4-10.

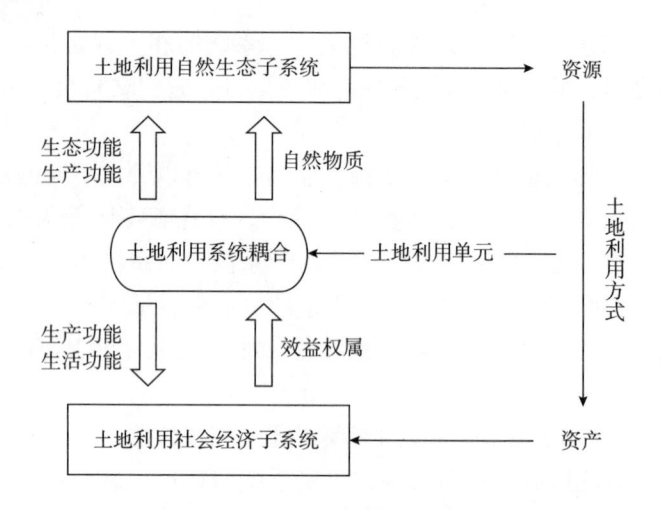

图 2-3　土地利用系统构成

资料来源：林坚，刘文. 土地科学研究对象和学科属性的思考 [J]. 中国土地科学，2015，29（4）：4-10.

全国的土地利用系统是由各大地域的土地利用系统构成的，每个大地域都包含若干个次级的地域，而它本身又是更大地域的子系统。从土地利用系统的组成来看，它又是由耕地系统、林地系统、草地系统、市地系统等组成的，而耕地系统又包含了水田、旱地、菜地，市地又包含了居住、工业、商业、绿地等。从人地相互作用关系的密切程度来看，土地利用系统可划分为核心系统、内核系统、核缘子系统和外部环境系统等结构层次，由此决定了区域土地利用系统优化调控的多尺度与多目标性（刘彦随，1999)[①]。

土地利用系统是一个开放的系统，它表现出随时间推移而变化的动态特性和演化特性。一方面，各系统之间存在着能流、物流、价值流和信息流的交换；另一方面，该系统和整个社会经济系统、其他资源利用系统之间存在着同样的交换行为。随着市场经济的发展，土地利用系统对外开放的特征更加明显，并通过开放从外界获得发展动力，增加系统的应变能力，促进系统非平衡状态的形成，产生内部能量差与外部的势差，强化内部发展动力和外部竞争力。土地利用系统的功能是由构成土地利用系统的各要素的整体决定的，而并非各要素的功能之和。构成土地利用系统的各要素的组成结构不同，功能也不相同。由于构成土地利用系统的各子系统或各要素之间相互作用、相互影响而产生"外部效应"，土地利用系统的总体功能可能大于或小于各子系统的功能之和，这取决于系统结构是否合理。一个结构合理、良性循环的土地利用系统会表现出总体功能大于部分功能之和的特征，即 $A > \sum_{i=1}^{n} A_i$，而系统结构不合理，系统各部分间不是相互促进而是相互干扰，则系统的整体功能则有可能小于各部分功能之和。

土地利用系统是不断地运动着的，它不断地接受外界（即系统的环境）资源（包括物质、能量和信息等）的输入，经过内部结构的分化、变异和相互作用，又不断地向外界输出其产出。各土地利用子系统的最大规模取决于一定技术条件下对该子系统

---

① 刘彦随. 区域土地利用系统优化调控的机理与模式 [J]. 资源科学，1999，21（4）：60-65.

的土地供给量，而各子系统的实际规模则取决于当时的人口规模和当时人口收入水平下的社会消费结构以及一定的生产力水平下的产业结构。每个人都有衣、食、住、行等各种生活需求，这些在一定收入水平下的生活需求汇总起来构成一定的消费结构。为满足社会消费需求要有一定的生活资料、生产资料的生产和服务的提供，于是构成一定的产业结构。在一定的产业结构下，各产业部门需要不同数量和质量的土地投入，土地资源又在当时社会经济制度和政策规定的资源配置方式下按一定规则分配给各个部门，于是各种具有不同规模、占有不同位置的土地利用子系统组合起来，就形成了具有一定结构的土地利用系统。这个土地利用系统又以其产品和服务满足社会的消费需求。由于影响土地利用系统结构的因素，诸如人口、生产力水平、社会经济制度和政策等都随时间推移而不断变化，所以土地利用系统的结构也在不断变动中。如经济发展引起人口有效需求的增长，使社会消费结构发生变化，进而引起产业结构的变化，而产业结构及各产业部门生产技术和资源组合的变化又引起土地利用系统结构的变化以及其总体功能的变化。

土地利用系统是人工系统，它的结构、行为和功能是人按自己的目的来设计的，是由系统的性质和为它准备的技术所决定的。因此，它是可控的。通过调节受控部分的输入可以引导土地利用系统的状态，在变化着的外部条件下，向预期的目标运行，达到新的预期的状态。调节或控制的目的，就是要以有限的土地投入获得最佳的系统功能。控制措施可以设置在土地利用系统运行中的各个环节上，并可以采用多种形式。土地利用规划与管理就是要对土地利用系统进行调节和控制，就是要研究和确定在土地利用系统运行的各个环节上，应在什么地方进行什么样的控制，采取什么样的控制方式，如何控制等。

第三节　控制论

一、控制论的内涵

控制论是由美国学者诺伯特·维纳（Norbert Wiener）创立的，它是研究人们如何通过对事物运行的内在机制的揭示，并通过人的干预使事物能够按照人们预定的标准或最佳的方式运行的理论。自从20世纪40年代控制论创立以来，经历了三个主要的发展时期：①经典控制理论时期，主要研究对象是单因素控制系统，重点是反馈控制；②现代控制理论时期，主要研究对象是多因素控制系统，重点是"最优控制"；③大系统控制理论时期，主要研究对象是因素众多的大系统，重点是大系统多级递阶控制，并着重应用于经济系统、社会系统、生态系统、环境系统和管理系统等（杜栋，1999）[1]。控

---

① 杜栋. 控制论与控制理论是一回事吗 [J]. 河海大学机械学院学报，1999，13（1）：57-61.

制论自创立以来在科学研究、劳动生产、经济管理和社会生活等领域得到了广泛的应用，并在实践中与技术科学、基础科学、社会科学和思维科学相结合，形成以理论控制论为中心，包括工程控制论、生物控制论、社会控制论和智能控制论为四大分支的庞大的学科体系。

控制论的出发点是世界上任何事物的发展都存在着多种多样的可能性，因而都有一定的可能性空间。至于事物具体发展成为可能性空间中哪一种状态，则取决于外部条件。人们利用并创造条件，把事物的可能状态转化成现实状态的过程，就是对该事物实施控制的过程。

在现实生活中，控制活动是广泛存在的现象。交通工具的驾驶是一种控制，生产的调度、战争的指挥也是一种控制；法律规范的约束、道德准则的约束，目的在于调节人们的社会行为，更是一种内容复杂的控制。

控制作为科学的概念，它是指人们根据给定的条件和预定的目的，改变和创造条件，使事物沿着可能性空间内确定的方向（或状态）发展。控制归根结底是一个在事物可能性空间中进行有方向的选择过程，是实现事物有目的的变化的活动。不难看出，控制的概念不仅和事物发展变化的可能性空间有关，而且也与选择有关。这种选择不是一种偶然的随意性活动，而是一种有意识、有目的的主动行为。没有目的就谈不上选择，没有选择也就谈不上控制。在一般意义上，目的可理解为人们预期的结果，这种预期结果作为控制目标，又必须是事物可能性空间中的某种状态。如果事物现状不符合我们的需要或愿望，在给定的条件下，选择事物可能性空间中的某一状态作为理想的状态，通过某种手段或采取一系列措施，把这种理想状态变成现实状态，也就完成了选择，从而实现了控制。控制活动在本质上就是保持事物的稳定状态或促使事物由一种状态向另一种状态转换。人类就是通过选择来实现对事物的控制，并通过控制达到认识和改造事物的目的。

二、控制实施

要实现对事物的控制，必须具备相应的条件。事物的发展过程不同，预期的目标状态不同，其实施控制的方式和条件也不同。对于一般的控制过程来说，要实现对事物的控制，必须具备两个条件：首先，被控制对象必须存在多种发展的可能性。控制的目的是保持或改变事物的状态，因而事物必须是可以改变的，即存在着多种发展变化的可能性。如果事物没有状态的变化，即事物的未来只有一种可能性，就无所谓控制了。其次，目标状态在各种可能性中是可以选择的。被控制的对象不仅必须存在多种发展的可能性，而且可以通过一定的手段在这些可能性中进行选择，才能谈得上控制。在这里有两个必要条件：①所确定的目标状态必须包括在被控制对象的可能性空间之中；②具备相应的手段和条件能把目标状态从可能性空间中选择出来。

从管理学角度来看，控制是指领导者和管理人员为保证实际工作能与目标计划相一致而采取的活动，一般是通过监督和检查组织活动的进展情况，实际成就是否与原定的计划、目标和标准相符合，及时发现偏差，找出原因，采取措施，加以纠正，以保证目标计划实现的过程。亨利·法约尔（Henry Fayol, 2007）①在《工业管理与一般管理》一书中指出："在一个企业，控制就是核实所发生的每一件事是否符合所规定的计划，所发布的指示以及所确定的原则。其目的就是要指出计划实施过程中的缺点和错误，以便加以纠正和防止重犯。控制在每一件事、每个人、每个行动上都起作用。"

管理控制的一般过程包括以下三个基本步骤：确定控制标准；根据标准衡量执行情况；纠正实际执行中偏离标准或计划的误差（见图2-4）（张文焕等，1990）②。

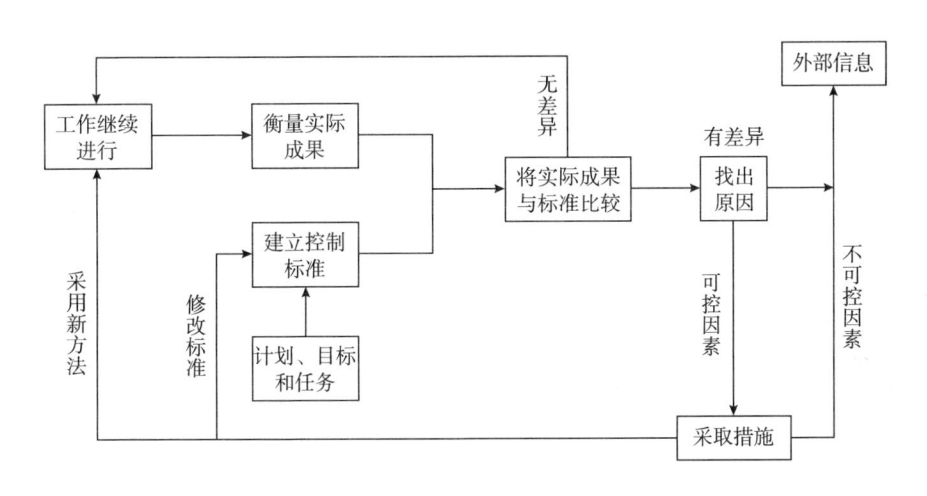

图 2-4 管理控制过程

资料来源：张文焕，刘光霞，苏连义. 控制论·信息论·系统论与现代管理 [M]. 北京：北京出版社，1990.

管理的成效取决于有效的控制，有效的控制应遵循以下四个原则：①标准原则，控制必须凭借客观的、精确的、具有可考核性的标准，以标准衡量目标或计划执行情况；②适时原则，一个完善的控制系统实施有效的控制，必须在发生偏差时能够迅速发现，及时纠正，甚至能预测出可能出现的偏差，防患于未然；③关键点原则，由于精力和时间的限制，实施控制不可能面面俱到，应该通过控制关键点，将主要精力集中于系统过程中的一些突出因素，掌握系统状态，了解执行情况；④灵活性原则，要使控制工作在计划执行中遇到意外情况时仍然保持有效，那么在设计控制系统和实施控制时，就必须具有灵活性，以适应不确定因素的影响和情况的变化。此外，控制还必须考虑到控制的经济性和控制行为的有效性及技术的可行性。

三、土地控制论的理论体系

（一）理论形成过程

土地控制论研究分为三大理论体系，进行纵向和横向的交互研究，并有机地融合渗透、综合创造，初步形成土地控制论的基本框架，其形成过程见图2-5。其中，对

---

① ［法］亨利·法约尔. 工业管理与一般管理 [M]. 迟力耕，张璇，译. 北京：机械工业出版社，2007.
② 张文焕，刘光霞，苏连义. 控制论·信息论·系统论与现代管理 [M]. 北京：北京出版社，1990.

"控制论"的研究，主要探索土地调节和控制的一般规律，建立土地控制的理论、方法、模型体系；对"土地科学"的研究，包括土地经济学和土地管理学，主要是探索土地生态经济系统的特征及演变规律，分析土地经济规律、土地控制与经济发展的关系，建立土地可持续利用理论、方法与控制模式；对"GIS技术"的研究，主要用以对土地空间数据进行分析处理，把属性数据分析和地理图形处理有机地结合，构造土地控制信息系统。

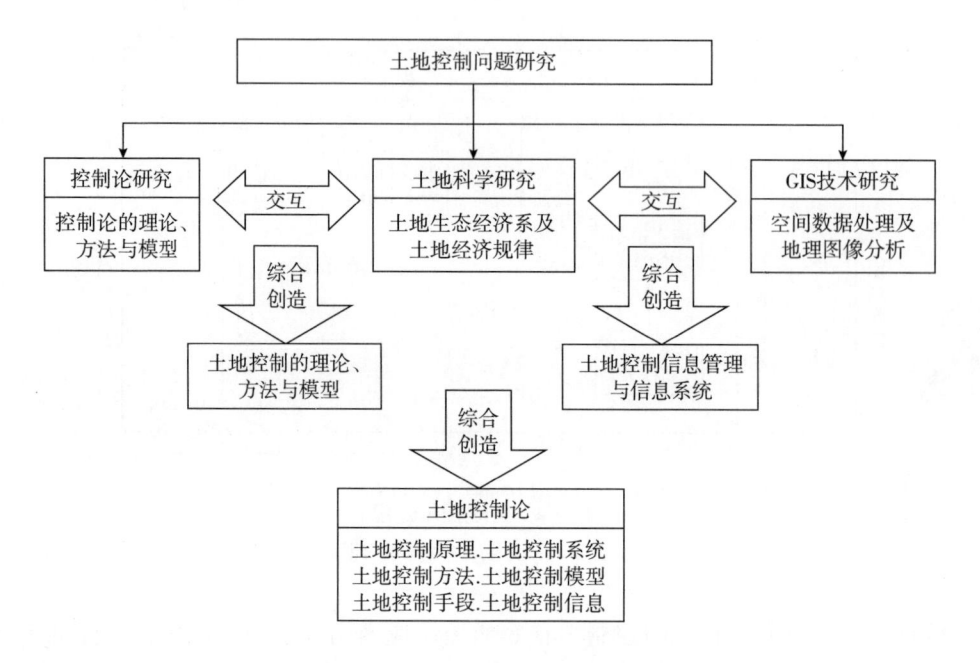

图2-5 土地控制理论形成过程

资料来源：张光宇.控制论应用新分支——土地控制论［J］.中国软科学，1999（5）：39-44.

（二）技术综合过程

土地控制的实质是对土地利用活动的控制，它通过控制人的行为，即生产和生活，使之与其他因素进行动态协调，从而控制土地生态经济系统的状态。由于，一方面人类是土地利用的主体，享受利用土地所创造的物质财富；另一方面人类又是土地利用的客体，必须承担土地利用所带来的后果。因此，必须把人类社会的经济增长、社会发展与土地利用过程中的经济循环和生态循环结合起来，把人类社会的生产、分配、交换、消费与土地资源各要素的布局、配置、利用、消耗结合起来，把人类的土地利用活动视为社会、经济、自然、生态等诸多因素相互制约、相互影响、相互作用的统一整体。研究其内在的生态规律和经济规律，对土地进行开发、利用、整治和保护，对土地利用的全过程实施最优控制，在土地的合理利用中促进社会经济发展，在社会经济发展中加强生态环境保护，以实现土地利用的经济平衡和生态平衡及土地利用的社会效益、经济效益和生态效益三者统一。可见，土地控制论的技术综合过程也就是控制技术融于土地利用活动的全过程。

（三）应用实施过程

土地控制论的实施过程由土地宏观控制、土地微观控制、土地状态控制和土地效益控制构成，如图2-6所示。

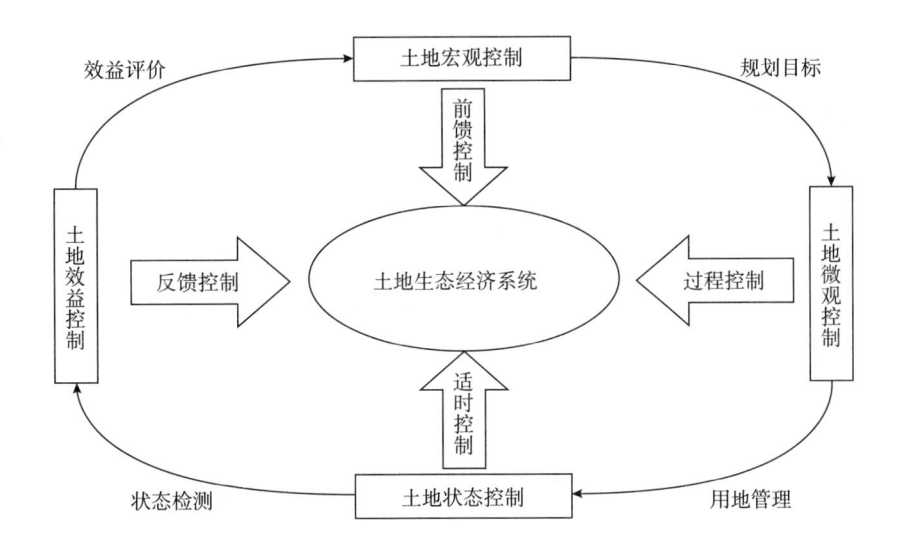

图 2-6 土地控制的过程系统

资料来源：张光宇．控制论应用新分支——土地控制论［J］．中国软科学，1999（5）：39-44.

（1）土地宏观控制是制定土地控制的目标、原则和方针，对区域内土地资源从时间上和空间上进行总体和全局的安排，调控土地生态经济系统的状态。其核心是土地利用总体规划，即根据未来社会经济及生态环境状况的仿真与预测、确定系统控制目标、对系统进行前馈控制。

（2）土地微观控制是根据土地宏观控制目标、对土地利用活动全过程进行计划、组织、协调和控制。土地微观控制的核心是以控制技术为核心的管理方法的集合、以计算机技术为核心的管理手段的集合、以土地管理法为核心的管理制度的集合和以土地管理部门为核心的管理组织的集合等多方面的综合控制。

（3）土地控制状态监测是通过对土地生态经济系统的状态进行定期、定点及随机的观测与检查、利用科学方法分析和把握系统状态的动态变化趋势和规律，及时发现和纠正出现的各种偏差，对系统进行适时控制，同时也为土地利用效益测定和控制提供依据。

（4）土地控制效益评价是对土地控制的实际效果进行测定和评价，并根据评价结果对土地宏观控制目标和微观控制策略进行修正，对土地生态经济系统进行反馈控制。因此，土地控制效益评价，它既是对过去控制效果的总结，也是对未来控制实施的改进（张光宇，1999）[1]。

---

[1] 张光宇．控制论应用新分支——土地控制论［J］．中国软科学，1999（5）：39-44.

第四节 可持续发展理论

一、可持续发展理论的背景

人类社会必须走可持续发展之路,这已成为人们的共识。"可持续发展"这一概念是在20世纪80年代提出来的,但可持续发展的思想却是源远流长。资源的永续利用是可持续发展的基础,没有资源的永续利用,就不可能有可持续发展。我国早在2200多年前的春秋战国时期,就有了保护正在怀孕或产卵期的鸟兽鱼鳖和定期封山育林的法令等明确地对可再生资源持续利用的思想与实践。例如,《孟子·梁惠王上》:"不违农时,谷不可胜食也;数罟不入湾池,鱼鳖不可胜食也;斧斤以时入山林,林木不可胜用也。"《荀子·王制篇》:"斩伐养长不失其时,故山林不童而百姓有余材也。"《逸周书·大聚解》:"春三月,山林不登斧,以成草木之长;三月遄不入网罟,以成鱼鳖之长。"《吕氏春秋》:"竭泽而渔,岂不获得?而明年无鱼;焚薮而田,岂不获得?而明年无兽。"

虽然人类早就有了可持续发展的思想萌芽,但真正引起人们对这一问题的重视,则是近年来的事情。自第二次世界大战以来,世界各国的工农业生产发生了巨大的变更,特别是自20世纪50年代以来,随着现代工业的迅速发展,人类大量地开采和利用各种自然资源,致使自然资源迅速减少或濒临枯竭;而工业生产中大量排放的污水、废气又对大气环境和水环境造成了很大的污染;同时,传统农业被大量施用化肥、农药,大量使用农业机械的现代农业所代替,产生了许多问题,诸如化肥农药污染、土壤板结、有益生物减少、生产成本增加等。之所以出现这些现象,是由当时的资源利用思想造成的。人们在利用资源时只顾当前利益,忘记未来利益;只考虑局部利益,不考虑区域的整体利益;只重视个人或单方面利益,忽视团体或综合利益。自20世纪70年代以来,人们逐渐认识到这种思想的严重性,开始重新思考自己的行为,调整资源利用思想和经济发展方式。

自从世界自然与自然资源保护联盟在1980年制定的《世界保护战略》中第一次提出"可持续发展"的概念以来,人们对可持续发展理论进行了广泛的研究,仅有关可持续发展的定义就多达百种。很少有哪一个概念如同可持续发展概念这样,在全球范围内引起如此广泛的探讨和丰富多彩的解释。在这些定义中,人们分别从自然属性、社会属性、经济属性和科技属性等多方面阐述了可持续发展,其中最具代表性的首推1987年挪威前首相布伦特兰夫人(Gro Harlem Brundtland)主持的联合国世界环境与发展委员会(WCED)在《我们共同的未来》(Our Common Future)中所提出的定义,即可持续发展是"既满足当代人的需求,又不对后代人满足其自身需求的能力构成危害的发展",它包括两个关键性的概念:①人类需求,特别是世界上穷人的需求,即"各种需要"的概念，这些基本需要应被置于压倒一切的优先地位；②环境限度，如果它被突破，必将影响自然界支持当代和后代人生存的能力。这一概念在最一般的意义上得到了广泛的接受和认可，并在1992年联合国环境与发展大会上得到确认。

可持续发展是同传统发展完全不同的一种发展思想，它可概括为照顾当前和未来发展需求；协调局部和区域发展关系；综合考虑各方面利益，使一个区域或国家的发展达到持续、协调和快速。可持续发展并不否定经济增长，但需要重新审视如何实现经济增长，要达到具有可持续意义的经济增长，必须审计使用能源与资源的方式，力求减少损失，杜绝浪费，并尽量不让废物进入环境，从而减少每单位经济活动造成的环境压力。可持续发展以自然资源为基础，同环境承载能力相协调，"可持续性"可以通过适当的经济手段、技术措施和政府干预得以实现，目的是减少自然资源的耗竭速率，使之低于资源再生速率。可持续发展以提高生活质量为目标，同社会进步相适应，单纯追求产值的经济增长不能体现发展的内涵。可持续发展承认自然环境的价值，这种价值不仅体现在环境对经济系统的支撑和服务上，更体现在环境对生命保障系统不可缺少的存在意义上。

可持续发展的特征可以从三个方面来认识：自然可持续性、经济可持续性和社会可持续性。所谓自然可持续性是从自然资源质量角度出发的，在人们利用自然资源的过程中，不能导致资源质量的退化，这就要求在利用资源的同时，尊重自然规律，按自然资源容量决定利用强度，最终保护资源，提高资源质量和生产力。保持资源的自然可持续性可以协调当前和未来的关系，防止竭泽而渔的短期行为，它是可持续发展的基础。经济可持续性是以自然可持续性为基础的，也就是在资源质量不发生退化的前提下，人们可以持续不断地取得净收益，使整个利用系统可持续保持下去。经济可持续性说明了资源利用效益在不同时段的分享关系，那些仅顾当前高收益，使利用行为产生负面影响，导致资源质量下降、未来收益降低的利用方式是不具备经济可持续性的。社会可持续性主要说明局部与区域的关系和区域内不同阶层收益的公平性，那些仅顾局部利益而不考虑区域发展、仅考虑部分人利益而不顾社会利益的行为都会破坏系统的社会可接受性，失去社会可持续性。

按照上述特征，可持续发展有三个主要目标：经济目标、环境目标和社会目标，三者的关系如图2-7所示。

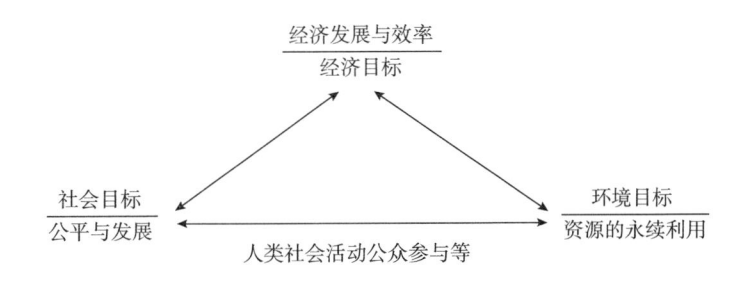

图2-7 可持续发展三目标之间的关系

资料来源：欧名豪.土地利用管理（第三版）[M].北京：中国农业出版社，2016.

二、可持续发展理论对土地利用的指导作用

土地是人类社会赖以生存和发展的基本资源和载体，人类的各种活动都要在土地上得以开展。贯彻可持续发展思想就是要实现土地的持续利用，其实质就是要满足当代和未来社会经济发展对土地资源的要求。土地利用既受自然条件制约，又受社会、经济、技术条件影响，它是这些因素共同作用的结果。在所有影响土地利用的各种因素中，确定土地关系的社会生产方式往往起着决定性作用：①人类在土地使用过程中，将土地视为生产资料和劳动对象，从中获取生活资料的"物质性生产方式"，即土地的经济利用为主的方式；②将土地看作是生存空间相依托的"精神性生产方式"，即土地的生态平衡和环境保护为主的方式。所以，要实现土地的可持续利用，首先就是要达到这两种方式的协调，也就是土地利用要同时满足人们对物质利益的追求、对生活质量的改善及对生态环境的保护等多个方面的需求。

土地的可持续利用是由两部分组成的，即人地关系和由于土地而产生的人人关系。人地关系是从资源持续利用角度而言的，也就是人们在利用资源的同时必须注重保护资源。将人类看作是自然界的主宰，人们可以按照自己的意愿任意地处置、榨取自然资源的传统思想已为人们所摒弃，而随着环境保护意识的增强，可持续发展思潮的发展，一种新的哲学思想逐渐产生，这就是将人看作是自然界的一部分，人要长期繁衍下去就应同自然保持一种伙伴关系。正是在此基础上产生了一种新的土地伦理，即土地是人类的伙伴，这里的人类包括所有权人和其他人、当代人和后代人。这也是由土地而产生的人人关系，即土地当前所有者同周围其他人和当代人同未来人之间的关系。所有人不能因为拥有土地而不顾周围他人利益，随意处置、利用土地；当代人也不能仅顾当前利益而实行掠夺式的利用方式，造成土地资源破坏，影响未来人们的利用。

思考题

1. 什么是土地利用的外部性？
2. 土地利用系统有何特征？
3. 土地利用中如何贯彻可持续发展的思想？

第三章 国土空间规划管理

国土空间规划与计划管理是土地利用管理的重要组成部分。通过编制国土空间规划，合理安排各类用地的数量和空间布局，满足经济社会发展对土地资源需求的同时，优化配置土地资源，节约集约利用土地。同时，国土空间规划和计划也是土地用途管制的依据，通过土地用途转用审批，严格保护耕地资源，促进土地合理、高效利用。

第一节 我国空间规划体系概述

在我国土地管理的不同历史时期，针对不同的土地利用问题和不同尺度的空间区域，我国制定了不同层级、不同内容的各类空间性规划，反映了我国国土空间规划的历史特点，并不断走向完善的过程。

一、主体功能区规划

为了促进区域协调发展，"十一五"规划首次提出推进形成主体功能区。根据资源环境承载能力、现有开发密度和发展潜力，统筹考虑未来我国人口分布、经济布局、国土利用和城镇化格局，将国土空间划分为优化开发、重点开发、限制开发和禁止开发四类主体功能区，按照主体功能定位调整完善区域政策和绩效评价，规范空间开发秩序，形成合理的空间开发结构。对于不同的主体功能区，实行分类管理的区域政策。并要求编制全国主体功能区规划，明确主体功能区的范围、功能定位、发展方向和区域政策。党的十七大提出建立主体功能区布局的战略构想，首次把这个概念写入党代会的政治报告。2011年3月，"实施主体功能区战略"被纳入国民经济和社会发展"十二五"规划之中，再次明确主体功能区规划是基础性规划。

主体功能区是根据区域发展基础、资源环境承载能力以及在不同层次区域中的战略地位等对区域发展理念、方向和模式加以确定的类型区，突出区域发展的总体要求。主体功能区可以从不同空间尺度进行划分，既可以有以市、县为基本单元的主体功能区，也可以有以乡、镇为基本单元的主体功能区，取决于空间管理的要求和能力。主体功能区中的优化开发、重点开发、限制开发和禁止开发的"开发"主要是指大规模工业化和城镇化人类活动。优化开发是指在加快经济社会发展的同时更加注重经济增长的方式、质量和效益，实现又好又快地发展。重点开发并不是指所有方面都要重点开发，而是指重点开发那些维护区域主体功能的开发活动。限制开发是指为了维护区域生态功能而进行的保护性开发，对开发的内容、方式和强度进行约束。禁止开发也不是指禁止所有的开发活动（高国力，2007）[①]。

主体功能区规划是根据不同区域的资源环境承载能力、现有开发密度和发展潜力，统筹谋划未来人口分布、经济布局、国土利用和城镇化格局，将国土空间划分为优化开发、重点开发、限制开发和禁止开发四类，确定主体功能定位，明确开发方向，控制开发强度，规范开发秩序，完善开发政策，逐步形成人口、经济、资源环境相协调的空间开发格局。

编制主体功能区规划，有利于坚持以人为本，缩小地区间公共服务的差距，促进区域协调发展；有利于引导经济布局、人口分布与资源环境承载能力相适应，促进人口、经济、资源环境的空间均衡；有利于从源头上扭转生态环境恶化趋势，适应和减缓气候变化，实现资源节约和环境保护；有利于打破行政区划，制定实施有针对性的政策措施和绩效考评体系，加强和改善区域调控。[②]

2010年12月，国务院颁布了《全国主体功能区规划》，并要求各省、自治区、直辖市人民政府尽快组织完成省级主体功能区规划编制工作。2015年由国家发展和改革委员会组织汇编的《全国及各地区主体功能区规划》（上、中、下）由人民出版社出版，对全社会公开。

二、城市规划（城乡规划）

城市规划是历史最悠久的空间规划。它以城市空间中的物质形态部分为对象，以一定时期的经济和社会发展目标为指导，通过确定城市的性质、规模和发展方向，对城市实体发展格局涉及的道路系统及其他基础设施、建筑物、产业及其他城市功能单元在空间上作出安排，协调安排城市各类功能的空间布局，实现合理利用城市土地，有序推进城市空间开发。因此，城市规划是建设城市和管理城市的基本依据，是确保城市空间资源有效配置和土地利用的前提和基础，是实现城市经济和社会发展目标的重要手段之一（史育龙，2008）[③]。

1990年4月1日起实施的《中华人民共和国城市规划法》确立了城市规划的体系、编制主体、编制原则、审批权限和实施要求等内容。城市规划体系包括城镇体系规划、城市（县）规划、镇规划，城市规划包括总体规划和详细规划。国务院城市规划行政主管部门和省、自治区、直辖市人民政府分别组织编制全国和省、自治区、直辖市的城镇体系规划；城市人民政府负责组织编制城市规划；县级人民政府所在地镇的城市

---

① 高国力. 我国主体功能区规划的特征 [J]. 中国农业资源与区划，2007，28（6）：8-13.
② 《国务院关于编制全国主体功能区规划的意见》（国发〔2007〕21号）。
③ 史育龙. 主体功能区规划与城乡规划、土地利用总体规划相互关系研究 [J]. 宏观经济研究，2008（8）：35-40.

规划，由县级人民政府负责组织编制。编制城市规划应当坚持有利生产、方便生活、促进流通、繁荣经济、促进科学技术文化教育事业的原则以及合理用地、节约用地的原则。在规划审批方面，实行分级审批：①直辖市的城市总体规划，由直辖市人民政府报国务院审批；②省和自治区人民政府所在地城市、城市人口在100万以上的城市以及国务院指定的其他城市的总体规划，由省、自治区人民政府审查同意后，报国务院审批；③其他设市城市和县级人民政府所在地镇的总体规划，报省、自治区、直辖市人民政府审批，其中市管辖的县级人民政府所在地镇的总体规划，报市人民政府审批；④其他建制镇的总体规划，报县级人民政府审批。在城市规划区内进行建设需要申请用地的，必须持国家批准建设项目的有关文件，向城市规划行政主管部门申请定点，由城市规划行政主管部门核定其用地位置和界限，提供规划设计条件，核发建设用地规划许可证。建设单位或者个人在取得建设用地规划许可证后，方可向县级以上地方人民政府土地管理部门申请用地，经县级以上人民政府审查批准后，由土地管理部门划拨土地。

2008年1月1日，《中华人民共和国城乡规划法》取代《中华人民共和国城市规划法》的正式生效，城市规划在由空间领域向经济社会领域扩展延伸的同时，空间范围也由城市内部扩展到区域空间层次。《中华人民共和国城乡规划法》是在总结《中华人民共和国城市规划法》和《村庄和集镇规划建设管理条例》施行的基础上，以及在总结改革开放以来我国城乡规划管理工作经验的基础上，以科学发展观为指导所制定的法律。《中华人民共和国城乡规划法》（以下简称《城乡规划法》）的施行，将进一步强化城乡规划的综合调控作用，在城乡经济发展与建设中，加强对自然资源和文化遗产的保护与合理利用，加强对环境的保护，坚持社会的平衡发展，从而促进城乡经济社会全面协调可持续发展，实现全面建设小康社会的目标。[1]

城乡规划，包括城镇体系规划、城市规划、镇规划、乡规划和村庄规划。城市规划、镇规划分为总体规划和详细规划。详细规划分为控制性详细规划和修建性详细规划。城市总体规划是指城市人民政府依据国民经济和社会发展规划以及当地的自然环境、资源条件、历史情况、现状特点，统筹兼顾、综合部署，为确定城市的规模和发展方向，实现城市的经济和社会发展目标，合理利用城市土地，协调城市空间布局等所作的一定期限内的综合部署和具体安排。[2]

依据2019年修正的《城乡规划法》，城乡规划实行分级编制和审批，国务院城乡规划主管部门会同国务院有关部门组织编制全国城镇体系规划，用于指导省域城镇体系规划、城市总体规划的编制。全国城镇体系规划由国务院城乡规划主管部门报国务院审批。省、自治区人民政府组织编制省域城镇体系规划，报国务院审批。城市人民政府组织编制城市总体规划。直辖市的城市总体规划由直辖市人民政府报国务院审批。省、自治区人民政府所在地的城市以及国务院确定的城市的总体规划，由省、自治区

---

[1] 《建设部关于贯彻实施〈城乡规划法〉的指导意见》（建规〔2008〕21号）。

[2] 中华人民共和国自然资源部. 国土常识[EB/OL]. (2009-06-16)[2023-06-18]. https://www.mnr.gov.cn/zt/hd/tdr/2009/gtzs/201807/t20180709_2047524.html.

人民政府审查同意后，报国务院审批。其他城市的总体规划，由城市人民政府报省、自治区人民政府审批。县人民政府组织编制县人民政府所在地镇的总体规划，报上一级人民政府审批。其他镇的总体规划由镇人民政府组织编制，报上一级人民政府审批。城市总体规划、镇总体规划的规划期限一般为20年。

在城乡规划实施方面，城乡规划应当有计划、分步骤地实施。各级行政区内的建设和发展，应当优先安排基础设施以及公共服务设施的建设，改善居民生产和生活条件。城乡建设和发展，应当依法保护和合理利用风景名胜资源，统筹安排风景名胜区及周边乡、镇、村庄的建设。在城市、镇规划区内申请国有土地使用权的项目，要提出建设用地规划许可申请，由城乡规划主管部门核发建设用地规划许可证，由土地主管部门提供土地。在乡、村庄规划区内进行乡镇企业、乡村公共设施和公益事业建设的，由乡、镇人民政府报城市、县人民政府城乡规划主管部门核发乡村建设规划许可证。

三、土地利用规划

土地利用规划是在一定区域内，根据国家社会经济可持续发展的要求和当地自然、经济、社会条件对土地开发、利用、治理、保护在空间上、时间上所作的总体的战略性布局和统筹安排。是从全局和长远利益出发，以区域内全部土地为对象，合理调整土地利用结构和布局；以利用为中心，对土地开发、利用、整治、保护等方面做统筹安排和长远规划。

1986年颁布的《中华人民共和国土地管理法》（以下简称《土地管理法》）第十五条规定，各级人民政府编制土地利用总体规划，地方人民政府的土地利用的总体规划经上级人民政府批准执行。1998年修订的《土地管理法》确立土地用途管制制度，要求在土地利用总体规划中规定土地用途分区，作为土地用途转用审批的依据。2019年，在全国推进"多规合一"的国土空间规划体系背景下，新修订的《土地管理法》确立了国土空间规划体系，规定已经编制国土空间规划的，不再编制土地利用总体规划和城乡规划。

土地利用总体规划是指由国家或地方各级人民政府依据国民经济和社会发展规划、国土整治和资源环境保护的要求、土地供给能力以及各项建设对土地的需求而编制的总体利用规划。显然，土地利用总体规划的主要目的是协调各部门的用地需求，充分、合理地利用有限的土地资源，为国民经济和社会发展提供土地保障（史育龙，2008）[①]。土地利用总体规划一般要考虑10~30年的规划时段，提出规划的长期目标、战略任务、战略措施及实施步骤，确定长远的土地利用方针等，因而它具有战略性。编制中要求采用以空间控制为主、指标控制为辅、定量定位定性定序的规划模式，从而充分体现规划的空间性。土地利用总体规划作为国民经济和社会发展计划的组成部分，一经政

---

① 史育龙. 主体功能区规划与城乡规划、土地利用总体规划相互关系研究 [J]. 宏观经济研究，2008 (8)：35-40.

府审议批准就有法律效力，必须严格执行，体现其权威性和严肃性（王万茂等，2021）[①]。

城市总体规划、村庄和集镇规划，应当与土地利用总体规划相衔接，城市总体规划、村庄和集镇规划中建设用地规模不得超过土地利用总体规划确定的城市和村庄、集镇建设用地规模。江河、湖泊综合治理和开发利用规划，应当与土地利用总体规划相衔接。经批准的土地利用总体规划的修改，须经原批准机关批准；未经批准，不得改变土地利用总体规划确定的土地用途。经国务院批准的大型能源、交通、水利等基础设施建设用地，需要改变土地利用总体规划的，根据国务院的批准文件修改土地利用总体规划。经省、自治区、直辖市人民政府批准的能源、交通、水利等基础设施建设用地，需要改变土地利用总体规划的，属于省级人民政府土地利用总体规划批准权限内的，根据省级人民政府的批准文件修改土地利用总体规划。

四、国土空间规划

2013年《中共中央关于全面深化改革若干重大问题的决定》提出，要"建立空间规划体系，划定生产、生活、生态开发管制边界，落实用途管制"，以及"完善自然资源监管体制，统一行使国土空间用途管制职责"。2014年的《生态文明体制改革总体方案》则要求，要构建"以空间规划为基础，以用途管制为主要手段的国土空间开发保护制度"，构建"以空间治理和空间结构优化为主要内容，全国统一、相互衔接、分级管理的空间规划体系"。2018年2月28日，《中共中央关于深化党和国家机构改革的决定》则最终确定了自然资源部的改革目标。并强调，强化国土空间规划对各专项规划的指导约束作用，推进"多规合一"，实现土地利用规划、城乡规划等有机融合。2019年5月，《中共中央 国务院关于建立国土空间规划体系并监督实施的若干意见》进一步指出，建立国土空间规划体系并监督实施，将主体功能区规划、土地利用规划、城乡规划等空间规划融合为统一的国土空间规划，实现"多规合一"，强化国土空间规划对各专项规划的指导约束作用，是党中央、国务院作出的重大部署。

建立国土空间规划体系是解决我国现代化发展障碍的必然选择，具有十分重要的意义。尽管各级各类空间规划在支撑城镇化快速发展、促进国土空间合理利用和有效保护方面发挥了积极作用，但也存在规划类型过多、内容重叠冲突，审批流程复杂、周期过长，地方规划朝令夕改等问题。建立全国统一、责权清晰、科学高效的国土空间规划体系，整体谋划新时代国土空间开发保护格局，综合考虑人口分布、经济布局、国土利用、生态环境保护等因素，科学布局生产空间、生活空间、生态空间，是加快形成绿色生产方式和生活方式、推进生态文明建设、建设美丽中国的关键举措，是坚持以人民为中心、实现高质量发展和高品质生活、建设美好家园的重要手段，是保障国家战略有效实施、促进国家治理体系和治理能力现代化、实现"两个一百年"奋斗目标和中华民族伟大复兴中国梦的必然要求。

---

① 王万茂，王群，严金明，吴克宁，师学义. 土地利用规划学（第九版）[M]. 北京：中国农业出版社，2021.

国土空间规划体系的建立和实施是一个稳步推进的过程，到2020年，基本建立国土空间规划体系，逐步建立"多规合一"的规划编制审批体系、实施监督体系、法规政策体系和技术标准体系；基本完成市县以上各级国土空间总体规划编制，初步形成全国国土空间开发保护"一张图"。到2025年，健全国土空间规划法规政策和技术标准体系；全面实施国土空间监测预警和绩效考核机制；形成以国土空间规划为基础，以统一用途管制为手段的国土空间开发保护制度。到2035年，全面提升国土空间治理体系和治理能力现代化水平，基本形成生产空间集约高效、生活空间宜居适度、生态空间山清水秀，安全和谐、富有竞争力和可持续发展的国土空间格局。

第二节 国土空间规划概述

一、国土空间规划的含义

国土空间规划是对国土空间的保护、开发、利用、修复作出的总体部署与统筹安排，包括总体规划、详细规划和相关专项规划。国土空间规划是国家空间发展的指南、可持续发展的空间蓝图，是各类开发保护建设活动的基本依据。①

二、国土空间规划的体系和定位

（一）"五级三类"体系

"五级"是从纵向管理层级上，与我国的行政管理层级相对应，包括国家级、省级、市级（地级）、县级、乡镇级组成的五级国土空间规划。国家、省、市县编制国土空间总体规划，各地结合实际编制乡镇国土空间规划。

"三类"是在规划类型上，国土空间规划由总体规划、详细规划、相关专项规划三种规划类型组成。相关专项规划是指在特定区域（流域）、特定领域，为体现特定功能，对空间开发保护利用作出的专门安排，是涉及空间利用的专项规划。国土空间总体规划是详细规划的依据、相关专项规划的基础；相关专项规划要相互协同，并与详细规划做好衔接。"五级三类"规划体系如图3-1所示。

在规划体系的内部结构方面，在分级分类的基础上，从"战略性""协调性"和"实施性"的角度定性地进行纵向分解，并且用建立在国土空间基础信息平台基础上的国土空间规划"一张图"统合各层次规划；而在横向上，将各类专项规划作为总体规划的组成部分，在编制和审批中要进行协调核对，最终成果要叠加到"一张图"上，由此保证了各类专项规划能够与上下对应的各级总体规划之间的统一。由此可见，通过"国土空间规划一张图"的建制，为各层次、多类型规划之间的统一和上下贯通提

---

① 《中共中央 国务院关于建立国土空间规划体系并监督实施的若干意见》（国务院公报2019年第16号）。

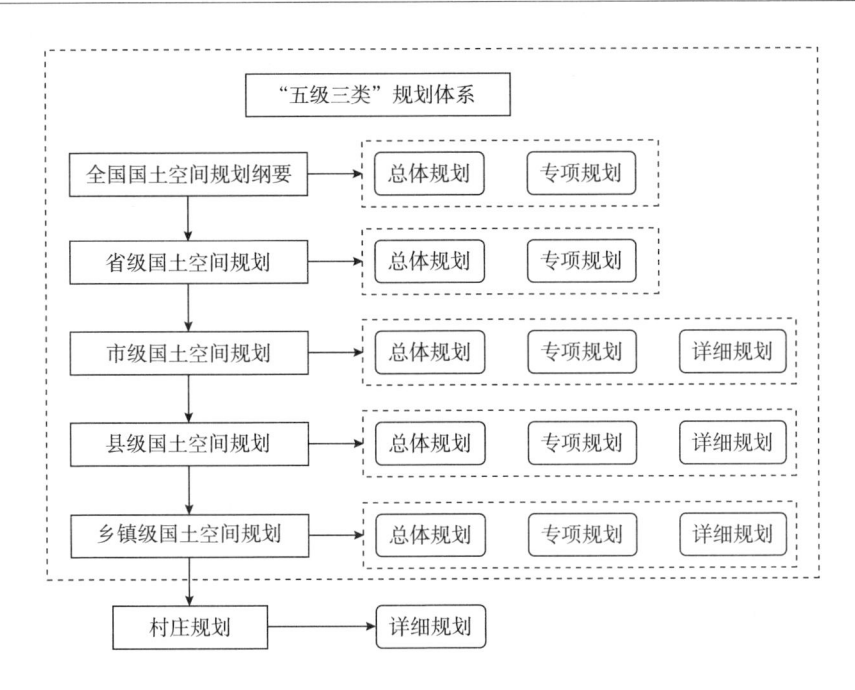

```
┌─────────────────────────────────────────────────┐
│              "五级三类"规划体系                    │
│  ┌──────────────┐    ┌──────┐ ┌──────┐           │
│  │全国国土空间规划纲要│───▶│总体规划│ │专项规划│           │
│  └──────┬───────┘    └──────┘ └──────┘           │
│         ▼                                       │
│  ┌──────────────┐    ┌──────┐ ┌──────┐           │
│  │ 省级国土空间规划 │───▶│总体规划│ │专项规划│           │
│  └──────┬───────┘    └──────┘ └──────┘           │
│         ▼                                       │
│  ┌──────────────┐    ┌──────┐ ┌──────┐ ┌──────┐  │
│  │ 市级国土空间规划 │───▶│总体规划│ │专项规划│ │详细规划│  │
│  └──────┬───────┘    └──────┘ └──────┘ └──────┘  │
│         ▼                                       │
│  ┌──────────────┐    ┌──────┐ ┌──────┐ ┌──────┐  │
│  │ 县级国土空间规划 │───▶│总体规划│ │专项规划│ │详细规划│  │
│  └──────┬───────┘    └──────┘ └──────┘ └──────┘  │
│         ▼                                       │
│  ┌──────────────┐    ┌──────┐ ┌──────┐ ┌──────┐  │
│  │乡镇级国土空间规划│───▶│总体规划│ │专项规划│ │详细规划│  │
│  └──────┬───────┘    └──────┘ └──────┘ └──────┘  │
└─────────┼───────────────────────────────────────┘
          ▼
   ┌──────────┐     ┌──────┐
   │ 村庄规划  │────▶│详细规划│
   └──────────┘     └──────┘
```

图 3-1 国土空间规划体系

资料来源：根据相关内容由笔者绘制。

供了基础，应该说，这是规划体系建构中的一大创新，相对于过去的城乡规划体系而言，也是一个重大的转变（孙施文，2020）[1]。

（二）各级各类规划的定位和作用

1. 全国国土空间规划

全国国土空间规划是对全国国土空间作出的全局安排，是全国国土空间保护、开发、利用、修复的政策和总纲，侧重战略性，由自然资源部会同相关部门组织编制，由党中央、国务院审定后印发。全国国土空间规划是省级国土空间规划和相关专项规划的依据。

2. 省级国土空间规划

省级国土空间规划是对全国国土空间规划纲要的落实和深化，是一定时期内省域国土空间保护、开发、利用、修复的政策和总纲，是编制省级相关专项规划、市县等下位国土空间规划的基本依据，在国土空间规划体系中发挥承上启下、统筹协调作用，具有战略性、协调性、综合性和约束性[2]。侧重协调性，由省级政府组织编制，经同级人大常委会审议后报国务院审批。

3. 市县和乡镇国土空间规划

市县和乡镇国土空间规划是本级政府对上级国土空间规划要求的细化落实，是对

---

[1] 孙施文. 从城乡规划到国土空间规划 [J]. 城市规划学刊，2020 (4)：11-17.
[2] 《自然资源部办公厅关于印发〈省级国土空间规划编制指南〉（试行）的通知》（中华人民共和国自然资办发〔2020〕5号）。

本行政区域开发保护作出的具体安排，侧重实施性。

市级总规是城市为实现"两个一百年"奋斗目标制定的空间发展蓝图和战略部署，是城市落实新发展理念、实施高效能空间治理、促进高质量发展和高品质生活的空间政策，是市域国土空间保护、开发、利用、修复和指导各类建设的行动纲领。市级总规要体现综合性、战略性、协调性、基础性和约束性，落实和深化上位规划要求，为编制下位国土空间总体规划、详细规划、相关专项规划和开展各类开发保护建设活动、实施国土空间用途管制提供基本依据。[①]

4. 详细规划

在市县及以下编制详细规划。详细规划是对具体地块用途和开发建设强度等作出的实施性安排，是开展国土空间开发保护活动、实施国土空间用途管制、核发城乡建设项目规划许可、进行各项建设等的法定依据。在城镇开发边界内的详细规划，由市县自然资源主管部门组织编制，报同级政府审批；在城镇开发边界外的乡村地区，以一个或几个行政村为单元，由乡镇政府组织编制"多规合一"的实用性村庄规划，作为详细规划，报上一级政府审批。

三、国土空间规划编制的要求

（一）体现战略性

全面落实党中央、国务院重大决策部署，体现国家意志和国家发展规划的战略性，自上而下编制各级国土空间规划，对空间发展作出战略性系统性安排。落实国家安全战略、区域协调发展战略和主体功能区战略，明确空间发展目标，优化城镇化格局、农业生产格局、生态保护格局，确定空间发展策略，转变国土空间开发保护方式，提升国土空间开发保护质量和效率。

（二）提高科学性

坚持生态优先、绿色发展，尊重自然规律、经济规律、社会规律和城乡发展规律，因地制宜开展规划编制工作；坚持节约优先、保护优先、自然恢复为主的方针，在资源环境承载能力和国土空间开发适宜性评价的基础上，科学有序统筹布局生态、农业、城镇等功能空间，划定生态保护红线、永久基本农田、城镇开发边界等空间管控边界以及各类海域保护线，强化底线约束，为可持续发展预留空间。坚持山水林田湖草生命共同体理念，加强生态环境分区管治，量水而行，保护生态屏障，构建生态廊道和生态网络，推进生态系统保护和修复，依法开展环境影响评价。坚持陆海统筹、区域协调、城乡融合，优化国土空间结构和布局，统筹地上地下空间综合利用，着力完善交通、水利等基础设施和公共服务设施，延续历史文脉，加强风貌管控，突出地域特色。坚持上下结合、社会协同，完善公众参与制度，发挥不同领域专家的作用。运用城市设计、乡村营造、大数据等手段，改进规划方法，提高规划编制水平。

---

① 《自然资源部办公厅关于印发〈市级国土空间总体规划编制指南（试行）〉的通知》（中华人民共和国自然资办发〔2020〕46号）。

（三）加强协调性

强化国家发展规划的统领作用，强化国土空间规划的基础作用。国土空间总体规划要统筹和综合平衡各相关专项领域的空间需求。详细规划要依据批准的国土空间总体规划进行编制和修改。相关专项规划要遵循国土空间总体规划，不得违背总体规划强制性内容，其主要内容要纳入详细规划。

（四）注重操作性

按照谁组织编制、谁负责实施的原则，明确各级各类国土空间规划编制和管理的要点。明确规划约束性指标和刚性管控要求，同时提出指导性要求。制定实施规划的政策措施，提出下级国土空间总体规划和相关专项规划、详细规划的分解落实要求，健全规划实施传导机制，确保规划能用、管用、好用。[①]

第三节 国土空间规划的编制审批和实施管理

一、国土空间规划编制和审批主体

不同层级国土空间规划分别由各级人民政府组织编制，实行分级审批：

（1）全国国土空间规划由自然资源部会同相关部门组织编制，由党中央、国务院审定后印发。

（2）省级国土空间规划编制主体为省级人民政府，由省级自然资源主管部门会同相关部门开展具体编制工作，经同级人大常委会审议后报国务院审批。

（3）市县和乡镇国土空间规划，需报国务院审批的，由市政府组织编制，市级自然资源主管部门会同相关部门承担具体编制工作，经同级人大常委会审议后，由省级政府报国务院审批；其他市县及乡镇国土空间规划由人民政府负责组织编制工作，同级人民政府自然资源主管部门会同相关部门承担具体编制工作，报上级人民政府审批。

（4）海岸带、自然保护地等专项规划及跨行政区域或流域的国土空间规划，由所在区域或上一级自然资源主管部门牵头组织编制，报同级政府审批。

（5）涉及空间利用的某一领域专项规划，如交通、能源、水利、农业、信息、市政等基础设施，公共服务设施，军事设施，以及生态环境保护、文物保护、林业草原等专项规划，由相关主管部门组织编制。相关专项规划可在国家、省和市县层级编制，不同层级、不同地区的专项规划可结合实际选择编制的类型和精度。

（6）在城镇开发边界内的详细规划，由市县自然资源主管部门组织编制，报同级政府审批；在城镇开发边界外的乡村地区，以一个或几个行政村为单元，由乡镇政府组织编制"多规合一"的实用性村庄规划，作为详细规划，报上一级政府审批。

[①] 《中共中央 国务院关于建立国土空间规划体系并监督实施的若干意见》（国务院公报2019年第16号）。

二、国土空间规划的编制范围和期限

全国国土空间总体规划范围为我国主权管辖范围内的全部陆域和海域国土空间。省级、市级、县级、乡镇级国土空间编制范围为各级政府行政辖区内全部陆域和管理海域国土空间。相关专项规划的规划范围为特定区域（流域）、特定领域。详细规划的规划范围为具体地块、整个村庄或比较完整的成片地区。

各级各类国土空间规划的规划期限为 15 年。第一轮国土空间规划的规划目标年为 2035 年，近期目标年为 2025 年，远景展望至 2050 年。

三、国土空间规划编制的重点内容

《土地管理法》第十八条第二款规定，编制国土空间规划应当坚持生态优先，绿色、可持续发展，科学有序统筹安排生态、农业、城镇等功能空间，优化国土空间结构和布局，提升国土空间开发、保护的质量和效率。《土地管理法实施条例》第三条第二款规定，国土空间规划应当包括国土空间开发保护格局和规划用地布局、结构、用途管制要求等内容，明确耕地保有量、建设用地规模、禁止开垦的范围等要求，统筹基础设施和公共设施用地布局，综合利用地上地下空间，合理确定并严格控制新增建设用地规模，提高土地节约集约利用水平，保障土地的可持续利用。具体到各级各类规划，其目标定位、作用功能不同，编制的重点内容也不同。

（一）国家级国土空间规划的重点内容

（1）体现国家意志导向，维护国家安全和国家主权，谋划顶层设计和总体部署，明确国土空间开发保护的战略选择和目标任务。

（2）明确国土空间规划管控的底数、底盘、底线和约束性指标。

（3）协调区域发展、海陆统筹和城乡统筹，优化部署重大资源、能源、交通、水利等关键性空间要素。

（4）进行地域分区，统筹全国生产力组织和经济布局，调整和优化产业空间布局结构，合理安排全国性工业集聚区、新兴产业示范基地、农业商品生产基地布局。

（5）合理规划城镇体系，合理布局中心城市、城市群或城市圈。

（6）统筹推进大江大河流域治理，跨省区的国土空间综合整治和生态保护修复，建立以国家公园为主体的自然保护地体系。

（7）提出国土空间开发保护的政策宣言和差别化空间治理的总体原则。

（二）省级国土空间规划的重点内容

（1）落实国家规划的重大战略、目标任务和约束性指标；落实国家区域协调发展战略和主体功能区战略定位对本地区要求，根据自然资源禀赋、经济社会和城镇化发展阶段以及人口消费变化趋势，分析风险问题，研判发展趋势，统筹经济社会发展、城乡空间布局、粮食安全、资源开发与生态建设，明确省域主体功能区划，制定省域国土空间开发保护总体战略目标。在落实国家约束性指标的同时，根据本省实际需要，拟定需要新增的约束性指标。从空间管控、资源配置、保护修复等方面提出分阶段规划指标并分解下达。

（2）提出省域国土空间组织的空间竞争战略、战略性区位、空间结构优化战略、空间可持续发展战略和解决空间问题的"一揽子"战略方案。构建绿色高质量发展、区域协调、城乡融合的省域国土空间开发保护总体格局。形成"多中心、网络化、组团式、集约型"的城乡发展格局。明确省域空间结构、生态保护格局、农业发展格局和基础设施布局，统筹确定省域内三条控制线总体格局、重点区域和各市县规模。以城市群为主体，形成都市圈、城镇圈和社区、乡村生活圈协调发展的城乡融合发展格局。

（3）合理配置国土空间要素，划定地域分区，突出永久基本农田集中保护区、生态保育区、旅游休闲区、农业复合区等功能区。坚持最严格的生态环境保护制度、资源节约制度和耕地保护制度，对耕地特别是永久基本农田实行特殊保护，统筹各类自然资源和能源保护利用，明确开发利用的总量、结构和时序。坚持基本公共服务均等化和基础设施通达程度相对均衡，统筹优化重大基础设施布局，明确综合交通体系和网络，提出信息通信、新能源、水利等区域性基础设施和文化、教育、医疗、体育、养老等公共服务设施的布局原则和规划要求。提出省域内重大资源、能源、交通、水利等关键性空间要素的布局方案。坚持历史文化和风貌特色保护，明确历史文化遗产保护底线，提出省域休闲空间规划指引，满足人民群众日益增长的美好生活需要。

（4）加强国土空间整治修复。遵循山水林田湖草生命共同体的理念，坚持自然恢复为主，注重统筹陆海、城乡空间以及流域上下游，明确生态保护修复的目标、任务、重点区域和重大工程，制订具体行动计划和进度安排。运用城乡建设用地增减挂钩、增存挂钩、耕地占补平衡机制，引导城市有机更新和乡村全域整治，修复大地景观风貌，实现国土空间生态整体保护、系统修复和综合治理。

（5）强化国土空间区际协调。强化区域协调发展，提出广域空间和省际、省内重点地区协调发展要求和措施，包括省际交界地区和省内重点地区产业协同发展、基础设施共建共享、跨区域生态廊道共治共保、资源能源统筹利用等。建立规划纵向传递和横向传导的管控机制，提出与各专项规划相衔接的管控要求，明确城镇体系结构和中心城市等级体系，提出下层次规划编制指引要求。划分中心城、新城、产业集聚区、重点镇、一般镇等功能分区，确定各级各类城市规模和结构。

（6）制定规划实施保障政策。优化省域主体功能区划，根据不同主体功能定位，制定差异的指标体系、配套政策和考核机制。提出国土空间开发保护的政策体系，提出促进乡村发展和激活乡村活力的规划政策指引。明确三条控制线在下层次规划中的划定任务，细化三条控制线管控、转换和准入规则，实现分级分类管理。探索建立以土地为基础的自然资源产权制度。建立国土空间基础信息平台，完善规划实施动态监测和评估机制，健全国土空间变化监测体系，完善监测指标和网络，对规划实施情况进行监测评估和定期调整（吴次芳等，2019）[①]。

---

① 吴次芳，叶艳妹，吴宇哲，岳文泽. 国土空间规划［M］. 北京：地质出版社，2019.

（三）市县国土空间规划

1. 在刚性管控方面

（1）确定建设用地规模、耕地保有量等约束性指标。

（2）确定生态保护红线和永久基本农田的控制规模及精准的空间落位。

（3）对中心城区和乡镇等集中建设区进行结构性的用地布局，并结合多方面、综合性的专题研究，划定城镇开发边界。

（4）确定"三线"的管理、控制与调整规则等。

2. 在规划指引和传导方面

（1）制定全域层面及各片区层面的发展目标和战略路径。

（2）明确各片区的建设用地规模、耕地保有量等指标任务。

（3）划定规划分区，提出各分区的管控要求。

（4）确定区域性的重大基础设施布局、重要的公共服务设施布局、重要的控制廊道、重点保护和开发对象等方面的内容，并制定各片区公共服务设施和基础设施的配建标准（蔡健等，2020）[1]。

（四）乡镇级国土空间规划

（1）统筹生态保护修复。

（2）统筹耕地和永久基本农田保护。

（3）统筹农村住房建设。

（4）统筹公共基础服务设施布局。

（5）乡村振兴和产业发展空间安排。

（6）乡村综合防灾减灾规划。

（7）统筹自然历史文化传承与保护等（谭朝艺，2021）[2]。

四、国土空间规划的审批管理

（一）省级国土空间规划的论证和审批要求

省级人民政府负责组织规划成果的专家论证，并及时征求自然资源部等部门意见。规划论证情况在规划说明中要形成专章，包括规划环境影响评价、专家论证意见、部门和地方意见采纳情况等。对存在重大分歧和颠覆性意见的意见建议，行政层面不要轻易拍板，要经过充分论证后形成决策方案。[3]

规划成果论证完善后，经同级人大常委会审议后报国务院审批。上报成果应包括规划文本、图集、说明、专家评审和人大审议意见、国土空间规划"一张图"系统建设成果报告及矢量数据库等。

---

[1] 蔡健，陈巍，刘维超，丁兰馨．市县及以下层级国土空间规划的编制体系与内容探索［J］．规划师，2020，36（15）：32-37．

[2] 谭朝艺．乡镇级国土空间规划编制的思考［J］．中国土地，2021（1）：19-21．

[3]《自然资源部办公厅关于印发〈省级国土空间规划编制指南〉（试行）的通知》（中华人民共和国自然资办发〔2020〕5号）。

规划经批准后，应在一个月内向社会公告。涉及向社会公开的文本和图件，应符合国家保密管理和地图管理等有关规定。

（二）国务院审批的市级国土空间总体规划

在方案论证阶段和成果报批之前，审查机关应组织专家参与论证和进行审查。审查要件包括市级总规相关成果。报国务院审批城市的审查要点依据《自然资源部关于全面开展国土空间规划工作的通知》（自然资发〔2019〕87号），其他城市的审查要点各省（区）可结合实际参照执行。①

（三）规划审批改革

按照谁审批、谁监管的原则，分级建立国土空间规划审查备案制度。精简规划审批内容，管什么就批什么，大幅缩减审批时间。减少需报国务院审批的城市数量，直辖市、计划单列市、省会城市及国务院指定城市的国土空间总体规划由国务院审批。相关专项规划在编制和审查过程中应加强与有关国土空间规划的衔接及"一张图"的核对，批复后纳入同级国土空间基础信息平台，叠加到国土空间规划"一张图"上。②

省级政府自然资源主管部门应简化报批流程，取消规划大纲报批环节。压缩审查时间，省级国土空间规划和国务院审批的市级国土空间总体规划，自审批机关交办之日起，一般应在90天内完成审查工作，上报国务院审批。各省（自治区、直辖市）也要简化审批流程和时限。③

五、国土空间规划的实施管理

（一）强化国土空间规划的权威性和法律地位

规划一经批复，任何部门和个人不得随意修改、违规变更，防止出现换一届党委和政府改一次规划。下级国土空间规划要服从上级国土空间规划，相关专项规划、详细规划要服从总体规划；坚持先规划、后实施，不得违反国土空间规划进行各类开发建设活动；坚持"多规合一"，不在国土空间规划体系之外另设其他空间规划。相关专项规划的有关技术标准应与国土空间规划衔接。因国家重大战略调整、重大项目建设或行政区划调整等确需修改规划的，须先经规划审批机关同意后，方可按法定程序进行修改。对国土空间规划编制和实施过程中的违规、违纪、违法行为，要严肃追究责任。

（二）健全用途管制制度、严肃规划许可管理

以国土空间规划为依据，对所有国土空间分区分类实施用途管制。在城镇开发边界内的建设，实行"详细规划+规划许可"的管制方式；在城镇开发边界外的建设，按照主导用途分区，实行"详细规划+规划许可"和"约束指标+分区准入"的管制方式。对以国家公园为主体的自然保护地、重要海域和海岛、重要水源地、文物等实行

---

① 《自然资源部办公厅关于印发〈市级国土空间总体规划编制指南（试行）〉的通知》（中华人民共和国自然资办发〔2020〕46号）。
② 《中共中央 国务院关于建立国土空间规划体系并监督实施的若干意见》（国务院公报2019年第16号）。
③ 《自然资源部关于全面开展国土空间规划工作的通知》（自然资发〔2019〕87号）。

特殊保护制度。

国有土地使用权出让设置规划条件、核发建设用地规划许可证、建设工程规划许可证、低效用地再开发、落实土地征收成片开发方案、实施城市更新等应严格依据控制性详细规划；实施全域土地综合整治、核发乡村建设规划许可证应严格依据村庄规划或乡镇国土空间规划。

（三）监督规划实施

依托国土空间规划"一张图"实施监督系统和监测网络，实现各级规划编制、审批、修改、实施全过程在线管理。上级自然资源主管部门要会同有关部门组织对下级国土空间规划中各类管控边界、约束性指标等管控要求的落实情况进行监督检查，将国土空间规划执行情况纳入自然资源执法督察内容。建立定期体检、五年评估的常态化规划实施监督机制，将国土空间规划体检评估结果作为编制、审批、修改规划和审计、执法、督察的重要参考。

（四）推进"放管服"改革

以"多规合一"为基础，统筹规划、建设、管理三大环节，推动"多审合一""多证合一"。优化现行建设项目用地（海）预审、规划选址以及建设用地规划许可、建设工程规划许可等审批流程，提高审批效能和监管服务水平。[1][2]

第四节　国土空间用途管制

一、国土空间用途管制的起源

长期以来，我国土地资源、草原资源、林地资源、湿地资源、海洋资源、水资源等资源的调查和用途管制分散在各个部门，职能交叉重叠，容易破坏生态环境系统的整体性。为此，建立自然资源的统一调查和管理体制成为推进我国治理体系和治理能力现代化的必然选择。

2018年中共中央印发《深化党和国家机构改革方案》，决定成立自然资源部，将国土资源部的职责，国家发展和改革委员会的组织编制主体功能区规划职责，住房和城乡建设部的城乡规划管理职责，水利部的水资源调查和确权登记管理职责，农业部的草原资源调查和确权登记管理职责，国家林业局的森林、湿地等资源调查和确权登记管理职责，国家海洋局的职责，国家测绘地理信息局的职责整合，组建自然资源部，作为国务院组成部门。自然资源部对外保留国家海洋局牌子。2018年4月自然资源部正式揭牌，内设国土空间用途管制司，主要职责是拟订国土空间用途管制制度规范和

---

[1]《中共中央　国务院关于建立国土空间规划体系并监督实施的若干意见》（国务院公报2019年第16号）。
[2]《自然资源部关于进一步加强国土空间规划编制和实施管理的通知》（自然资发〔2022〕186号）。

技术标准。提出土地、海洋年度利用计划并组织实施。组织拟订耕地、林地、草地、湿地、海域、海岛等国土空间用途转用政策，指导建设项目用地预审工作。承担报国务院审批的各类土地用途转用的审核、报批工作。拟订开展城乡规划管理等用途管制政策并监督实施。

2019年5月，《中共中央 国务院关于建立国土空间规划体系并监督实施的若干意见》提出："详细规划是对具体地块用途和开发建设强度等作出的实施性安排，是开展国土空间开发保护活动、实施国土空间用途管制、核发城乡建设项目规划许可、进行各项建设等的法定依据。"国家再次提出实施空间用途管制。

2019年8月，《中华人民共和国土地管理法》修正案通过，完成自颁布后的第三次修正。把原来的"国务院土地行政主管部门统一负责全国土地的管理和监督工作"，修改为"国务院自然资源主管部门统一负责全国土地的管理和监督工作"。同时明确提出统一的不动产登记，体现了土地资源的统一管理，体现了山水林田湖草是一个生命共同体的生态文明理念，以立法形式体现了我国自然资源统一管理制度的不断完善。

因此，建立国土空间管制制度，是践行"绿水青山就是金山银山"的理念，统筹山水林田湖草系统治理，实施"多规合一"的空间规划，实现自然资源统一管理的内在要求。

二、国土空间用途管制的基础

2019年5月，《自然资源部关于全面开展国土空间规划工作的通知》（自然资发〔2019〕87号）明确要求构建国土空间规划"一张图"实施监督信息系统，作为国土空间用途管制的基础。2019年7月，自然资源部办公厅印发《关于开展国土空间规划"一张图"建设和现状评估工作的通知》（自然资办发〔2019〕38号），针对国土空间规划"一张图"的绘制、国土空间基础信息平台的建设以及国土空间开发保护现状评估工作的开展等给出了具体的指导意见。国土空间规划"一张图"建设，核心是建立完善国土空间基础信息平台，同步构建国土空间规划"一张图"实施监督信息系统。

（一）"一张图"建设目标

建设完善省、市、县各级国土空间基础信息平台，以第三次全国国土调查成果为基础，整合国土空间规划编制所需的各类空间关联数据，形成坐标一致、边界吻合、上下贯通的一张底图，作为国土空间规划编制的工作基础。依托平台，以一张底图为基础，整合叠加各级各类国土空间规划成果，实现各类空间管控要素精准落地，形成覆盖全国、动态更新、权威统一的全国国土空间规划"一张图"，为统一国土空间用途管制、强化规划实施监督提供法定依据。基于平台，同步推动省、市、县各级国土空间规划"一张图"实施监督信息系统建设，为建立健全国土空间规划动态监测评估预警和实施监管机制提供信息化支撑。

（二）国土空间基础平台建设

1. 平台总体框架

国土空间基础平台建设包括五个部分：①基础数据和日常管理数据的汇总，包括以第三次国土调查为核心的调查评价数据、不动产统一登记数据、日常管理数据、相关部门共享数据、大数据挖掘信息等。②基础设施，包括数据储存设备、运算系统、安全设施和网络系统。③在前两者的基础上形成的数据资源层，包括现状数据层、规划数据层和管理数据层，并形成国土空间规划"一张图"。④功能模块，该平台建成后可以为国土空间规划编制和监督实施、国土空间用途管制、国土空间生态修复等提供数据支撑和技术保障。⑤法规体系。信息平台的建设要遵循自然资源法规政策的要求，并按照信息系统的统一标准规范构建。从而形成国家、省、市、县上下贯通、部门联动、安全可靠的信息平台。各部分之间的结构关系如图 3-2 所示。

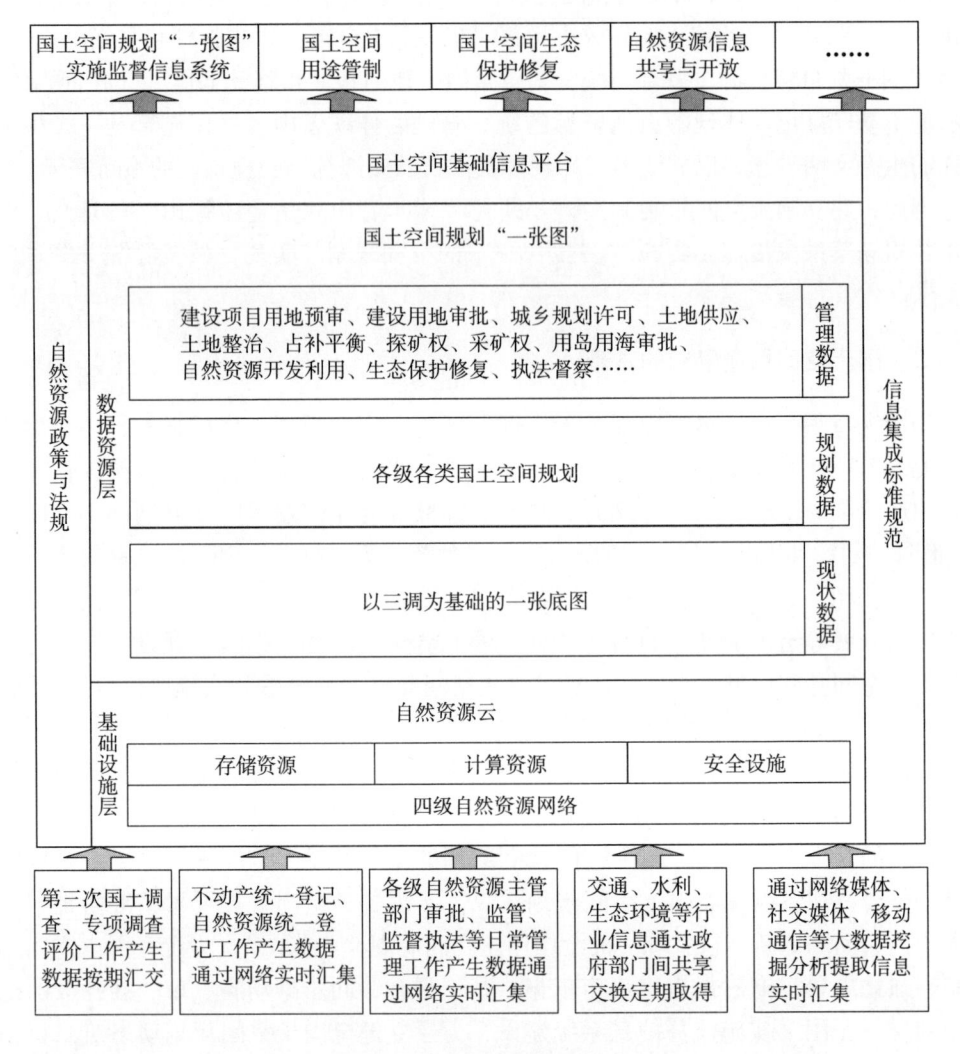

图 3-2 平台总体框架

资料来源：参照 2019 年 7 月中华人民共和国自然资源部《国土空间规划"一张图"建设指南（试行）》绘制。

2. 建设模式

省级以下平台建设由省级自然资源主管部门统筹。可采取省内统一建设模式,建立省市县共用的统一平台;也可以采用独立建设模式,省市县分别建立本级平台;或采用统分结合的建设模式,省市县部分统一建立、部分独立建立本级平台。当采取省级集中建设方式时,可基于互联网、业务网和涉密网应用,分类推进互联网版、政务版和涉密版平台建设,按照"成熟一个,接入一个"的原则,推进各级平台的对接。各地平台建设须遵守安全保密要求,涉密数据在涉密网(国家电子政务内网)全国联通之前通过离线方式进行交换,非涉密数据可通过自然资源业务网及互联网(国家电子政务外网)进行传输。

3. 形成一张底图

基于第三次全国国土调查成果,采用国家统一的测绘基准和测绘系统(统一采用2000年国家大地坐标系和1985国家高程基准作为空间定位基础),在坐标一致、边界吻合、上下贯通的前提下,可整合集成遥感影像(高分辨率影像)、基础地理、基础地质、地理国情普查等现状类数据,共享发改、环保、住建、交通、水利、农业等部门国土空间相关信息,开展地类细化调查和补充调查,依托平台,形成一张底图,支撑国土空间规划编制。

各级各类国土空间规划编制及其中生态保护红线、永久基本农田、城镇开发边界、自然保护地和历史文化保护范围的划定等内容均须与一张底图相对应。一张底图应随年度国土利用变更调查、补充调查等工作及时更新。

4. 建立全国国土空间规划"一张图"

自然资源部统一提出国土空间规划数据库标准、国土空间规划数据汇交要求、国土空间规划数据库质量检查细则和相关接口规范。省、市、县级可在此基础上结合本级实际管理要求进行拓展。

各地应按照统一标准和要求,与国土空间规划编制工作同步开展各级各类国土空间规划数据库建设。在推进省级国土空间规划和市县国土空间总体规划编制中,应及时将规划成果向本级平台入库和向国家级平台汇交,作为详细规划和相关专项规划编制和审批的基础和依据。经核对和审批的详细规划和相关专项规划成果由本级自然资源主管部门整合叠加后,按照规定的汇交程序和汇交频率逐级向国家级平台汇交,逐步形成以一张底图为基础,可层层叠加且打开的全国国土空间规划"一张图"。规划发生调整并经审批后,应及时完成数据库更新和数据汇交,实现国土空间规划"一张图"的动态更新。所有入库数据应按照相应的质检细则进行质量检查,规划成果数据在涉密内网联通前应按照离线方式完成汇交。

三、国土空间用途管制的基本依据

2019年11月,中共中央办公厅、国务院办公厅印发《关于在国土空间规划中统筹划定落实三条控制线的指导意见》明确了"生态保护红线、永久基本农田、城镇开发边界"三条控制线划定的基本原则、划定要求和冲突解决措施;强调"三条控制线是国土空间用途管制的基本依据"。2020年各级国土空间规划陆续编制，三条控制线的划定标志着空间用途管制工作已经开始。

（一）三条控制线划定的基本原则

（1）底线思维，保护优先。以资源环境承载能力和国土空间开发适宜性评价为基础，科学有序统筹布局生态、农业、城镇等功能空间，强化底线约束，优先保障生态安全、粮食安全、国土安全。

（2）多规合一，协调落实。按照统一底图、统一标准、统一规划、统一平台要求，科学划定落实三条控制线，做到不交叉不重叠不冲突。

（3）统筹推进，分类管控。坚持陆海统筹、上下联动、区域协调，根据各地不同的自然资源禀赋和经济社会发展实际，针对三条控制线不同功能，建立健全分类管控机制。

（二）三条控制线的含义与划定要求

1. 生态保护红线

生态保护红线是指在生态空间范围内具有特殊重要生态功能、必须强制性严格保护的区域。优先将具有重要水源涵养、生物多样性维护、水土保持、防风固沙、海岸防护等功能的生态功能极重要区域，以及生态极敏感脆弱的水土流失、沙漠化、石漠化、海岸侵蚀等区域划入生态保护红线。目前虽然其他经评估不能确定但具有潜在重要生态价值的区域也划入生态保护红线，对自然保护地进行调整优化，评估调整后的自然保护地应划入生态保护红线；自然保护地发生调整的，生态保护红线也相应调整。

在生态保护红线内，自然保护地核心保护区原则上禁止人为活动，其他区域严格禁止开发性、生产性建设活动，在符合现行法律法规前提下，除国家重大战略项目外，仅允许对生态功能不造成破坏的有限人为活动，主要包括零星的原住民在不扩大现有建设用地和耕地规模前提下，修缮生产生活设施，保留生活必需的少量种植、放牧、捕捞、养殖；因国家重大能源资源安全需要开展的战略性能源、资源勘查，公益性自然资源调查和地质勘查；自然资源、生态环境监测和执法包括水文水资源监测及涉水违法事件的查处等，灾害防治和应急抢险活动；经依法批准进行的非破坏性科学研究观测、标本采集；经依法批准的考古调查发掘和文物保护活动；不破坏生态功能的适度参观旅游和相关的必要公共设施建设；必须且无法避让、符合县级以上国土空间规划的线性基础设施建设、防洪和供水设施建设与运行维护；重要生态修复工程。

2. 永久基本农田

永久基本农田是指为保障国家粮食安全和重要农产品供给，实施永久特殊保护的耕地。依据耕地现状分布，根据耕地质量、粮食作物种植情况、土壤污染状况，在严守耕地红线基础上，按照一定比例，将达到质量要求的耕地依法划入。已经划定的永久基本农田中存在划定不实、违法占用、严重污染等问题的要全面梳理整改，确保永久基本农田面积不减、质量提升、布局稳定。

3. 城镇开发边界

城镇开发边界是指在一定时期内因城镇发展需要，可以集中进行城镇开发建设、以城镇功能为主的区域边界，涉及城市、建制镇以及各类开发区等。城镇开发边界划定以城镇开发建设现状为基础，综合考虑资源承载能力、人口分布、经济布局、城乡统筹、城镇发展阶段和发展潜力，框定总量，限定容量，防止城镇无序蔓延。科学预留一定比例的留白区，为未来发展留有开发空间。城镇建设和发展不得违法违规侵占河道、湖面、滩地。

四、国土空间用途管制的实施依据

2023年3月《自然资源部关于加强国土空间详细规划工作的通知》（自然资发〔2023〕43号）强调："详细规划是实施国土空间用途管制和核发建设用地规划许可证、建设工程规划许可证、乡村建设规划许可证等城乡建设项目规划许可以及实施城乡开发建设、整治更新、保护修复活动的法定依据，是优化城乡空间结构、完善功能配置、激发发展活力的实施性政策工具。"可见，实行国土空间用途管制要以详细规划为依据。

（一）详细规划的类型

详细规划包括城镇开发边界内详细规划、城镇开发边界外村庄规划及风景名胜区详细规划等类型。各地在"三区三线"划定后，应全面开展详细规划的编制，并结合实际依法在既有规划类型未覆盖地区探索其他类型详细规划。

（二）详细规划的编制要求

1. 分区分类推进详细规划编制

要按照城市是一个有机生命体的理念，结合行政事权统筹生产、生活、生态和安全功能需求划定详细规划编制单元，将上位总体规划战略目标、底线管控、功能布局、空间结构、资源利用等方面的要求分解落实到各规划单元，加强单元之间的系统协同，作为深化实施层面详细规划的基础。各地可根据新城建设、城市更新、乡村建设、自然和历史文化资源保护利用的需求和产城融合、城乡融合、区域一体、绿色发展等要求，因地制宜划分不同单元类型，探索不同单元类型、不同层级深度详细规划的编制和管控方法。

2. 提高详细规划的针对性和可实施性

要以国土调查、地籍调查、不动产登记等法定数据为基础，加强人口、经济社会、历史文化、自然地理和生态、景观资源等方面调查，按照《国土空间规划城市体检评估规程》（TD/T 1063—2021），深化规划单元及社区层面的体检评估，通过综合分析资源资产条件和经济社会关系，准确把握地区优势特点，找准空间治理问题短板，明确功能完善和空间优化的方向，切实提高详细规划的针对性和可实施性。

3. 城镇开发边界内存量空间要推动内涵式、集约型、绿色化发展

围绕建设"人民城市"要求，按照《社区生活圈规划技术指南》（TD/T 1062—2021），以常住人口为基础，针对后疫情时代实际服务人口的全面发展需求，因地制宜优化功能布局，逐步形成多中心、组团式、网络化的空间结构，提高城市服务功能的均衡性、可达性和便利性。要补齐就近就业和教育、健康、养老等公共服务设施短板，

完善慢行系统和社区公共休闲空间布局，提升生态、安全和数字化等新型基础设施配置水平。要融合低效用地盘活等土地政策，统筹地上地下，鼓励开发利用地下空间、土地混合开发和空间复合利用，有序引导单一功能产业园区向产城融合的产业社区转变，提升存量土地节约集约利用水平和空间整体价值。要强化对历史文化资源、地域景观资源的保护和合理利用，在详细规划中合理确定各规划单元范围内存量空间保留、改造、拆除范围，防止"大拆大建"。

4. 城镇开发边界内增量空间要强化单元统筹，防止粗放扩张

要根据人口和城乡高质量发展的实际需要，以规划单元统筹增量空间功能布局、整体优化空间结构，促进产城融合、城乡融合和区域一体协调发展，避免增量空间无序、低效。要严格控制增量空间的开发，确需占用耕地的，应按照"以补定占"原则同步编制补充耕地规划方案，明确补充耕地位置和规模。总体规划确定的战略留白用地，一般不编制详细规划，但要加强开发保护的管控。

思考题

1. 简述我国的空间规划体系。
2. 简述国土空间规划体系。
3. 简述国土空间规划编制的要求。
4. 简述各级国土空间规划的主要内容。
5. 简述我国各级国土空间规划编制和审批主体。
6. 什么是国土空间用途管制？
7. 国土空间用途管制中"一张图"的建设目标是什么？
8. 简述国土空间用途管制的实施依据。

第四章 农用地利用与流转管理

农用地是农业发展的基础，是人类生存的基本条件。农用地利用与管理直接关系到农业、林业、牧业和渔业的健康发展，对国民经济和社会发展具有重大的影响。加强农用地利用与管理，对稳定农业生产、解决"三农"问题、促进社会经济可持续发展至关重要。

第一节 农用地利用与流转管理概述

一、农用地利用内涵

（一）农用地

农用地一般是指用于农业生产的土地，包括耕地、园地、林地、草地及其他为农业生产服务的土地。[①] 依据《土地利用现状分类》（GB/T 21010—2017），农用地包括耕地、园地、林地、草地和其他农用地，其中：

（1）耕地包括灌溉水田、水浇地、旱地。

（2）园地包括果园、茶园、橡胶园、其他园地。

（3）林地包括乔木林地、竹林地、灌木林地、红树林地、森林沼泽、灌丛沼泽、其他林地。

（4）牧草地包括天然牧草地、沼泽草地、人工牧草地。

（5）其他农用地包括设施农业用地、农村道路、水库水面、坑塘水面、田坎、沟渠等用地。

（二）农用地利用

农用地利用是指人类为了某种目的，对农用地所进行的干预活动，也是指在特定的社会生产方式下，人类依据农用地的自然属性和社会属性，进行有目的开发、利用，

---

① 中华人民共和国国家质量监督检验检疫总局. 土地基本术语：GB/T 19231—2003 [M]. 北京：中国标准出版社，2003：12.

整治和保护活动。① 农用地利用一般是生产性利用，也称为直接利用，是把农用地当作主要的生产资料和劳动对象，以生产人类所需要的生物产品，如粮食、水果、蔬菜、木材、水产品等为主要目的的利用。农用地利用是人类对土地利用的一种主要形式，通过农用地的开发和利用，获得人类赖以生存和发展所必需的农业产品。另外，还有一种农用地利用属于非生产利用，又称为间接利用，主要是利用土地作为某些建筑物场所和基地，如农用地中的农田水利用地、晒谷场、畜舍等。农用地利用可以得到两种结果：一种是好的、良性的利用，由于合理的利用和保护农用地，向集约化利用发展，使农用地生态环境得到改善，保持农用地的良性循环，可以取得良好的社会、经济、生态效益；另一种是坏的、恶性的利用，由于农用地的滥用和不合理的利用，就可能造成农用地破坏，土地生产力下降，甚至完全丧失。农用地的利用受土地自然因素、社会经济条件以及社会制度的影响和制约。我国人口众多，人均耕地数量少，农业土地后备资源不足，而且农业人口又占大多数，不少地方仍以农业生产为主。因此，搞好农用地的利用和保护，加强农用地管理，提高农用地利用率和生产力水平，满足全国人民对农产品的需求，解决吃、穿问题，对改善人民生活、保持社会稳定、巩固和发展社会经济都是十分重要的。

（三）农用地利用管理

农用地利用管理是指国家为维护土地公有制、调整土地关系、合理组织农用地开发利用等所采取的行政、经济、法律和技术的一项国家综合措施。维护土地公有制就是通过制定和执行一系列的法规维护国有和集体所有农用地所有权和使用权的合法权益；调整土地关系就是对农用地权属的确立与变更关系的调整，理顺和协调农用地分配和再分配过程中所产生的各种关系；组织利用是对农用地开发、利用、保护和治理中采取的协调、引导和实施措施。农用地管理实质是人们对农用地的一种行政组织干预行为。

按管理的性质不同，农用地利用管理又分为权属管理和利用管理两方面。农用地权属管理包括农用地所有权、使用权管理，农用地纠纷处理，调整土地关系等，依照国家有关法律规定，处理好农用地占有、使用、支配、收益中发生的各种关系。农用地利用管理主要是合理组织农用地利用，按照自然和社会经济条件的要求，合理确定农用地结构及布局，优化农用地配置，进一步提高农用地生产力水平。由此可见，农用地管理核心是合理组织农用地利用，使其社会效益、经济效益、生态效益有机结合，达到最充分、最合理使用农用地的目的。

二、农用地利用的内容与效益

（一）农用地利用内容

农用地利用是人们根据农用地的特点和社会发展要求，为从农用地获得更多更好的农产品，对农用地进行的生物、工程和技术等方面的活动。农用地利用是以生产人们所需要的农产品为目的，以农用地为主要生产资料和对象，以水、光、热等自然因

---

① 国土资源管理理论与实践编委会. 国土资源管理理论与实践：上册 [M]. 北京：中国大地出版社，2003.

素为基本条件,通过自己的劳动和投入,从农用地获取所需的各种各样农产品的过程。农用地利用实质上是一种人们对农用地的生产经营行为。农用地利用的内容主要包括对农用地的开发、使用、保护和治理四个方面。

(1) 农用地开发。农用地开发主要是指将未利用土地开发成可利用的农用地的过程。人类利用土地的最早过程都是将未利用地通过工程、耕作、生物等措施,变成可利用的农用地。如将荒地经过治理,开垦为耕地,供人类使用,用于生产粮食等农产品,满足人类的需要。再如,对荒山进行植树造林,营造薪炭林、经济林、防护林等,对荒山秃岭进行绿化、将荒山变成林地,为人类生产木材等林产品。农用地开发是对农用地利用的初级阶段,通过开发将未利用地变成已利用农用地,满足人类生产生活对土地的需求。在农用地开发中应注意保持良好的生态环境,应以保护和改善生态环境为前提,做到在开发中保护,在保护中开发,防止因掠夺式开发造成对土地的破坏。

(2) 农用地使用。农用地使用是农用地利用的一种主要形式,是农用地利用的主要内容。农用地使用是人们以农用地为对象,为一定目的而从事的农用地经营活动。由于农用地是人类生存的基本条件,农用地养育了人类,人类通过农用地使用,也使农用地质量和利用方式发生了变化。人类需要农用地,主要是农用地具有多种功能,农用地的使用也就是利用和发挥农用地的各种功能。由于农用地各种功能不同,在农用地使用过程中实际上形成了具有不同功能的土地利用类型,从这个意义上来讲,农用地使用就决定了农用地的功能。如人类使用耕地,其目的主要是满足人类生存需要的粮食及产品,为获得更多更好的粮食等农产品,人类就不断对耕地进行改良,兴建水利工程,培肥地力,精心耕作,使耕地质量和利用方式有了很大改变。同时,在耕地使用过程中,由于耕地的功能不同,便有旱田、水田、菜田等耕地类型,生产不同类型的农产品。从某种意义上来讲,对不同的耕地的使用,决定了耕地不同的功能,如旱田种植玉米、大豆等作物,而水田种植水稻等作物。

(3) 农用地保护。农用地保护是指为保持农用地可持续利用,通过采取行政、法律、经济、技术等手段,保持农用地面积和质量的稳定,是对农用地采取的一种特殊利用形式。农用地保护是为了更好地利用农用地,使其可以长久、持续地利用下去。农用地保护是农用地利用的一种形式,其目的在于保护农用地不被滥占和破坏。由于我国人均耕地面积少,而且后备资源又不足,加上人口增加,国民经济发展,各项建设用地对耕地占用比较多,长此下去,人均耕地越来越少,将很难保证全国人民的吃饭问题。面对耕地利用存在人地矛盾问题,国家对耕地实行严格的保护措施,严格控制各项建设对耕地的占用,防止耕地被破坏和污染,以保持耕地面积和质量的稳定。

(4) 农用地治理。农用地治理是指为提高农用地利用功能,采取工程、耕作、生物等措施对农用地进行整治的过程。农用地的治理是为了更好地提高农用地的利用率和生产力水平,改善农用地质量,农用地治理是进一步深化农用地利用的一种手段。常见的农用地治理有耕地的中低产田改造、水土流失治理、农田基本建设、草场改良等。农用地治理以工程措施为主,如兴修水利工程、建设方田条田等,也有的采取生物措施,如在水土流失的农用地中,营造水土保持林,控制和减少水土流失程度。农用地治理需要较多的投入，为发挥治理效果，一般采用综合治理的措施，实行山、水、田、林、路综合整治。

（二）农用地利用效益

（1）经济效益。农用地经济效益是指在农用地利用过程中，通过一定的活劳动和物化劳动消耗，给人类提供符合需要的利益。主要包括两个方面：①物质效果，主要通过使用价值来体现，如农用地提供的农产品的数量和品质；②经济利益，主要是通过价值形态来考核，包括劳动的消耗和占用，具体来讲就是产品的成本、资金的占用、产值和利润等。土地利用的经济效益实际就是对土地的投入与取得的有效产品（或服务）之间的比较（毕宝德，2011）。① 农用地的经济效益的内涵概括来讲即投入和产出的对比关系，投入越少、产出越多，则经济效益就越好。农用地利用的经济效益通常用农用地利用率、生产力水平、集约化程度、投入产出比等来表达。

（2）社会效益。所谓土地利用的社会效益就是指土地利用后果，对社会需求的满足程度及其相应产生的政治和社会影响。农用地利用的社会效益是指农用地利用过程中，给社会带来的效果和利益。农用地的社会效益的表现是对社会发展的积极作用，人们强调社会效益其实也是农用地利用的目的，通过农用地合理开发利用，保证向人类提供丰富的农产品，满足生活和生产的需要，从而保障了人类生活水平的不断提高，同时也为工业的有关部门提供充足的生产原料，促进和保障了国民经济可持续发展。此外，农用地是农民安身立命之本，具有重要的社会保障功能，同时也是农业和农村发展的依托和载体。农用地的合理开发、利用和保护对于农民增收、农业增效和农村稳定具有极其重要的作用（张建仁，2006）。②

（3）生态效益。所谓土地利用生态效益，简言之，就是人类对土地的利用过程与结果符合生态平衡规律。农用地利用的生态效益则是指在农用地利用过程中，对整个生态系统的生态平衡造成某种影响，从而对人类生活和生产环境产生某种影响的效应。如果对农用地利用投入消耗同样的劳动力和物资，能使生态系统保持并提高生态平衡水平，使人类的生活和生产环境得到保护和改善，那么生态效益就好；反之，农用地利用生态效益就差。通常所说的提高农用地生态效益，就是要尽量少地消耗劳动和投入物资，使其影响更加有利于保护和提高生态平衡水平。评价农用地利用生态效益指标主要有光能利用率、能量投入产出比、吨粮造成水土流失量③、有机物质资源有效利用率等。提高农用地利用生态效益是农用地利用一项重要标志，在提高农用地利用经济效益时，必须十分重视生态效益，只有良好的生态效益，才能保证经济效益的提高。

三、农用地经营与管理

（一）农用地经营含义

农用地经营是以农用地为劳动对象和劳动手段，通过开发和利用农用地获得农产

---

① 毕宝德. 土地经济学（第六版）[M]. 北京：中国人民大学出版社，2011.
② 张建仁. 湖北农村城市化进程中的农用地利用问题研究[M]. 武汉：中国地质大学出版社，2006.
③ 吨粮造成水土流失量等于水土流失总量除以粮食总量（吨）。

品的经济活动。农用地经营的好坏除了受经营者的主观条件和社会经济因素的影响外，农用地本身的质量和地理位置、对外交通状况等对农用地经营状况产生重要的影响。[①]

(二) 农用地经营形式

我国目前农用地经营大体上有三种形式：

(1) 国家经营。国家经营主要是对国有林地、耕地等由国家建立林场、农场等进行经营生产，农用地属国家所有，由国家统一组织经营生产。

(2) 集体土地承包经营。集体土地承包经营主要是指农村集体所有的耕地、林地、草地等，采取家庭承包经营的方式，其特点是土地所有权和使用权相分离，农户只对土地拥有使用权，而没有处置权，农户根据土地承包合同，履行一定的责任、义务和取得土地经营的收益。

(3) 合作经营。为吸引资金，增加对农用地的投入，对国家或集体所有的农用地实行合作经营，或以地作价入股，有的还可以出租农用地的使用权。

(三) 农村集体土地承包经营

我国现阶段农用地经营以农村集体土地承包经营为主，由农户承包经营耕地、林地、草地等农用地，从事种植业、林业、畜牧业等。农用地承包方应与发包方签订土地承包合同，规定双方的权利和义务。承包经营农用地的农户有保护和按照承包合同规定的用途合理利用土地的义务，农民的土地承包经营权受到法律保护。

1. 农用地承包经营的法律特征

农用地承包经营是指农村集体组织的个人或者集体，依照承包合同，以承包方式对农村集体所有或国家所有的农用地进行经营的行为。农用地承包经营具有以下三个法律特征：

(1) 农用地承包经营的主体，一般是农村集体组织中的个人或家庭和村民小组等集体组织，但非农村集体组织中的个人和单位也可以依法承包经营农用地。农民集体所有农用地的承包方应是本集体组织的成员，非本集体经济组织的单位和个人也可以承包农民集体所有农用地，不过必须经村民会议 2/3 以上成员或者 2/3 以上村民代表的同意，并报乡（镇）人民政府批准。

(2) 农用地承包经营应根据有关规定签订承包合同。根据《中华人民共和国民法典》（以下简称《民法典》）、《土地管理法》及《中华人民共和国农村土地承包法》（以下简称《农村土地承包法》）的规定，发包方和承包方应当订立承包合同，规定双方的权利和义务。承包合同一般包括：①发包方、承包方的名称，发包方负责人和承包方代表的姓名、住所；②承包土地的名称、坐落、面积、质量等级；③承包期限和起止日期，承包土地的用途；④发包方和承包方的权利和义务；⑤违约责任等内容。

(3) 农用地承包经营只能从事种植业、林业、畜牧业、渔业等生产。《土地管理法》和《农村土地承包法》中规定，凡承包经营农用地的单位或个人，对农用地的利用只能限于从事种植业等农业生产，不得改变农用地的用途，严禁擅自将农用地转为

[①] 国土资源管理理论与实践编委会. 国土资源管理理论与实践（上册）[M]. 北京：中国大地出版社，2003.

建设用地。

2. 农用地承包经营的期限

根据《土地管理法》，土地承包期限由土地承包合同约定，土地承包经营的期限为30年。《农村土地承包法》中进一步规定，耕地的承包期为30年；草地的承包期为30~50年；林地的承包期为30~70年；特殊林木的林地承包期，经国务院林业行政主管部门批准可以延长。在农用地承包经营期限内，对个别承包经营者之间承包的土地进行适当调整的，必须经村民会议2/3以上成员或者2/3以上村民代表同意，并报乡（镇）人民政府和县级人民政府农业行政主管部门批准。

3. 农用地承包经营中承包方的权利和义务

农用地承包经营中承包方具有以下权利：①依法享有承包地使用、收益和土地承包经营权流转的权利，有权自主组织生产经营和处置产品；②承包地被依法征收、占用的，有权依法获得相应的补偿；③法律、行政法规规定的其他权利；④在同等条件下，本集体经济组织成员享有优先权；⑤承包方经营承包土地的所有收益，除按国家规定交纳税费外，全部归为承包方支配；⑥承包方在承包期内对承包土地的投入，如发生转包关系，应由发包方或转包方付给合理补偿；⑦经发包方同意，在承包期内承包方可将承包土地转让或转包他人经营。

农用地承包方应履行下列义务：①维持土地的农业用途，不得用于非农业建设；②依法保护和合理利用土地，不得给土地造成永久性损害；③法律、行政法规规定的其他义务；④必须遵守国家法律和承包合同；⑤如将承包土地转让或转包他人，必须经发包方同意；⑥应按国家规定交纳法定费用；⑦按承包合同规定使用经营土地，不得撂荒、弃耕或进行破坏性经营。

（四）农用地经营权管理

农用地经营权实质上是土地使用权，是指非土地所有人依法对土地所有人（即集体所有或国家所有）的土地的占有、使用、收益的权利。

农用地经营权管理实质上是土地使用权管理，也就是对农用地的占有权、使用权、收益权的管理。在占有权管理上，农用地仅限于承包人占有，不经承包方同意，不得将土地交由他人占有；在使用权管理上，农用地使用只限于从事种植业、林业、畜牧业、渔业生产，不准改变农用地用途，不准在农用地上进行非农业建设；在收益权管理上，除按国家规定承包方交纳的税费外，其收益归承包方所有，任何单位和个人不得干涉。

四、农用地流转与管理

（一）农用地流转含义

土地流转是指基于既存的土地权利通过法律行为或非法律行为将该权利转移给他人取得的事实。[1] 目前农用地流转尚没有明确的定义，一种观点是从权利让渡的视角进

---

[1] 中华人民共和国国家质量监督检验检疫总局. 土地基本术语：GB/T 19231—2003 [M]. 北京：中国标准出版社，2003：12.

行阐释，认为农用地流转确切地说是农用地承包经营权的流转，在家庭承包制的制度框架下，农用地产权结构被分解为所有权、承包权、经营权，农用地流转就是拥有农用地承包经营权的农户将土地经营权（使用权）转让给其他农户或经济组织，即保留承包权，转让使用权；另一种观点是从土地概念、属性特点等方面来进行阐释，认为农用地流转是指一定时间内，农用地与不同业主的结合关系或结合关系疏密程度变更以及社会管制广度和深度的变化过程，也是农用地资产配置过程。综上所述，所谓"农用地流转"是指农用地所有权或使用权在不同经济主体之间的流动与转让，除特别说明外，主要是指农用地使用权的流转（朱强，2013）[1]。

（二）农用地流转范围

《中华人民共和国农村土地承包法》（以下简称《农村土地承包法》）第二条规定，农用地承包经营权流转中的农村土地是指农民集体所有和国家所有依法由农民集体使用的耕地、林地、草地以及其他用于农业的土地。《中华人民共和国民法典》（以下简称《民法典》）第二编第十一章和《农村土地承包法》进一步补充规定，通过招标、拍卖、公开协商等方式承包荒地等农村土地，经依法登记取得土地承包经营权证或者林权证等证书的，依照《农村土地承包法》等法律和国务院的有关规定，其土地承包经营权可以转让、入股、抵押或者以其他方式流转。

（三）农用地流转形式

我国农村土地流转形式具有多元性，转包、出租、互换、转让、入股是其基本形式（谢代银、邓燕云，2009）[2]。

（1）转包。转包是指承包方将部分或全部土地承包经营权以一定期限转给同一集体经济组织的其他农户从事农业生产经营。转包后原土地承包关系不变，原承包方继续履行原土地承包合同规定的权利和义务。接包方按转包时约定的条件对转包方负责。承包方将土地交他人代耕不足一年的除外。转包目前主要有两种形式：①农户之间的小面积转包，转包年限一般较短，转包费也普遍较低；②私营企业和种植大户成片接包农民的承包地，进行规模经营。转包合同的签订也分为两种方式：①直接签订转包合同。接包方直接与农民签订土地使用权转包合同，集体经济组织只作为合同双方中间人进行监督，接包方直接向农民兑现转包费用。②集体经济组织代签转包合同。集体经济组织先征得转包土地的农户同意后，统一与接包方签订转包合同。兑现时，接包方将承包费交集体经济组织，集体经济组织再向转包农户兑现。

（2）出租。出租是指承包方将部分或全部土地承包经营权以一定期限租赁给他人从事农业生产经营。出租后原土地承包关系不变，原承包方继续履行原土地承包合同规定的权利和义务。承租方按出租时约定的条件对承包方负责。出租的期限和租金支付方式由双方自行约定，承租方获得一定期限的土地经营权，出租方按年度以实物或货币的形式获得土地经营权租金。

---

[1] 朱强. 农地流转风险与防范研究［M］. 北京：北京师范大学出版社，2013.
[2] 谢代银，邓燕云. 中国农村土地流转模式研究［M］. 重庆：西南师范大学出版社，2009.

（3）互换。互换是指承包方之间为方便耕作或者各自需要，对属于同一集体经济组织的承包地块进行交换，同时交换相应的土地承包经营权。互换是一种最为原始的交易方式。宅基地换房、农用地换社保是互换的特殊方式。

（4）转让。转让是指承包方有稳定的非农职业或者有稳定的收入来源，经承包方申请和发包方同意，将部分或全部土地承包经营权让渡给其他从事农业生产经营的农户，由其履行相应土地承包合同的权利和义务。转让后原土地承包关系自行终止，原承包方承包期内的土地承包经营权部分或全部灭失。

（5）入股。入股是指实行家庭承包方式的承包方之间为发展农业经济，将土地承包经营权作为股权，自愿联合从事农业合作生产经营；其他承包方式的承包方将土地承包经营权量化为股权，入股组成股份公司或者合作社等，从事农业生产经营。在股份构成上，农民主要以土地经营权入股，也可以资金、技术、设备入股。在用人机制上，实行农村土地经营的双向选择，农民将土地入股给企业后，既可以继续参与土地经营，也可不参与土地经营。农民凭借土地承包权可拥有企业股份，并可按股分红。农民与土地的关系，也悄然发生了变化，由一块土地的部分占有（指承包权）者，变成了股份的所有者。土地入股是农村土地流转机制的新突破，该形式的最大优点在于产权清晰、利益直接，以价值形态形式把农户的土地承包经营权长期确定下来，农民既是公司经营的参与者，也是利益的所有者。不过，该形式也存在巨大隐患，可能出现农民"失地、失权"风险问题。从民法学角度而言，农民自以地权入股之日起，就已被股份公司或股份合作组织绑架，因为按照《中华人民共和国公司法》和《中华人民共和国破产法》规定，农民农用地经营权折价入股投资后因股份公司和合作组织破产而被作为清偿债务资产处置，农民将永久失去农用地和农用地经营权（林旭，2009）。[①]

（6）其他形式。除了上述流转形式以外，农用地承包经营权还可以继承方式流转，如《农村土地承包法》第五十四条规定，土地承包经营权通过招标、拍卖、公开协商等方式取得的，该承包人死亡，其应得的承包收益依照《民法典》的规定继承；在承包期内，其继承人可以继续承包。

（四）农用地流转机构

《农村土地承包法》第十二条规定：国务院农业农村、林业和草原主管部门分别依照国务院规定的职责负责全国农村土地承包及承包合同管理的指导。县级以上地方人民政府农业农村、林业和草原等主管部门分别依照各自职责，负责本行政区域内农村土地承包及承包合同管理。乡（镇）人民政府负责本行政区域内农村土地承包及承包合同管理。

（五）农用地流转原则

农用地承包经营权流转应当遵循以下五个原则：

[①] 林旭. 论农地流转的社会风险及其防范机制 [J]. 西南民族大学学报（人文社会科学版），2009（8）：206-210.

（1）平等协商、自愿、有偿，任何组织和个人不得强迫或者阻碍承包方进行土地承包经营权流转。

（2）不得改变土地所有权的性质和土地的农业用途。

（3）流转的期限不得超过承包期的剩余期限。

（4）受让方须有农业经营能力。

（5）在同等条件下，本集体经济组织成员享有优先权。

（六）农用地流转管理

首先，从目前我国的立法结构及其解释窥视农用地流转管理，《民法典》将土地承包经营权纳入"用益物权"范围内，明确其物权性质，其第三百三十四条和第三百四十一条规定，土地承包经营权人依照《农村土地承包法》的规定，有权将土地承包经营权采取转包、互换、转让等方式流转。流转的期限不得超过承包期的剩余期限。未经依法批准，不得将承包地用于非农业建设。土地承包经营权人将土地承包经营权互换、转让，当事人要求登记的，可以向县级以上地方人民政府申请土地承包经营权变更登记；未经登记，不得对抗善意第三人。第三百四十二条规定，通过招标、拍卖、公开协商等方式承包荒地等农村土地，依照《农村土地承包法》等法律和国务院的有关规定，其土地承包经营权可以转让、入股、抵押或者以其他方式流转。

其次，《农村土地承包法》对土地承包经营权流转进行了规定，通过家庭承包取得的土地承包经营权可以依法采取转包、出租、互换、转让或者其他方式流转。土地承包经营权流转的主体是承包方。承包方有权依法自主决定土地承包经营权是否流转和流转的方式。在承包期内，发包方不得单方面解除承包合同，不得假借少数服从多数强迫承包方放弃或者变更土地承包经营权，不得以划分"口粮田"和"责任田"等为由收回承包地搞招标承包，不得将承包地收回抵顶欠款。土地承包经营权流转的转包费、租金、转让费等应当由当事人双方协商确定。流转的收益归承包方所有，任何组织和个人不得擅自截留、扣缴。土地承包经营权采取转包、出租、互换、转让或者其他方式流转，当事人双方应当签订书面合同。采取转让方式流转的，应当经发包方同意；采取转包、出租、互换或者其他方式流转的，应当报发包方备案。土地承包经营权采取互换、转让方式流转，当事人要求登记的，应当向县级以上地方人民政府申请登记。未经登记，不得对抗善意第三人。承包方可以在一定期限内将部分或者全部土地承包经营权转包或者出租给第三方，承包方与发包方的承包关系不变。承包方将土地交由他人代耕不超过一年的，可以不签订书面合同。承包方之间为方便耕种或者各自需要，可以对属于同一集体经济组织的土地承包经营权进行互换。承包方有稳定的非农职业或者有稳定的收入来源的，经发包方同意，可以将全部或者部分土地承包经营权转让给其他从事农业生产经营的农户，由该农户同发包方确立新的承包关系，原承包方与发包方在该土地上的承包关系即行终止。承包方之间为发展农业经济，可以自愿联合将土地承包经营权入股，从事农业合作生产。承包方对其在承包地上投入而提高土地生产能力的，土地承包经营权依法流转时有权获得相应的补偿。第五十三条进一步规定，通过招标、拍卖、公开协商等方式承包农村土地，经依法登记取得土地承包经营权证或者林权证等证书的，其土地承包经营权可以依法采取转让、出租、入股、抵押或者其他方式流转。

最后，为规范农村土地承包经营权流转行为，维护流转双方当事人合法权益，促进农业和农村经济发展，《农村土地经营权流转管理办法》进一步细化了农用地流转管理，其中第二十一条至第三十三条进一步规定，发包方对承包方流转土地经营权、受让方再流转土地经营权以及承包方、受让方利用土地经营权融资担保的，应当办理备案，并报告乡（镇）人民政府农村土地承包管理部门；乡（镇）人民政府农村土地承包管理部门应当向达成流转意向的双方提供统一文本格式的流转合同，并指导签订。流转合同中有违反法律法规的，应当及时予以纠正；乡（镇）人民政府农村土地承包管理部门应当建立土地经营权流转台账，及时准确记载流转情况；乡（镇）人民政府农村土地承包管理部门应当对土地经营权流转有关文件、资料及流转合同等进行归档并妥善保管；鼓励各地建立土地经营权流转市场或者农村产权交易市场。县级以上地方人民政府农业农村主管（农村经营管理）部门应当加强业务指导，督促其建立健全运行规则，规范开展土地经营权流转政策咨询、信息发布、合同签订、交易鉴证、权益评估、融资担保、档案管理等服务；县级以上地方人民政府农业农村主管（农村经营管理）部门应当按照统一标准和技术规范建立国家、省、市、县等互联互通的农村土地承包信息应用平台，健全土地经营权流转合同网签制度，提升土地经营权流转规范化、信息化管理水平；县级以上地方人民政府农业农村主管（农村经营管理）部门应当加强对乡（镇）人民政府农村土地承包管理部门工作的指导。乡（镇）人民政府农村土地承包管理部门应当依法开展土地经营权流转的指导和管理工作；县级以上地方人民政府农业农村主管（农村经营管理）部门应当加强服务，鼓励受让方发展粮食生产；鼓励和引导工商企业等社会资本（包括法人、非法人组织或者自然人等）发展适合企业化经营的现代种养业。县级以上地方人民政府农业农村主管（农村经营管理）部门应当根据自然经济条件、农村劳动力转移情况、农业机械化水平等因素，引导受让方发展适度规模经营，防止"垒大户"；县级以上地方人民政府对工商企业等社会资本流转土地经营权，依法建立分级资格审查和项目审核制度。县级以上地方人民政府依法建立工商企业等社会资本通过流转取得土地经营权的风险防范制度，加强事中事后监管，及时查处纠正违法违规行为。鼓励承包方和受让方在土地经营权流转市场或者农村产权交易市场公开交易。对整村（组）土地经营权流转面积较大、涉及农户较多、经营风险较高的项目，流转双方可以协商设立风险保障金。鼓励保险机构为土地经营权流转提供流转履约保证保险等多种形式保险服务；农村集体经济组织为工商企业等社会资本流转土地经营权提供服务的，可以收取适量管理费用。收取管理费用的金额和方式应当由农村集体经济组织、承包方和工商企业等社会资本三方协商确定。管理费用应当纳入农村集体经济组织会计核算和财务管理，主要用于农田基本建设或者其他公益性支出。

第二节 耕地利用与管理

一、耕地利用管理的目标和内容

(一) 耕地利用管理的战略目标——耕地总量动态平衡

中国耕地资源的稀缺性日益突出，已成为中国农业生产和国民经济可持续发展的瓶颈因素。1996 年国家土地管理局适时提出，把保持耕地总量动态平衡作为土地管理工作的首要战略目标。1997 年中共中央发布的《中共中央、国务院关于进一步加强土地管理切实保护耕地的通知》（中发〔1997〕11 号），采取了冻结非农业建设占用耕地策略。1998 年九届全国人大第四次常委会会议通过修订的《中华人民共和国土地管理法》，明确按照"占多少，垦多少"的原则，由占用耕地的单位负责开垦与所占用耕地的数量和质量相当的耕地。由此就把它由部门的工作目标上升为全党、全国经济工作的重要任务了。

所谓耕地总量动态平衡，是指通过严格控制各项建设占用耕地，加大开发、复垦及土地整理的力度，使减少耕地和新增耕地的数量相抵之后，保有耕地的总数量不减少并力争有所增加（黄小虎，1998）。[①] 由于视角的差异，对耕地总量动态平衡的理解也不尽一致，主要有以下五种观点：

第一种观点认为耕地总量是指耕地面积总量，即耕地总量动态平衡就是保证耕地数量的动态平衡（郑新奇，1999）。[②] 这一认识显然已被广大的土地行政管理部门所接受和使用，并在新一轮土地利用总体规划中得以实施，但其可能导致土地质量下降。

第二种观点认为耕地总量不仅指耕地面积总数，而且还要考虑耕地的质量水平，耕地总量是耕地数量总数和质量状态的总和。此种观点较前一种观点有较大的进步。其保证的耕地总量依然是一个绝对概念。但目前还没有得到广大土地管理部门的认可，主要是由于难以在较短时间内提高新开发土地的质量，提高耕地质量的主要内容之一的中低产田改造归农业部门管理，目前还没有公认的能在较大范围内适用的耕地质量标准（唐世界，2000）。[③]

第三种观点认为耕地总量是耕地面积总数、耕地质量水平和耕地产出水平的总和。"有土斯有粮"，耕地总量动态平衡追求的目标就应是"在规定的生活质量和营养水平下，满足现在和今后所有人口对食物的持续需求"。由此可见，从本质上来理解，耕地总量动态平衡就是保证耕地资源生产能力的动态平衡，更准确地说是保证耕地资源的

---

① 黄小虎. 怎样认识耕地总量动态平衡 [J]. 中国土地，1998（12）：16-18.
② 郑新奇. 耕地总量动态平衡几个理论问题的思考 [J]. 中国土地科学，1999，13（1）：32-33.
③ 唐世界. 耕地总量动态平衡及实施措施 [J]. 农业经济，2000（1）：36-37.

人口承载能力的动态平衡（王秀芬等，2005）。① 因此，耕地数量平衡反映的仅是耕地总量动态平衡的表面现象，质量平衡才真正能反映耕地总量动态平衡的实质。此观点是更高层次上的认识，与前两种观点的最大区别是耕地总量是一个相对概念，所谓保持耕地总量不变是保持耕地的产出不变，因为我国提出保持耕地总量动态平衡就是为了满足人们的粮食需求。

第四种观点认为耕地总量动态平衡还应表现为宏观时空上的平衡，即全国范围内的、长期的动态平衡。所谓"动态平衡"，除了指耕地占用与补偿之间的互动关系以外，还包含有在不平衡中求平衡的意思（黄小虎、边江泽，2000）。② 例如，不同地区之间耕地后备资源分布的不平衡性，决定了必要时要进行地区指标调剂，以保证全国耕地总量不减少。因此，耕地总量平衡在空间上应表现为宏观尺度（全国和省级）上的平衡，过分强调微观区域（在我国主要表现为地、县级行政区）内的平衡，最终达到的平衡只能体现某一区域内的平衡，难以协调全国范围内的区际经济发展和粮食安全。而在时间上，耕地总量动态平衡必须具有明确的阶段性，随着科技与资本等投入的增加，单位土地的生产力也会增加，具体表现为单位面积产量及复种指数的增加，区域的人口承载力也会随之增加。因此，耕地总量的面积平衡基数应当随着国家经济规划期的动态平衡统计关系而有规律地变动，即耕地保有量在一定规划期内的平衡（林培、程烨，2001）。③

第五种观点认为耕地总量动态平衡还应保持生态平衡（郑海霞、封志明，2003）。④ 后备耕地资源的开发，要充分考虑生态环境的适宜性，要保持耕地资源的可持续利用，不能因为弥补耕地的占用，追求耕地面积的平衡而"毁林造田"，盲目开荒，导致生态环境的破坏。

实践证明，耕地总量动态平衡政策的实施不仅没有保护耕地质量，反而导致耕地资源质量衰退。占补平衡引起的耕地质量损失惊人。因为占用的多是灌溉设施、基础设施均较好的优质农田，而新开垦的耕地多位于偏远、贫瘠之地，因此造成新开垦的耕地质量远低于被占用的耕地质量。经测算，如果要实现耕地质量不降低，损失一亩耕地必须至少开荒两亩。谭永忠等（2005）⑤ 在对我国耕地总量动态平衡政策考察后认为，"耕地总量动态平衡"政策对中国耕地数量的变化产生了积极作用但对耕地质量变化的影响却相反，在全国耕地实现占补平衡的情况下，耕地总体生产能力呈下降趋势，同时对生态环境产生了一定的负面效应，需要引起人们的足够重视。

（二）耕地利用管理的内容体系

1. 耕地保护管理——对耕地数量和质量的保护

（1）非农业建设占用耕地的审批制度。我国《土地管理法》第四十四条规定：

---

① 王秀芬，陈百明，毕继业. 新形势下中国耕地总量动态平衡分析［J］. 资源科学，2005，27（6）：28-33.
② 黄小虎，边江泽. 论耕地总量动态平衡［J］. 中国农村经济，2000（1）：39-42.
③ 林培，程烨. "耕地总量动态平衡"政策内涵及实现途径［J］. 中国土地科学，2001，15（3）：12-14.
④ 郑海霞，封志明. 中国耕地总量动态平衡的数量和质量分析［J］. 资源科学，2003，25（5）：33-39.
⑤ 谭永忠，吴次芳，王庆日，等. "耕地总量动态平衡"政策驱动下中国的耕地变化及其生态环境效应［J］. 自然资源学报，2005，20（5）：727-734.

"建设占用土地，涉及农用地转为建设用地的，应当办理农用地转用审批手续。永久基本农田转为建设用地的，由国务院批准。在土地利用总体规划确定的城市和村庄、集镇建设用地规模范围内，为实施该规划而将农用地转为建设用地的，按土地利用年度计划分批次由原批准土地利用总体规划的机关批准。在已批准的农用地转用范围内，具体建设项目用地可以由市、县人民政府批准。除此之外的建设项目占用土地，涉及农用地转为建设用地的，由省、自治区、直辖市人民政府批准。"第四十六条规定："征收农用地的，应当依照本法第四十四条的规定先行办理农用地转用审批。其中，经国务院批准农用地转用的，同时办理征地审批手续，不再另行办理征地审批；经省、自治区、直辖市人民政府在征地批准权限内批准农用地转用的，同时办理征地审批手续，不再另行办理征地审批，超过征地批准权限的，应当依照本条第一款的规定另行办理征地审批。"

由此可见，我国已从法律层面确立了非农业建设用地占用耕地的审批制度，这也是实行土地用途管制、严格保护耕地、参与宏观调控、落实国家土地供应和利用政策等的重要环节和基本手段。非农业建设占用耕地审批制度的完善程度和执行过程中的监管效果，直接影响土地利用和管理的各个环节，对土地管理制度及其相关配套政策的贯彻落实起着十分重要的作用，尤其是对落实最严格的耕地保护制度、推进土地节约集约利用意义非凡。

（2）耕地占补平衡制度。《土地管理法》第三十条规定："国家保护耕地，严格控制耕地转为非耕地。国家实行占用耕地补偿制度。非农业建设经批准占用耕地的，按照'占多少，垦多少'的原则，由占用耕地的单位负责开垦与所占用耕地的数量和质量相当的耕地；没有条件开垦或者开垦的耕地不符合要求的，应当按照省、自治区、直辖市的规定缴纳耕地开垦费，专款用于开垦新的耕地。省、自治区、直辖市人民政府应当制定开垦耕地计划，监督占用耕地的单位按照计划开垦耕地或者按照计划组织开垦耕地，并进行验收。"这一制度也称为耕地"占补平衡"制度，是落实耕地总量动态平衡的重要措施之一。耕地占补平衡作为一项强制性的措施，促使地方政府高效集约利用土地，减少了土地的浪费现象，在一定程度上遏制了耕地快速减少的势头。据统计，1997~2006年我国建设占用耕地面积为177.8万公顷，但通过土地整理、复垦、开发等方式增加的耕地土地面积计320.7万公顷，尽管并未实现耕地总量不减少的目标，但已完成耕地占补平衡的要求，这也充分证明耕地占补平衡制度在遏制耕地过快流失上发挥了巨大的作用（王梅农等，2010）。[①] 再从政策执行情况来看，1998年全国共有17个省（自治区、直辖市）实现了耕地占补平衡；1999年增加到24个；2000年年底增加到29个；在2001年以后全部实现占补平衡。

尽管耕地占补平衡政策实施已取得诸多成绩，但其政策效果却十分有限。如"只占不补""多占少补"等违法用地现象未根本遏制，"占优补劣"进一步引发生态恶

[①] 王梅农，刘旭，王波．我国耕地占补平衡政策的变迁及今后走向［J］．安徽农业科学，2010，38(33)：19034-19037．

化,"先占后补"继续发酵社会不公(孙蕊等,2014)。① 为解决耕地占补平衡工作中存在的"占多补少""占优补劣"等问题,2004年《国务院关于深化改革严格土地管理的决定》(国发〔2004〕28号)首次提出补充耕地按质量等级折算政策。鉴于当前我国耕地保护过程中,耕地产能隐形流失特别严重的现实,2005年国土资源部下发《关于开展补充耕地数量质量实行按等级折算基础工作的通知》(国土资发〔2005〕128号),指出:"补充耕地数量质量实行按等折算是严格执行占用耕地补偿制度,解决当前耕地占补平衡工作中存在的突出问题,督促建设单位履行法定义务,确保补充耕地与被占用耕地数量和质量相当的必要手段;是贯彻落实中发〔2005〕1号文件和中央人口资源环境工作座谈会精神,履行国土资源部门战略的重要措施",并在全国范围内开展有关试点和实践。至2007年3月,全国按等级折算基础工作全部完成,国土资源部下发《关于开展补充耕地数量质量按等级折算试行工作的通知》(国土资厅发〔2007〕141号),在全国范围内开展试行工作。2008年国土资源部下发《国土资源部关于严格耕地占补平衡管理的紧急通知》(国土资电发〔2008〕85号),进一步规范行政区域内的耕地占补平衡工作,严格耕地占补平衡监督管理和考核工作,统筹协调建设占用和补充耕地的规模。为落实耕地占补平衡工作,国土资源部下发了《关于全面实行耕地先补后占有关问题的通知》(国土资发〔2009〕31号),规定各地建立补充耕地项目库,实行耕地先补后占制度;同年又下发了《国土资源部、农业部关于加强占补平衡补充耕地质量建设与管理的通知》(国土资发〔2009〕168号)。至此,补充耕地数量质量按等级折算被广泛引入国家出台的各项耕地保护相关政策中。

2017年《中共中央 国务院关于加强耕地保护和改进占补平衡的意见》(中发〔2017〕4号)强调,完善耕地占补平衡责任落实机制。非农建设占用耕地的,建设单位必须依法履行补充耕地义务,无法自行补充数量、质量相当耕地的,应当按规定足额缴纳耕地开垦费。地方各级政府负责组织实施土地整治,通过土地整理、复垦、开发等推进高标准农田建设,增加耕地数量、提升耕地质量,以县域自行平衡为主、省域内调剂为辅、国家适度统筹为补充,落实补充耕地任务。各省(自治区、直辖市)政府要依据土地整治新增耕地平均成本和占用耕地质量状况等,制定差别化的耕地开垦费标准。对经依法批准占用永久基本农田的,缴费标准按照当地耕地开垦费最高标准的两倍执行。

(3)永久基本农田保护制度。我国《土地管理法》第三十三条规定:"国家实行永久基本农田保护制度。下列耕地应当根据土地利用总规划为永久基本农田,实施严格保护:经国务院有关主管部门或者县级以上地方人民政府批准确定的粮、棉、油、糖等重要农产品生产基地内的耕地;有良好的水利与水土保持设施的耕地,正在实施改造计划以及可以改造的中、低产田和已建成的高标准农田;蔬菜生产基地;农业科研、教学试验田;国务院规定应当划入永久基本农田的其他耕地。各省、自治区、直

---

① 孙蕊,孙萍,吴金希,等.中国耕地占补平衡政策的成效与局限[J].中国人口·资源与环境,2014,24(3):41-46.

辖市划定的基本农田应当占本行政区域内耕地的 80% 以上，具体比例由国务院根据各省、自治区、直辖市耕地实际情况规定。"基本农田保护区以乡（镇）为单位进行划区定界，由县级人民政府土地行政主管部门会同同级农业行政主管部门组织实施。

基本农田保护制度自确立以来，不仅有效保护了耕地总量、提高了耕地综合生产能力以及优化了耕地空间布局，保障了粮食安全的战略目标，而且为解决"三农"问题、开展社会主义新农村建设奠定了坚实基础，为中国实现土地宏观调控、控制建设用地扩张提供了平台，更有效地保障了生态环境，促进了新技术的推广应用以及土地管理制度的创新发展（黄锦东等，2012）。[1] 曾有学者利用 2004~2007 年我国省级面板数据分析了基本农田保护政策对耕地流失的影响（钟太洋等，2012）[2]，结果表明：在此期间，基本农田保护政策的实施对于减少耕地流失面积的确产生了显著影响，即基本农田保护率每提高 1%，每省每年约能减少耕地流失面积 364.4 公顷。

2014~2017 年，原国土资源部、农业部联合部署开展永久基本农田划定工作，全国共划定 15.5 亿亩永久基本农田，超过全国土地利用总体规划确定的 15.46 亿亩保护目标，并全部实现上图入库、落到地块。

（4）耕地保护动态监测制度。首先，从法律层面来看，我国《基本农田保护条例》第二十条至第二十三条规定：县级人民政府应当根据当地实际情况制定基本农田地力分等定级办法，由农业行政主管部门会同土地行政主管部门组织实施，对基本农田地力分等定级，并建立档案。农村集体经济组织或者村民委员会应当定期评定基本农田地力等级。县级以上地方各级人民政府农业行政主管部门应当逐步建立基本农田地力与施肥效益长期定位监测网点，定期向本级人民政府提出基本农田地力变化状况报告以及相应的地力保护措施，并为农业生产者提供施肥指导服务。县级以上人民政府农业行政主管部门应当会同同级环境保护行政主管部门对基本农田环境污染进行监测和评价，并定期向本级人民政府提出环境质量与发展趋势的报告。1997 年 4 月 15 日发布的《中共中央、国务院关于进一步加强土地管理切实保护耕地的通知》（中发〔1997〕11 号），要求土地管理部门要抓紧建立全国土地管理动态信息系统，采用现代技术手段，加强对全国土地利用状况的动态监测。2004 年 10 月 21 日，针对存在的圈占土地、乱占滥用耕地等突出问题，国务院又颁布了《关于深化改革严格土地管理的决定》（国发〔2004〕28 号），提出了我国将实行耕地保护责任考核的动态监测和预警制度。2014 年国土资源部发布《关于强化管控落实最严格耕地保护制度的通知》（国土资发〔2014〕18 号），提出要加强耕地和基本农田变化情况监测及调查，及时预警、发布变化情况。

以第二次全国土地调查、年度土地变更调查和卫星遥感监测数据为基础，加快完善土地规划、基本农田保护、土地整治和占补平衡等数据库，建立数据实时更新机制，

---

[1] 黄锦东，卢艳霞，周小平. 中国基本农田保护 20 年实施评价及创新路径［J］. 亚热带水土保持，2012，24（2）：27-31.

[2] 钟太洋，黄贤金，陈逸. 基本农田保护政策的耕地保护效果评价［J］. 中国人口·资源与环境，2012，22（1）：90-95.

实现与建设用地审批、在线土地督察等系统的关联应用和全国、省（自治区、直辖市）、市、县四级系统的互联互通，纳入国土资源"一张图"和综合监管平台，强化耕地保护全流程动态监管。

2018年《国土资源部关于全面实行永久基本农田特殊保护的通知》（国土资规〔2018〕1号）提出，构建永久基本农田动态监管机制。永久基本农田划定成果作为土地利用总体规划的重要内容，纳入国土资源遥感监测"一张图"和综合监管平台，作为土地审批、卫片执法、土地督察的重要依据。建立永久基本农田监测监管系统，完善永久基本农田数据库更新机制，省级国土资源主管部门负责组织将本地区永久基本农田保护信息变化情况，通过监测监管系统汇交到部，并对接建设用地审批系统，及时更新批准的永久基本农田占用、补划信息。结合土地督察、全天候遥感监测、土地卫片执法检查等，对永久基本农田数量和质量变化情况进行全程跟踪，实现永久基本农田全面动态管理。

其次，从实践层面来看，为了确保耕地总量动态平衡目标的实现，国土资源部于1998年决定在全国实行土地资源动态监测和耕地总量预警制度（夏增，1998）[①]，建立国家、省（自治区、直辖市）和县三级土地监测体系，运用先进的技术手段，对土地特别是耕地变化和城镇建设用地规模扩展状况进行定期监测，并向社会发布公告。同时，建立预警预报制度，对人均耕地面积降低到临界点的地区，宣布为耕地资源紧急区或危急区，原则上不准再占用耕地。1997年和1998年连续两年应用TM和SPOT数据开展了全国100个地区的土地利用分类和土地利用变化遥感监测。1999年国土资源部首次应用高分辨率卫星（TM和SPOT）对全国84个50万人口以上城市中的66个城市进行了监测，重点监测了各类建设用地占用耕地和非耕地的情况。2000年应用高分辨率卫星数据对全国50万人口以上城市中的58个城市和其他4个经济热点城市进行了监测，对土地利用结构变动的多期变化进行动态监测（徐利民，2007）[②]。利用3S技术对耕地进行动态的、实时的监测，为国土资源管理部门科学决策提供了有效的数据支撑，使耕地保护工作能在有效和长效机制下良性循环和发展。

由于保护耕地和基本农田并进行动态监测是一个长期的任务，因此，对于监测应进行标准化和规范化，同时建立相关的图像库、图形库和相关的属性库、每期监测的动态图，并以标准的数据格式、比例尺，按规程要求的分类系统、成图要求、信息源选择、数字图像动态特征信息提取等进行规范化，从而为长期的动态监测系统建设打下良好的基础。

（5）耕地保护责任制度。我国《基本农田保护条例》规定：县级以上地方各级人民政府应当将基本农田保护工作纳入国民经济和社会发展计划，作为政府领导任期目标责任制的一项内容，并由上一级人民政府监督实施。国务院土地行政主管部门和农业行政主管部门按照国务院规定的职责分工，依照本条例负责全国的基本农田保护管

---

① 夏增. 我国将实行耕地总量预警制度［N］. 人民日报，1998-06-26（1）.
② 徐利民. 耕地保护动态监测系统研究［A］//中国土地学会. 土地信息技术的创新与土地科学技术发展：2006年中国土地学会学术年会论文集. 北京：地质出版社，2007.

理工作。县级以上地方各级人民政府土地行政主管部门和农业行政主管部门按照本级人民政府规定的职责分工，依照本条例负责本行政区域内的基本农田保护管理工作。乡（镇）人民政府负责本行政区域内的基本农田保护管理工作。为落实最严格的土地管理制度，切实保护耕地，国务院发布了《关于深化改革严格土地管理的决定》（国发〔2004〕28号），明确了土地管理的权力和责任，规定地方各级人民政府要对土地利用总体规划确定的本行政区域内的耕地保有量和基本农田保护面积负责，政府主要领导为第一责任人。地方各级人民政府都要建立相应的工作制度，采取多种形式，确保耕地保护目标落实到基层。同时，建立了耕地保护责任的考核体系。国务院定期向各省、自治区、直辖市下达耕地保护责任考核目标。各省、自治区、直辖市人民政府每年要向国务院报告耕地保护责任目标的履行情况。实行耕地保护责任考核的动态监测和预警制度。2006年8月31日，国务院又发布了《国务院关于加强土地调控有关问题的通知》（国发〔2006〕31号），强调地方各级人民政府主要负责人应对本行政区域内耕地保有量和基本农田保护面积、土地利用总体规划和年度计划执行情况负总责，以实际耕地保有量和新增建设用地面积，作为土地利用年度计划考核、土地管理和耕地保护责任目标考核的依据；实际用地超过计划的，扣减下一年度相应的计划指标。2014年2月13日国土资源部下发了《关于强化管控落实最严格耕地保护制度的通知》（国土资发〔2014〕18号），提出要构建耕地保护共同责任机制。完善省级人民政府耕地保护责任目标考核办法，将永久基本农田划定和保护、高标准基本农田建设、补充耕地质量等纳入考核内容，健全评价标准，实行耕地数量与质量考核并重。积极推动将耕地保护目标纳入地方经济社会发展和领导干部政绩考核评价指标体系，加大指标权重，考核结果作为对领导班子和领导干部综合考核评价的参考依据。推动地方政府严格执行领导干部耕地保护离任审计制度，落实地方政府保护耕地的主体责任。建立奖惩机制，将耕地保护责任目标落实情况与用地指标分配、整治项目安排相挂钩。

《省级政府耕地保护责任目标考核办法》（国办发〔2018〕2号）要求，省级政府耕地保护责任目标考核在耕地占补平衡、高标准农田建设等相关考核评价的基础上综合开展，实行年度自查、期中检查、期末考核相结合的方法。年度自查每年开展1次，由各省、自治区、直辖市自行组织开展；从2016年起，每五年为一个规划期，期中检查在每个规划期的第三年开展1次，由考核部门组织开展；期末考核在每个规划期结束后的次年开展1次，由国务院组织考核部门开展。考核部门依据国土资源遥感监测"一张图"和综合监管平台以及耕地质量监测网络，采用抽样调查和卫星遥感监测等方法和手段，对耕地、永久基本农田保护和高标准农田建设等情况进行核查。

耕地保护责任制度的确立与执行，完善了我国耕地保护制度，增强了地方政府的耕地保护意识，提高了耕地保护的效率和效果，但也有不尽如人意的地方，如耕地数据的准确性和及时性仍有待提高，耕地占用中存在"合谋机制"耕地保护责任的考核内容重数量、轻质量和空间布局，这就需要进一步完善耕地动态监测及耕地保护监督制度、培育耕地保护文化、建立部门联动管理制度、完善耕地保护的委托代理机制、完善耕地保护考核体系和责任追究制度以及建立用地者节约集约的信用评价制度（赵小风等，2011）。①

2. 耕地流转管理——对耕地利用行为的规范

（1）流转主体的管理。《农村土地承包法》第三十六条明确指出规定："承包方可以自主决定依法采取出租（转包）、入股或者其他方式向他人流转土地经营权，并向发包方备案。"对于土地承包经营权人以转让以外的其他方式流转土地承包经营权的，法律并未有太多限制，只要求向发包方备案，但若涉及转让，则有严格的限定条件。《农村土地承包法》第三十四条规定："经发包方同意，承包方可以将全部或者部分的土地承包经营权转让给本集体经济组织的其他农户，由该农户同发包方确立新的承包关系，原承包方与发包方在该土地上的承包关系即行终止。"对于受让主体，法律没有区分流转方式，而是进行了统一规定。《农村土地承包法》规定："受让方须有农业经营能力或者资质。"《农村土地经营权流转管理办法》第九条进一步规定："农村土地承包经营权流转的受让方应当是具有农业经营能力或者资质的组织和个人。在同等条件下，本集体经济组织成员享有优先权。"

（2）流转方式的管理。《农村土地承包法》第十七条规定，承包方享有下列权利：①依法享有承包地使用、收益的权利，有权自主组织生产经营和处置产品；②依法互换、转让土地承包经营权；③依法流转土地经营权；④承包地被依法征收、征用、占用的，有权依法获得相应的补偿；⑤法律、行政法规规定的其他权利。2008年10月12日中国共产党第十七届中央委员会第三次全体会议通过的《中共中央关于推进农村改革发展若干重大问题的决定》中指出："按照依法自愿有偿原则，允许农民以转包、出租、互换、转让、股份合作等形式流转土地承包经营权，发展多种形式的适度规模经营。"由此可见，土地承包经营权流转的主要模式可归纳为：转包、出租、互换、转让、入股等。

（3）流转主体权利与义务的管理。《农村土地承包法》《农村土地经营权流转管理办法》均明确规定承包方依法享有承包地使用、收益和土地承包经营权流转的权利，并承担相应的义务。《农村土地经营权流转管理办法》中第十四条至第十六条对流转主体选择流转方式过程中的权利和义务进行了详细规定："承包方可以采取出租（转包）、入股或者其他符合有关法律和国家政策规定的方式流转土地经营权；承包方依法采取出租（转包）、入股或者其他方式将土地经营权部分或者全部流转的，承包方与发包方的承包关系不变，双方享有的权利和承担的义务不变；承包方自愿将土地经营权入股公司发展农业产业化经营的，可以采取优先股等方式降低承包方风险。公司解散时入股土地应当退回原承包方。"

（4）流转期限的管理。《物权法》《土地管理法》和《农村土地承包法》中均明确规定："耕地的承包期为三十年。"为稳定农民对土地经营的预期，依照《农村土地承包法》第二十七条和第二十八条规定："承包期内，发包方不得收回承包地。承包期内，发包方不得调整承包地。国家保护进城农户的土地承包经营权。不得以退出土地

---

① 赵小风，黄贤金，钟太洋，等．耕地保护共同责任机制构建［J］．农村经济，2011（7）：19-22．

承包经营权作为农户进城落户的条件。"

在承包期内，承包农户进城落户的，引导支持其按照自愿有偿原则依法在本集体经济组织内转让土地承包经营权或者将承包地交回发包方，也可以鼓励其流转土地经营权。承包期内，承包方交回承包地或者发包方依法收回承包地时，承包方对其在承包地上投入而提高土地生产能力的，有权获得相应的补偿；承包期内，因自然灾害严重毁损承包地等特殊情形对个别农户之间承包的耕地和草地需要适当调整的，必须经本集体经济组织成员的村民会议 2/3 以上成员或者 2/3 以上村民代表的同意，并报乡（镇）人民政府和县级人民政府农业农村、林业和草原等主管部门批准。承包合同中约定不得调整的，按照其约定。中共十七届三中全会通过的《中共中央关于推进农村改革发展若干重大问题的决定》，着重强调"赋予农民更加充分而有保障的土地承包经营权，现有土地承包关系要保持稳定并长久不变"。在稳定农村土地承包关系和保护承包方土地承包经营权的基础上，《农村土地承包法》及《农村土地经营权流转管理办法》中进一步规定："土地承包经营权流转的期限不得超过承包期的剩余期限。"除此之外，2014 年 11 月中共中央办公厅、国务院办公厅印发了《关于引导农村土地经营权有序流转发展农业适度规模经营的意见》（中办发〔2014〕61 号）中提出："严格规范土地流转行为，流转期限应由流转双方在法律规定的范围内协商确定。"

（5）流转合同的管理。根据《农村土地承包法》第四十条规定："土地经营权流转，当事人双方应当签订书面流转合同。承包方将土地交由他人代耕不超过一年的，可以不签订书面合同。"《农村土地经营权流转管理办法》第十八条至第二十条对土地经营权流转合同给予了更为详细的规定："承包方委托发包方、中介组织或者他人流转土地经营权的，流转合同应当由承包方或者其书面委托的受托人签订；土地经营权流转合同一般包括以下内容：①双方当事人的姓名或者名称、住所、联系方式等；②流转土地的名称、四至、面积、质量等级、土地类型、地块代码等；③流转的期限和起止日期；④流转方式；⑤流转土地的用途；⑥双方当事人的权利和义务；⑦流转价款或者股份分红，以及支付方式和支付时间；⑧合同到期后地上附着物及相关设施的处理；⑨土地被依法征收、征用、占用时有关补偿费的归属；⑩违约责任。土地经营权流转合同示范文本由农业农村部制定。"显然，这样规定的目的在于通过书面的形式和备案的形式规范农村土地承包经营权流转行为，避免争议的发生。即使引发了争议，也有书面凭证予以解决。但是，由于农村"熟人社会"的特点，在农户之间的土地承包经营权流转中，大多数人认为没有必要履行相关手续，因此通常仅口头约定私下流转农村土地承包经营权。据农业部统计（董峻，2014）①，截至 2013 年底，全国承包耕地流转面积 0.227 亿公顷（3.4 亿亩），有近 40% 的土地流转未签订合同，2013 年受理土地流转纠纷达 18.8 万件。针对土地承包经营权流转纠纷日益增多现象，2005 年 3 月 29 日由最高人民法院审判委员会公布，自 2005 年 9 月 1 日起施行的《最高人民法院关

---

① 董峻. 全国 26% 承包地已流转，农业部要求不能搞强迫命令［EB/OL］.（2014-02-23）［2023-09-02］. https：//www.gov.cn/govweb/jrzg/2014-02/23/content_2619466.htm.

于审理涉及农村土地承包纠纷案件适用法律问题的解释》(法释〔2005〕6号)中第十二条至第十四条规定:"发包方强迫承包方将土地承包经营权流转给第三人,承包方请求确认其与第三人签订的流转合同无效的,应予支持。承包方未经发包方同意,采取转让方式流转其土地承包经营权的,转让合同无效。但发包方无法定理由不同意或者拖延表态的除外。承包方依法采取转包、出租、互换或者其他方式流转土地承包经营权,发包方仅以该土地承包经营权流转合同未报其备案为由,请求确认合同无效的,不予支持。"

(6) 流转用途管理。《农村土地承包法》第十一条规定:"农村土地承包经营应当遵守法律、法规,保护土地资源的合理开发和可持续利用。未经依法批准不得将承包地用于非农建设。国家鼓励增加对土地的投入,培肥地力,提高农业生产能力。"《农村土地经营权流转管理办法》第三条和第十一条规定:"土地经营权流转不得损害农村集体经济组织和利害关系人的合法权益,不得破坏农业综合生产能力和农业生态环境,不得改变承包土地的所有权性质及其农业用途,确保农地农用,优先用于粮食生产,制止耕地'非农化'、防止耕地'非粮化';受让方应当依照有关法律法规保护土地,禁止改变土地的农业用途。禁止闲置、荒芜耕地,禁止占用耕地建窑、建坟或者擅自在耕地上建房、挖砂、采石、采矿、取土等。禁止占用永久基本农田发展林果业和挖塘养鱼。"尽管法律法规已明确土地承包经营权流转前提条件是维持土地的农业用途不变,但仍然出现个别企业大规模租赁农地,以各种名义圈占土地,擅自改变土地用途,违法违规进行非农业建设的现象。为此,2005年8月,国土资源部下发《关于坚决制止"以租代征"违法违规用地行为的紧急通知》(国土资发〔2005〕166号),要求各地加强租赁土地的管理,防止违反土地利用总体规划,擅自将租赁农用地转为建设用地,"以租代征"。2008年10月12日中国共产党第十七届中央委员会第三次全体会议通过的《中共中央关于推进农村改革发展若干重大问题的决定》中再次明确提出:"土地承包经营权流转,不得改变土地集体所有性质,不得改变土地用途,不得损害农民土地承包权益。"2010年10月,国土资源部、农业部联合下发《关于完善设施农用地管理有关问题的通知》(国土资发〔2010〕155号),明确了设施农用地中生产设施和附属设施的范围和管理要求。2011年11月29日国土资源部下发《关于严禁工商企业租赁农地后擅自改变用途进行非农业建设的紧急通知》,禁止任何单位或个人借"租赁""流转"农地之机,或以兴办设施农业为名,违规兴建"配套设施",或变相兴建非农业设施,擅自从事非农业建设,一经发现,必须严肃查处。通过一系列政策措施的实施,我国土地承包经营权"非农化"流转的势头得以遏制,这也说明必须加强土地流转用途管制,坚持最严格的耕地保护制度。

(7) 流转制度的创新。土地流转制度创新的前提是承认农民土地流转的主体地位,土地流转制度创新的本质是推动土地要素价格决定的市场化机制的形成。土地流转制度创新应该循着使农民成为土地的真正权利主体、促进土地生产要素市场化的路径进行。中共十八届三中全会通过的《中共中央关于全面深化改革若干重大问题的决定》中进一步提出:"稳定农村土地承包关系并保持长久不变,在坚持和完善最严格的耕地保护制度前提下，赋予农民对承包地占有、使用、收益、流转及承包经营权抵押、担保权能，允许农民以承包经营权入股发展农业产业化经营。鼓励承包经营权在公开市场上向专业大户、家庭农场、农民合作社、农业企业流转，发展多种形式规模经营。"显然，这已从法律层面给出土地承包经营权流转制度创新途径，即要使农民实现真正地对土地承包经营权的物权权利，不仅要规定土地承包权的长期性，更重要的是承认农民土地承包经营权的财产权性质，这样才能实现土地承包经营权的有效流转。赋予农民土地物权权利，才能使农民土地承包经营权获得宪法和相关法律的保护，才能对抗土地承包经营权流转中侵犯农民权益的行为，才能赋予农民土地承包经营权流转的主体地位，提高农民在土地承包经营权流转中的谈判地位，提高农民权益的博弈能力（杨守玉、王厚俊，2009）。① 另外，鼓励创新土地承包经营权流转形式。中共中央办公厅、国务院办公厅印发《关于引导农村土地经营权有序流转发展农业适度规模经营的意见》（中办发〔2014〕61号）中提出，鼓励承包农户依法采取转包、出租、互换、转让及入股等方式流转承包地。抓紧研究探索集体所有权、农户承包权、土地经营权在土地流转中的相互权利关系和具体实现形式。按照全国统一安排，稳步推进土地经营权抵押、担保试点，研究制定统一规范的实施办法，探索建立抵押资产处置机制。目前一些地方已经进行了多种形式的探索，如嘉兴市"两分两换"模式（李勇、杨卫忠，2014）②、山东宁阳县"股份+合作"模式（黄锦锦等，2011）③、福建三明"土地承包经营权抵押贷款"模式（蒋蔚，2012）④、安徽宿州市"土地流转信托"模式（赵选民、王颖，2014）⑤、安徽繁昌县自上而下建立了"虚拟确权、三权分离、二次流转"模式（夏柱智，2014）⑥ 等。

二、耕地利用管理的具体措施

（一）非农建设占用耕地的补偿

（1）非农业建设必须节约使用土地。可以利用荒地的，不得占用耕地；可以利用劣质地的，不得占用好地。

（2）实行占用耕地补偿制度。省、自治区、直辖市人民政府应当严格执行土地利用总体规划和土地利用年度计划，采取措施，确保本行政区域内耕地总量不减少；耕地总量减少的，由国务院责令在规定期限内组织开垦与所减少耕地的数量与质量相当的耕地，并由国务院土地行政主管部门会同农业行政主管部门验收。个别省、直辖市确因土地后备资源匮乏，新增建设用地后，新开垦耕地的数量不足以补偿所占用耕地

---

① 杨守玉，王厚俊."三农"视角下的土地流转制度创新［J］. 农业经济问题，2009（2）：73-76.
② 李勇，杨卫忠. 农村土地流转制度创新参与主体行为研究［J］. 农业经济问题，2014（2）：75-80.
③ 黄锦锦，朱晨红."股份+合作"土地流转模式的实践和启示——以宁阳县蒋集镇郑龙村为例［J］. 山东国土资源，2011，27（1）：56-58.
④ 蒋蔚. 三明市农村土地承包经营权抵押贷款的启示［J］. 福建农林大学学报（哲学社会科学版）2012，15（6）：30-34.
⑤ 赵选民，王颖. 土地流转信托：农村金融制度的一项创新［J］. 人民论坛，2014（8）：81-83.
⑥ 夏柱智. 虚拟确权：农地流转制度创新［J］. 南京农业大学学报（社会科学版），2014，14（6）：89-96.

的数量的,必须报经国务院批准减免本行政区域内开垦耕地的数量,进行易地开垦。城市建设用地区内统一征地的,承担开垦耕地义务的为市、县政府,开垦费用可以打入建设用地成本;城市建设用地区外建设项目用地,承担开垦耕地义务的是建设单位;村庄、集镇建设占用耕地,承担开垦耕地义务的是农村集体经济组织或者村民委员会。

(二) 耕地整理、开发

(1) 任何建设占用耕地都必须履行开垦耕地的义务。无论是国家重点工程、城市建设,还是乡镇企业、农村村民建住宅占用耕地都必须履行开垦耕地的义务。这就改变了过去经批准可以占用基本农田并可以免缴基本农田保护区耕地造地费的规定,包括国家投资的能源、交通、水利、国防军工等大型基础建设与其他建设一样,没有特殊待遇。保护耕地不但是地方政府的事,中央投资占用耕地也应当履行义务,确保建设占用耕地与开垦耕地的平衡。

(2) 开垦耕地的责任者是占用耕地的单位。从法律上明确责任单位非常重要,以利于执法监督和履行职责。根据目前建设用地的情况,可以分为三种情况:①城市建设用地区统一征地后供地的,承担造地义务的为市、县人民政府,造地的费用可以打入建设用地的成本,但责任必须由市、县政府承担;②城市建设用地区外建设项目用地,承担开垦耕地义务的是建设单位,市、县人民政府土地行政主管部门负责监督和验收;③村庄、集镇建设占用耕地,承担开垦耕地义务的是农村集体经济组织或村民委员会,市、县人民政府土地行政主管部门负责监督和验收。

(3) 开垦耕地的资金必须落实。过去开垦耕地不落实有一部分是因为有计划没有资金,因此,建设单位和地方人民政府都必须根据需要落实开垦耕地的资金。

(4) 开垦耕地的地块应当落实。各地在制定土地利用总体规划时,应当根据当地土地资源的状况制定耕地后备资源开发的区域,使建设单位有地可开。开垦耕地还应当与生态环境建设相结合,防止乱开滥垦。

(5) 没有条件开垦,或开垦耕地不符合要求的,建设单位可以缴纳耕地开垦费,由地方人民政府土地行政主管部门履行造地义务。没有条件开垦是指建设单位没有开垦的人力和机械,而无法从事土地开垦工作。开垦的耕地不符合要求是指耕地开垦的数量和质量没有达到规定的指标。

(三) 耕地的合理利用

(1) 严禁农民在承包的耕地上建窑、建坟或者擅自在耕地上建房、挖砂、采石、取土、烧砖瓦等。任何单位和个人不得破坏和毁坏农田。

(2) 禁止任何单位和个人闲置、荒芜土地。已经办理审批手续的非农业建设占用耕地的,一年内不用而又可以耕种并收获的,应当由原耕种该幅耕地的集体或者个人恢复耕地,也可以由用地单位组织耕种,一年以上未动工建设的,应当按照省、自治区、直辖市的规定缴纳闲置费;连续两年未使用的,经原批准机关批准,由县级以上人民政府无偿收回用地单位的土地使用权;该幅土地原为农民集体所有的,应当仍由原农村集体经济组织恢复耕种。

(3) 积极发展高效低毒、低残留农药,推广综合防治和生物防治措施。合理利用污水浇灌，防止土壤和作物的污染。

（4）要科学施肥，确定合理的化肥施用量，防止土壤板结。增施有机肥，改良土壤，提高土壤的有机质含量。

（5）禁止向基本农田提供不符合国家有关标准的肥料或者城市垃圾、污泥。

（四）耕地保护问责

（1）县级以上地方各级人民政府应当将耕地保护工作纳入国民经济和社会发展计划，作为政府领导任期目标责任制的一项内容，并由上一级人民政府监督实施。各级政府应当建立以基本农田保护和耕地总量动态平衡为主要内容的耕地保护目标责任制，每年进行考核。

（2）各级人民政府要采取措施，保护耕地，维护排灌工程设施，改良土壤，提高肥力，防止土地沙化、盐碱化和土地流失，制止一切荒芜耕地和破坏耕地的行为。

（3）在进行采矿、筑路、兴修水利和其他工程建设时，必须防止土地塌陷、沉降、沙化、水土流失、水源枯竭、泥石流、盐碱化、沼泽化、洪涝等不良后果的发生。凡因工程建设致使土地资源遭受破坏，给群众生产、生活造成损失的，由设计、建设单位对受害单位给予合理补偿，并负责治理和恢复。

（4）闲置、荒芜耕地的责任。《土地管理法》第三十八条规定："禁止任何单位和个人闲置、荒芜耕地。已经办理审批手续的非农业建设占用耕地，一年内不用而又可以耕种并收获的，应当由原耕种该幅耕地的集体或者个人恢复耕种，也可以由用地单位组织耕种；一年以上未动工建设的，应当按照省、自治区、直辖市的规定缴纳闲置费；连续两年未使用的，经原批准机关批准，由县级以上人民政府无偿收回用地单位的土地使用权；该幅土地原为农民集体所有的，应当交由原农村集体经济组织恢复耕种。"

（5）乱占、滥用耕地的处罚。乱占耕地是指违反《土地管理法》的有关规定，非法占有基本农田保护区耕地的行为。如占用耕地建窑、建坟或者擅自在耕地上建房、挖砂、采石、采矿、取土等破坏种植条件的行为。我国法律通过刑罚和行政处罚法非法占用耕地的行为，实施耕地保护。《中华人民共和国刑法》（以下简称《刑法》）第三百四十二条规定："违反土地管理法规、非法占用耕地改作他用，数量较大，造成耕地大量毁坏的，处五年以下有期徒刑或者拘役，并处或者单处罚金。"第四百一十条规定："国家机关工作人员徇私舞弊，违反土地管理法规，滥用职权，非法批准征用、占用土地，或者非法低价出让国有土地使用权，情节严重的，处3年以下有期徒刑或者拘役；致使国家或者集体利益遭受特别重大损失的，处3年以上7年以下有期徒刑；《土地管理法》《土地管理法实施条例》及《基本农田保护条例》等法律、法规，对耕地保护违法行为规定了相应的行政法律责任。

（6）破坏耕地的表现形式及处罚。破坏耕地行为有以下三种表现形式：①占用耕地建窑、建坟；②未经批准，擅自在耕地上建房、挖砂、采石、采矿、取土等，使土地种植条件遭到破坏的；③因土地开发造成土地沙化、盐渍化的。根据我国《土地管理法》第七十五条："违反本法规定，占用耕地建窑、建坟或者擅自在耕地上建房、挖砂、采石、采矿、取土等，破坏种植条件的，或者因开发土地造成土地荒漠化、盐渍化的，由县级以上人民政府自然资源主管部门、农业农村主管部门等按照职责责令限期改正或者治理，可以并处罚款；构成犯罪的，依法追究刑事责任。"《刑法》第三百四十二条规定："违反土地管理法规，非法占用耕地、林地等农用地，改变被占用土地用途，数量较大，造成耕地、林地等农用地大量毁坏的，处五年以下有期徒刑或者拘役，并处或者单处罚金。"

第三节 园地利用与管理

园地是用于栽培多年生经济作物和果木的土地（李元，2000）[①]。果园是农业生产的重要组成部分。发展果园业，对于繁荣市场经济、增加农民收入、提高人民生活水平、改善农业生产条件和美化环境均具有重要的作用。

一、园地分类、分布与生产状况

园地分为果园、桑园、热带作物园、茶园、药园等。下面重点介绍果园的分类、分布与生产状况，然后简单介绍其他园地的类型与生产状况。

（一）果园分类、分布与生产状况

果园是园地的主要类型，分布较广。据统计[②]，2021年全国果园面积为1280.80万公顷，其中苹果园197.54万公顷，梨园92.16万公顷，柑橘园292.27万公顷，葡萄园70.15万公顷，香蕉园32.59万公顷。我国园地栽培的果树品种大体上以秦岭—淮河为界，此界以南以热带亚热带常绿果树为主，主要有柑橘、菠萝、香蕉、荔枝、龙眼、芒果、杨梅、枇杷等。此线以北落叶果树较多，主要有苹果、梨、桃、杏、柿子、葡萄、李、枣、石榴、板栗、核桃、樱桃等。西部干旱区是我国耐旱、喜光、耐干燥的落叶果树的适宜土地类型区和主产地，如库尔勒香梨、阿克苏酥梨和金冠苹果、吐鲁番葡萄、张掖的苹果、喀什等地的阿月浑子和扁桃等；青藏高原区以耐寒性落叶果树为主，落叶常绿果树混交。在喜马拉雅山南翼山地热带、亚热带有芭蕉、杨梅，藏东和川西横断山脉有苹果、梨、核桃、藏杏、木瓜等分布（张凤荣，2000）。[③]

（1）黄淮海区。包括河北、山东、河南、北京、天津三省二直辖市，本区地处暖温带落叶果树带，环境条件适宜北方落叶果树的生长发育。华北平原、鲁中南山区及渤海湾地区是我国苹果、梨、葡萄的生态适宜区和主产区，果树主要分布在平原河流沿岸、冲积扇、丘陵和低山地区。本区2021年果园面积已达154.93万公顷，有红富士苹果、河北鸭梨、酥梨、龙眼葡萄、巨峰葡萄、玫瑰香葡萄、肥城桃等名品。近些年，

---

① 李元．中国土地资源：第1卷［M］．北京：中国大地出版社，2000．
② 国家统计局农村社会经济调查司．中国农村统计年鉴（2022）［M］．北京：中国统计出版社，2022．
③ 张凤荣．中国土地资源及其可持续利用［M］．北京：中国农业大学出版社，2000．

随着人们对果品多样化的要求，杏、草莓、柿子、山楂、板栗、核桃、红枣等果品发展较快。

（2）东北区。包括辽宁、吉林、黑龙江三省。本区2021年有果园面积42.07万公顷，其中仅辽宁省就有34.70万公顷，主要集中分布在辽南地区。辽南地区属暖温带落叶果树种植带，为我国苹果、梨、葡萄的集中产区。其他地区属中温带落叶果树带，主要品种有中小苹果、秋子梨、苹果梨等。

（3）长江中下游区。包括江苏、浙江、江西、湖南、湖北、安徽和上海六省一直辖市。本区是我国柑橘等果品产区，还有本区域一些特产果品，如枇杷、杨梅、水蜜桃等。2021年有果园面积207.92万公顷，其中柑橘园为109.25万公顷，主要分布在红壤地区200~500米的低山丘陵地区。

（4）华南区。包括福建、广东、广西、海南三省一自治区。本区果品资源十分丰富，2021年果园面积为299.95万公顷，面积最大。其中柑橘园为102.22万公顷，产量2564万吨，占全国总产量的46%；香蕉园为23.08万公顷，产量955.7万吨，占全国总产量的82%。荔枝、龙眼、菠萝、芒果是本区的特产水果。除香蕉分布在平原地区外，果园大部分分布在台地、阶地和丘陵边缘的缓坡地上。

（5）西南区。包括四川、云南、贵州、重庆三省一直辖市。本区2021年有果园270.3万公顷，以柑橘为主，面积为77.96万公顷，主要集中分布在四川盆地的丘陵和低山地区。

（6）黄土高原区。包括陕西、山西、甘肃、宁夏三省一自治区。本区2021年果园面积为198.97万公顷，主产苹果和梨。

（7）西北青藏高原区。包括内蒙古、新疆、青海、西藏一省三自治区。本区2021年实有果园106.64万公顷，仅占全国果园面积的8.3%，但新疆维吾尔自治区的葡萄在全国占重要地位，无论面积和产量均占全国第一位。吐鲁番、和田地区的绿洲是生产葡萄干的理想地区，其他果品有苹果和梨，主要分布在内蒙古自治区河套、塔里木盆地边缘、湟水谷地、雅鲁藏布江谷地、昌都地区等地，以自给性为主。

改革开放以来，我国水果生产以惊人的速度向前发展，在农业和农村经济中的地位和作用日益显现，为增加农民收入和改善人民膳食结构做出了很大贡献。首先，从产量来看，近几年我国水果总产量以每年800万~1000万吨的速度增长，2021年食用水果总产量已达到29970.2万吨，人均占有水果212.3千克，单位面积产量23399千克/公顷，均已超过世界平均水平。其次，从果树品种结构来看，苹果、梨、柑橘等水果占主要地位，而且一些名优品质的水果发展较快，红富士、甜蜜橘等优质品种已占苹果、柑橘等果树品种的主导地位。最后，从果品的质量来看，随着先进生产技术的推广应用，投资力度加大和品种结构的改善，我国果品质量不断提高，各地相继出现了许多名特优产品。但在水果品质上也存在一些问题，主要体现在商品性状差、农药残留多、好果率低、储存损失等。

（二）其他园地类型与生产状况

其他园地包括桑园、热带作物园、茶园、药园等。桑园主要分布在青藏高原以东、秦岭—淮河以南的广大地区，以成都平原、太湖流域和珠江三角洲为我国三大优势产区，特别是长江下游平原和四川盆地，其生产条件优越，是我国主要的桑蚕生产基地。茶园主要分布在云南、福建、浙江、安徽、湖北、四川等省的丘陵山地。2021年全国茶园面积330.78万公顷，采摘面积270.16万公顷，茶叶总产量为316.40万吨，单位面积产量957千克/公顷，已超过世界平均水平，但和高产国家相比仍有较大差距，如日本，单位面积产量高达1650千克/公顷。热带作物园包括橡胶园、咖啡园、椰子园、油棕园等生产热带作物的园地，主要分布在海南省及云南省的西双版纳。海南省是我国最大的橡胶、椰子、咖啡生产基地。药园以种植人工药材为主，主要分布在河北、宁夏、河南、甘肃一带。参园是种植人参的园地，以吉林、辽宁省居多。

二、园地的管理

（一）严格限制园地转为非农业建设用地

园地属于农用地范围，按照《土地管理法》的"严格限制农用地转为建设用地"的规定，要做好园地的保护工作，严格限制园地转为建设用地。经国家批准的建设项目必须占用园地的，应按国家有关规定，办理农用地转用手续后，方可占用。

（二）搞好园地的宏观战略布局规划

我国是一个多山的国家，山地丘陵占43.23%，平原仅占11.98%，其他为高原和盆地。就农业土地利用类型来说，耕地对土地的要求最高，而且也是最容易产生水土流失的一种类型。园林、林地和草地对土地条件的要求比耕地低些，而且对水土流失有一定的抵抗力。山地丘陵具有坡度，水往低处流是自然规律，容易产生水土流失。因此，发展园地最好是向山地丘陵发展，不仅可将宝贵的平原留作耕地之用，保障粮食生产，而且可以防止水土流失，改善生态环境，同时有利于发展山区经济，缩小东西部的经济差距。此外，还可以利用山区昼夜温差大的特点，提高果品的色香味，利用山区禽鸟防治害虫，生产绿色食品。因此，园地规划要根据当地土地资源的自然条件和特性以及栽培树种的要求，选择合适的用地，进行田间工程规划设计。园地用地选择的原则就是适地适树，就是使栽培树种的生态学特性和园地的立地条件相适应，以充分发挥生产潜力，达到当前技术经济条件下，该树种在该立地条件下所可能达到的最高产量水平和品质。为达到适地适树的目的应采取以下三项措施：①确定用地后，选择适合当地条件的树种；②确定某一树种后，选择适合该树种生态学特性的土地；③通过整地、农田建设、施肥等技术措施来改变园地的生产环境，使之适合于选定的树种生长。

（三）改造低产园地

从我国国情和园地利用现状考虑，除了开发利用一些宜园荒地外，增加园艺产品，主要是靠提高单位面积产出，特别是加强低产园地的改造。改造低产园地要像改造低产田一样，也需要基本建设。对于目前山地丘陵区的园地，主要是加强水土保持工程建设，把跑水、跑土、跑肥的"三跑"园地改造为保水、保土、保肥的"三保"园地。针对不同土壤的特点，改造土壤障碍因素，如对土层薄的园地，要通过深翻熟化，增加有效土层厚度；对质地黏重的土壤，压沙改良耕性；对干旱缺水的园地，兴修水利灌溉设施；对于养分贫瘠的土壤，增施肥料，提高地力；对因果木品种或管理不好造成的低产，则改良品种或果木更新，加强剪枝、防治病虫害等田间管理。通过这些土壤改良措施和基本建设，将低产园地建设成高产园地。

（四）调整产品结构，提高经济效益

今后园艺产品的生产，主要根据市场的变化，合理调整树种、品种结构，发展名优产品，提高经济效益，改变"增产不增收"的局面。随着各种果品产量的增加，市场逐渐向买方转移，人们对园艺产品的花色品种和产品质量的要求越来越高。因此，要积极开发市场上紧缺的果品，注意品种搭配，满足不同消费阶层的需求，并使早、中、晚熟品种组合适当，既合理使用劳动力，又可延长果品供应期。

（五）集约经营，走产业化道路

今后要切实转变生产方式，实现由粗放经营向集约经营的生产方式转变，走产业化的道路。集约经营包括土地集约、资金集约、技术集约、信息集约。要加快良种苗木繁育体系建设，以目前一些技术条件好、规模较大的园艺场为依托，建设良种、苗木繁育基地。开展产前、产中、产后全方位服务，建立和完善技术推广体系，实现农科教三结合。要集中一批资金，建立储藏加工业，增加附加值，加快产业化进程，积极开拓国内外市场。要加强信息服务，将市场信息、科技信息及时送到农民手中。搞好资金、技术和信息的集约，就能提高单位面积的产量和产值，也就实现了土地的集约利用。

第四节 林地利用与管理

林地是指用于生态建设和生产经营的土地和热带或亚热带潮间带的红树林地，包括郁闭度0.2以上的乔木林地以及竹林地、灌木林地、疏林地、采伐和火烧迹地、未成林造林地、苗圃地、森林经营单位辅助生产用地和县级以上人民政府规划的宜林地。[1][2]

一、林地分类及分布

（一）林地分类

按照土地利用现状，依据林地用途和覆盖特性，全国农业区划委员会1984年制定的《土地利用现状调查技术规程》中将林地分为六类，即有林地（包括天然林和人工林）、灌木林地、疏林地、未成林造林地、迹地、苗圃。

---

[1] 《中华人民共和国森林法实施条例》（中华人民共和国国务院令〔2000〕第278号）。
[2] 国家林业局. 林地分类：LY/T 1812-2009 [M]. 北京：中国标准出版社，2009.

按照自然、社会条件和国民经济需要以及森林经营目的和功能，《中华人民共和国森林法》（以下简称《森林法》）将林地分为五类：

（1）防护林地，以防护为主要目的的森林、林木和灌木丛用地，包括水源涵养林地，水土保持林地，防风固沙林地，农田、牧场防护林地，护岸林地，护路林地。

（2）用材林地，以生产木材为主要目的的森林和林木用地，包括以生产竹材为主要目的的竹林用地。

（3）经济林地，以生产果品，食用油料、饮料、调料，工业原料和药材等为主要目的的林木用地。

（4）薪炭林地，以生产燃料为主要目的的林木用地。

（5）特种用途林地，以国防、环境保护、科学实验等为主要目的的森林和林木用地，包括国防林、实验林、母树林、环境保护林、风景林用地，名胜古迹和革命纪念地的林木用地，自然保护区的森林用地。

为了实现全国范围的森林资源调查、统计、监测、规划设计和经营管理，国家林业局于2021年6月30日发布了《林地分类》（LY/T 1812—2021），按照以林地覆盖类型分类为主，利用状况分类为辅、尽量与已有林地分类兼顾和衔接、便于林地林权管理、森林资源资产化管理和森林资源资产化管理和森林生态效益补偿制度实施的原则，将林地分为两级，其中一级分为七类，包括有乔木林地、竹林地、灌木林地、疏林地、未成林造地、迹地、苗圃地。灌木林地、未成林造地、迹地三个一级地类又分为七个二级地类。

（二）林地分布

我国林地分布受降水量等自然条件的影响。我国的降水量由东南向西北递减，形成一条由大兴安岭北端西坡起向西南到拉萨南为止的400毫米降水线。在这条线的西北侧，年降水量低于400毫米的地区，除贺兰山、阿尔泰山、祁连山等在一定高度带可以生长以乔木为主的森林外，其他地区都不适宜森林的生长。在该线的东南侧，是我国的宜林区，几千年前，这里到处是茂密的森林。但是，长期以来受人类活动的影响，造成了这些宜林地范围内的森林分布不平衡。

从全国情况来看，东北和西南及东南、华南的丘陵山区林地分布较多，在辽阔的西北区、内蒙古和西藏的中、西部地区以及人口稠密、经济发达的华北、中原和长江下游、黄河下游地区林地分布稀少。按森林覆盖的地理分布特点，可将全国分为五个区域[①]：

（1）东北地区：包括黑龙江、吉林和内蒙古东北部的大兴安岭林区和呼伦贝尔市东部林区。该地区以国有林区为主，森林面积占全国的1/4，森林覆盖率达37.6%，总蓄积量占全国的1/3，是我国最大的用材林基地，主要树种为兴安落叶松、红松、冷杉等。

（2）西南地区：包括四川、云南、重庆、甘肃的白龙江林区、西藏东部的昌都和

---

① 中国自然资源丛书编撰委员会. 中国自然资源丛书：土地卷[M]. 北京：中国环境科学出版社，1995.

拉萨地区。该区森林面积为2245万公顷，占全国的18.0%，森林覆盖率为28.3%；森林蓄积量占全国的39.7%。该地区气候温暖湿润、山高坡陡、土层瘠薄、树种丰富，多为复层异龄混交林结构，主要分布于金沙江、澜沧江、雅碧江、白龙江、怒江和岷江、大渡河中上游。

（3）华中华南区：包括浙江、安徽、福建、江西、湖北、湖南、广东、广西、贵州。该地区林地分布广而散，共有森林面积4265万公顷，占全国的34.2%，森林覆盖率为26%。这里地处亚热带和热带，雨量充足、生长期长、单位面积蓄积量高，林木蓄积占全国的18.4%，是新中国成立后森林资源增长最快的地区。但是，由于该区人口稠密，人均蓄积远低于全国平均水平。这里的森林80%以上属集体所有，故通常将此地区称为南方集体林区。

（4）华北、中原及长江中下游地区：包括辽宁、河北、山西、河南、山东、江苏、北京、天津、上海。该地区盆地、平原、山地、丘陵并存，光热条件好，但森林面积仅有897万公顷，人均森林面积0.027公顷，为全国最低；该地区人口稠密，工农业生产发达，但自然灾害频繁，水旱、风沙等灾害时有发生。

（5）西北少林地区：包括新疆、青海、宁夏、甘肃、陕西北部、内蒙古和西藏的中西部。该区地域辽阔、林地稀少，除祁连山、贺兰山、天山等有成片林地外，绝大部分地区因年降水量低于400毫米，难以生长乔木林。该地区人口稀少、经济基础薄弱，土地面积占全国的一半，而森林面积仅占全国的7%，森林覆盖率为1.6%。

二、林地的管理

（一）林地的持续利用

搞好林地的可持续利用，不仅为社会提供木材等林产品，还将有利于发挥林地的保护环境、防风固沙、保持水土、涵养水源、调节气候、净化空气、保护生物多样性等多重功效。

（1）狠抓资源保护管理，严守林业生态红线。科学划定并严格落实林业生态红线，制定最严格的林业生态红线管理办法。全面贯彻落实《全国林地保护利用规划纲要》，严格林地用途管制和林地定额管理。严控经营性项目占用林地，逐步推行林地的差别化管理，引导节约集约使用林地。坚持不懈抓好森林防火、森林病虫害防治工作。建立健全严守林业生态红线的法律、法规，依法打击各类破坏森林资源的违法犯罪行为，坚决遏制非法征占林地和毁林开垦现象。

（2）加速植树造林，增加有林地面积。搞好植树造林，绿化祖国，增加有林地面积，提高森林覆盖率是实现国民经济发展的必要条件。为实现我国2020年森林覆盖率达到23%的目标，保障国土生态安全，需进一步增加造林投入，扎实推进宜林地的造林绿化进程。加大科技支撑力度，有效提高造林成林率。加快推进生态功能区生态保护和修复，继续实施好林业生态建设工程，对重点生态脆弱区25°以上坡耕地和严重沙化耕地继续开展退耕还林。积极推进平原绿化、通道绿化、村镇绿化和森林城市建设，充分挖掘森林资源增长潜力。严格落实领导干部保护发展森林资源任期目标责任制，建立健全省（自治区、直辖市）、市、县三级森林增长指标考核制度，实行年度考核评价。

（3）做好森林科学经营，提升森林质量效益。建立森林经营规划制度，形成国家、省（自治区、直辖市）、县三级森林经营规划体系。完善森林经营补贴制度，加强森林抚育和低产低效林改造。重点推进国有林区和国有林场森林经营工作，带动全国森林经营科学有序推进。逐步停止东北内蒙古重点国有林区森林采伐，促进天然林资源的休养生息。此外，根据现有林地次生林多、蓄积量低、质量差的问题，在林地利用上要抓好以蓄林为中心的林业建设，大力发展速生丰产林、工业原料林以及珍贵大径材林，加快推进木材储备基地建设，不断增强木材和林产品的有效供给能力。在营林中应注意选择合适的造林树种，做到适地适树，提高造林成活率，改善林地的质量状况，增强林地利用水平和经济效益。

（4）建立生态林保护工程。为了治理水土流失，防治土地荒漠化，改善和保护生态环境，建立生态林防护工程是林地利用的一项重要工作。国家对生态林保护工程十分重视，对长江、黄河等上游地区实行封山育林，植树造林，划定禁伐区。在水土流失和沙漠化严重的黄土高原以及荒漠化比较严重的内蒙古、宁夏、新疆等部分地区实行退耕还林、退耕还草。对东北等林区限制采伐量。通过建立生态林保护工程，扩大有林地面积，充分发挥森林在生态系统中主体地位作用，进一步改善我国的生态环境。

（二）林地的管理措施

林地是重要的土地资源，不仅为人类提供木材和其他林产品，而且在保护环境、维护生态平衡方面具有不可代替的作用。但由于林地具有生长期长、投资大、见效慢和生态效益、社会效益比较明显的特点，在林地管理上国家规定了一些特殊的要求和办法。

1. 切实加强林地权属管理

林地的权属管理包括林地所有权、使用权管理。

（1）林地所有权管理。林地所有权是指对林地占有、使用、收益和处分的权利。林地也像其他土地一样，分为国有林地和集体所有林地。根据《土地管理法》和《森林法》，我国林地归国家或集体所有，其他任何单位和个人不能拥有林地所有权。在林地所有权管理上应和林木所有权有所区别，林木所有权是指林地上生长的树木的所有权。目前，我国对林木实行谁造谁有、长期不变的政策，单位和个人可以对林木享有所有权，但对生长树木的林地只有使用权而没有所有权。林地所有权管理就是要对国家和集体所有的林地进行登记发证，确认其所有权，保护林地所有者和使用者的合法权益，任何单位和个人不得侵犯。《森林法》第十五条规定，林地和林地上的森林、林木的所有权、使用权，由不动产登记机构统一登记造册，核发证书。国务院确定的国家重点林区（以下简称重点林区）的森林、林木和林地，由国务院自然资源主管部门负责登记。在改变林地所有权时，必须依法批准。

（2）林地使用权管理。林地使用权就是林地使用者依据法律或承包合同的规定，对林地进行使用（或经营）和取得收益的权利，它是林地所有权的重要权能之一。为了加快植树造林，绿化荒山，国家放宽了林业政策，实行林地所有权和使用权分离，给农民划定自留山和向承包者发包责任山，出现了国家、集体、个人都来兴办林业的局面。在林地使用权管理上主要是要依法确认林地使用者的林地使用权，对其合法经营给予保护，并保持林地使用权的长期稳定。《森林法》第十五条规定，林地和林地上的森林、林木的所有权、使用权，由不动产登记机构统一登记造册，核发证书。国务院确定的国家重点林区（以下简称重点林区）的森林、林木和林地，由国务院自然资源主管部门负责登记。我国林地使用权的取得主要有以下四种方式：

第一，依法申请获得林地使用权。《土地管理法》规定，国有土地和集体所有的土地，可以依法确定给单位或者个人使用；开发未确定使用权的国有荒山、荒地、滩涂从事种植业、林业、畜牧业、渔业生产的，经县级以上人民政府批准，可以确定给开发单位使用。因此，凡自愿使用林地经营的，或开发未确定使用权的国有荒山的，都可以依法提出申请，经批准后即可取得林地使用权。

第二，直接依据法律规定取得林地使用权。自留山是我国农村集体经济组织依法拨给农户长期使用的少量柴山、荒坡，自留山划定后，由县级人民政府发给自留山使用证，确认农户对自留山的使用权。

第三，通过承包取得林地使用权。国家为了调动植树造林、绿化荒山的积极性，规定任何单位和个人都可以承包荒山荒地从事林业生产。对划给农民的荒山及承包给农民的责任山区，一般都采取经营承包的方式，由承包者与林地所有权代表者签订承包合同，规定双方的权利和义务，承包期限及收益分配，承包者依法取得林业经营权后，受到法律保护。

第四，通过林地使用权依法转让、合作或者合资等方式取得林地使用权。《森林法》第十六条规定，国家所有的林地和林地上的森林、林木可以依法确定给林业经营者使用。林业经营者依法取得的国有林地和林地上的森林、林木的使用权，经批准可以转让、出租、作价出资等。林地使用者不论通过哪种方式取得林地使用权，只要符合法律规定，其使用权就受国家法律的保护。他们在行使林地使用权时，必须依法进行，必须合理使用土地，切实保护林地，未经批准不得改变林地的用途。

2. 切实做好林地保护工作

林地保护是林地管理的主要任务之一，林地的保护主要体现在对森林的保护。森林作为土地的天然植被，具有涵养水源、保持水土、调节气候、防止污染和减少自然灾害的作用，因此，要保护林地，首先要保护森林。

（1）禁止毁林开垦、采矿、采土及其他毁林行为。对违反《森林法》规定，进行开垦、采矿、采石、采砂、采土及其他活动，造成森林、林木受到破坏的，由林业主管部门责令停止违法行为，赔偿损失，补种毁林株数 1~3 倍的树木。

（2）加强林地保护，规定合理的采伐方式，严格控制年采伐量。国家根据林木生长量要大于消耗量的原则，制订年度采伐计划，严格控制森林的采伐量。国家所有森林和林木以国有林业企业为单位，集体所有森林和林木以县为单位，制定年采伐限额，由省级林业主管部门汇总，经同级人民政府审核后，报国务院批准。

（3）及时更新迹地。采伐林木的单位或个人，必须按照采伐许可证规定的面积、株数、树种、期限完成更新造林任务，更新造林的面积和株数不得少于采伐的面积和株数。对未更新的采伐迹地、火烧迹地、林中空地、水湿地及宜林荒山、荒地，要由森林经营单位制定规划，限期完成更新造林。同时，对新造幼林地和其他必须封山育林的地方，由当地人民政府组织封山育林。

（4）做好森林防火和病虫害防治工作。森林火灾和病虫害对森林危害极大，不仅给林业生产造成严重损失，而且还会给林地的天然植被造成破坏，加剧水土流失。为此，必须抓好森林防火和病虫害的防治，各级人民政府要建立森林病虫害防治机构，根据当地实际情况，规定森林防火期，划定疫区和保护区。在防火期内要严格管理，对发生火灾和病虫害的林地要及时组织灭火和灭虫。

3. 建立健全林地各项管理制度

（1）林地经营管理。林地属于国家或集体所有，对国家和集体所有的宜林荒山开发利用所得的林木归承包者所有。在进行林地经营时，承包者应与国家或集体经济组织签订林地经营承包合同，规定双方的权利义务、承包时间、收益分配等。对林地经营只限于林业方面，不得改变林地用途，更不得随意毁林和破坏林地。

（2）森林采伐管理。为坚持林地的用材量的消耗低于生长量的原则，国家对森林采伐管理主要是实行采伐许可制度。按照这一要求，任何单位和个人采伐林木必须向有关林业主管部门申请采伐许可证，经批准后按许可证规定的面积、树种、株数、方式等进行采伐。森林采伐要按照国家制定的计划进行，要严格控制采伐量，不准超伐、滥伐。

（3）营林管理。营林管理主要是对植树造林、采伐抚育、更新造林等方面的一些管理要求。在植树造林方面规定了各级党委和人民政府应抓好这项工作，动员社会力量搞好植树造林。在采伐抚育方面规定了采伐后要及时完成更新造林任务，造林面积和株数必须大于采伐量。要加强营林方面的管理，制订营林规划、计划，选择适宜树种，解决好营林中出现的问题。

第五节　牧草地利用与管理

一、草地的概念

牧草地又称草地或草场，是指具有一定面积，生长着大量饲用植物，能通过放牧或刈割等形式，为家畜提供生存食物的土地。[①] 草地一般用于畜牧业的经营，用于放牧

---

① 中国科学院-国家计划委员会自然资源综合考察委员会. 中国自然资源手册 [M]. 北京：科学出版社，1990.

的称放牧草地；用于割草的称割草草地；放牧与割草兼用的称兼用草地；长期利用，植被稳定的改良草地称为永久性草地；与栽培作物长期相轮换的草地则称为轮作草地（邓绶林，1992）。[1]

草地是发展畜牧业的重要资源和基地，是我国牧区、半农半牧区人们赖以生存的生产资料（李元，2000）[2]，同时它又具有保护环境、防风固沙、蓄水保土、改善土壤、调节气候、涵养水源、净化空气、美化环境、保护生物多样性等功能，是陆地生态系统的重要组成部分（王秋兵，2002）。[3] 草地约占全球陆地面积的51%，中国草地面积约4×10^8公顷，约占国土面积的41.7%，居世界第二位，主要分布在干旱、半干旱地区。[4] 因此，如何利用、开发、保护好中国的草地资源，对于草地畜牧业的发展，繁荣经济，提高人民生活水平，实现经济、资源、环境、社会的可持续发展都具有十分重要的意义。

二、草地的管理

（一）依法治草，落实草原管理承包责任制

为了加强草地管理，要按照《中华人民共和国草原法》（以下简称《草原法》）等法律要求，加强法制教育，增强广大牧民法制意识，严格按照《草原法》要求，做好草地管理工作。在草地经营管理中，主要是推行草场承包责任制，理顺人、畜、草三者之间的关系，使草地的管理和草地的利用、养护、收益等结合在一起，从根本上消除草地无偿使用和重畜轻草，靠天养畜的传统观念，促进畜牧业的发展。截至2013年底，全国已累计落实草原承包2.83×10^8公顷，占全国草地总面积的70%以上，较上年增加3.7%。

另外，《草原法》中还明确了草原承包经营权受法律保护，可以按照自愿、有偿的原则依法转让。草原承包经营权转让的受让方必须具有从事畜牧业生产的能力，并应当履行保护、建设和按照承包合同约定的用途合理利用草原的义务。草原承包经营权转让应当经发包方同意。承包方与受让方在转让合同中约定的转让期限，不得超过原承包合同剩余的期限。地方也相继出台了草原承包经营权流转办法，对草原承包经营权流转做出详细规定，如《内蒙古自治区草原承包经营权流转办法》（内蒙古自治区人民政府令〔1999〕第99号）、《青海省草原承包经营权流转办法》（青海省人民政府令〔2012〕第86号）。

（二）做好草地保护

草地的数量和质量制约着畜牧业发展的规模和速度，影响整个自然生态环境。因此，必须加强草地的保护。保护草地是草地管理的一项重要内容，主要是禁止那些滥

---

[1] 邓绶林. 地学辞典［M］. 石家庄：河北教育出版社，1992.
[2] 李元. 中国土地资源：第1卷［M］. 北京：中国大地出版社，2000.
[3] 王秋兵. 土地资源学［M］. 北京：中国农业出版社，2002.
[4]《中国资源科学百科全书》编辑委员会. 中国资源科学百科全书（下）［M］. 北京：中国大百科全书出版社，2000.

垦、滥采、滥牧等人为破坏行为和防止草地退化。我国在一个相当长的时间内，天然草场仍然是发展畜牧业的主要生产基地，因此做好草地保护，是促进草地畜牧业持续发展的必要前提。根据《草原法》等的规定，草地保护主要包括以下十个方面：

（1）国家对草原实行以草定畜、草畜平衡制度。县级以上地方人民政府草原行政主管部门应当按照国务院草原行政主管部门制定的草原载畜量标准，结合当地实际情况，定期核定草原载畜量。各级人民政府应当采取有效措施，防止超载过牧。

（2）禁止开垦草原。对水土流失严重、有沙化趋势、需要改善生态环境的已垦草原，应当有计划、有步骤地退耕还草；已造成沙化、盐碱化、石漠化的，应当限期治理。

（3）对严重退化、沙化、盐碱化、石漠化的草原和生态脆弱区的草原，实行禁牧、休牧制度。

（4）禁止在荒漠、半荒漠和严重退化、沙化、盐碱化、石漠化、水土流失的草原以及生态脆弱区的草原上采挖植物和从事破坏草原植被的其他活动。

（5）在草原上从事采土、采砂、采石等作业活动，应当报县级人民政府草原行政主管部门批准；开采矿产资源的，并应当依法办理有关手续。经批准在草原上从事上述活动的，应当在规定的时间、区域内，按照准许的采挖方式作业，并采取保护草原植被的措施。在他人使用的草原上从事上述活动的，还应当事先征得草原使用者的同意。

（6）在草原上种植牧草或者饲料作物，应当符合草原保护、建设、利用规划；县级以上地方人民政府草原行政主管部门应当加强监督管理，防止草原沙化和水土流失。

（7）在草原上开展经营性旅游活动，应当符合有关草原保护、建设、利用规划，并事先征得县级以上地方人民政府草原行政主管部门的同意，方可办理有关手续。在草原上开展经营性旅游活动，不得侵犯草原所有者、使用者和承包经营者的合法权益，不得破坏草原植被。

（8）草原防火工作贯彻预防为主、防消结合的方针。各级人民政府应当建立草原防火责任制，规定草原防火期，制定草原防火扑火预案，切实做好草原火灾的预防和扑救工作。

（9）县级以上地方人民政府应当做好草原鼠害、病虫害和毒害草防治的组织管理工作。县级以上地方人民政府草原行政主管部门应当采取措施，加强草原鼠害、病虫害和毒害草监测预警、调查以及防治工作，组织研究和推广综合防治的办法。禁止在草原上使用剧毒、高残留以及可能导致二次中毒的农药。

（10）除抢险救灾和牧民搬迁的机动车辆外，禁止机动车辆离开道路在草原上行驶，破坏草原植被；因从事地质勘探、科学考察等活动确需离开道路在草原上行驶的，应当向县级人民政府草原行政主管部门提交行驶区域和行驶路线方案，经确认后执行。

（三）加强草地权属管理

草地权属管理主要是使用权和经营权的管理；草地由于面积大，特别是天然草地在使用方面由于历史的原因，存在着使用界限不清，在放牧旺季时，争草现象严重，使草地纠纷不断。在草原权属管理上,应根据当前状态,按照"尊重历史、面对现实"的原则,对于未确定草地权属的草地,由土管、畜牧等部门负责草地边界界定工作,确认草地权属,由人民政府登记,核发所有权证;对已确认草地权属而无所有权证的,进行登记,颁发所有权证。要以天然草地恢复与建设项目的实施县为试点,积极开展草原家庭承包宣传,通过试点示范,推进草地承包工作的全面实施,按照"长期、有偿、到户"的指导思想,将草地一次性分包到户,由人民政府发放使用权证。

思考题

1. 简述农用地承包经营的基本内容。
2. 试述耕地保护的必要性与意义。
3. 如何实现耕地总量动态平衡?
4. 园地管理有哪些基本内容?
5. 林地有哪些类型?如何确认林地的使用权?
6. 草地保护有哪些方面的内容?

第五章　基本农田建设与保护

基本农田是粮食生产的重要基础，是耕地保护的核心。基本农田是国家从战略的角度出发，考虑满足整个国民经济发展和本地区规划期内人口增长对农产品的需求，而必须确保的最低数量的农田。我国于1994年8月颁布《基本农田保护条例》，并在基本农田保护方面投入了大量的人力、资金，但基本农田数量、质量仍逐年下降，特别是在当前我国人口持续增加、经济建设不可避免要占用部分耕地、粮食生产不容乐观的形势下，保护耕地特别是保护基本农田是"一条不可逾越的红线"。对保障国家粮食安全，维护社会稳定，促进经济社会全面、协调、可持续发展具有十分重要的意义。

第一节　基本农田保护概述

我国实行基本农田保护制度。基本农田保护工作要纳入县级以上人民政府国民经济和社会发展计划，并作为政府领导任期目标责任制的一项内容，并由上级人民政府监督实施。县级以上地方人民政府已建立基本农田保护的责任制度，将责任层层落实到各级政府，各级自然资源主管部门，以及农户和具体地块。基本农田保护制度建立30年来，已形成了完善而严格的制度体系。

一、基本农田保护相关概念

（一）基本农田

基本农田是指根据一定时期人口和国民经济对农产品的需求，依据土地利用总体规划确定的不得占用的耕地。

基本农田是耕地的一部分，而且主要是高产优质的那一部分耕地。一般来说，划入基本农田保护区的耕地都是基本农田。老百姓称基本农田为"吃饭田""保命田"。与耕地不同的是，耕地属于土地资源学范畴，是土地利用的一种方式，并不具体涉及与人口和社会发展之间的数量关系；基本农田属于人口生态学范畴，是人地关系的反映，其内涵具有时代性，不同时期内容侧重点不同。我国"基本农田"一词提出大致为20世纪60年代初。1963年11月，黄河中下游水土保持会议上，便有"通过水土保持，逐步建立旱涝保收，产量较高的基本农田"之说。20 世纪 60 年代，有人称之为高产稳产基本农田，也有人称之为旱涝保收高产稳产基本农田。直到 20 世纪 80 年代末，基本农田仍是指生产力高、抗灾能力强的高产稳产农田。进入 20 世纪 90 年代，随着人口增加，耕地减少，人地关系逐渐紧张，国家开始重视基本农田数量保护，强调基本农田与人口以及社会发展之间的关系。进入 21 世纪，2008 年中共十七届三中全会首次提出"永久基本农田"的概念。2016 年全面推进永久基本农田划定工作。截至 2017 年全国落实保护面积 15.50 亿亩，超过《全国土地利用总体规划纲要（2006-2020 年）调整方案》确定的 15.46 亿亩保护任务目标。2019 年 8 月修正的《土地管理法》确立了永久基本农田的概念。

依据《土地管理法》等法规和近几年关于永久基本农田保护工作的规范性文件，我们认为："永久基本农田"是按照一定时期人口和经济社会发展对农产品的需求、保障国家粮食安全，对最优质、最精华、生产能力最好的耕地实行特殊保护，一经划定，规划期内任何单位和个人不得擅自占用或者擅自改变用途，不得以任何方式挪作他用的耕地[1][2][3]。"永久基本农田"保护与基本农田保护一脉相承，加上"永久"二字体现了耕地保护更加重要，也体现了管理措施更加严格。

（二）基本农田保护区

基本农田保护区是指为对基本农田实行特殊保护，依据土地利用总体规划和依照法定程序确定的特定保护区域。基本农田保护可以理解为三层含义：①基本农田的数量保护，即根据区域社会和经济发展需要维持区域必需的基本农田数量，通过立法、行政手段保持区域基本农田面积的稳定；②基本农田的质量保护，即维持基本农田的物质生产力水平，并采用生物、工程等措施将划为基本农田的中低产田改造为高中产田；③基本农田的环境保护，即采用行政和科学手段，对现有基本农田的环境、基础设施与利用方式等进行监督和管理。基本农田保护具有区域性、综合性、层次性、时段性和政策性。

基本农田保护是一种政府行为，是政策性很强的一项工作。一方面，国家和地方政府为保护基本农田制定了一系列法律、技术规程，以指导基层工作。为满足国家需要，各地必须开展基本农田保护工作；另一方面，基层基本农田保护应结合当地实际，执行有关政策，工作中取得的经验以及发现的问题，也将为有关政策完善提供参考。

（三）基本农田保护片（块）

基本农田保护片（块）是指在基本农田保护区内划定的具体的基本农田地块。划定过程中，要依次对基本农田保护片（块）进行编号，作为基本农田管理数据统计、分析、汇总的基本数据单元。

（四）基本农田图斑

基本农田图斑是指在基本农田保护片（块）界线范围内的土地利用地类图斑。是

---

[1] 《国土资源部　农业部关于全面划定永久基本农田实行特殊保护的通知》（国土资规〔2016〕10 号）。
[2] 《国土资源部关于全面实行永久基本农田特殊保护的通知》（国土资规〔2018〕1 号）。
[3] 吴宇哲，许智钇. 大食物观下的耕地保护策略探析［J］. 中国土地，2023（1）：4-8.

进行基本农田面积统计和耕地质量等级评定的基本单元。

二、我国基本农田保护制度相关政策演进

为了对基本农田实行特殊保护，促进农业生产和国民经济的发展，根据《中华人民共和国农业法》和《中华人民共和国土地管理法》的规定，制定《基本农田保护条例》，于1994年首次颁布，该条例所称基本农田，是指根据一定时期人口和国民经济对农产品的需求以及对建设用地的预测而确定的、长期不得占用的和基本农田保护区规划期内不得占用的耕地。《基本农田保护条例》于1998年重新颁布，2011年修订。

2008年党的十七届三中全会通过《中共中央关于推进农村改革发展若干重大问题的决定》，首次提出划定永久基本农田。2009年原国土资源部、农业部《关于划定基本农田实行永久保护的通知》发布，部署永久基本农田划定工作。2016年原国土资源部、农业部发布《关于全面划定永久基本农田实行特殊保护的通知》，明确了永久基本农田划定的目标任务：按照"依法依规、规范划定，统筹规划、协调推进，保护优先、优化布局，优进劣出、提升质量，特殊保护、管住管好"五项原则，将《全国土地利用总体规划纲要（2006-2020年）调整方案》确定的全国15.46亿亩基本农田保护任务落实到用途管制分区，落实到图斑地块，与农村土地承包经营权确权登记颁证工作相结合，实现上图入库、落地到户，确保划足、划优、划实，实现定量、定质、定位、定责保护，划准、管住、建好、守牢永久基本农田。

2018年《国土资源部关于全面实行永久基本农田特殊保护的通知》，强调巩固永久基本农田划定成果，加强永久基本农田建设，强化永久基本农田管理，量质并重做好永久基本农田补划，健全永久基本农田保护机制。2019年自然资源部、农业农村部颁布《关于加强和改进永久基本农田保护工作的通知》，要求各地自然资源和农业农村部门全面核实划定成果，清理划定不实问题，严格规范永久基本农田上的农业活动，严控建设占用永久基本农田。2019年修正《土地管理法》，将"基本农田"修改为"永久基本农田"。2021年修订《土地管理法实施条例》，对应《土地管理法》完善"永久基本农田"相关内容。

三、基本农田保护面临的问题

尽管基本农田保护制度确立30年来，在划定和保护方面取得了较大的成绩，但当前我国基本农田保护工作尚存在以下三个问题：

（一）违法占用基本农田问题突出

尽管我国已建立了最严格的耕地保护制度，但近年来，违法占用基本农田的事件频频发生。根据自然资源部2019年发布的耕地督察新闻发布会，全国违法违规占用耕地114.26万亩，其中，占用永久基本农田14.34万亩。2020年自然资源督察发现多地违法占用耕地建"大棚房"的问题依然存在，其中占用永久基本农田数量众多。例如，2019年9月，福建省捷胜农业开发有限公司在旗山水磨坊休闲农业示范点内建设餐饮、野炊烧烤、真人CS等游乐设施及配套设施对外营业，占用耕地44.12亩（永久基本农

田 34.55 亩），其中建构筑物占用耕地 11.56 亩（均为永久基本农田)[①]。这充分说明耕地保护依然面临很严峻的形势，很多地方政府耕地保护责任没有落到实处，地方经济建设与永久基本农田的保护之间关系没有协调好。

（二）地方政府非法批地、监管职责缺失

尽管中央三令五申强调严格耕地保护、加强用途管制和建设用地审批，但一些地方仍然违法批地以及主导推动违法占地；有的地方政府及部门管理职责落实不到位，监管不力。例如，河北省唐山市遵化市政府违规批准占用耕地建设山里各庄稻梦庄园综合体项目。唐山文旅山里各庄建设发展有限公司于 2021 年 3 月起未经批准擅自占用遵化市山里各庄村土地 67.10 亩（其中，永久基本农田 51.58 亩）建设山里各庄稻梦庄园综合体，已建成瞭望塔、驱动站、空中索道、观光小火车等设施。遵化市人民政府 2021 年 7 月组织发改、审批、住建、自然资源、生态环境、农业农村、文旅、林业等相关职能部门，对山里各庄乡村振兴综合体项目进行了审核，违规认定该项目符合土地、规划、环保、文旅、林草等相关规定。2021 年 9 月，遵化市人民政府出具《关于山里各庄乡村振兴综合体项目的审核意见》，批准该项目组织实施。遵化市自然资源管理部门在市政府组织项目审核中未对项目未批先建问题提出意见，在卫片执法中违规将项目涉及的 7 个违法用地图斑中的 6 个以实地未变化上报。地方政府综合执法缺位，对违法用地行为未依法查处。[②]

（三）补充耕地、补划基本农田不实问题

尽管我国对基本农田的划定工作设定了严格的法规和标准，但很多地方任然存在划定不实、弄虚作假的问题。例如，2021 年，国家自然资源督察机构开展的耕地保护督察发现，国务院办公厅关于坚决制止耕地"非农化"、防止耕地"非粮化"文件印发后，部分地方仍然"顶风"违法违规侵占耕地挖湖造景、绿化造林，一些基层市县政府及部门主导推动违法占地，补充耕地、补划永久基本农田责任不落实，有的甚至弄虚作假，严重冲击耕地红线，危害国家粮食安全。如吉林省延边朝鲜族自治州安图县 2020 年全域土地综合整治项目虚增耕地问题突出。督察发现，该项目有 46 个图斑 1222.89 亩新增耕地在 2009 年上地利用现状数据库中为耕地。安图县自然资源局以水毁为由，未经吉林省自然资源厅全面核实、上报自然资源部审查等程序，将这些耕地违规变更为未利用地。2019 年 4 月，安图县政府批准该项目立项，将上述 46 个违规变更图斑纳入新增耕地来源并"包装"为开垦项目，虚增耕地 1222.89 亩。又如，山东省青岛市西海岸新区海青镇董家洼村等 31 个村土地整治项目补充耕地数量不实。2019 年 4 月，该项目经青岛市西海岸新区初验通过，新增耕地 3915.20 亩；2019 年 8 月，青岛市自然资源和规划局批复通过验收；2019 年 9 月，山东省自然资源厅同意验收入库。然而督察发现，该项目作为新增耕地来源的部分茶园整理前后现状无变化，虚增

---

① 自然资源部. 2020 年督察发现的违法占用耕地建设"大棚房"问题［EB/OL］.（2021-01-21）［2023-09-02］. https：//www.mnr.gov.cn/dt/ywbb/202101/t20210121_2599331.html.

② 中华人民共和国自然资源部. 通报 67 个耕地保护督察发现违法违规重大典型问题［EB/OL］.（2023-04-14）［2023-09-02］. https：//www.mnr.gov.cn/dt/ywbb/202304/t20230414_2781713.html.

耕地 684.18 亩。[1]

四、基本农田"非粮化"问题

近年来，我国农业结构不断优化，区域布局趋于合理，粮食生产连年丰收，有力保障了国家粮食安全。但与此同时，部分地区也出现耕地"非粮化"倾向，一些地方把农业结构调整简单理解为压减粮食生产，一些经营主体违规在基本农田上种树挖塘，一些工商资本大规模流转耕地改种非粮作物等，这些问题如果任其发展，将影响国家粮食安全。

例如，河南省南阳市唐河县正辉水产养殖专业合作社违法违规占用永久基本农田挖塘养鱼。2022年1月唐河县正辉水产养殖专业合作擅自占用马振抚镇牛寨村永久基本农田76亩挖塘养鱼。唐河县自然资源局发现该问题后向唐河县政府进行了报告，并函告马振抚镇政府，但唐河县政府未采取相关措施，马振抚镇政府未进行整改。唐河县自然资源局执法监管不严，未进行查处。唐河县农业农村部门监管职责履行不到位，对占用永久基本农田挖塘养鱼行为未及时发现制止。督察指出问题后，已恢复31亩永久基本农田种植条件。

又如，广东省肇庆市鼎湖区沙浦镇黄某等违法占用永久基本农田挖塘养鱼。黄某等6人2022年1～4月先后承租肇庆市鼎湖区沙浦镇典三村、苏二村的554.20亩耕地（永久基本农田553亩），违法占用永久基本农田挖塘养鱼。其中，通过鼎湖区农村产权流转管理服务平台租用的永久基本农田283亩。肇庆市政府及自然资源、农业农村部门未督促制止。肇庆市及鼎湖区农业农村部门监管不力，未及时予以纠正通过农村产权流转管理服务平台租用永久基本农田挖塘养鱼问题。鼎湖区自然资源部门未依法查处。[2]

五、基本农田保护机制

《土地管理法》《基本农田保护条例》和自然资源部制定的有关规章对基本农田保护制度做了详细规定，这些制度概括起来主要有以下九个方面：

（一）基本农田保护规划制度

各级人民政府在编制土地利用总体规划时，应当将基本农田保护作为规划的一项内容，明确基本农田保护的布局安排、数量指标和质量要求。

（二）基本农田保护区制度

基本农田保护区以乡（镇）为单位划区定界，由县级人民政府土地行政主管部门会同同级农业行政主管部门组织实施。划定的基本农田保护区，由县级人民政府设立保护标志，予以公告，由县级人民政府土地行政主管部门建立档案，并抄送同级农业

---

[1] 中华人民共和国自然资源部. 通报2021年耕地保护督察发现的45个土地违法违规典型案例［EB/OL］. （2022-11-29）［2023-09-02］. https://www.mnr.gov.cn/dt/ywbb/202211/t20221129_2769097.html.
[2] 中华人民共和国自然资源部. 通报67个耕地保护督察发现违法违规重大典型问题［EB/OL］. （2023-04-14）［2023-09-02］. https://www.mnr.gov.cn/dt/ywbb/202304/t20230414_2781713.html.

行政主管部门。任何单位和个人不得破坏或者擅自改变基本农田保护区的保护标志。

基本农田划区定界后，由省、自治区、直辖市人民政府组织土地行政主管部门和农业行政主管部门验收确认，或者由省、自治区人民政府授权设区的市、自治州人民政府组织土地行政主管部门和农业行政主管部门验收确认。

（三）占用基本农田审批制度

基本农田保护区经依法划定后，任何单位和个人不得改变或者占用。国家能源、交通、水利、军事等重点建设项目选址确实无法避开基本农田保护区，需要占用基本农田，涉及农用地转用或征收土地的，必须报国务院批准。禁止通过擅自调整县级土地利用总体规划、乡（镇）土地利用总体规划等方式规避永久基本农田农用地转用或者土地征收的审批。

（四）基本农田占补平衡制度

依据《基本农田保护条例》，经国务院批准占用基本农田的，当地人民政府应当按照国务院的批准文件修改土地利用总体规划，并补充划入数量和质量相当的基本农田。占用单位应当按照占多少、垦多少的原则，负责开垦与所占基本农田的数量与质量相当的耕地；没有条件开垦或者开垦的耕地不符合要求的，应当按照省、自治区、直辖市的规定缴纳耕地开垦费，专款用于开垦新的耕地。

占用基本农田的单位应当按照县级以上地方人民政府的要求，将所占用基本农田耕作层的土壤用于新开垦耕地、劣质地或者其他耕地的土壤改良。

（五）严格永久基本农田占用与补划制度

按有关要求，能源、交通、水利、军事设施等重大建设项目选址确实难以避让永久基本农田的，在可行性研究阶段，省级国土资源主管部门负责组织对占用的必要性、合理性和补划方案的可行性进行论证，报国土资源部进行用地预审；农用地转用和土地征收依法依规报国务院批准。经依法批准，应在落实耕地占补平衡基础上，按照数量不减、质量不降原则，在可以长期稳定利用的耕地上落实永久基本农田补划任务。[①]

（六）禁止破坏和闲置、荒芜基本农田制度

坚决防止永久基本农田"非农化"。永久基本农田必须坚持农地农用，禁止任何单位和个人在永久基本农田保护区范围内建窑、建房、建坟、挖砂、采石、采矿、取土、堆放固体废弃物或者进行其他破坏永久基本农田的活动；禁止任何单位和个人破坏永久基本农田耕作层；禁止任何单位和个人闲置、荒芜永久基本农田；禁止以设施农用地为名违规占用永久基本农田建设休闲旅游、仓储厂房等设施；对利用永久基本农田进行农业结构调整的要合理引导，不得对耕作层造成破坏。临时用地和设施农用地原则上不得占用永久基本农田，重大建设项目施工和地质勘查临时用地选址确实难以避让永久基本农田的，直接服务于规模化粮食生产的粮食晾晒、粮食烘干、粮食和农资临时存放、大型农机具临时存放等用地确实无法避让永久基本农田的，在不破坏永久

[①] 《中华人民共和国自然资源部　农业农村部　国家林业和草原局关于严格耕地用途管制有关问题的通知》（自然资发〔2021〕166号）。

基本农田耕作层、不修建永久性建（构）筑物的前提下，经省级国土资源主管部门组织论证确需占用且土地复垦方案符合有关规定后，可在规定时间内临时占用永久基本农田，原则上不超过两年，到期后必须及时复垦并恢复原状。[①]

（七）基本农田保护责任制度

县级以上地方各级人民政府都要承担基本农田保护的责任。要通过层层签订基本农田保护责任书，将基本农田保护的责任落实到人、落实到地块，并作为考核政府领导干部政绩的重要内容。在建立基本农田保护区的地方，县级以上地方人民政府应当与下一级人民政府签订基本农田保护责任书；乡（镇）人民政府应当根据与县级人民政府签订的基本农田保护责任书的要求，与农村集体经济组织或者村民委员会签订基本农田保护责任书。

（八）基本农田监督检查制度

县级以上地方人民政府应定期组织土地、农业及其他有关部门对基本农田保护情况进行检查，发现问题及时处理或向上级人民政府报告。

（九）基本农田地力建设和环境保护制度

地方各级人民政府、农业行政主管部门和基本农田承包经营者，要采取措施，培肥地力，防止基本农田污染。

第二节　基本农田保护区的划定

一、基本农田保护区划定的概述

基本农田保护区是指为对基本农田实行特殊保护而划定的区域，一般由县、市人民政府依据土地利用总体规划编制基本农田保护专项规划时划定。

（一）应当划入基本农田保护区的耕地范围

根据《土地管理法》第三十三条的规定，下列耕地应当根据土地利用总体规划划为永久基本农田，实行严格保护：

（1）经国务院农业农村主管部门或者县级以上地方人民政府批准确定的粮、棉、油、糖等重要农产品生产基地内的耕地；

（2）有良好的水利与水土保持设施的耕地，正在实施改造计划以及可以改造的中、低产田和已建成的高标准农田；

（3）蔬菜生产基地；

（4）农业科研、教学试验田；

（5）国务院规定应当划为永久基本农田的其他耕地。

[①]　《国土资源部关于全面实行永久基本农田特殊保护的通知》（国土资规〔2018〕1号）。

各省、自治区、直辖市划定的永久基本农田一般应当占本行政区域内耕地的80%以上，具体比例由国务院根据各省、自治区、直辖市耕地实际情况规定。已建高标准农田、有良好水利灌溉设施的耕地应当优先划入永久基本农田。

(二) 基本农田划定的主体

永久基本农田划定以乡（镇）为单位进行，由县级人民政府自然资源主管部门会同同级农业农村主管部门组织实施。永久基本农田应当落实到地块，纳入国家永久基本农田数据库严格管理。乡（镇）人民政府应当将永久基本农田的位置、范围向社会公告，并设立保护标志。

二、基本农田保护区划定的技术方法

划区定界的方法，以优先保护耕地为出发点，一般采用圈定城镇、乡村建设留用界线和置换用地的反推法。依据土地利用总体规划确定的基本农田布局，结合管理需求，设立基本农田保护片（块）。其边界应参照实地有明显标示作用的线状地物、自然地貌、人工地物界线、行政区域界线、权属界线。乡镇级技术路线如图5-1所示。

(一) 基本农田划定任务

以县级区域为单位，依据本地区土地利用总体规划，按照基本农田划定及补划、调整的相关资料，将基本农田保护片（块）落实到标准分幅土地利用现状图上，计算统计县级基本农田面积，并逐级汇总出地（市）级、省（自治区、直辖市）级和全国的基本农田面积。

(二) 基本农田划定基本要求

(1) 坚持实事求是原则，保证基本农田调查成果与所提供的基本农田划定、补划和调整资料一致。

(2) 严格遵循《土地调查技术规程》要求，保证基本农田上图范围与基本农田划定图件相符。

(3) 基本农田划定、调整和补划等资料要与土地利用总体规划资料相一致，并经基本农田划定部门审核确认后方可采用。

(三) 基本农田调查程序

(1) 资料收集与整理。充分收集基本农田相关资料，并对资料进行整理。

(2) 调查上图。将基本农田保护片（块）等相关信息落实到分幅土地利用现状图上，确定基本农田图斑。并依据相关标准和规范，检查基本农田要素层的数据格式、属性结构、上图精度等是否符合要求。

(3) 基本农田认定。由基本农田规划、划定等相关部门共同检查基本农田片（块）的位置、界线、分布是否与基本农田划定及调整资料一致。

(4) 图件编制与数据汇总。编制基本农田分布图，并进行面积统计和逐级汇总。

(5) 检查验收。由各地组织相关人员，对最终形成的基本农田图件、数据成果进行检查验收。

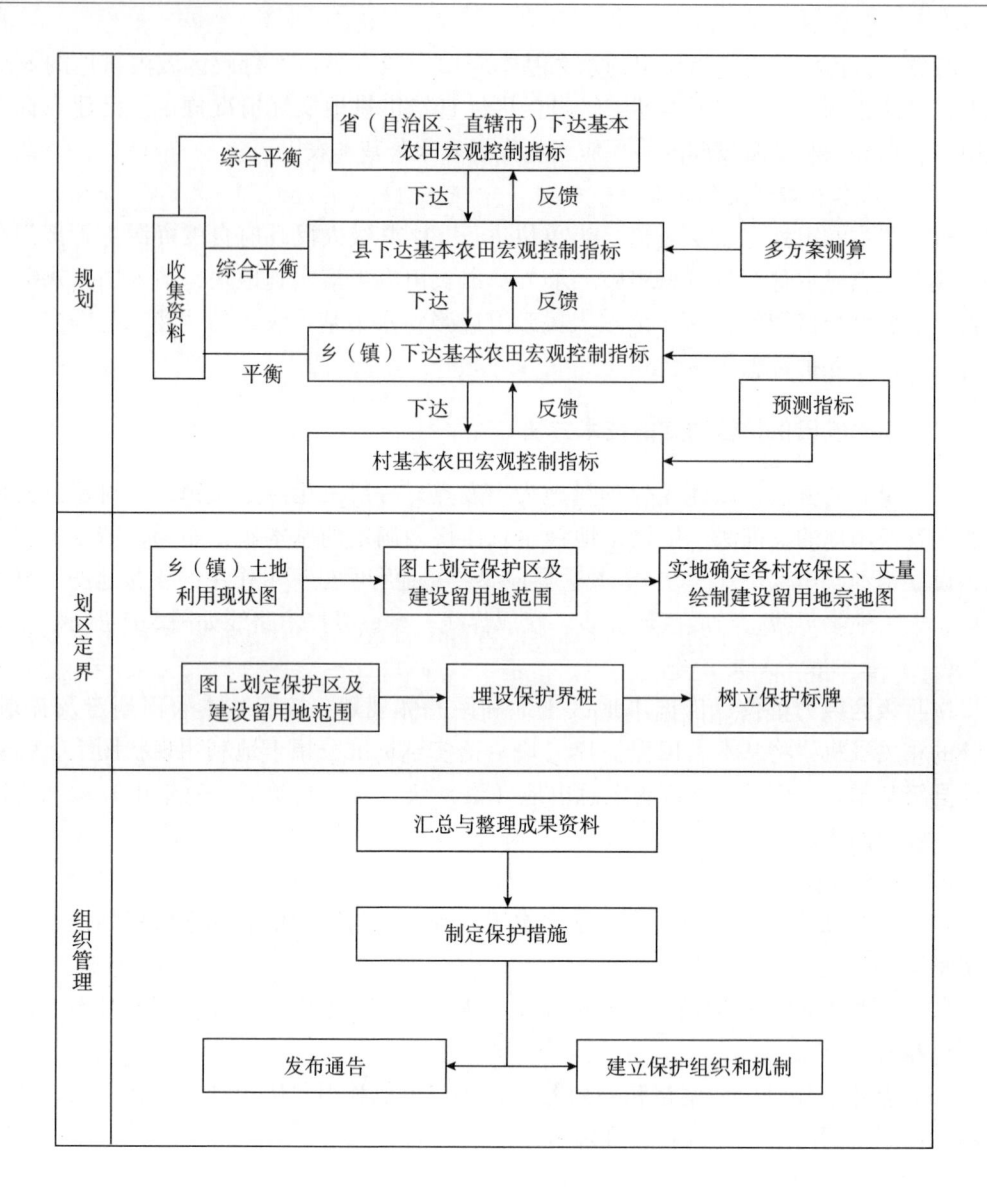

图 5-1 基本农田划区定界技术流程

资料来源：欧名豪. 土地利用管理（第三版）[M]. 北京：中国农业出版社，2016.

（四）资料收集与整理

1. 资料收集

（1）资料内容。

1）土地利用总体规划资料，包括省（自治区、直辖市）、地（市）、县、乡级土地利用总体规划图和土地利用总体规划文本及说明。

2）基本农田划定资料：①图件资料，包括县级、乡级基本农田划定的相关图件；②表格资料，包括基本农田面积汇总表、基本农田保护片（块）登记表等；③文字资料，包括基本农田划定的相关文字资料；④基本农田补划、调整和涉及占用基本农田的建设用地资料,包括有批准权限的批准机关,依据相关法律法规所批准的文件及相关图件等资料。

3)其他资料:①与基本农田有关的生态退耕及灾毁资料;②涉及基本农田保护区的土地利用统计台账及其年度变更资料;③历次基本农田检查形成的相关文字、图件资料等。

(2)资料要求。

1)基本农田划定图件应有基本农田片(块)信息。

2)基本农田规划、补划、调整图件与相应批准文件表述一致。

3)基本农田补划、调整的地块标绘清晰。

4)图件上要素内容应完整。

5)相邻乡(镇)的基本农田划定图件基本接边。

6)电子图件应说明其坐标系统、投影、有无拓扑关系等情况。

2. 资料整理

(1)基本农田划定图件资料必须落实到片(块),如果没有片(块)资料,应由基本农田划定部门补充完善。

(2)有乡级基本农田划定图件资料的,必须用乡级基本农田划定图件资料,在乡级基本农田划定图件资料缺失情况下,应参照县级基本农田划定图件资料,由基本农田划定部门确定基本农田保护片(块)位置和界线,补充基本农田划定资料。

(3)基本农田规划、划定图件,应优先选用电子数据,并确保其合法性。

(五)调查上图

1. 内容

(1)建立基本农田要素层。在土地利用数据库中建立基本农田保护片(块)层和基本农田图斑层,建立属性结构表。

(2)基本农田落实上图。将基本农田保护片(块)落实至土地利用现状图上,反映出调查区域内基本农田的分布状况。

(3)基本农田面积统计。统计汇总出调查区域内基本农田的面积和基本农田图斑地类面积。

(4)基本农田图件编制。编制标准分幅基本农田分布图及县级、乡级基本农田分布图。

2. 方法

采集基本农田保护片(块)界线和属性一般采用扫描矢量化套合法。

扫描矢量化套合法是将纸质的基本农田划定、补划、调整图件扫描矢量化后,与数据库中的土地利用地类图斑层套合,将基本农田保护片(块)界线落实到土地利用现状图上,确定基本农田位置、范围、地类的方法。

(1)扫描乡级基本农田划定图件,以土地利用现状图为基础,对扫描的乡级基本农田保护片(块)图件进行几何纠正,对扫描纠正图件上基本农田保护片(块)界线逐一进行矢量化。

(2) 有合法基本农田补划、调整图件的，对图件进行扫描纠正，对补划、调整界线逐一进行矢量化。

(3) 将扫描矢量化后的基本农田保护片（块）划定、补划、调整界线与数据库中地类图斑层套合，标绘在土地利用现状图上，确定基本农田保护片（块）界线。

(4) 在矢量化时，按照要求，逐一对基本农田保护片（块）输入属性数据，或利用数据库软件集中录入属性数据后，通过关键字段链接到图形上。

(5) 对基本农田保护片（块）层数据进行拓扑处理，对不满足拓扑要求的进行修改。

(6) 扫描、纠正、矢量化等相关的矢量数据采集方法和精度要求符合相关技术规范。

三、基本农田保护区划定的步骤

1. 室内初定

利用 1∶10000 土地利用现状图件，在图上初步圈定建设留用地和置换用地，余下的耕地划为基本农田保护区。

2. 实地踏勘

逐片逐块确定农保区。实地丈量，逐块确定可定位的留用地。基本农田保护区的耕地实行全面定位划定，由专人实地丈量建设留用地面积，划定界线，拐点处理设界桩，或以明显的地物作为拐点标志，界桩以村为单位统一编号。

3. 绘制图件

在实地踏勘丈量的基础上，对原在室内图纸上确定的基本农田保护区图进行修正，将界桩的实际点位，桩号标注到 1∶10000 的基本农田保护区图上。

4. 地块编号登记造册

在图上画出保护区田块分布位置，对划定的基本农田保护片、块、区和建设预留地进行统一编号、统计面积并填写各类报表。内容包括四至、面积、利用类型、保护级别和用地类型。

5. 签订公约

在土地登记的基础上，签订保护公约，确定保护责任人，明确责任人的保护面积、界线、责任和奖惩制度。

6. 设置标志

在保护片、块、区的界线上设置标志，标志牌上应有保护片、块和区分布示意图，保护范围，本保护片、块、区内基本农田面积、等级、期限、保护措施（村规民约等）。保护标志一般应以县为单位统一编写。

7. 复查检验

保证规划指标、规划图与空间布局三者统一。

四、基本农田调整划定要求

依据《基本农田划定技术规程》（TD/T 1032—2011），在基本农田调整划定的过程中，应该遵循以下两个要求：

（一）基本农田调整划定调出要求

1. 应调出的基本农田

（1）土地利用总体规划中确定的建设用地范围内的基本农田。

（2）规划期内已列入生态保护与建设实施项目的退耕还林、还草、还湖（河）的基本农田。

2. 可调出的基本农田

（1）现状基本农田中的非耕地可以调出。但现状基本农田中，1999年以前依据《基本农田保护条例》（1994年）、地方性法规及相关技术规定划为基本农田的优质园地、高产人工草地、精养鱼塘等，1999年以后，因农业结构调整原因（生态退耕除外）由耕地变为园地、林地、草地和坑塘水面，且耕作层未被破坏的可调整地类可继续作为基本农田予以保护。

（2）低等别、质量较差、田面坡度大于25°、严重沙化不宜农作以及生态脆弱地区水土流失严重的基本农田。

（3）因自然灾害、生产建设活动造成严重损毁、污染的难以恢复、不宜农作的基本农田。

（4）零星破碎、区位偏僻、不易管理的基本农田。

（二）基本农田调整划定调入要求

新调入基本农田的土地现状应为耕地，并满足以下三个要求：

1. 应当调入基本农田的耕地

（1）经国务院有关主管部门或者县级以上地方人民政府批准确定的粮、棉、油生产基地内的耕地。

（2）有良好的水利与水土保持措施的耕地，正在改造或已列入改造规划的中、低产田。

（3）蔬菜生产基地内的耕地。

（4）农业科研、教学试验田。

2. 优先调入基本农田的耕地

（1）铁路、公路等交通沿线，城市和村庄、集镇建设用地区周边的耕地。

（2）水田、水浇地等高等别耕地、集中连片耕地、已验收合格的土地整理复垦开发新增的优质耕地等。

3. 禁止调入基本农田的耕地

（1）地形坡度大于25°或田面坡度大于15°的耕地、易受自然灾害损毁的耕地。

（2）规划期内预期开发为耕地的未利用地和水域、预期整理复垦为耕地的建设用地、预期调整为耕地的其他农用地等。

（3）规划期内已列入生态保护与建设实施项目的退耕还林、还草、还湖（河）的耕地。

五、基本农田保护区验收与保护标志的设立

基本农田划区定界后,由省、自治区、直辖市人民政府组织土地行政主管部门和农业行政主管部门验收确认,或者由省、自治区人民政府授权设区的市、自治州人民政府组织土地行政主管部门和农业行政主管部门验收确认。划定基本农田保护区时,不得改变土地承包者的承包经营权。

划定的基本农田保护区,由县级人民政府设立保护标志,予以公告,由县级人民政府土地行政主管部门建立档案,并抄送同级农业行政主管部门。任何单位和个人不得破坏或者擅自改变基本农田保护区的保护标志。

六、永久基本农田储备区划定

2019年《自然资源部农业农村部关于加强和改进永久基本农田保护工作的通知》(自然资规〔2019〕1号)提出,为提高重大建设项目用地审查报批效率,做到快速保质保量补划落地,在永久基本农田之外其他质量较好的耕地中,划定永久基本农田储备区。

在已划定永久基本农田以外的耕地上,按照"质量不降、布局稳定"的要求,确定永久基本农田储备区划定标准。

1. 优先划为永久基本农田储备区的耕地

(1) 已建成的高标准农田,经土地综合整治新增加的耕地,正在实施整治的中低产田。

(2) 与已划定的永久基本农田集中连片,质量高于本地区平均水平且坡度小于15°的耕地。

(3) 城镇周边和交通沿线,依据《土壤污染防治法》列入优先保护类、安全利用类的耕地。

(4) 已经划入"两区"的优质耕地。

(5) 集中连片、规模较大,有良好的水利与水土保持设施的耕地等。

2. 严禁划为永久基本农田储备区的耕地

(1) 位于生态保护红线范围内的耕地。

(2) 依据《土壤污染防治法》列入严格管控类耕地。

(3) 因自然灾害和生产建设活动严重损毁且无法复垦的耕地。

(4) 纳入生态退耕还林还草范围的耕地。

(5) 25度以上的坡耕地。

(6) 可调整地类等。

第三节　基本农田保护区的管理

基本农田保护区的土地利用管理，首先，应该遵守基本农田保护区的一般管制规则，按照允许用途、限制用途、禁止用途引导区内土地利用活动；其次，确需占用基本农田的，应该依据相关规定严格审批并进行补划；再次，为了更好地跟踪监测基本农田保护情况，还应完善其档案管理和信息系统建设；最后，基本农田保护责任应落实到人，按照基本农田保护责任制的相关规定开展监督和问责。

一、基本农田保护区管制规则

根据《基本农田保护条例》、《国务院办公厅关于防止耕地"非粮化"稳定粮食生产的意见》（国办发〔2020〕44号）、《自然资源部农业农村部国家林业和草原局关于严格耕地用途管制有关问题的通知》（自然资发〔2021〕166号），基本农田保护区的土地利用管制规则如下：

（1）禁止任何单位和个人在基本农田保护区内建窑、建房、建坟、挖砂、采石、采矿、取土、堆放固体废弃物或者进行其他破坏基本农田的活动。

（2）禁止任何单位和个人占用基本农田发展林果业和挖塘养鱼。

（3）禁止任何单位和个人闲置、荒芜基本农田。经国务院批准的重点建设项目占用基本农田的，满1年不使用而又可以耕种并收获的，应当由原耕种该幅基本农田的集体或者个人恢复耕种，也可以由用地单位组织耕种；1年以上未动工建设的，应当按照省、自治区、直辖市的规定缴纳闲置费；连续2年未使用的，经国务院批准，由县级以上人民政府无偿收回用地单位的土地使用权；该幅土地原为农民集体所有的，应当交由原农村集体经济组织恢复耕种，重新划入基本农田保护区。承包经营基本农田的单位或者个人连续2年弃耕抛荒的，原发包单位应当终止承包合同，收回发包的基本农田。

（4）提倡和鼓励农业生产者对其经营的基本农田施用有机肥料，合理施用化肥和农药。利用基本农田从事农业生产的单位和个人应当保持和培肥地力。

（5）县级人民政府应当根据当地实际情况制定基本农田地力分等定级办法，由农业行政主管部门会同土地行政主管部门组织实施，对基本农田地力分等定级，并建立档案。

（6）农村集体经济组织或者村民委员会应当定期评定基本农田地力等级。

（7）县级以上地方各级人民政府农业行政主管部门应当逐步建立基本农田地力与施肥效益长期定位监测网点，定期向本级人民政府提出基本农田地力变化状况报告以及相应的地力保护措施，并为农业生产者提供施肥指导服务。

（8）县级以上人民政府农业行政主管部门应当会同同级环境保护行政主管部门对

基本农田环境污染进行监测和评价，并定期向本级人民政府提出环境质量与发展趋势的报告。

（9）经国务院批准占用基本农田兴建国家重点建设项目的，必须遵守国家有关建设项目环境保护管理的规定。在建设项目环境影响报告书中，应当有基本农田环境保护方案。

（10）向基本农田保护区提供肥料和作为肥料的城市垃圾、污泥的，应当符合国家有关标准。

（11）因发生事故或者其他突然性事件，造成或者可能造成基本农田环境污染事故的，当事人必须立即采取措施处理，并向当地环境保护行政主管部门和农业行政主管部门报告，接受调查处理。

（12）严格永久基本农田占用与补划。

（13）严禁占用永久基本农田扩大自然保护地。

（14）坚决防止永久基本农田"非粮化"倾向。

二、基本农田占用、审批与补划

2016年原国土资源部、农业部发布《关于全面划定永久基本农田实行特殊保护的通知》（国土资规〔2016〕10号），明确将《全国土地利用总体规划纲要（2006-2020年）调整方案》确定的全国15.46亿亩基本农田保护任务落实到用途管制分区，落实到图斑地块。2017年全国已划定永久基本农田保护面积15.50亿亩，超过《全国土地利用总体规划纲要（2006-2020年）调整方案》确定的15.46亿亩保护任务目标。

基本农田的占用、审批与补划有非常严格的要求，必须按照国家规定开展相关的用地行为。永久基本农田一经划定，要纳入国土空间规划，任何单位和个人不得擅自占用或者改变用途，不得多预留一定比例永久基本农田为建设占用留有空间，严禁通过擅自调整县乡土地利用总体规划规避占用永久基本农田的审批，严禁未经审批违法违规占用。一般建设项目不得占用永久基本农田。

（一）可以占用的情形

根据自然资源部印发的《关于积极做好用地用海要素保障的通知》（自然资发〔2022〕129号）明确如下：

（1）党中央、国务院明确支持的重大建设项目；

（2）按《关于梳理国家重大项目清单加大建设用地保障力度的通知》（发改投资〔2020〕688号）要求，列入需中央加大用地保障力度清单的项目；

（3）中央军委及其有关部门批准的军事国防类项目；

（4）纳入国家级规划的机场、铁路、公路、水运、能源、水利项目；

（5）省级公路网规划的省级高速公路和连接原深度贫困地区直接为该地区服务的省级公路项目；

（6）原深度贫困地区、集中连片特困地区、国家扶贫开发工作重点县省级以下基础设施、民生发展等项目。

上述建设项目选址确实难以避让永久基本农田，在可行性研究阶段，省级自然资源主管部门负责组织对占用的必要性、合理性和补划方案的可行性进行论证，报自然资源部进行用地预审。并按照规定办理农用地转用和土地征收。

（二）允许纳入补划范围的要求

重大建设项目、生态建设、灾毁等占用或减少永久基本农田的，按照"数量不减、质量不降、布局稳定"的要求，在可以长期稳定利用的耕地上落实永久基本农田补划任务。

（1）补划的永久基本农田必须是坡度小于25°的耕地，原则上与现有永久基本农田集中连片，补划数量、质量与占用或减少的永久基本农田相当。

（2）占用或减少城市周边永久基本农田的，原则上在城市周边范围内补划，经实地踏勘论证确实难以在城市周边补划的，按照空间由近及远、质量由高到低的要求进行补划。①

（3）重大建设项目用地预审和审查中要严格把关，切实落实最严格的节约集约用地制度，尽量不占或少占永久基本农田。

1）重大建设项目在用地预审时不占永久基本农田、用地审批时占用的，按有关要求报自然资源部用地预审。

2）线性重大建设项目占用永久基本农田用地预审通过后，选址发生局部调整、占用永久基本农田规模和区位发生变化的，规模调增或区位变化比例超过10%的，从严审查；均未发生变化或规模调减区位未查是否符合法律规定允许调整情形，不再提交调整方案；涉及占变且总用地规模（不含迁复建工程和安置用地）不超用地预审批复规模的，不再重复审查。

3）非线性重大建设项目占用永久基本农田用地预审通过后，所占规模和区位原则上不予调整。②

（4）建设项目经依法批准占用永久基本农田的，在永久基本农田储备区耕地中补划；储备区中难以补足的，在县域范围内其他优质耕地中补划；县域范围内无法补足的，可在市域范围内补划；市域范围内无法补足的，可在省域范围内补划。优先将完成高标准农田建设的耕地补划为永久基本农田。③

三、基本农田档案管理和信息系统建设

信息化建设和档案管理是高标准基本农田建设的主要内容。档案管理应及时将记载高标准基本农田建设过程的有关管理、技术等文件，以及具有保存价值的各种载体资料进行立卷归档，确保材料真实、准确、完整；应明确档案管理要求，严格档案管理。信息化建设应充分利用国土资源综合信息、监管平台，完善定期报备制度，统筹信息的采集和处理，实现集中统一、全程全面、即时动态的管理；应建立信息统计制度，定期

---

① 《国土资源部关于全面实行永久基本农田特殊保护的通知》（国土资规〔2018〕1号）。
② 《自然资源部农业农村部关于加强和改进永久基本农田保护工作的通知》（自然资规〔2019〕1号）。
③ 《自然资源部关于积极做好用地用海要素保障的通知》（自然资发〔2022〕129号）。

进行信息的统计、分析、汇总和上报；可采用信息化手段进行管理，提高管理效能。

（一）基本农田档案管理

1. 档案内容要求

全面掌握高标准基本农田的情况，注意搜集整理资料，在乡（镇场）国土资源管理所的配合下，以地块为单位建立档案。档案的主要内容有12个：①项目区规划图及区位布置图；②项目区及所在村的基本情况登记表；③项目区建设一般性设计资料；④项目建设施工记录；⑤项目建设施工合同及承包协议；⑥项目区土地权属证明复印件；⑦项目区年度种植结构情况表；⑧项目区承包户名册；⑨项目区工程建设资金支付凭证及相关证明复印件；⑩有关项目区建设的摄像资料；⑪项目区年度效益分析报告和工作总结；⑫项目区建设验收合格证存根。此外，县级国土资源管理部门还要有年度工作总结及高标准基本农田建设县级图及汇总表。

2. 档案规范化管理

（1）档案资料完整齐全。基本农田保护图件应做到清晰，具有统一标定的区、片、块位置和编号，反映基本农田现状；图表册等有关资料要整理归档，永久保存并做到逐级备案。

（2）数据资料及时更新。规范完善基本农田保护管理台账，建立基本农田变更统计制度，落实动态监测措施，及时更新基础数据；基本农田变化情况要及时反映到基本农田登记表并落到土地利用现状图上，做到图表册与现状一致。

（3）保护标志统一规范。基本农田保护标志要经济适用、整洁持久，主要设置在交通沿线和城镇、村庄周边；按照有关规定进行统一编号、登记；标志内容要明确保护范围、面积、要求及责任单位等。

3. 基本农田保护区划定的档案资料

（1）基本农田保护区划定图件。基本农田保护区划定后，做好基本农田保护档案管理及信息系统建设工作。

1）区域土地利用现状图。在比例尺为1∶10000的图上应标明乡（镇）行政区域界线，居民点界线和各类用地界线。

2）行政村土地利用现状图。在比例尺为1∶5000（或1∶2000）的图上应标明行政村区域界线，村庄建设用地界线，耕地分布状况和其他各类用地界线。

3）乡（镇）区域基本农田保护区分布图。在比例尺为1∶10000的图上应标明建设用地控制规模和界线，一、二级基本农田分布和界线，基本农田保护区位置和其他各类用地界线。

4）行政村基本农田保护区分布图。在比例尺为1∶5000（或1∶2000）的图上应标明建设用地规模和界线，一、二级基本农田分布和界线，一级保护区位置和其他用地界线。

5）土地分等定级图。一般可在基本农田保护区分布图上标出地块等级，有条件的地区也可单独制图。

6）基本农田保护区内的工程建设规划图。

（2）乡（镇）和行政村基本农田保护区划定说明书。主要表述划定的成果和依据，特别是图纸无法表述的内容。主要包括以下七个：

1）现状经济社会调查资料、土地资源利用特点及存在问题。

2）人口（包括小城镇集聚人口）规模的计算方法和依据。

3）基本农田保护面积的测算方法和依据。

4）村镇建设发展控制用地的测算方法和依据。

5）土地利用总体规划布局，突出基本农田保护区、村镇建设发展控制用地和道路的布局。

6）规划的实施措施，包括基本农田建设和保护管理办法等。

7）其他专题规划说明。规划说明书要附有现状资料调查表和土地利用现状图、基本农田保护区分布图等。

（二）基本农田管理信息系统建设

基本农田管理信息系统的建设从工作依据和流程、数据来源、图层对应关系以及成果要求三个方面具体展开。

1. 工作依据和流程

（1）《土地管理法》。

（2）《基本农田保护条例》。

（3）《基本农田划定技术规程》（TD/T 1032—2011）。

（4）《国土资源部办公厅关于切实做好永久基本农田数据库更新完善和汇交工作的通知》（国土资厅发〔2017〕4号）。

（5）《永久基本农田数据库标准》（2017版）。

（6）《永久基本农田数据库成果汇交要求》（2017版）。

（7）《永久基本农田数据质量检查细则》（2017版）。

基本农田数据库建设流程见图5-2。

2. 基本农田数据库数据来源

依据《永久基本农田数据库标准》（2017版），基本农田数据库的数据来源有以下五个：

（1）基础地理信息数据，从最新的经过自然资源部确认的年度变更调查数据库获取。

（2）土地利用信息数据，从最新的经自然资源部确认的年度变更调查数据库获取。

（3）基本农田保护区数据，从最新的基本农田划定成果数据库获取。

（4）基本农田划定数据，来源于最新的基本农田划定成果。

（5）基本农田质量等级信息，从农用地分等定级成果数据库获取。

3. 基本农田数据库成果要求

基本农田数据库建成后，数据库成果在数据内容、格式、组织、质量检查以及数据库更新方面都有明确的要求。按照《永久基本农田数据库成果汇交要求》（2017版），具体有以下四个方面：

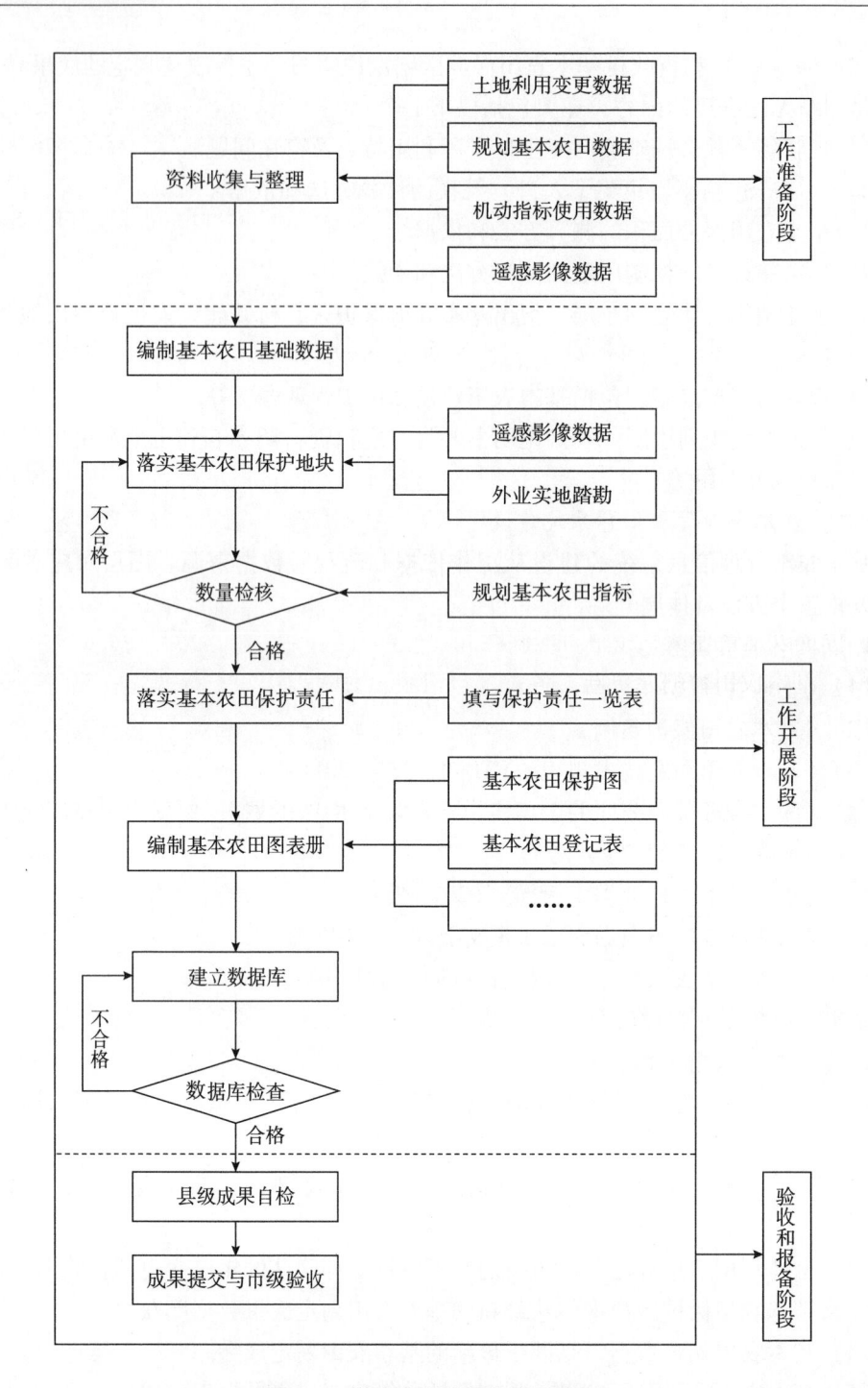

图 5-2　基本农田数据库建设流程

资料来源：欧名豪. 土地利用管理（第三版）[M]. 北京：中国农业出版社，2016.

（1）数据内容和数据格式。省级数据库建设文档包括基本农田数据库建设成果报告、数据库预检报告和汇交资料清单。基本农田数据库建设成果报告说明基本农田数据库总的建设情况，包括市县名单、各市县数据库建设基本情况等。数据库预检报告说明省级对基本农田数据库成果的预检情况、存在的主要问题及其处理方法等。

分县的数据库成果以县为基本组织单元汇交，包括所属各县级基本农田数据库的空间要素、非空间要素和元数据等，数据库说明文档包括各县级数据库有关情况说明、数据库质量检查报告、数据库质量检查结果记录等。

（2）数据组织。基本农田数据库成果以县级为基本组织单元，由县级国土资源管理部门统一组织本行政辖区内的基本农田数据库建设，并进行数据库拼接、整理和自检。各省级汇总组织本行政辖区内的所有县级基本农田数据库成果和说明，经预检合格后以市为汇交单元汇交到自然资源部。

（3）数据质量的检查。按照《永久基本农田数据质量检查细则》（2017版），采用自然资源部统一下发的数据质量检查软件，按照县级自验、市级初验、省级验收的程序，认真开展数据质量检查。各级国土资源管理部门要对划定基本农田（包括保留、新划入、划出的）中的疑似图斑进行全面核实。各省（自治区、直辖市）可以根据本地实际确定实地抽查核实比例。检查中发现的问题要及时整改，确保基本农田面积、地类、位置以及管理信息完整、准确。

（4）基本农田数据库更新。各省（自治区、直辖市）国土资源主管部门要建立联动工作机制，组织规划、耕地保护、地籍管理、土地利用等相关部门，根据土地利用现状实地变化情况，及时更新完善数据库基本农田片（块）、图斑信息、管理信息和保护责任信息等内容，并将更新成果纳入年度土地利用变更调查成果一同报自然资源部。基本农田数据库更新采用增量更新的方式进行，部将制定数据库更新标准与规范，通过日常监管和年度土地利用变更调查对基本农田数据进行日常更新和年度更新。

四、基本农田保护的监督及问责

基本农田保护的监督及问责是基本农田保护区管理的重要内容，首先要明确基本农田保护的责任，签订不同层级的基本农田保护责任书，从全社会层面加强基本农田保护的责任体系；其次要加强基本农田保护的监督管理，逐步形成动态监管体系；最后要根据相关法律法规，凡是存在划定不实、补划不足、非法占用、查处不力等问题的，查明情况、分析原因，提出分类处置措施、落实整改、严肃问责，确保基本农田数量不减、质量提升、布局稳定。

（一）基本农田保护责任体系

1. 基本农田保护责任体系的内容

在建立基本农田保护区的地方，县级以上地方人民政府应当与下一级人民政府签订基本农田保护责任书；乡（镇）人民政府应当根据与县级人民政府签订的基本农田保护责任书的要求，与农村集体经济组织或者村民委员会签订基本农田保护责任书。以建设促保护，保证基本农田总量不减少、用途不改变、质量不降低。基本农田保护责任书应包括下列五项内容：①基本农田的范围、面积、地块；②基本农田的地力等级；③保护措施；④当事人的权利与义务；⑤奖励与处罚。

目前，全国县（市、区）、乡镇、村、社、农户各层面已经全方位建立管理责任体系，层层建立基本农田保护责任制，并落实到村、组、户。形成"一乡一图、一村一档、一户一书、一地一牌"的管理模式，既稳定了基本农田的数量、质量和布局，也稳定了农村土地承包关系。在此基础上，把土地整理项目优先安排在基本农田保护区内，通过基本农田土地整理、改善农业生产条件，提高基本农田的生产能力。

2. 基本农田保护责任社会化

（1）完善责任体系。完善县（市、区）、乡（镇）、村各级基本农田保护目标责任制；建立基本农田保护动态监管制度，形成执法监察网络；开展动态巡查，及时发现、纠正和查处涉及占用基本农田的违法行为。

（2）明确保护责任。基本农田保护面积、范围、期限、责任人应当明确，并与实际一致；土地使用证或土地承包经营权证书上应注有保护面积和责任人。

（3）探索长效机制。从充分调动地方政府和广大农民群众的积极性出发，探索建立基本农田保护的社会监督和鼓励机制；探索建立有关部门、各级政府以及社会力量参与的基本农田建设集中投入机制。

（二）基本农田保护的监督检查

县级以上地方人民政府应当建立基本农田保护监督检查制度，定期组织土地行政主管部门、农业行政主管部门以及其他有关部门对基本农田保护情况进行检查，将检查情况书面报告上一级人民政府。被检查的单位和个人应当如实提供有关情况和资料，不得拒绝。县级以上地方人民政府土地行政主管部门、农业行政主管部门对本行政区域内发生的破坏基本农田的行为，有权责令纠正。加强监督管理，逐步形成动态监管体系。

（三）基本农田保护问责

我国的基本农田保护管理实行严格的问责管理，根据国家相关法律、法规的规定，对于违反我国基本农田保护责任的行为要给予行政、经济、法律方面的惩罚。

（1）有下列行为之一的，依照《土地管理法》《土地管理法实施条例》和《基本农田保护条例》的有关规定，从重给予处罚：①未经批准或者采取欺骗手段骗取批准，非法占用基本农田的；②超过批准数量，非法占用基本农田的；③非法批准占用基本农田的；④买卖或者以其他形式非法转让基本农田的。

（2）应将耕地划入基本农田保护区而不划入的，由上一级人民政府责令限期改正；拒不改正的，对直接负责的主管人员和其他直接责任人员依法给予行政处分或者纪律处分。

（3）破坏或者擅自改变基本农田保护区标志的，由县级以上地方人民政府土地行政主管部门或者农业行政主管部门责令恢复原状，可以处1000元以下罚款。

（4）占用基本农田建窑、建房、建坟、挖砂、采石、采矿、取土、堆放固体废弃物或者从事其他活动破坏基本农田，毁坏种植条件的，由县级以上人民政府土地行政主管部门责令改正或者治理，恢复原种植条件，处占用基本农田的耕地开垦费1倍以上2倍以下的罚款；构成犯罪的，依法追究刑事责任。

（5）侵占、挪用基本农田的耕地开垦费，构成犯罪的，依法追究刑事责任；尚不构成犯罪的，依法给予行政处分或者纪律处分。

(四) 建立耕地保护的党政同责制度

2022 年《中共中央　国务院关于做好 2022 年全面推进乡村振兴重点工作的意见》强调，落实"长牙齿"的耕地保护硬措施。实行耕地保护党政同责，严守 18 亿亩耕地红线。按照耕地和永久基本农田、生态保护红线、城镇开发边界的顺序，统筹划定落实三条控制线，把耕地保有量和永久基本农田保护目标任务足额带位置逐级分解下达，由中央和地方签订耕地保护目标责任书，作为刚性指标实行严格考核、一票否决、终身追责。

思考题

1. 简述基本农田保护的方针和原则。
2. 基本农田保护制度包括哪些内容？
3. 应当划入基本农田保护区的耕地范围包括哪些？
4. 简述基本农田保护区划定的步骤。
5. 基本农田保护区管制的规则有哪些？
6. 简述基本农田数据库建设的流程。

第六章 农用地转用与土地征收

第一节 农用地转用管理

农用地转用即现状农用地转变为建设用地的行为。目前,我国的农用地转用主要通过征收方式进行,而建设项目用地在征收前需经过审查报批。

一、农用地转用概述

(一) 农用地转用的概念

农用地转用是指现状的农用地按照国土空间规划和国家规定的批准权限,经过审查批准后转为建设用地的行为,其土地开发建设活动受批准土地用途的制约(熊昌等,2018)。[①]

根据现行《土地管理法》,农用地是指直接用于农业生产的土地,包括耕地、林地、草地、农田水利用地、养殖水面等;建设用地是指建造建筑物、构筑物的土地,包括城乡住宅和公共设施用地、工矿用地、交通水利设施用地、旅游用地、军事设施用地等;未利用地是指农用地和建设用地以外的土地。

农用地转用是1998年《土地管理法》修改时增设的内容,新《土地管理法》仍然沿用了这一基本制度,作为实施土地用途管制的手段。根据现行《土地管理法》的规定,使用者对农用地只享有农用地使用权,即对土地进行种植、垦殖、养殖的权利,如耕地只有耕作权,林地只有林木种植权,不得转作其他用途;而建设用地的使用者则享有在土地上建造建筑物、构筑物的权利。土地用途一旦确立后,只能按照其确定的用途在法律规定的范围内合理利用。而其用途的变更,必须根据相应的法律规定,履行必要的法定程序。[②]

[①] 熊昌,盛谭荣,岳文泽. 快速城市化背景下不同建设用地扩张的驱动差异探讨:以浙江省义乌市为例 [J]. 自然资源学报,2018,33(12):2124-2135.

[②] 《自然资源部 农业农村部 国家林业和草原局关于严格耕地用途管制有关问题的通知》(自然资发〔2021〕166号)。

农用地转用的过程也就是属于国家的土地发展权实现的过程，其本质是一种国家权力。即使是土地私有的国家，也把土地发展权列为国家的权力，如英国在1947年就制定法律规定所有土地的发展权归国有，任何人欲开发土地，均须申请并取得开发许可，获得土地发展权。作为一种有限的资源，要实现可持续利用，就必须强化土地利用的政府调控，只有采取强有力的措施，加强土地利用的管制，才能从根本上保护农用地尤其是耕地，才能减少和杜绝土地的不合理利用和浪费现象。

根据现行《土地管理法》规定，建设占用土地，涉及农用地转为建设用地的，应当办理农用地转用审批手续。农用地转用是一种国家权力，其特征具有国家垄断性，农用地转用的审批权集中于国务院和省级人民政府，但省级人民政府可以依法作一定的授权，这种授权是与土地利用总体规划的授权审批相一致的。2020年3月，《国务院关于授权和委托用地审批权的决定》（国发〔2020〕4号）要求，将国务院可以授权的永久基本农田以外的农用地转为建设用地审批事项授权各省、自治区、直辖市人民政府批准。

（二）农用地转用与土地用途管制

改革开放后，我国的土地管理逐渐由"多头分散"的管理模式向"分级限额审批"的管理模式转型。即各级人民政府都有审批权，征收耕地3亩以下或其他土地10亩以下的由县级人民政府批准；征收耕地1000亩以上或其他土地2000亩以上的，由国务院批准；征收省（自治区、直辖市）行政区域内的耕地3~1000亩，其他土地10~2000亩的，由省（自治区、直辖市）人民政府批准。这样，土地管理的审批权绝大部分集中在市、县，有的地方甚至还落在乡镇。这种各自为政的局面，必然导致各地在土地利用和管理上只考虑本地经济发展的需要，缺乏对全局和长远利益的考虑，无法有效地控制建设用地的扩张与耕地的流失。1990~2004年，全国城镇建设用地面积由近1.3万平方千米扩大到近3.4万平方千米，同期全国41个特大城市主城区用地规模平均增长超过50%，是人口增长规模的2.28倍。

1998年，修订后的《土地管理法》第一次以法律形式将用途管制确定为我国土地管理的根本制度。土地用途管制制度通过编制国土空间规划，划定土地用途区、确定土地使用限制条件，并要求土地的所有者、使用者必须严格执行国家确定的土地用途利用。同时采用规划公示的办法，向社会告示土地用途分区和用途限制，有利于公众对土地利用和管理实施监督。

农用地转用审批是实现土地用途管制的关键。土地用途管制制度通过强制性限制农用地转为建设用地，控制建设用地总量，对耕地实行特殊保护，建立起一个结构合理、运转有力的土地公权力体系（张群、吴次芳，2019）[①]。

二、农用地转用的依据和条件

（一）农用地转用的依据

农用地转用是控制农用地转为建设用地的重要措施，新《土地管理法》对农用

---

① 张群，吴次芳. 我国土地用途管制的制度演变与优化路径 [J]. 中国土地，2019（3）：23-26.

转用制度进行了重新设计，更加强调对耕地特别是永久基本农田的保护。

1. 国土空间规划

国土空间规划是对一定区域国土空间开发保护在空间和时间上作出的安排，包括总体规划、详细规划和相关专项规划。国家、省、市县编制国土空间总体规划，各地结合实际编制乡镇国土空间规划。相关专项规划是指在特定区域（流域）、特定领域，为体现特定功能，对空间开发保护利用作出的专门安排，是涉及空间利用的专项规划。国土空间总体规划是详细规划的依据、相关专项规划的基础；相关专项规划要相互协同，并与详细规划做好衔接。国土空间规划明确耕地保有量、建设用地规模、禁止开垦的范围等要求，是政府确定农用地能否转为建设用地的基本依据。

我国的国土空间规划分为国家、省（自治区、直辖市）、地（市）、县（市）、乡（镇）级五级。其中国家级规划是对全国国土空间作出的全局安排，是全国国土空间保护、开发、利用、修复的政策和总纲，侧重战略性；省级国土空间规划是对全国国土空间规划的落实，指导市县国土空间规划编制，侧重协调性；市、县和乡级国土空间规划是本级政府对上级国土空间规划要求的细化落实，是对本行政区域开发保护作出的具体安排，侧重实施性，是确定土地规划使用条件的具体依据。因此，农用地转用的主要依据是市县及以下的详细规划。

大型或者重要的能源、交通、水利等基础设施用地，特别是涉及线性工程或者对选址有特殊要求的项目很难提前确定具体的建设位置，必须在农用地转用审批前先对规划进行修改。如果这些项目用地都要先修改规划再办理农用地转用，手续比较复杂，周期也会很长。为了保障这些重点建设项目的用地需求，《土地管理法》第二十五条规定：对于国务院批准的能源、交通、水利等基础设施建设用地，需要改变土地利用总体规划的，根据国务院的批准文件修改土地利用总体规划。经省（自治区、直辖市）人民政府批准的能源、交通、水利等基础设施建设用地，需要改变土地利用总体规划的，属于省级人民政府土地利用总体规划批准权限内的，根据省级人民政府的批准文件修改土地利用总体规划。

2. 土地利用年度计划

土地利用年度计划是国家对计划年度农用地转用量、土地开发整理补充耕地量和耕地保有量的具体安排。可见，土地利用年度计划是国家实行建设用地宏观控制的一项重要措施。土地利用年度计划包括农用地转用计划指标、耕地保有量计划指标、土地开发整理计划指标等内容。其目的是建设用地的总量控制，防止农用地大量减少和农业生态环境的破坏。国土空间规划与土地利用年度计划不能相互替代。国土空间规划是一个较长时期的关于土地利用的总体安排，一般国土空间规划的规划期为 15 年。如果没有年度计划具体控制，就有可能将 10~15 年的建设占用农用地的指标在 1~2 年内全部用完，而以后的建设还需要用地，这就必然会造成农地占用最终会突破国土空间规划，使国民经济的发展受到影响。同时，建设占用农用地特别是耕地应当与土地开发相结合，才能确保耕地总量不减少，而土地的开发必须有一个计划和资金的安排，同时还要有保护生态的要求，不能无限制地过快开发。再者，建设用地增长过快也会造成土地闲置和对土地市场的冲击，造成土地资源的浪费和国有资产的流失。因此，土地利用年度计划并不是可有可无的，必须通过土地利用年度计划对每年可以新增建设用地实行总量控制，不得随意突破。

自然资源部发布的《关于2022年土地利用计划管理的通知》（自然资发〔2022〕95号）明确要求，在依据规划严格控制总量和空间布局的前提下，继续坚持土地要素跟着项目走，以真实有效的项目落地作为配置计划指标的依据，切实保障有效投资用地需求。要加大存量用地盘活的力度，积极处理历史遗留问题，探索完善集约节约用地激励政策机制。纳入国家重大项目清单、国家军事设施重大项目清单的项目用地，以及纳入省级人民政府重大项目清单的能源、交通、水利、军事设施、产业单独选址项目用地，依法依规批准后，由部统一确认配置计划指标。未纳入重大项目清单的单独选址项目用地和城镇村批次用地，均使用以当年存量土地处置规模为基础核算配置计划指标。

3. 建设用地供应政策

建设用地供应政策是政府控制建设用地方向的主要手段，通过制定合理的建设用地供应政策，不仅有利于控制建设用地总量，防止大量占用农用地，同时还可以优化投资结构，防止重复建设，促进国民经济的协调发展。

建设用地政策由国务院土地行政主管部门根据国家产业政策制定。自然资源部根据国家产业政策将供地分为鼓励、限制、禁止等几种情况。对国家产业政策明确禁止建设的项目，要禁止为其办理农用地转用和提供土地，对国家鼓励投资的建设项目，应优先为其办理农用地转用和供地。这样可以在国家对建设用地的供应不充足的条件下，优先保证国家急需的建设项目的用地，使建设用地供应政策对国家经济起到直接调控的作用。例如，国家的产业政策决定加大第一产业的投入，加强其基础建设，限制第二、第三产业的重复建设，那么在建设用地的供应上就会倾向于水库、河流治理、农田水利建设项目用地。同样，如果需要鼓励住宅产业发展，那就可以控制餐饮服务、楼堂馆所的建设，而对住宅用地的供应可以采取一个宽松的政策。

建设用地置换、土地增减挂钩两种方式也可以取得建设用地指标。建设用地置换，是指依据土地利用总体规划，将依法取得的零星分散等不宜利用的建设用地，在完成土地复垦后，与规划为建设用地的农用地或者其他建设用地进行调整的行为。置换遵循自愿原则，置换后的建设用地用途应当与原建设用地相同。土地增减挂钩即城镇建设用地增加与农村建设用地减少相挂钩，是指依据土地利用总体规划，将若干拟整理复垦为耕地的农村建设用地地块（即拆旧地块）和拟用于城镇建设的地块（即建新地块）等面积共同组成建新拆旧项目区，通过建新拆旧和土地整理复垦等措施，在保证项目区内各类土地面积平衡的基础上，最终实现增加耕地有效面积、提高耕地质量、节约集约利用建设用地、城乡用地布局更合理的目标。在农村集体经营性建设用地入市后，预计土地增减挂钩政策将会受到重大影响。

（二）农用地转用的条件

在国土空间规划确定的城市、村庄和集镇规划区范围内农用地转为建设用地的，必须符合以下四个条件：

（1）国土空间规划。

（2）土地利用年度计划确定的控制指标（包括上级下达的计划指标和土地整理折抵指标）。

（3）保质足额补充所占耕地。在国土空间规划确定的城市和村庄、集镇建设用地范围内经依法批准占用耕地，以及在国土空间规划确定的城市和村庄、集镇建设用地范围外的能源、交通、水利、矿山、军事设施等建设项目经依法批准占用耕地的，分别由县级人民政府、农村集体经济组织和建设单位负责开垦与所占用耕地的数量和质量相当的耕地；没有条件开垦或者开垦的耕地不符合要求的，应当按照省、自治区、直辖市的规定缴纳耕地开垦费，专款用于开垦新的耕地。省、自治区、直辖市人民政府应当组织自然资源主管部门、农业农村主管部门对开垦的耕地进行验收，确保开垦的耕地落实到地块。划入永久基本农田的还应当纳入国家永久基本农田数据库严格管理。占用耕地补充情况应当按照国家有关规定向社会公布。个别省、直辖市需要易地开垦耕地的，依照《土地管理法》第三十二条的规定执行。[①]

（4）符合国家的土地供应政策。

在土地利用总体规划确定的城市、村庄和集镇规划区范围以外单独选址的建设项目，确需必需占用农用地的，应当符合下列条件之一：

1）国土空间规划已经明确预留的项目用地。

2）经国务院和省级人民政府批准的能源、水利等基础设施建设项目用地。

3）供水、供电、排污等确实无法在土地利用总体规划确定的城市、村庄和集镇建设用地范围内的特殊建设项目用地。

三、农用地转用的审批权限及程序

（一）农用地转用的审批权限

新《土地管理法》对农用地转用的审批权限做了调整，按照项目是否占用永久基本农田实行分级审批，在严格保护耕地特别是永久基本农田的前提下，适当下放农用地转用审批权限。

（1）永久基本农田转为建设用地的，由国务院批准。国家能源、交通、水利、军事设施等重点建设项目选址确实难以避让永久基本农田，涉及农用地转用或者土地征收的，必须经国务院批准。

（2）在土地利用总体规划确定的城市和村庄、集镇建设用地规模范围内，为实施该规划而将永久基本农田以外的农用地转为建设用地的，按照土地利用年度计划分批次根据国务院规定由原批准土地利用总体规划的机关或其授权的机关批准。

按照现行土地利用总体规划的批准权限，需要国务院批准规划的主要包括省、自

[①] 2021年7月2日中华人民共和国国务院令第743号第三次修订的《中华人民共和国土地管理法实施条例》第八条。

治区、直辖市，省、自治区人民政府所在地的市，人口在100万人以上的城市，以及国务院指定的城市。除此之外，省、自治区、直辖市人民政府及其授权的设区的市、自治州人民政府也有部分规划审批权限。

（3）在土地利用总体规划确定的城市和村庄、集镇建设用地规模范围外，将永久基本农田以外的农用地转为建设用地的，由国务院或者其授权的省、自治区、直辖市人民政府批准。

（二）农用地转用的审批程序

新《土地管理法实施条例》减少了审批层级，规定市县人民政府组织自然资源等部门拟订农用地转用方案，报有批准权的人民政府批准，删去原来"逐级"上报审批的规定。

（1）提出申请。建设项目批准、核准前或者备案前后，由自然资源主管部门对建设项目用地事项进行审查，提出建设项目用地预审意见。建设项目需要申请核发选址意见书的，应当合并办理建设项目用地预审与选址意见书，核发建设项目用地预审与选址意见书。建设单位持建设项目的批准、核准或者备案文件，向市、县人民政府提出建设用地申请。

（2）批准方案。市、县人民政府组织自然资源等部门拟订农用地转用方案，报有批准权的人民政府批准；依法应当由国务院批准的，由省、自治区、直辖市人民政府审核后上报。农用地转用方案应当重点对是否符合国土空间规划和土地利用年度计划以及补充耕地情况作出说明，涉及占用永久基本农田的，还应当对占用永久基本农田的必要性、合理性和补划可行性作出说明。

（3）组织实施。农用地转用方案经批准后，由市、县人民政府组织实施。如果占用耕地，必须履行补充耕地的义务和责任。

（三）农用地转用的办理程序

办理农用地转用的主要依据是国土空间规划。建设单位持建设项目的批准、核准或者备案文件，向市、县人民政府提出建设用地申请。市、县人民政府组织自然资源等部门拟订农用地转用方案，报有批准权的人民政府批准；依法应当由国务院批准的，由省、自治区、直辖市人民政府审核后上报。

批准农用地转用的机关也只将批准结果通知实施国土空间规划的单位，由实施国土空间规划的地方人民政府及自然资源主管部门的具体组织农用地的转用实施。而建设单位必须按照当地人民政府及自然资源主管部门的要求履行自己的义务和责任。

建设项目确需占用国土空间规划确定的城市和村庄、集镇建设用地范围外的农用地，涉及占用永久基本农田的，由国务院批准；不涉及占用永久基本农田的，由国务院或者国务院授权的省、自治区、直辖市人民政府批准。具体按照下列三项规定办理：

（1）建设项目批准、核准前或者备案前后，由自然资源主管部门对建设项目用地事项进行审查，提出建设项目用地预审意见。建设项目需要申请核发选址意见书的，应当合并办理建设项目用地预审与选址意见书，核发建设项目用地预审与选址意见书。

（2）建设单位持建设项目的批准、核准或者备案文件，向市、县人民政府提出建设用地申请。市、县人民政府组织自然资源等部门拟订农用地转用方案，报有批准权的人民政府批准；依法应当由国务院批准的，由省、自治区、直辖市人民政府审核后上报。农用地转用方案应当重点对是否符合国土空间规划和土地利用年度计划以及补充耕地情况作出说明，涉及占用永久基本农田的，还应当对占用永久基本农田的必要性、合理性和补划可行性作出说明。

（3）农用地转用方案经批准后，由市、县人民政府组织实施。[①]

四、农用地转用方案的编制

（一）农用地转用方案编制的主体

农用地转用方案由市、县人民政府组织自然资源等部门拟订。

（二）农用地转用方案的内容

农用地转用方案应当说明拟占用农用地的种类、位置、面积、质量、补充的期限、资金落实情况等，重点对建设项目安排是否符合国土空间规划和土地利用年度计划以及补充耕地情况作出说明。涉及占用永久基本农田的，还应当对占用永久基本农田的必要性、合理性和补划可行性作出说明（应松年，2015）。[②] 同时另附以下三个材料：

（1）上级下达的土地利用年度计划或土地整理折抵建设用地指标的使用台账（复印件）。

（2）乡（镇）国土空间规划图，比例尺为1∶10000。

（3）建设项目可行性研究时，县级人民政府负责土地利用规划工作的部门提出具体的预审意见，即农用地转用审查意见表。

第二节 土地征收管理

一、土地征收概述

（一）土地征收的概念

1. 土地征收的概念

2004年3月14日，党的十届全国人大二次会议通过《中华人民共和国宪法》（以下简称《宪法》）修正案，将《宪法》第十条第三款"国家为了公共利益的需要，可以依照法律规定对土地实行征用"，修改为"国家为了公共利益的需要，可以依照法律规定对土地实行征收或征用并给予补偿"，首次在《宪法》中明确规定征收的概念。2019年8月26日，第十三届全国人民代表大会常务委员会第十二次会议做出了修改

---

① 2021年7月2日中华人民共和国国务院令第743号第三次修订的《中华人民共和国土地管理法实施条例》第二十四条。

② 应松年.《中华人民共和国行政诉讼法》修改条文释义与点评［M］.北京：人民法院出版社，2015.

《土地管理法》的决定。新《土地管理法》规定只有为了公共利益的需要方可依法实施征收，并明确了五种符合公共利益的具体情形及兜底条款；提高土地征收补偿标准，保障被征地农民原有生活水平不降低、长远生计有保障；完善土地征收程序，听取被征地的农村集体经济组织及其成员、村民委员会和其他利害关系人的意见，使被征地村民有更多参与权、监督权和话语权。

土地征收是指国家为了社会公共利益的需要，依据法律规定的程序和批准权限，在依法给予被征地的农村集体经济组织及村民补偿后，将农村集体所有的土地转化为城市国有建设用地的行为。

2. 土地征收与土地征用的区别

土地征收是指国家为了公共利益的需要，依法将集体所有土地转为国家所有并给予补偿的行为。土地征用是指国家为了公共利益的需要，依法强制使用集体土地，在使用完毕后再将土地归还给集体的一种行为。两者既有共同之处，又有不同之处。共同之处在于，都是为了公共利益需要，都要经过法定程序，都要依法给予补偿。但两者的区别也是很明显的：

（1）法律效果不同。土地征收是土地所有权的改变，土地征用则是土地使用权的临时改变。这是两者最主要、最本质的区别。

（2）补偿不同。在土地征用的情况下，如果标的物没有毁损灭失，就应当返还原物，如果标的物征用后毁损灭失的，应当给予补偿；而在土地征收的情况下，不存在返还的问题。由于土地征收是所有权的转移，对其做出的补偿也相对更高一些。

（3）使用条件不同。土地征用一般适用于临时性的紧急状况，也适用于临时性的公共用途。而及时不存在紧急状态，为了公共利益的需要也可以实施土地征收。

（4）适用的法律不同。土地征收主要适用《土地管理法》和《中华人民共和国城乡规划法》。土地征用适用的多是调整紧急状态的法律。

（5）使用的程序不同。由于土地征收要发生所有权的转移，因此，土地征收的程序比土地征用的程序更为严格。

（二）土地征收应遵循的原则和条件

1. 土地征收的原则

（1）严格维护土地的社会主义公有制原则。集体土地所有权受法律保护。我国现行《宪法》第十条规定："任何组织或者个人不得侵占、买卖或者以其他形式非法转让土地。土地的使用权可以依照法律的规定转让。"

建设征收的集体所有土地，所有权属于国家，用地单位或个人只享有土地的使用权。国家建设征收土地的法律后果之一就是土地所有权的转移，用地单位或个人只是依法取得对国有土地的使用权。

（2）十分珍惜、合理利用土地和切实保护耕地的原则。我国人口多、耕地少，在某些地区耕地浪费还十分严重。随着人口的逐年增长，人均耕地将继续减少。因此，新《土地管理法》第三条明确规定："十分珍惜、合理利用土地和切实保护耕地是我国的基本国策。各级人民政府应当采取措施，全面规划，严格管理，保护、开发土地资源，制止非法占用土地的行为。"在国家建设征收土地时要做到这一要求，必须坚持：①要加强规划管控、严格管理、严格控制各项建设用地；②要优先利用荒地、非农业用地，尽量不利用耕地；③要优先利用劣地，尽量不用良田，凡是有荒地可利用的，不得占用良田，尤其不得占用菜地、园地、天然养鱼塘等经济效益高的土地；④加大土地监察和对土地违法行为的打击力度，切实制止乱占新地和滥用土地的行为。

（3）兼顾国家、集体和个人利益的原则。土地征收补偿标准要兼顾国家、集体和个人利益。为此，体现在以下两个方面：一是根据现行《宪法》规定，征地是一种国家行为，也是农民集体对国家应尽的一种义务，不是农民集体向国家"卖地"。征地后再出让的增值收益即决定不同地价的级差地租是多种因素形成的，原则上这项收益应在国家、集体和个人之间合理分配。二是征地补偿应以使被征地单位的农民生活水平不降低为原则。国家根据社会、经济发展水平，在特殊情况下，可以提高征收耕地的土地补偿和安置补助费标准。

（4）征地要符合相关法律规定的原则。土地征收不仅应该符合《土地管理法》，还应符合包括有关环保、矿产、水土保持等方面的法律、法规的规定。征地实施要体现保护和改善生态环境、防止土地沙化的总原则，并严格依据《土地管理法》的审批权限和审批程序办理。

2. 征收土地的基本条件

《土地管理法》第四十五条规定，为了公共利益的需要，有下列情形之一，确需征收农民集体所有的土地的，可以依法实施征收：

（1）军事和外交需要用地的；

（2）由政府组织实施的能源、交通、水利、通信、邮政等基础设施建设需要用地的；

（3）由政府组织实施的科技、教育、文化、卫生、体育、生态环境和资源保护、防灾减灾、文物保护、社区综合服务、社会福利、市政公用、优抚安置、英烈保护等公共事业需要用地的；

（4）由政府组织实施的扶贫搬迁、保障性安居工程建设需要用地的；

（5）在土地利用总体规划确定的城镇建设用地范围内，经省级以上人民政府批准由县级以上地方人民政府组织实施的成片开发建设需要用地的；

（6）法律规定为公共利益需要可以征收农民集体所有的土地的其他情形。

二、征收土地的实施程序

（一）项目用地前期工作

（1）用地预审。建设项目批准、核准前或者备案前后，由自然资源主管部门对建设项目用地事项进行审查，提出建设项目用地预审意见。建设项目需要申请核发选址意见书的，应当合并办理建设项目用地预审与选址意见书，核发建设项目用地预审与选址意见书。

（2）用地审批。建设单位持建设项目的批准、核准或者备案文件，向市、县人民政府提出建设用地申请。市、县人民政府组织自然资源等部门拟订农用地转用方案，报有批准权的人民政府批准；依法应当由国务院批准的，由省、自治区、直辖市人民政府审核后上报。①

（3）项目审批（或核准、备案）。根据项目的投资主体、资金来源、项目性质，由项目投资主管部门审批项目建议书、可行性研究报告（或办理项目核准、备案）（工业用地除外）。

（4）环评审批。由环保主管部门批准建设项目环境影响报告书（表）。

（5）规划许可。位于城市规划区内的，向城市规划主管部门申领建设用地规划许可证。

（6）企业法人登记注册。新设立企业的，向工商主管部门申请企业法人登记注册，办理工商营业执照。如属外商投资企业，之前还必须由外资主管部门审批合同、章程及核发企业批准证书。

（7）初步设计审批。属项目审批的，在可行性研究报告批准后进行建设项目初步设计，报项目投资主管部门或行业主管部门批准。

（8）林地审核。建设项目需占用林地的，必须向林业主管部门办理占用林地审批手续，申领占用林地审核同意书。

（二）土地征收程序

（1）发布土地征收预公告，启动土地征收。县级以上地方人民政府认为符合《土地管理法》第四十五条规定，需要征收土地的，发布征收土地预公告，并开展拟征收土地现状调查和社会稳定风险评估。

征收土地预公告包括征收范围、征收目的、开展土地现状调查的安排等内容。征收土地预公告应当采用有利于社会公众知晓的方式，在拟征收土地所在的乡（镇）和村、村民小组范围内发布，预公告时间不少于十个工作日。自征收土地预公告发布之日起，任何单位和个人不得在拟征收范围内抢栽抢建；违反规定抢栽抢建的，对抢栽抢建部分不予补偿。土地现状调查应当查明土地的位置、权属、地类、面积以及农村村民住宅、其他地上附着物和青苗等的权属、种类、数量等情况。社会稳定风险评估应当对征收土地的社会稳定风险状况进行综合研判，确定风险点，提出风险防范措施和处置预案。社会稳定风险评估应当有被征地的农村集体经济组织及其成员、村民委员会和其他利害关系人参加，评估结果是申请征收土地的重要依据。

（2）组织编制征地补偿安置方案，并进行公告和听证。县级以上地方人民政府将征收范围、土地现状、征收目的、补偿标准、安置方式和社会保障等在拟征收土地所在的乡（镇）和村、村民小组范围内公告至少30日，听取被征地的农村集体经济组织及其成员、村民委员会和其他利害关系人的意见。

多数被征地的农村集体经济组织成员认为征地补偿安置方案不符合法律、法规规

---

① 2021年7月2日中华人民共和国国务院令第743号第三次修订的《中华人民共和国土地管理法实施条例》第二十四条。

定的，县级以上地方人民政府应当组织召开听证会，并根据法律、法规的规定和听证会情况修改方案。

（3）签订征地补偿安置协议。拟征收土地的所有权人、使用权人应当在公告规定期限内，持不动产权属证明材料办理补偿登记。县级以上地方人民政府应当组织有关部门测算并落实有关费用，保证足额到位，与拟征收土地的所有权人、使用权人就补偿、安置等签订协议；个别确实难以达成协议的，应当在申请征收土地时如实说明。

（4）申请土地征收审批。新《土地管理法实施条例》明确规定，国务院和省级人民政府在土地征收审批中，主要对土地征收的必要性、合理性、是否符合《土地管理法》第四十五条规定的公共利益确需征收土地情形以及是否符合法定程序进行审查。

（5）土地征收经依法批准后发布土地征收公告，公布土地征收范围和征收时间。新《土地管理法实施条例》将征地补偿安置方案的决定权交由县级以上地方人民政府负责。国务院或者省、自治区、直辖市人民政府批准土地征收后，对于个别未达成征地补偿安置协议的，由县级以上地方人民政府作出征地补偿安置决定，并组织实施。

（6）实施土地征收。

三、土地征收的补偿

（一）土地征收补偿法律规定

征收土地的补偿费包括土地补偿费、安置补助费以及农村村民住宅、其他地上附着物和青苗等的补偿费用，并安排被征地农民的社会保障费用。

征收农用地的土地补偿费、安置补助费标准由省、自治区、直辖市通过制定公布区片综合地价确定。制定区片综合地价应当综合考虑土地原用途、土地资源条件、土地产值、土地区位、土地供求关系、人口以及经济社会发展水平等因素，并至少每三年调整或者重新公布一次。

征收农用地以外的其他土地、地上附着物和青苗等的补偿标准，由省、自治区、直辖市制定。对其中的农村村民住宅，应当按照先补偿后搬迁、居住条件有改善的原则，尊重农村村民意愿，采取重新安排宅基地建房、提供安置房或者货币补偿等方式给予公平、合理的补偿，并对因征收造成的搬迁、临时安置等费用予以补偿，保障农村村民居住的权利和合法的住房财产权益。

县级以上地方人民政府应当将被征地农民纳入相应的养老等社会保障体系。被征地农民的社会保障费用主要用于符合条件的被征地农民的养老保险等社会保险缴费补贴。被征地农民社会保障费用的筹集、管理和使用办法，由省、自治区、直辖市制定。

（二）关于土地征收补偿标准——区片综合地价的制定

1. 概念及内涵

区片综合地价是指征收农民集体农用地的土地补偿费和安置补助费标准，综合考虑了土地原用途、土地资源条件、土地产值、土地区位、土地供求关系、人口以及经济社会发展水平等因素，不包括法律规定用于社会保险缴费补贴的被征地农民社会保障费用、征收农用地涉及的地上附着物和青苗等的补偿费用。① 至少每三年调整或者重新公布一次。

征地区片价测算范围重点在国土空间规划确定的城市、集镇建设用地规模范围内，但各地可以根据征地需要和实际情况扩展到城市郊区或更大范围。

各地按照新《土地管理法》规定，开展了征收农用地区片综合地价（以下简称区片价）制定和公布实施工作。为掌握各地征地补偿情况，加强征地监管，自然资源部建立了全国区片价数据库，并开发了相应的管理系统。该管理系统已上线运行，可通过自然资源业务网登录使用。全国区片价数据库信息由省级自然资源主管部门组织市县自然资源主管部门填报。省级自然资源主管部门负责设置市县自然资源主管部门用户信息，以及辖区内区片价数据审核、汇交等相关工作；市县自然资源主管部门根据省级分配的用户信息登录，填报区片价数据。②

2. 基本原则

（1）维护被征地农民合法权益原则。征地区片价要确保被征地农民原有生活水平不因征地而降低，并体现长远生计和未来发展的需要。

（2）同地同价原则。在同一区片内，不同宗地的征地补偿标准相同，且不因征地目的及土地用途不同而有差异。

（3）协调平衡原则。征地区片价不得低于当地原征地补偿标准，省级行政区域内各市县的征地区片价应相互衔接。

（4）公开听证原则。根据《自然资源听证规定》，征地区片价要依法组织听证，广泛听取有关部门、农村集体经济组织、农民及社会各方面的意见和建议。

3. 基本要求

（1）征地区片价作为征地补偿实施过程中的执行标准，一般情况下不设定宗地补偿费修正体系；确需设定修正体系的，要严格限定修正因素并控制修正因素，修止体系应一并公布。

（2）一个市（县）的征地区片价原则上控制在4~6个级别。

（3）征地区片价应设定对应的基准时点，一般3~5年更新一次。

4. 工作步骤

（1）确定测算范围。

（2）划定区片。

（3）测算区片综合地价。

（4）对区片综合地价进行验证和调整。

（5）测算结果听证和修改。

（6）确定征地区片价。

（7）确定土地补偿费和安置补助费比例。

---

① 《自然资源部办公厅关于加快制定征收农用地区片综合地价工作的通知》（自然资办发〔2019〕53号）。
② 《自然资源部办公厅关于建立全国征收农用地区片综合地价数据库的通知》（自然资办函〔2020〕1698号）。

5. 区片的划定

以县（市、区）为单位，根据农用地条件相近的原则，将县域划分为一个或几个区片，作为测算区片综合地价的基本单元。划定区片原则上不打破村级行政界线，可以将同一乡镇的多个行政村归并为一个区片，也可以将不同乡镇的多个行政村归并为一个区片；确有必要的，可依据河流、道路等线状地物确定区片边界。①

（1）有农用地定级成果市（县）的区片划定。已经根据《农用地定级规程》完成农用地定级工作的市（县），在农用地级别的基础上，考虑人均耕地数量、土地区位、土地供求关系、当地经济发展水平和城镇居民最低生活保障水平等因素，对农用地级别进行修正和调整，划分区片。

（2）没有农用地定级成果市（县）的区片划定。没有开展农用地定级工作的市（县），可以进行以行政村为基本单元，根据地类、人均耕地数量、土地区位等因素对基本单元进行综合评价和调整，划定区片。

注意事项：①对基本单元综合评价应考虑地类、产值、土地区位、人均耕地数量、土地供需关系、当地经济发展水平和城镇居民最低生活保障水平等因素，并确定合理的权重；②区片边界线一般以村行政界线为依据划定，需打破行政界线的可以线状地物及地类分界线确定；③基本农田保护区、生态保护区和其他资源保护区等不得划入征地区片价测算范围。

6. 测算方法

征地区片价可采用农用地产值修正法、征地案例比较法等方法进行测算，也可以根据本地区实际情况采用其他适合的方法进行测算。农用地产值修正法是以当地主导耕作制度为测算基础，将未来农用地预期产值还原到当期，并结合被征地农民安置需要，综合考虑土地区位、土地供求关系、人口以及经济社会发展水平等因素进行修正后测算区片综合地价的方法；征地案例比较法是选择区片内近3~5年来实施征地的典型案例，以政府实际支付的土地补偿费和安置补助费为基础，剔除政府支付的社会保障费用，根据经济社会发展情况等进行修正后测算区片综合地价的方法。区片综合地价应与当前经济社会发展水平相适应，不低于内涵可比的现行征地补偿标准。同一区片内不同类型农用地的质量存在明显差异的，可以设定地类调节系数进行调节。② 征地区片价原则上应在两种或者三种方法测算结果的基础上综合平衡确定。

（1）农地价格因素修正测算法。征地区片价以农地价格为基础，同时考虑人均耕地数量和城镇居民最低生活保障水平等因素进行修正。

具体步骤：①计算区片的农地价格；②确定修正因素和系数；③计算征地区片价。

注意事项：①已经根据《农用地估价规程》完成农用基地测算的地区，参照农用地基准地价确定区片的农地价格，没有完成农用地基准价格测算的地区，在农地年产值的基础上采用收益还原法评估区片的农地价格；②修正因素主要考虑土地区位、人

---

①② 《自然资源部办公厅关于加快制定征收农用地区片综合地价工作的通知》（自然资办发〔2019〕53号）。

均耕地数量、土地供求关系、当地经济发展水平和城镇居民最低生活保障水平等因素。

（2）征地案例比较测算法。根据本区片和其他可比区片征地案例的实际补偿标准，进行比较确定征地区片价。

具体步骤：①选择征地案例；②统一可比内涵；③进行比较修正；④计算征地区片价。

注意事项：①征地案例要选择近三年之内发生的征地项目；②征地案例的可比内涵要与征地区片价的设定内涵一致；③对征地案例的比较修正应考虑区域因素、个别因素和时间因素等。

（3）年产值倍数测算法。根据年产值倍数分别计算土地补偿费和安置补助费确定征地区片价。

具体步骤：①确定区片土地年产值；②确定土地补偿倍数和安置补助倍数；③计算区片土地补偿费和安置补助费；④计算征地区片价。

注意事项：①区片土地年产值依据上一年产值标准或者通过调查前三年产值确定；②土地补偿倍数和安置补助倍数，应根据《土地管理法》有关规定，并考虑当地经济发展水平和基本生活保障水平确定。

7. 验证和调整

征地区片价初步结果必须与现行征地补偿水平和被征地农民现有生活水平进行比较和验证，测算的征地区片价低于现行征地补偿水平和农民现有生活水平的，不足以支付失地农民社会保障费用的，需进行调整。

注意事项：①现行征地补偿水平通过对近期征地样点调查统计得到。②农民现有生活水平主要根据统计部门的农村居民收入水平数据，并结合实地样点调查资料确定；失地农民的社会保障费用根据当地社会经济发展水平确定。③征地区片价须折算成年度收益后，才能与农民现有生活水平相比较。④征地区片价要与周边地区征地补偿标准相衔接。

8. 听证和验收

县级自然资源主管部门组织对综合平衡后的区片综合地价测算成果进行听证，逐级上报省级自然资源主管部门。省级自然资源主管部门对区片综合地价测算的程序、方法和成果等进行审核把关，确保成果合理合法、符合实际。主管部门应当参照听证纪要依法制定规章和规范性文件；在拟定或者修改区片综合地价时，应附具听证纪要。[①]

9. 确定土地补偿费和安置补助费比例

区片综合地价成果经省级人民政府同意后，由省级人民政府或省级人民政府规定的地市、县级人民政府公布实施。公布内容应当包括区片综合地价标准、土地补偿费和安置补助费比例、实施时间、新旧征地补偿标准衔接措施等。区片综合地价相关信

---

① 《自然资源听证规定》第十八条。

息应纳入省级征地信息公开平台,方便社会查询。①

在区片综合地价确定后,按照主要用于被征地农民的原则,参照近年征地补偿费用在农村集体和农民个人之间的实际支付比例,合理确定区片综合地价中土地补偿费、安置补助费比例。具体应由省级人民政府根据当地实际情况作出规定。

四、土地征收的审批权限

国家建设征收农民集体土地的审批权,是指在征收土地过程中,主管机关所享有的批准用地规模等的具体权限。

《土地管理法》第四十六条规定国务院关于批准征收土地的权限为:"①永久基本农田;②永久基本农田以外的耕地超过三十五公顷的;③其他土地超过七十公顷的。"

征收前款规定以外的土地的,由省、自治区、直辖市人民政府批准。

征收农用地的,应依照本法第四十四条的规定先行办理农用地转用审批。其中,经国务院批准农用地转用的,同时办理征地审批手续,不再另行办理征地审批;经省、自治区、直辖市人民政府在征地批准权限内批准农用地转用的,同时办理征地审批手续,不再另行办理征地审批,超过征地批准权限的,应当依照本条第一款的规定另行办理征地审批。

第三节 建设项目用地审查报批管理

新《土地管理法实施条例》优化了建设用地审批流程:①合并预审和选址意见书,规定:建设项目需要申请核发选址意见书的,应当合并办理建设项目用地预审与选址意见书,核发建设项目预审与选址意见书;②简化建设用地报批材料,将原"一书四方案"(建设用地呈报书和农用地转用方案、补充耕地方案、征收土地方案和供地方案)合并调整,按照"批什么就审什么"的要求,整合为农用地转用方案和土地征收申请,并明确了有批准权的人民政府对农用地转用方案和土地征收申请审查的要点(魏莉华,2021)。②

一、建设用地审查报批程序

(一)城市建设用地范围外单独选址的建设项目用地审查报批程序

根据《建设用地审查报批管理办法》的规定,单独选址的建设项目审查报批程序如下:

1. 预审

在建设项目审批、核准、备案阶段,建设单位应当向建设项目批准机关的同级国

---

① 《自然资源部办公厅关于加快制定征收农用地区片综合地价工作的通知》(自然资办发〔2019〕53号)。
② 魏莉华. 新《土地管理法实施条例》亮点解读[J]. 资源与人居环境,2021(8):9-11.

土资源主管部门提出建设项目用地预审申请。受理预审申请的国土资源主管部门应当依据土地利用总体规划、土地使用标准和国家土地供应政策，对建设项目的有关事项进行预审，出具建设项目用地预审意见。

2. 申请

建设单位持项目有关批准文件，向土地所在地的市、县国土资源主管部门提出用地申请，填写《建设用地申请表》，并附具下列材料：①建设项目用地预审意见；②建设项目批准、核准或者备案文件；③建设项目初步设计批准或者审核文件。

建设项目拟占用耕地的，还应当提出补充耕地方案；建设项目位于地质灾害易发区的，还应当提供地质灾害危险性评估报告。

3. 拟订方案

市、县国土资源主管部门对材料齐全、符合条件的建设用地申请，应当受理，并在收到申请之日起 30 日内拟订农用地转用方案、补充耕地方案、征收土地方案和供地方案，编制建设项目用地呈报说明书，经同级人民政府审核同意后，报上一级国土资源主管部门审查。

4. 审查报批

有关国土资源主管部门收到上报的建设项目呈报说明书和有关方案后，对材料齐全、符合条件的，应当在 5 日内报同级人民政府审核。同级人民政府审核同意后，逐级上报有批准权的人民政府，并将审查所需的材料及时送该级国土资源主管部门审查。[①]

有批准权的人民政府国土资源主管部门应当自收到上报的农用地转用方案、补充耕地方案、征收土地方案和供地方案并按规定征求有关方面意见后 30 日内审查完毕。[②]

农用地转用方案、补充耕地方案、征收土地方案和供地方案经有批准权的人民政府批准后，同级国土资源主管部门应当在收到批件后 5 日内批复发出。[③]

5. 实施

经批准的农用地转用方案、补充耕地方案、征收土地方案和供地方案，由土地所在地的市、县人民政府组织实施。

以有偿使用方式提供国有土地使用权的，由市、县国土资源主管部门与土地使用者签订土地有偿使用合同，并向建设单位颁发《建设用地批准书》。土地使用者缴纳土地有偿使用费后，依照规定办理土地登记。

以划拨方式提供国有土地使用权的，由市、县国土资源主管部门向建设单位颁发《国有土地划拨决定书》和《建设用地批准书》。《国有土地划拨决定书》应当包括划拨土地面积、土地用途、土地使用条件等内容。[④]

[①] 《建设用地审查报批管理办法》（根据 2016 年 11 月 25 日国土资源部令第 69 号第二次修改，下同）第十二条。

[②] 《建设用地审查报批管理办法》第十三条。

[③] 《建设用地审查报批管理办法》第十七条。

[④] 《建设用地审查报批管理办法》第二十二条。

6. 登记

土地使用者依法按照规定办理土地登记。

（二）城市建设用地区内建设项目用地审查报批程序

在土地利用总体规划确定的城市建设用地范围内，为实施城市规划占用土地的，分两个阶段办理用地手续。

1. 分批次办理农用地转用、土地征收手续

（1）拟订方案。在土地利用总体规划确定的城市建设用地范围内，为实施城市规划占用土地的，由市、县人民政府国土资源主管部门拟订农用地转用方案、补充耕地方案和土地征收方案，编制建设项目用地呈报说明书，经同级人民政府审核同意后，报上一级国土资源主管部门审查。

（2）审查报批程序同城市建设用地区外建设用地审查报批程序的第四步。

（3）实施农用地转用方案、补充耕地方案、征收土地方案经批准后，由市、县人民政府组织实施。

2. 具体建设项目占用城市建设用地区内的国有建设用地

①预审；②申请；③拟订供地方案；④审查报批；⑤组织实施；⑥登记。

（三）报国务院批准城市建设用地审查报批程序、报批与实施必需的材料

报国务院批准的城市建设用地，农用地转用方案、补充耕地方案和征收土地方案合并编制为农用地转用方案和土地征收申请，一年申报一次；国务院批准城市建设用地后，由省、自治区、直辖市人民政府对设区的市人民政府分期分批申报的农用地转用和征收土地实施方案进行审核并回复。

未按规定缴纳新增建设用地土地有偿使用费的，不予批复建设用地。其中，报国务院批准的城市建设用地，省、自治区、直辖市人民政府在设区的市人民政府按照有关规定缴纳新增建设用地土地有偿使用费后办理回复文件。[①]

国土资源部依据规划和计划，对城市农用地转用和土地征收方案审查把关，指导、监督与核查地方组织实施工作。省级国土资源管理部门按照有关规定和省级人民政府要求，负责本行政区内城市农用地转用和土地征收方案的审查汇总上报，农用地转用和土地征收实施方案的审核、实施、监督检查和报国土资源部备案等工作。有关城市国土资源管理部门按规定要求，负责农用地转用和土地征收方案与实施方案的编制与报批，具体实施征地与供地及报省（自治区、直辖市）、国土资源部备案等工作。

1. 报国务院批准城市建设用地报批程序及实施步骤

报国务院批准城市建设用地审批方式调整后，城市建设用地报批和实施，按照报国务院批准农用地转用和土地征收、省级人民政府负责组织实施、城市人民政府具体实施三个阶段组织进行。

（1）报国务院批准农用地转用和土地征收。

首先，城市国土资源部门编制农用地转用和土地征收方案。依法需报国务院批准

---

① 《建设用地审查报批管理办法》第十七条。

建设用地的城市国土资源管理部门，在提出土地利用年度计划建议时，就根据土地利用总体规划确定的中心城市建设用地范围内实施城市规划的用地需求，编制农用地转用和土地征收方案。在上级机关正式下达计划指标后，填报"××市××年度农用地转用和土地征收方案表"，报城市人民政府审核同意后，由城市人民政府一次性向省级人民政府申报，同时抄送省级国土资源管理部门。

其次，省级国土资源部门对农用地转用和土地征收方案审查，汇总上报。省级国土资源管理部门依据国家产业政策、经国务院批准的城市土地利用总体规划、下达的中心城市年度用地计划指标以及新增建设用地的有关规定，对农用地转用和土地征收方案进行审查，提出书面审查意见。省级国土资源管理部门将本行政区域内所有需报国务院批准的城市建设用地请示汇总，填报"××省××年度国务院批准建设用地城市农用地转用和土地征收方案申报汇总表"，连同对各城市农用地转用和土地征收方案书面审查意见，报省级人民政府同意后，由省级人民政府一年一次性呈报国务院，同时抄送国土资源部和派驻地区的国家土地督察局。

最后，国土资源部对农用地转用和土地征收方案审查，报国务院批准。国土资源部收到国务院办公厅转来的省级人民政府关于城市建设用地请示后，根据国家宏观经济政策、土乡管理法律法规和有关规定要求，依据土地利用总体规划与城市总体规划及年度用地计划，重点对农用地转用和土地征收方案中涉及的城市新增建设用地的规模、区位、规划用途以及征地补偿安置、补充耕地进行总体审查，形成审查报告，呈报国务院审批。城市建设用地经国务院批准后，国土资源部办理建设用地批复文件，有针对性地批复有关省级人民政府，同时抄送派驻地区的国家土地督察局。省级人民政府应及时通知有关城市人民政府，组织实施农用地转用和土地征收方案。

（2）省级人民政府组织实施农用地转用和土地征收。

首先，城市国土资源管理部门确定农用地转用与土地征收实施方案。根据国务院已批准的农用地转用和土地征收方案，城市国土资源管理部门按照城市人民政府的要求，分期分批地确定划拨用地项目和有偿出让土地范围，落实具体地块或区位，在进行建设用地勘测定界、履行征地前期规定程序、落实征地补偿资金、确定征地安置方案、完成先行补充耕地、拟订供地方式后，填报"××市农用地转用和土地征收实施方案表"，由城市人民政府审定后上报省级人民政府，同时抄送省级国土资源管理部门。

其次，省级国土资源管理部门审核农用地转用和土地征收实施方案。省级国土资源管理部门根据国家产业政策、土地征收和土地利用等有关规定，对城市人民政府报送的农用地转用和土地征收实施方案进行审核；符合国务院批准的农用地转用和土地征收方案与有关要求的，建议省级人民政府予以同意；在城市人民政府按有关规定缴纳了新增建设用地土地有偿使用费后办理回复文件。

最后，农用地转用和土地征收实施方案报国土资源部备案。省级人民政府在审核同意城市农用地转用和土地征收实施方案后，应将有关情况报国土资源部备案，同时抄送派驻地区的国家土地督察局。由省级国土资源管理部门于每季度第一个月10日以前，汇总城市上一季度实施方案审核同意情况，填报"××省××年××季度国务院批准建设用地城市农用地转用和土地征收实施方案备案表"，并附标注申请用地和补充耕地位置的标准分幅土地利用现状图、建设用地勘测定界技术报告和勘测定界图（电子软盘）报国土资源部。

（3）城市人民政府具体实施征地和供地。

首先，城市国土资源管理部门组织征地和供地。城市农用地转用和土地征收实施方案经省级人民政府审核同意后，由城市人民政府予以公告，国土资源管理部门具体实施，按国家有关政策组织征地和供地。

其次，城市国土资源管理部门将建设用地供应情况上报备案。城市国土资源主管部门应按照节约集约用地的有关要求，按季度将建设用地具体情况和备案表分别报省级人民政府和国土资源部备案。

2. 报批与实施必需材料

省级人民政府向国务院呈报城市建设用地请示需提交的材料包括（随请示抄送国土资源部，文字资料2套、图件1套）：

（1）省级人民政府关于××××年度城市建设用地请示文件。

（2）省级国土资源管理部门对××市××××年度建设用地审查意见。

（3）××省（自治区）××××年度国务院批准建设用地城市农用地转用和土地征收方案申报汇总表。

（4）××市××××年度农用地转用和土地征收方案表。

（5）注申请用地位置的标准分幅土地利用现状图。

（6）标注申请用地位置的土地利用总体规划确定的中心城市建设用地范围控制图。

（7）上一年度城市农用地转用和土地征收方案的实施情况说明。

城市人民政府向省级人民政府申报农用地转用和土地征收实施方案需提交的材料包括：

（1）××市建设用地请示文件。

（2）××市农用地转用和土地征收实施方案表。

（3）标注申请用地和补充耕地位置的标准分幅土地利用现状图。

（4）建设拟征（占）地土地权属情况汇总表。

（5）建设用地勘测定界技术报告和勘测定界图。

（6）其他有关资料（由省、自治区确定）。

（四）村、镇建设用地区内，为实施村、镇规划占用土地的审查报批程序

村庄和集镇建设用地范围内，为实施村庄和集镇规划占用土地的，由市、县国土资源主管部门拟订农用地转用方案、补充耕地方案，编制建设项目用地呈报说明书，经同级人民政府审核同意后，报上一级国土资源主管部门审查。[①]

二、建设用地审批必备的材料

（1）建设用地申请表。并附具下列材料：①建设项目用地预审意见；②建设项目

---

① 《建设用地审查报批管理办法》第八条。

批准、核准或者备案文件；③建设项目初步设计批准或者审核文件；④建设项目拟占用耕地的，还应当提出补充耕地方案；⑤建设项目位于地质灾害易发区的，还应当提供地质灾害危险性评估报告。[①]

（2）对原"一书四方案"（建设用地呈报书和农用地转用方案、补充耕地方案、征收土地方案和供地方案）进行合并调整，整合为农用地转用方案和征收土地申请，一年申报一次。

（3）建设项目用地呈报说明书。建设项目用地呈报说明书应包括用地安排情况、拟使用土地情况等，并应附具下列材料：①经批准的市、县土地利用总体规划图和分幅土地利用现状图，占用基本农田的，同时提供乡级土地利用总体规划图；②有资格的单位出具的勘测定界图及勘测定界技术报告书；③地籍资料或者其他土地权属证明材料；④为实施城市规划和村庄、集镇规划占用土地的，提供城市规划图和村庄、集镇规划图。

思考题

1. 什么是农用地转用？农用地转用的依据是什么？农用地转用应符合哪些条件？
2. 农用地转用的审批权限和程序是怎样的？
3. 如何编制农用地转用方案？
4. 什么是土地征收？土地征收的法律特征有哪些？土地征收应遵循哪些原则和条件？土地征收的程序是怎样的？
5. 土地征收补偿的法定内容是什么？
6. 土地征收的审批权限是怎样的？它和农地转用的审批权限有何关系？
7. 建设用地审查报批的程序是什么？要准备哪些材料？

[①] 《建设用地审查报批管理办法》第五条。

第七章　建设用地市场管理

建设用地是国民经济各部门进行经济活动不可缺少的载体，建设用地市场是建设用地供需双方进行交易的场所，因此开展建设用地市场管理，以维护市场秩序、引导建设用地合理定价是土地利用管理的重要内容。

改革开放以来，随着我国建设用地的取得方式从无偿向有偿改变，建设用地市场得到逐步建立和完善。目前，我国建设用地市场结构仍然是一种城乡分割的二元市场结构，农村集体建设用地和城镇国有建设用地是两个相互割裂的市场。在城镇国有建设用地市场上，城市人民政府通过征收和收购开展土地储备，然后依据供应的对象不同，分别通过划拨和有偿使用的方式向土地使用者供应国有建设用地，形成一级市场；各土地使用者在获取土地后，在一定的年限内，它们之间也可通过转让等方式进行交易，形成二、三级市场。党的十八届三中全会明确指出"城乡二元结构是制约城乡发展一体化的主要障碍"，要求"建立城乡统一的建设用地市场"。

第一节　建设用地市场管理概述

一、建设用地市场的概念、产权基础及交易主体

（一）建设用地市场的概念及特征

土地市场，又称不动产市场、地产市场。所谓土地市场是指土地产权流动中所发生的土地供求双方关系以及整个土地产权交易领域。建设用地市场是指围绕建设用地产权流动而发生的土地供求双方关系以及相关交易。

（1）相对于一般商品市场，土地市场具有以下五个特征：

1）地域性。土地是不动产，固定于某一地段，不能移动，因而土地市场地域性很强，与周围环境关系极为密切，属地方性市场。

2）垄断性。土地的一个重要特性就是垄断性，由于垄断才产生地租，并且土地的稀缺性也决定了土地市场属于卖方市场，因此土地市场是非公平性市场，具有很强的垄断性，容易导致投机。

3）层次性。土地商品的形成经历了征地、开发等一系列过程，对应于不同的土地产权流动过程，因此可能使土地市场成为一个多层次的市场体系。

4）双重性。土地市场具有投资和消费的双重属性，因为土地不仅是一种基本生活资料，而且由于其长期的使用价值及实现价值的长期性，也可以作为保值、增值的手段，因而是一种普遍的投资方式。

5）衍生性。由于土地具有保值、增值作用，因而当经济不景气时，一些游资往往会从工商业转向地产业，致使地产交易仍然旺盛，从而呈现出反经济循环的现象；同时，由于商业中心、旅游中心、工业中心等具有的超距效应，土地市场收益强度还能跨越空间，作用到较远的地方，从而在空间尺度上也体现出衍生性。土地市场的这些特征基本上是由土地相对于一般商品的特殊性决定的。

（2）建设用地市场与农用地市场相比，还具有以下两个特征：

1）交易额度大。由于建设用地与农用地相比具有更高的价值，因此建设用地市场交易往往具有单笔金额大的特征。

2）交易风险高。正是由于建设用地交易的金额高，因此交易过程往往伴随着高风险性，需要由政府培育透明、规范的市场环境，依托健全的交易中介机构和服务机构，降低交易风险，保障交易主体权利。

（二）建设用地市场的产权基础

我国建设用地市场具有一定的特殊性，这主要是由我国土地产权制度的特殊性决定的。产权是包括所有权在内的多项权利的集合体，其核心是所有权。因此土地产权是一束权利，而不是一个权利。从本质上来讲，土地市场中的各类交易就是各种不同类型的土地权利的转移或变化过程。因此，产权制度将在根本上影响建设用地市场的运行。我国建设用地市场的产权基础可以概括为以下三个特征：

（1）国家对城镇建设用地的所有权具有绝对垄断性，国家拥有城市土地产权权利束中权能最充分的一项物权。村集体经济组织或者村民委员会是集体经营性假设用地管理和运营的主体，但其出让和出租等要经市、县人民政府的同意。

（2）建设用地市场上以土地使用权的变更为中心，而非土地所有权为中心。建设用地的需求者在市场上通过各种形式只能获得土地使用权。

（3）国家土地所有权的地位高于集体土地所有权。当城镇发展需要土地时，地方政府可以强制性征收集体所有土地。

（三）建设用地市场的交易主体

由于土地产权安排的特殊性，我国建设用地市场上的交易主体也呈现出与私有产权安排下的一般建设用地市场不同的特征，最显著的是地方政府是城镇建设用地市场上的直接参与者，且对交易形式及价格有明显的约束力。

1. 地方政府或村集体

地方政府是城镇建设用地事实上的所有者，是城镇建设用地市场上的唯一供给者，在国家相关法规的约束下，地方政府对交易的时间、数量、区位及土地的用途有绝对的决定权；地方政府同时也是征收、收购市场上的唯一需求者，在法律规定的范围内其有权决定征收、收购的时间、地点、数量。村集体是集体经营性建设用地的土地所有权人，但这种所有权是一种共同所有权。

2. 建设用地使用者

建设用地使用者是建设用地的需求者，包括企业、事业单位、行政机关、居民等。行政机关、事业单位可以通过划拨方式获得建设用地，其只能按照地方政府规定的用途使用；企业（包括厂商和房地产开发商）则可以通过支付地租或地价等有偿方式获得建设用地；城镇居民往往通过购买房地产开发商的土地产品（住宅）而获得土地使用权。农民在拥有集体经济组织资格权的前提下可以以户为单位无偿取得宅基地的使用权。

3. 农村集体经济组织和农民

城市边缘（郊区）土地由农民集体所有，集体所有的土地由集体经济组织来实施管理和经营。在土地征收过程中，农村集体经济组织代表农民与地方政府进行交易，商定征收的补偿额度。农村集体经济组织和农民是集体所有土地向城市土地转变过程中的供给者。农村工矿企业可以通过出让、出租、转让、互换、出资、抵押等方式获得集体经营性建设用地使用权。农民取得的宅基地也可以依法转让给本集体经济组织的其他成员。

二、建设用地市场结构

在现行的土地产权安排下，以上交易主体之间存在着几种土地权利流动渠道，从而形成了明显的市场层次及其对应的交易方式。根据交易主体及交易方式划分，我国建设用地市场结构是一种二元结构，即城镇建设用地市场、农村建设用地市场是割裂的、各自运行的。其中，城镇建设用地市场又可以按照交易主体及方式差异分为一级市场和二、三级市场；现阶段农村集体经营性建设用地有偿流转改革已经完成，集体经营性建设用地在符合规划、依法登记，并经本集体经济组织 2/3 以上成员或者村民代表同意者的条件下，可通过出让、出租等方式交由集体经济组织以外的单位或者个人直接使用。同时，使用者取得集体经营性建设用地使用权后，还可以转让、互换或者抵押。城镇建设用地市场和农村建设用地市场之间通过土地征收这一非市场化方式连接（见图 7-1）。

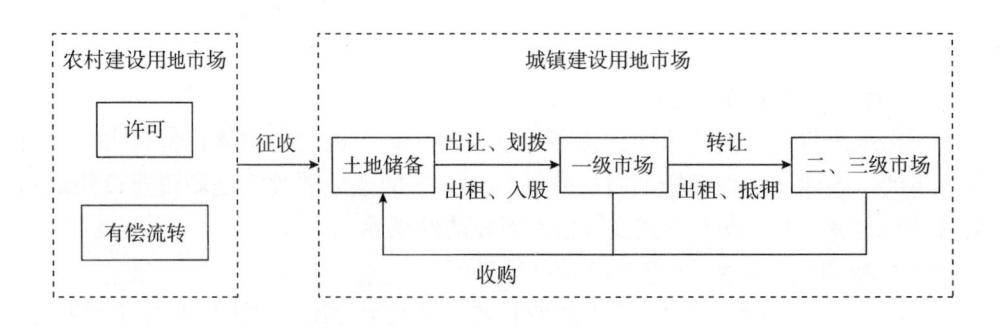

图 7-1 建设用地市场结构

资料来源：根据相关内容由笔者绘制。

(一) 城镇建设用地储备

截至 2001 年底，我国土地储备机构得到了广泛的确立。集体土地征收和存量建设用地征购是储备土地的来源。其中，农村集体土地（包含农村建设用地和农用地）通过征收途径成为国有土地后，地方政府将这些土地纳入土地储备；城镇存量建设用地在使用过程中，为公共利益或城市规划需要调整土地利用的，由地方政府通过收购方式收回土地使用权，将其纳入土地储备。在土地储备过程中，通过政府重新规划、提供基础设施建设等，为其进入城镇建设用地一级市场做准备。土地储备制度的广泛建立，使我国城市土地市场发展呈现出新的特征，地方政府真正成为城镇建设用地市场上的唯一供给者。

(二) 城镇建设用地一级市场

在一级市场上，政府是建设用地的唯一供给者，在理论上满足完全垄断市场的三个条件：①市场上只有一个销售者；②销售的商品没有类似的替代品；③新的供给者不能进入。因此，政府作为垄断者是价格制定者。地方政府将土地使用权让渡给城市土地使用者可以采取划拨、出让、出租等形式。

(三) 城镇建设用地二、三级市场

二、三级市场的土地供给者是一级市场上的土地需求者，其在供给土地的时候必须考虑到一级市场上拿地的成本；同时供给者可能在该土地上投资进行了一定程度的开发；随着城市发展，城市土地升值，供给者在交易时不会按照原来从地方政府手中获得土地使用权的成本出价，而是参照相同区位土地的价格进行交易。因此，二、三级市场上交易土地的价格应高于该块土地在一级市场的成交价，相同区位不会出现不同用途土地的巨大价格差异。二、三级市场的交易方式包括转让、出租和抵押等，交易价格分别表现为转让价、转租租金和抵押价等。

(四) 农村建设用地许可

建设用地许可即许可土地所有者（农村集体和农民）使用自己的土地。这是目前我国农村建设用地市场上，农民集体及农民、乡镇企业等建设用地需求者最主要的获得建设用地的方式。

可以使用集体土地的建设项目包括以下四个：①农民集体经济组织兴办企业；②乡镇村公共设施、公益事业建设；③农村村民建住宅；④集体经济组织与其他单位、个人以土地使用权入股、联营等形式共同举办企业或乡镇企业破产、兼并致使集体建设用地使用权转移。

(五) 农村建设用地有偿流转

农村建设用地有偿流转是显化农村土地价值、增加农村集体经济组织或农民财产性收入的有效手段。其是使用权的流转，而非所有权或功能用途的流转。

农村建设用地有偿流转包括首次流转和再次流转。其中首次流转是指农民集体经济组织根据"土地所有权和使用权可以分离"的原则，将农民集体建设用地使用权，通过出让、租赁、作价入股等方式有偿转移或让渡给其他单位或个人；而再次流转则是指已经从农村集体经济组织获得集体建设用地使用权的单位或个人，在合同约定的使用期限届满前，以转让、出租、作价入股等方式，将该建设用地使用权再转移给其他单位或个人。根据现有国家政策，目前可以依法上市流转的农村建设用地类型只包括集体经营性建设用地。

第二节　土地储备管理

土地储备是指由城市政府委托特定机构，依照法定程序，运用市场机制，按照土地利用总体规划和城市规划的要求，对通过收回、收购、置换、征收等方式取得的土地进行前期开发、整理，并予储存，以供应和调控城市各类建设用地需求，确保城市政府切实垄断土地供应的一种管理制度。

土地储备是指县级（含）以上国土资源主管部门为调控土地市场、促进土地资源合理利用，依法取得土地，组织前期开发、储存以备供应的行为。土地储备工作统一归口国土资源主管部门管理，土地储备机构承担土地储备的具体实施工作。财政部门负责土地储备资金及形成资产的监管。

一、土地储备的程序

我国建立土地储备制度的城市，一般都设立有专门的机构，负责土地储备制度的运作。城市土地储备制度的运作过程通常可分为三个主要阶段（见图7-2）。

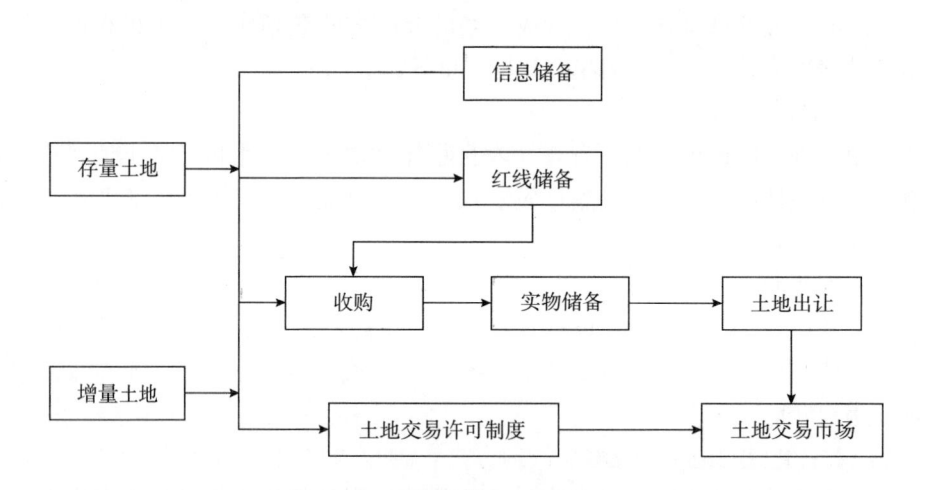

图7-2　土地储备制度的运作过程

资料来源：欧名豪．土地利用管理（第三版）[M]．北京：中国农业出版社，2016．

（一）收购

收购即城市土地储备机构根据城市政府授权和土地储备计划，收购或收回市区范围内的国有土地使用权。

(二) 储备

这一步骤可分为两个阶段：一是土地储备机构将收购集中起来的土地进行开发和再开发，通过拆迁、平整、归并整理和基础设施的配套建设，甚至处理完收购土地的债权、债务关系，形成可供出让和出租的"净地"；二是土地储备机构将已完成开发的"净地"进行储备，等待出让。城市土地的储备方式可分为三种：①信息储备；②红线储备；③实物储备。

(三) 出让

土地储备机构根据城市土地出让年度计划，有计划地将储备土地出让或出租。

二、土地储备的范围

入库储备土地必须是产权清晰的土地，对于存在污染、文物遗存、矿产压覆、洪涝隐患、地灾风险等情况的土地，在按照有关规定由相关单位完成核查、评估和治理之前，不得入库储备。土地储备机构应对土地取得方式及程序的合规性、经济补偿、土地权利（包括用益物权和担保物权）等情况进行审核，不得为了收储而强制征收土地。对于取得方式及程序不合规、补偿不到位、土地权属不清晰、应办理相关不动产登记手续而尚未办理的土地，不得入库储备。

收购土地的补偿标准，由土地储备机构与土地使用权人根据土地评估结果协商，经同级国土资源主管部门和财政部门确认，或地方法规规定的其他机构确认。

储备土地入库前，土地储备机构应向不动产登记机构申请办理登记手续。储备土地登记的使用权类型统一确定为"其他（政府储备）"，登记的用途应符合相关法律法规的规定。

(一) 可以纳入收购储备的土地

依据《土地储备管理办法》，可以纳入收购储备范围的土地包括以下11个：①依法收回的国有土地。②收购的土地。③行使优先购买权取得的土地。④已办理农用地转用、土地征收批准手续的土地。⑤其他依法取得的土地。⑥市、县人民政府或国土资源管理部门依法无偿收回国有土地使用权的土地，由土地登记机关办理注销土地登记手续后纳入土地储备。⑦因实施城市规划进行旧城区改建需要调整使用土地的，应由国土资源管理部门报经有批准权的人民政府批准，依法对土地使用权人给予补偿后，收回土地使用权。⑧对政府有偿收回的土地，由土地登记机关办理注销土地登记手续后纳入土地储备。⑨根据土地储备计划收购国有土地使用权的，土地储备机构应与土地使用权人签订土地使用权收购合同。收购土地的补偿标准，由土地储备机构与土地使用权人根据土地评估结果协商，经国土资源管理、财政部门或地方法规规定的机构批准确认。完成收购程序后的土地，由土地登记机关办理注销土地登记手续后纳入土地储备。⑩政府行使优先购买权取得的土地，由土地登记机关办理注销土地登记手续后纳入土地储备。⑪已办理农用地转用、土地征收批准手续的土地，由土地登记机关办理注销土地登记手续后纳入土地储备。

(二) 不予进行收购储备的土地

不予进行收购储备的土地主要包括以下八个：①转让以出让方式取得的土地使用

权，对符合城镇规划和转让条件且不改变土地批准用途的土地；②对于符合城镇建设规划要求，因转让地上建筑物而发生的土地使用权转让，且转让后不再进行开发改造的存量建设用地；③人民法院下达协助执行通知书、裁定书、调解书或判决书，要求协助处置土地资产清偿债务，且债务大于土地资产的；④擅自改变用途，违法用地已建成地上建筑物，根据处罚情况，责令其办理用地手续的；⑤企业改革中不改变原用地性质的且用于生产经营的；⑥工业、企业利用原划拨土地扩大生产或改变用于生产经营的；⑦新增建设用地，符合城镇规划用途，用于工业、企业的；⑧国家规定的新增划拨用地、政府指定的特殊用地。

三、土地储备机构

土地储备机构应为县级（含）以上人民政府批准成立、具有独立的法人资格、隶属于所在行政区划的国土资源主管部门、承担本行政辖区内土地储备工作的事业单位。国土资源主管部门对土地储备机构实施名录制管理。市、县级国土资源主管部门应将符合规定的机构信息逐级上报至省级国土资源主管部门，经省级国土资源主管部门审核后报国土资源部，列入全国土地储备机构名录，并定期更新。

土地储备的运行体制根据实际可以实行土地储备委员会和土地储备中心两级管理的运行体制。

（一）土地储备管理委员会

土地储备管理委员会是城市土地储备机构的决策机构，由城市政府领导及发展和改革、经济、财政、土地、规划、城建、房管、环保等相关部门的领导组成。

其主要职责包括以下三个：①研究制定有关土地征购、整理、储备和供应的规章制度、政策；②审查批准土地储备中心的工作计划和重要的土地征购、整理、储备和供应并协调有关职能部门之间的关系；③指导和监督土地储备中心的工作。由于城市土地问题涉及面广，城市土地储备制度在运行过程中，必然会涉及许多政府职能部门的业务，矛盾和利益冲突不可避免。土地储备委员会可以协调各方面的利益和要求，提高城市储备制度的运作效率，并对储备机构进行必要的约束和监督。

（二）土地储备中心

土地储备中心在土地储备管理委员会的领导下负责土地储备制度的具体实施。作为城市政府的土地政策的执行机构，土地储备中心应当是一个相对独立的专业性机构，是非营利性、全额拨款的事业单位。

其主要职责包括以下七个：①根据城市规划和城市政府决策，制订土地储备计划；②进行土地征收、回收、置换和购买，保证土地储备库有充足的土地储备；③对进入土地储备库的土地，根据城市规划完成拆迁、安置、归并组合、平整等土地整理工作；④对储备库中尚未出让的土地进行临时性经营、使用和管理；⑤根据城市规划、城市建设需要以及城市土地市场供求状况制订合理的土地供应计划，按照计划将储备的土地由土地管理部门通过招标、拍卖、挂牌和划拨方式提供给土地使用者；⑥筹集并运作土地储备资金；⑦及时向社会公布城市土地储备信息和土地供应计划，为房地产市场投资者和社会各界提供服务。

四、土地储备运行管理

（一）收购环节——土地储备计划管理

各地应根据国民经济和社会发展规划、国土规划、土地利用总体规划、城乡规划等，编制土地储备三年滚动计划，合理确定未来三年土地储备规模，对三年内可收储的土地资源，在总量、结构、布局、时序等方面做出统筹安排，优先储备空闲、低效利用等存量建设用地。

土地储备实行计划管理。在计划、入库标准和前期开发等业务工作方面，新修版《土地储备管理办法》规定各地市、县人民政府国土资源管理、财政及当地人民银行相关分支行等部门应根据城市建设发展和土地市场调控的需要，结合当地社会发展规划、土地储备三年滚动计划、年度土地供应计划、地方政府债务限额等因素，合理制订年度土地储备计划。同时明确了计划的内容和备案审批及调整程序。

年度土地储备计划内容应包括以下六个：①上年度末储备土地结转情况（含上年度末的拟收储土地及入库储备土地的地块清单）；②年度新增储备土地计划（含当年新增拟收储土地和新增入库储备土地规模及地块清单）；③年度储备土地前期开发计划（含当年前期开发地块清单）；④年度储备土地供应计划（含当年拟供应地块清单）；⑤年度储备土地临时管护计划；⑥年度土地储备资金需求总量。其中，拟收储土地，是指已纳入土地储备计划或经县级（含）以上人民政府批准，目前已启动收回、收购、征收等工作，但未取得完整产权的土地；入库储备土地，是指土地储备机构已取得完整产权，纳入储备土地库管理的土地。

国土资源主管部门应会同财政部门于每年第三季度，组织编制完成下一年度土地储备计划，提交省级国土资源主管部门备案后，报同级人民政府批准。因土地市场调控政策变化或低效用地再开发等原因，确需调整年度土地储备计划的，每年中期可调整一次，按原审批程序备案、报批。

（二）储备环节——土地储备开发利用管理

对纳入储备的土地，经市、县人民政府国土资源管理部门批准，土地储备机构有权对储备土地进行前期开发、保护、管理、临时利用及为储备土地、实施前期开发进行融资等活动。

市、县人民政府可根据需要，对产权清晰、申请资料齐全的储备土地，办理土地登记手续，核发土地证书；供应已发证的储备土地之前，应收回并注销其不动产权证书及不动产登记证明，并在不动产登记簿中予以注销。设立土地抵押权的，要先行依法解除。

土地储备机构应组织开展对储备土地必要的前期开发，为政府供应土地提供必要保障。储备土地的前期开发应按照该地块的规划，完成地块内的道路、供水、供电、供气、排水、通信、围挡等基础设施建设，并进行土地平整，满足必要的"通平"要求。具体工程要按照有关规定，通过公开招标方式选择工程勘察、设计、施工和监理等单位进行建设。

前期开发工程施工期间，土地储备机构应对工程实施监督管理。工程完成后，土地储备机构应按规定组织开展验收或委托专业机构进行验收，并按有关规定报所属国土资源主管部门备案。

土地储备机构应对纳入储备的土地采取自行管护、委托管护、临时利用等方式进行管护；建立巡察制度，对侵害储备土地权利的行为要做到早发现、早制止、早处理。对储备土地的管护，可以由土地储备机构的内设机构负责，也可由土地储备机构按照相关规定选择管护单位。在储备土地未供应前，土地储备机构可将储备土地或连同地上建（构）筑物，通过出租、临时使用等方式加以利用。储备土地的临时利用应报同级国土资源主管部门同意。其中，在城市规划区内储备土地的临时使用，需搭建建（构）筑物的，在报批前，应当先经城市规划行政主管部门同意，不得修建永久性建筑物。设立抵押权的储备土地临时利用，应征得抵押权人同意。储备土地的临时利用，一般不超过两年，且不能影响土地供应。

（三）供应环节——土地储备供应管理

储备土地完成前期开发，并具备供应条件后，应纳入当地市、县土地供应计划，由市、县国土资源主管部门统一组织土地供应。依法办理农用地转用、土地征收后的土地，纳入储备满两年未供应的，在下达下一年度农用地转用计划时扣减相应指标。

第三节 国有建设用地供应管理

一、国有建设用地供应概述

（一）国有建设用地供应的概念

国有建设用地供应，简称"供地"，是指土地行政主管部门依据国家法律法规与政策，将土地提供给建设用地单位使用的过程。从概念可以得出，土地行政主管部门代表国家行使土地所有权，是供地的主体；供地的客体则是国有土地，不论该土地原用途如何，供地后其用地都是作为建设用地；供地的对象是各建设用地单位。在土地行政主管部门向建设用地单位提供土地的过程中，需要确定土地需求、供地条件、供地方式、供地数量以及供地区位等问题。

（二）国有建设用地供应的方式

国有建设用地供应是在建设用地供应计划（以下简称供地计划）的指导下完成的。建设用地供应计划是土地行政管理部门依据土地利用总体规划和土地利用年度计划，考虑本行政区域的社会经济发展需求，所拟定的本年度各类建设用地（工业用地、住宅用地、基础设施用地等）供应的面积、具体用途及供应方式。

在现行的土地管理制度下，按照是否有偿，可以将建设用地供应的方式分为以下两种：

（1）划拨供地。划拨供地是一种建设单位无偿地取得国有建设用地的方式。《土地管理法》第五十四条规定的四大类用地可采用划拨方式供地，国土资源部编制了具体的《划拨供地项目目录》。凡符合要求的可按划拨方式提供建设用地。

（2）有偿使用供地。除可以划拨方式供应建设用地以外的所有建设项目，可按有偿方式提供国有建设用地的。有偿使用的形式又可以分为国有土地使用权出让、出租、作价出资或者入股等形式。

二、国有土地划拨

行政划拨是土地使用者依法无偿取得土地使用权。新中国成立以后，划拨曾经是各经济主体和个人获取国有建设用地的唯一途径。随着改革开放的不断深化，国有土地有偿使用的比重越来越大，但一些公共设施及重大基础设施的土地仍然需要通过划拨供应，因此划拨供地仍将在我国长期存在。

（一）划拨建设用地审批程序及补偿安置

关于划拨建设用地的程序与补偿安置，其大部分内容与征地工作一致，因此，主要具体内容放在征地相应章节介绍。这里只从建设用地的审批角度介绍其工作步骤。

1. 建设用地审批的工作步骤

（1）申请用地。建设单位需持有批准权的单位批准的建设项目可行性方案或其他批准文件，向建设项目所在地县级以上土地管理部门提出用地申请。土地管理部门根据建设项目的性质、规模，在上级下达的建设用地计划指标范围内，按用地定额指标，确定用地面积，供选址定点和决定建设用地界线之用。

（2）选址定点。选址工作是一项复杂的、综合的、技术性很强的业务工作，它必须在土地管理部门主持或参加下进行，并按项目的隶属关系，由业务主管部门组织勘察、测量、设计、城建、环保、交通、水文、地质等有关部门参加，并取得主管部门的书面意见。

（3）核定用地面积。建设项目的初步设计经批准后，用地单位持批准文件、总平面布置图、征地范围图，向市、县土地管理部门正式申报建设用地。土地管理部门就占地质量、用地面积、总平面布置、征地费概算等内容予以审查，按有关用地定额结合具体项目核定用地面积。

（4）签订征地协议。用地面积确定后，由市、县土地管理部门组织用地单位、被征收地的单位及其他有关单位，商定征收补偿、安置协议；征地后涉及劳动力安置和"农转非"的，应请民政、劳动、公安等部门参加，凡有条件实行征地费用包干的重点工程，必须在建设方案总平面布置图完成后，立即按国家征地的有关规定，计算包干费用，将它纳入建设项目初步设计总概算中。

（5）填写征地申请书。各地需统一使用省（自治区、直辖市）、市土地管理部门印制的建设用地申请书，并严格按实际情况填写。建设项目、建筑面积、用地面积都必须和初步设计批准的指标相一致，申请用地面积与征地面积必须相符，被征地单位的土地面积、人口数、劳动力数必须按核实数填写。

(6) 逐级报批。市、县土地管理部门要对建设单位报送的征地资料认真审查，并按规定的权限逐级报政府批准，不能超限报批或采取化整为零的方式报批。

(7) 填发建设用地批准通知书。划拨土地征地申请经批准后，由审批机关填发建设用地批准通知书。市、县土地管理部门根据通知书批准的用地面积，通知用地单位根据协议支付征地费，缴纳耕地占用税，落实安置方案等，并实地丈量划拨土地。

(8) 检查验收，颁发土地使用证。建设项目竣工后，市、县土地管理部门按批准的用地面积、位置和使用情况进行检查验收，合格后发给土地使用证，作为土地使用的法律凭证。不合格者依法处理。

由上可知，建设用地审批的全过程，既有申请用地、拟定用地协议的准备阶段的工作，也有建设用地按权限审批阶段的工作和审批后划拨土地颁发使用证等后续阶段的工作。这里，我们可以将进行正式按权限审批、行使最后行政审批权之前的一系列政策性、技术性很强的用地预审工作，称为建设用地审批的前期工作。

2. 划拨土地的补偿安置

(1) 补偿方式。一个国家建设项目要使用其他单位的国有土地，不属于征收土地的范畴，土地所有权的性质没有改变。但是由于使用了其他单位的土地，改变了土地使用权，这时如果给原来的用地单位带来经济损失的，应由县以上人民政府（或县以上土地管理部门）组织用地单位和原使用单位，本着节约用地和节约国家投资的原则进行协商，采取互换、调剂等办法解决，或由用地单位给原用地单位以适当的补偿。

(2) 补偿办法。有关划拨土地的其他补偿方面的问题有以下三个：

1) 划拨国家征而未用，并已暂借给村组耕种的国有土地，除需补偿当季损失的青苗补偿费之外，不再向村组支付土地补偿费和安置补助费。

2) 划拨长期借给村组使用的国有土地时，不需向村组支付土地补偿费，而可以适当给予一部分安置补助费以解决一部分多余劳动力的安置问题。

3) 对于经过土地管理部门同意的暂不用的已征土地，原征地单位需撤销、迁移或其他原因不能再使用土地时，可以按建设用地审批权限重新转拨给其他符合征地条件的单位使用。这时，新的用地单位可以按照原来征收土地各项补偿和安置标准，给原征地单位支付有关费用；但对原征地单位已经撤销、迁移的或未经土地管理部门同意连续两年未使用的、不按批准用途使用国有土地的和已经被收回土地使用权的，原用地单位不能再回收各项补偿费用。

(二) 划拨土地使用权交易

1. 划拨土地使用权交易的特殊性

一般来说，通过行政划拨取得土地使用权所缴纳的费用往往低于通过有偿出让方式取得土地使用权所缴纳的费用，甚至常常是无偿性质的。从法律上讲，划拨土地使用权，实质上是一种租赁关系。用地单位通过行政划拨取得的土地使用权，仅是有权使用，不是一项独立的财产权利，未经国家（土地所有者）的同意并补办一定的手续，不得转让、出租、抵押，国家根据实际情况随时可以收回土地使用权。

2. 转让、出租、抵押划拨土地使用权的特殊条件

国有土地使用权有偿出让和转让的改革，迫使划拨土地使用权"从一而终"的僵死体制的逐渐解体，在划拨土地使用者按照一定的形式向政府缴纳一定的地租的前提下，也能作为生产要素进入市场，参加流通过程。

由于土地使用权的来源方式（划拨或出让）的不同，所以转让、出租和抵押的条件也不同。同时由于划拨土地的使用权是无期限的，虽然国家可以根据需要无偿收回，但这种收回存在很大的或然性因素，因此在这种土地使用权及地上建筑物、其他附着物所有权的转让、出租、抵押与出让方式下的转让、出租、抵押，在具体做法及使用权的经济实现上应该是有所不同的。

我国《城镇国有土地使用权出让和转让暂行条例》中规定，对以行政划拨方式取得的土地使用权，经土地管理部门和房地产管理部门批准，其土地使用权连同地上建筑物、附着物可以转让、出租或抵押，但必须满足下列四个条件：①土地使用者必须是公司、企业、其他经济组织和个人。排除了非营利性的单位，如机关、事业单位、部队等享有此项权利的可能性。②领有国有土地使用证。③具有地上建筑物、其他附着物合法的产权证明。④依照《城镇国有土地使用权出让和转让暂行条例》第二章关于土地使用权出让的规定签订土地使用权出让合同，向当地市、县人民政府补交土地使用权出让金或者以转让、出租、抵押所获得收益抵交土地使用权出让金。

从上述规定的四个条件来看，划拨土地使用权的转让、出租、抵押，必须经过由划拨土地使用权到有偿出让土地使用权的这样一种体制上的转换才能实现。

3. 转让、出租、抵押划拨土地使用权的程序

划拨土地使用权和地上建筑物、其他附着物转让、出租、抵押须按下列四个程序办理手续：

（1）转让、出租、抵押人持土地使用权证和房屋产权证分别向市、县土地管理部门和房产管理部门提出划拨土地使用权和地上建筑物、其他附着物所有权转让、出租、抵押许可的申请，不符合条件的应退回申请并说明理由。

（2）转让、出租、抵押双方领取许可证后商定转让、出租、抵押合同方案，报市、县土地管理部门和房产管理部门审查。

（3）转让、出租、抵押经市、县土地管理部门和房产管理部门批准后，由土地管理部门与转让、出租、抵押人签订土地使用权出让合同，并以转让、出租、抵押所获取收益抵交土地使用权出让金。

（4）在规定时间内向房地产部门（登记处）办理土地使用权变更登记。

为了鼓励拥有划拨土地使用权的单位将土地使用权推向市场，国家在征收应缴的出让金时，都有不同程度的优惠。

需要说明的是，根据《城镇国有土地使用权出让和转让暂行条例》，对未补缴土地出让金且未经批准而擅自转让、出租、抵押土地使用权的，其非法收入将由当地人民政府土地管理部门依法没收，所签有关合同无效，并根据情节给予处罚。

三、国有建设用地有偿使用

（一）国有土地使用权出让

1. 国有土地使用权出让的概念

土地使用权出让又称土地批租，是指国家以土地所有者的身份将国有土地使用权在一定年限内让与土地使用者，并由土地使用者向国家支付土地使用权出让金的行为。从以上概念可以看出，土地使用权出让具有以下三个特征：

（1）出让是有期限的。出让与划拨不同，划拨土地在土地使用者合法使用的情况下，可以无限期使用；出让土地具有明确的期限，不同用途的出让土地有相应的期限限制。

（2）出让是有偿的。土地使用者在出让过程中必须向国家支付出让金，土地出让金是国家作为土地所有者实现其土地所有权的主要方式。

（3）出让必须符合土地利用总体规划、城市规划和年度建设用地计划。出让土地的数量、用途、区位必须符合相关土地利用总体规划、城市规划的内容，出让土地总量不得超过土地利用年度计划控制指标。

2. 国有土地使用权出让的方式

根据《城市房地产管理法》和《城镇国有土地使用权出让和转让暂行条例》的规定，土地使用权出让可以采取四种方式，即协议、招标、拍卖、挂牌。

（1）协议出让土地使用权。协议出让土地使用权，是指土地使用者在用地申请经有关部门批准后，与土地行政主管部门协商地价、用地年限、面积、付款方式和时间、用地条件等事项，在双方达成一致意见的前提下，签订出让合同，受让方按合同约定支付土地出让金，取得土地使用权。这种方式经常用在土地使用者向政府提出用地要求，且要求地块没有竞争者的场合，主要是用于工业项目和国家鼓励产业的项目用地。协议出让金的确定不是竞争的结果，而是谈判的结果。但协议出让土地使用权的出让金不得低于按国家规定所确定的最低价。

（2）招标出让土地使用权。招标出让土地使用权，是政府对某块土地有了明确的开发意图和规划条件后，在市场中寻求一个有利于实现政府开发计划的开发者而采取的一种方式，这种方式要求在规定的期限内，符合规定的单位和个人按照出让方规定的出让地块的条件或者要求，以书面投标形式提出开发愿望，竞投该地块土地的使用权，由政府组织评标委员会择优确定将土地使用权出让给某个开发者。

（3）拍卖出让土地使用权。拍卖出让土地使用权，是指政府对某块土地有了明确的规划条件后，在指定的时间、地点，组织符合条件的有意受让人到场，对出让使用权的土地公开叫价竞投，按"出价最高者得"的原则确定受让人的一种方式。

（4）挂牌出让土地使用权。挂牌出让国有土地使用权，是指出让人发布挂牌公告，按公告规定的期限将拟出让宗地的交易条件在指定的土地交易场所挂牌公布，接受竞买人的报价申请并更新挂牌价格，根据挂牌期限截止时的出价结果确定土地使用者的行为。

综观协议出让、招标出让、拍卖出让、挂牌出让四种形式，各具特色。协议出让在一定程度上还带有行政意识，是先选定受让人再商议受让条件的，一般适合于非营利性用地和其他特殊用地的出让。招标、挂牌出让可以激发投标单位对用地方案研究的积极性，但由于必须在事前花费较大的代价（投标时要缴纳保证金且不计息），可用于较大面积土地的出让。拍卖出让最能体现出公正的原则，且简易可行，适宜于土地利用上有较大灵活性的土地的出让，但事前需做充分准备，否则易出现流标。四种形式可以相互配合、灵活运用。《招标拍卖挂牌出让国有建设用地使用权规定》（国土资源部第39号令）第四条规定：工业、商业、旅游、娱乐和商品住宅等经营性用地以及同一块地有两个以上意向用地者的，应当以招标、拍卖或者挂牌方式出让。

（二）国有土地使用权转让

1. 国有土地使用权转让的概念

土地使用权转让是指土地的使用者将其享有的土地使用权转移给他人的行为。实际上也是土地使用权再转移的行为，对于未按土地使用权出让合同规定的期限和条件投资开发、利用土地的，土地使用权不能转让。在转让的同时，转让土地的地上建筑物、其他附着物所有权随之转让，并应当依照规定办理过户手续。

2. 国有土地使用权转让条件

国有地使用权转让必须符合一系列法定条件，根据《城市房地产管理法》和《城镇国有土地使用权出让和转让暂行条例》等有关法律法规的规定。

3. 国有土地使用权转让的方式

（1）买卖。土地使用权买卖即土地使用权出售。买卖是土地使用权转让最常见的形式，是将土地使用权单独或连同地上建筑物、其他附着物的所有权转移给购买方，并由购买方支付相应购买价款的行为。买卖是商品流通最典型的形式，因为买卖双方当事人之间的经济关系，正是商品使用价值和价值的交换关系，商品经济的特征在买卖中可以得到最充分的体现。买卖是土地使用权转让的主要方式。

（2）交换、赠予和继承。

1）土地使用权交换。土地使用权交换（即互易）是指两个土地使用权人之间相互交换各自的土地使用权的行为。国有土地使用权的交换，是我国法律规定的国有土地使用权的转让方式之一。

2）土地使用权赠予。土地使用权赠予是土地使用权人自愿将自己的土地使用权单独或者连同地上建筑物、其他附着物的所有权一起无偿转移给他人，他人予以接受的行为。国有土地使用权作为一种财产，其享有者有权将其赠送给法律允许的人或组织，因此赠予是我国国有土地使用权转让的法律形式之一。

3）土地使用权继承。土地使用权继承是指公民个人死亡后其生前享有的土地使用权作为遗产由被继承人依法继承。土地使用权继承也是土地使用权转让的一般方式。国有土地使用权的继承是权利继承而非实物继承，同时国有土地使用权的继承又是不动产的继承，必须办理过户注册登记手续才会产生法律效力。

(3) 其他转让行为。其他转让行为是土地使用权的享有者以土地使用权或连同地上建筑物、其他附着物的所有权作为交换条件，交换股权、房产权及其他经济收益的行为。具体包括以下五个：①以房地产作价入股、与他人成立企业法人，房地产权属发生变化的；②一方提供土地使用权，另一方或者多方提供资金，合资、合作开发经营房地产，而使房地产权属发生变更；③国有企业被收购、兼并或合并的，房地产权属随之转移的；④以房地产抵债的；⑤法律、法规规定的其他情形。

（三）国有土地使用权租赁

国有土地使用权租赁是随着我国社会主义市场经济的逐步发展和国有企业改革的深入，为适应市场需要产生的一种土地有偿使用方式。

1. 国有土地使用权租赁的概念

根据中华人民共和国自然资源部（以下简称自然资源部）《规范国有土地租赁若干意见》（国土资发〔1999〕222号），国有土地租赁是指国家将国有土地出租给使用者使用，由使用者与县级以上人民政府土地行政主管部门签订一定年期的土地租赁合同，并支付租金的行为。国有土地租赁是国有土地有偿使用的一种形式，是出让方式的补充。当前应以完善国有土地出让为主，稳妥地推行国有土地租赁。

国有土地使用权租赁是在土地所有权不变的情况下，土地所有者将土地的使用权、经营权，在一定时期租给承租人使用并收取租金的一种经济行为。在实践中，由于土地使用权租赁期限一般不长，且在租赁期内一般均以每年向土地所有者缴纳年租金，所以人们又习惯将其称作土地年租制。

2. 国有土地使用权租赁与出让的区别

国有土地使用权租赁与国有土地使用权出让，交易主体相同，供地方均为代表国家的各级人民政府，受地方均为土地使用者或经营者。两者最大的区别就是在年限与费用的缴纳方面。在年限方面，国有土地使用权出让年限较长，基本上都在50年以上，而国有土地租赁的土地使用权年限通常在10年左右，个别的可能达到15年；在费用的缴纳方面，国有土地使用权出让的土地出让金通常一次性缴纳，缴纳费用较高，虽然有时因受让土地规模较大，可以分批缴纳，但时间通常限制在较短的几个月或一两年内，而国有土地租赁则在签订合同后，土地费用基本上是一年一交，所有国有土地租赁又称为土地批租制，通常每年缴纳的费用相对于一次性出让上交的费用来说很少，可以缓解土地使用者的资金压力。在土地使用权交易方式方面，国有土地使用权出让有多种方式，而且经营性用地以拍卖、招标、挂牌为主，竞争性较大，而国有土地使用权租赁，土地使用者获得土地基本上是协议的方式，竞争性较小。

3. 国有土地使用权租赁程序

国有土地使用权租赁与国有土地使用权出让在程序上基本相同，但国有土地使用权租赁大都以协议方式进行，因此其使用权取得程序详见国有土地使用权协议出让程序。

（四）国有土地使用权出租

1. 土地使用权出租的概念

土地使用权出租是指土地使用权人作为出租人，将土地使用权随同地上建筑物、其他附着物租赁给承租人使用，由承租人向出租人支付租金的行为。土地出租一般是同房屋租赁结合在一起的，单纯的场地出租行为在整个土地使用权出租市场中比例较小。由于在土地使用权出租中，土地使用权及地上建筑物、其他附着物所有权不发生转移，承租人以支付租金为代价取得对土地及地上建筑物、其他附着物一定期限使用的权利，期限通常较短，投资相对较少，方便灵活，出租人则通过承租人支付的租金中收回投资，因而土地使用权出租十分普遍，具体形式也多种多样。如商业柜台出租，各种铺面出租和住房出租等都包含着土地使用权的出租。

2. 土地使用权出租程序

由于土地使用权出租与房屋租赁一般是结合在一起的，很少单独出租土地使用权，因而其租赁程序与房屋租赁程序基本一致。土地使用权出租的一般程序有以下四个：

(1) 出租申请和审核。出租人就土地使用权（及地上建筑物、附着物）拟出租情况向所在地市、县人民政府土地管理部门提出申请，并同时提交土地使用权出让合同、土地使用证、房产证、土地及地上建筑物的使用状况材料、拟承租人的基本情况、租赁合同草案、租金标准等资料。土地管理部门收到申请后，一方面对土地权属、出租人的土地使用权取得方式、作用、租赁合同等资料进行审查；另一方面要调查土地的实际使用状况，即出租土地使用权是否真正按照出让合同的要求进行开发和利用等。如无异议，一般在15天内对出租人给予是否同意出租的回复。

(2) 签订租赁合同。土地使用权的出租必须采取书面形式。租赁合同要明确出租标的、租金、租赁期、对土地合理利用的责任条款、合同的条款及有关出租当事人双方的权利与义务。特别要注意土地使用权出租与地上建筑物租赁的共同性和一致性。当事人双方协调一致后就可签订土地使用权租赁合同。在合同订立后，当事人双方就确立了土地使用权租赁的法律关系，明确了双方当事人的权利和义务。

(3) 合同公证。由城市公证机关对双方签订的合同给予公证，领取公证书。主要是公证租赁合同的合法性、真实性，使租赁合同具有强制执行的效力。

(4) 办理土地使用权出租登记。土地使用权出租双方当事人凭租赁合同、公证书以及其他文件资料到土地管理机关，涉及房屋租赁登记应到房产管理部门办理土地出租登记，并交纳出租登记费。由土地登记部门填写土地出租登记册，并在原土地证上加盖"租赁"印章。

3. 土地使用权出租合同管理

《城镇国有土地使用权出让和转让暂行条例》第二十九条规定："土地使用权出租，出租人与承租人应当签订租赁合同。"土地使用权租赁合同，是指因出让、转让、土地租赁等有偿方式取得土地使用权的主体，将土地使用权随同地上建筑物及其他附着物出租给承租人使用，由承租人向出租人支付租金，并在租赁关系终止时，返还承租土地的合同。由于出租人有义务将出租的土地交给承租人使用，并有权取得租金收益，承租人有义务支付租金，有权利使用租赁的土地，因而它是一种双务有偿合同。同时它又是诺成合同，当事人只要就合同主要内容达成一致意见，合同就成立，并不需要等到出租人实际交付标的物（租赁物）之后才成立。其合同的主要内容有以下八个：

（1）合同标的是因出让、转让、土地租赁等有偿方式取得土地使用权及其附有地上建筑物和其他附着物的地块。

（2）土地使用权的租金按当事人双方合理的原则协商确定。

（3）土地使用权出租期限的确定应在出让期限范围内，即租赁的最长期限为土地使用权出让合同规定所使用年限，减去出租人已使用年限的剩余年限。在出让期限内，租赁期满后，当事人可以续租。没有规定期限的土地租赁合同，当事人双方可以随时终止合同。

（4）租赁期间对地块的合理利用责任。在租赁期间，租赁合同双方都必须合理利用土地，进行必要维护，承租人不得随意改变出让合同规定的土地用途。合同中应明确双方的责任。

（5）出租人和承租人双方的权利和义务。

（6）优先购买权的规定。出租人在出让期限内转让土地使用权的，须事先通知承租人，在同等条件下，承租人有优先购买权。

（7）违约条款及合同终止条款。

（8）其他规定等。

（五）国有土地使用权抵押

1. 土地使用权抵押的概念

土地使用权抵押是指土地使用者作为债务人或第三人（以下简称抵押人），将其土地使用权及地上建筑物、其他附着物作为抵押押给债权人（以下简称抵押权人）以作为清偿债务担保的行为。以土地使用权担保的债务一经偿付，土地使用权在法律上的转让便立即失效。但如果抵押人到期未能履行债务或者在抵押合同期间宣告解散、破产的，抵押权人有权依照国家法律、法规和抵押合同的规定处分抵押财产，抵押权人对处分所得有优先受偿权。

《城市房地产管理法》规定，以出让方式取得的土地使用权可以设定抵押权，也就是说，对于单纯以划拨方式取得的土地使用权不允许抵押，只在因为房屋抵押时才允许随房屋一起抵押，并且缴纳土地使用权出让金是抵押权人实现划拨土地抵押权的先决条件。

土地使用权抵押的实现是指以土地使用权为抵押标的抵押行为发生的过程。它包含抵押权的设定，抵押当事人双方权利和义务的实现，以及抵押权的实现和终结。无论是抵押权的设定，还是抵押权的实现与消灭，都是通过土地使用权抵押合同的签订与实现而完成的，土地使用权抵押的程序与出租相似，包括签订抵押合同和办理抵押登记两部分。

2. 抵押的前提条件

（1）土地使用权的有偿性。即用于抵押的土地使用权必须是经过出让或转让的土地使用权，必须是有偿取得的土地使用权。而土地使用权有偿使用的前提条件是在土地国家唯一所有的情况下，必须实行土地使用权与所有权相分离的政策。只有这样，才能既不改变土地所有权，又能有限度地实现土地使用权商品化。土地使用权商品化是土地有偿使用的具体体现。

(2) 土地使用权的他物性。即用土地使用权做抵押的债务人必须有对土地的占有、使用和部分处分的权利。抵押人付出一定代价、通过一定方式有偿取得了土地使用权，相应地，他也应同时掌握了土地的占有、使用、收益和部分处分的权利。也就是说，这里的使用权是有别于所有权中的使用权的，应是一种独立存在的物权，并且是他物权。抵押人只有具备了这样的土地使用权，才能具有对之进行抵押的权利和意义。通过国家出让而获得的土地使用权，具备这些他物权的特征。

(3) 土地使用权的长期性和稳定性。抵押要有一定抵押期限，在抵押期限内，抵押人要保证对土地的使用权，一般不能变更。换句话说，抵押人的土地使用年限要长于以土地使用权做抵押的抵押期限。如果在抵押期间，土地使用权到期，被国家收回，容易引起一系列的法律纠纷，抵押权难以实现。因此，用于抵押的土地使用权要具有长期性和稳定性，才能保证土地使用权抵押的顺利实现。

3. 限制抵押的土地使用权

(1) 用于教育、医疗、市政等公共福利事业的土地使用权。

(2) 产权不明或者有争议的土地使用权。这种土地使用权如果抵押，债权人在债务人不履行债务时，难以行使抵押权，从而难以清偿自己的债务。因此，不允许产权不明或者有争议的土地使用权作为抵押物。

(3) 被列入文物保护的建筑物和有重要纪念意义的其他建筑物所占用的土地使用权。

(4) 被依法列入拆迁范围的土地使用权。

(5) 依法被查封、扣押、监管的土地使用权。这种被限制的土地使用权虽然仍为该权利人所拥有，但其权利的行使已经依法中止，也就是说，土地使用权人在这期间没有处分权，因此也无权抵押。

(6) 依法不得抵押的其他土地使用权。如被国家依法收回的土地使用权，原土地使用者不得抵押。

4. 抵押登记与管理

(1) 抵押登记的概念和作用。土地使用权抵押登记，是指当事人依法就其设定的土地使用权或者连同地上房屋抵押有关事项向土地管理部门或者房地产管理部门进行的登记注册。抵押登记对保护当事人的合法利益、维护抵押市场秩序都具有重要作用。具体体现在以下三个方面：

1) 抵押登记是抵押合同生效的必备条件。土地使用权抵押合同自登记之日起生效，不办理登记的合同属于无效合同，没有法律效力。抵押合同生效的日期不是当事人签订合同的时间，而是办理抵押登记的登记日期。

2) 抵押登记有助于保护当事人，特别是债权人的合法利益。通过办理抵押登记，债权人享有的抵押权就被依法确认，受到法律保护，能对抗第三人，当债务人不履行债务时，债权人就有权依法折价或拍卖、变卖抵押财产，使自己的债权得到优先清偿。未办理抵押登记，土地使用权抵押合同就不能生效，不受法律保护。

3）它是维护抵押市场秩序的重要法律手段。通过抵押登记，管理部门就可了解抵押情况，加强对抵押的管理、监督；当事人的合法权益也得到保护，从而维护了抵押的正常市场秩序。

（2）办理抵押登记的程序。

《城市房地产抵押管理办法》规定，房地产抵押合同自签订之日起30日内，抵押当事人应当到房地产所在的房地产管理部门办理房地产抵押登记。对于无地上定着物的土地使用权抵押，应向核发土地使用权证书的土地管理部门办理抵押登记；以城市房地产抵押的，应向县级以上土地管理部门和房产管理部门办理抵押登记。办理程序有以下三个：

1）申请，并提交有关文件。文件包括：①主合同和抵押合同；②房屋所有权、土地使用权证书；③可以证明抵押人有权设定抵押的文件与证明材料；④可以证明房地产价值的资料；⑤共有房地产的，应当提交其他共有人的书面同意材料；⑥抵押当事人的身份证明或者法人资格证明；⑦以划拨土地使用权抵押的，提交土地管理部门确认的抵押宗地的土地使用权出让金额的证明；⑧评估机构出具的地价评估报告即当事人确认的报告；⑨登记机关认为必要的其他文件等。

2）审查。有关登记管理部门接到当事人申请后，应按规定对当事人有关情况和提交的文件进行审查、核对，检验抵押是否符合法律规定。

3）登记。登记管理部门经审查，认定抵押符合法律规定的，应当及时予以登记，将抵押权人、抵押人的名称及有关事项记载在登记簿上，并向抵押权人签发有关抵押权的证书。

（六）其他交易方式管理

1. 国有土地使用权作价入股

国有土地使用权作价入股指国家以一定年期的国有土地使用权作价，作为出资投入改组后的新设企业，该土地使用权由新设企业持有，国家凭其土地所有者的身份，成为新设企业的股东之一，与原企业一起经营改组后的新设企业。以作价出资（入股）方式处置的企业土地，新设企业取得的是该土地作价出资（入股）的土地使用权，并成为新设企业资产的一部分。

2. 国有土地使用权授权经营管理

国有土地使用权授权经营是国家根据需要将一定年期的国有土地使用权作价后，授权给经国务院批准设立的国家控股公司、国有独资公司和集团公司经营管理。以授权经营方式取得的土地使用权，作为企业法人财产，可在集团公司直属的全资企业、控股企业和参股企业之间进行转让、作价出资（入股）或出租，也可抵押。在向其他类型企业转让时，应报土地管理部门批准，按受让企业的相关产业政策进行处置。

第四节 集体建设用地管理

一、集体建设用地概述

(一) 集体建设用地概念及类型

集体建设用地是指由农民集体所有,农村集体和农民个人投资的各项生产、生活和社会公共设施以及公益事业所需的建设用地。

集体建设用地按用途可以分为两类:农业建设用地和农村非农业建设用地。其中,农村非农业建设用地又可以分为以下三类:

(1) 农民宅基地,通常指农村居民取得合法使用权用以修建住宅的集体土地,包括建筑物(居住用房)和附属建筑(如厨房、仓房、厕所、畜舍、沼气池等)以及房屋周围为独家使用的土地。

(2) 农村集体经营性建设用地,是指以盈利为目的进行非农业的生产经营活动所使用的农村建设用地,包括农村集体经济组织使用乡(镇)土地利用总体规划确定的建设用地兴办工商企业或者与其他单位、个人以土地使用权入股、联营等形式共同举办工商企业所使用的农村集体建设用地,例如,开办企业、工厂或以入股的形式开展商业、旅游等各类经营性活动用地。

(3) 公共设施和公益事业用地,这类用地主要有乡(镇)、村行政办公、文化科学、医疗卫生、教育设施、生产服务和公用事业等用地。

(二) 集体建设用地的特点

与城镇建设用地相比,集体建设用地具有以下四个特点:

1. 总量大、面积广

在我国,农村地域广阔、农业人口众多,集体建设用地具有量大面广的特点。根据《全国土地利用总体规划(2006-2020年)》,2010年全国城乡建设用地为2488万公顷,其中城镇工矿建设用地848万公顷,农村宅基地1333万公顷,农村经营性建设用地307万公顷,分别占34.1%、53.6%和12.3%,用地规模十分庞大。另外,随着农村经济的发展,人们对物质生活、精神文化生活要求的提高,农村基础设施和社会公益事业用地需求量增长迅速。

2. 农村居民点布局分散

自然村落的地理间隔受地貌条件的影响较大,当前我国大部分农村地区尚未形成中心村,农户居住以组为单位,或沿河、沿路呈"一"字形或"非"字形分布。长期以来,以家庭为单位的农业生产方式,使大部分农村形成了"居民点+责任田"的相对封闭的不规则土地利用单元,农户长期习惯以自然院落的形式分散居住,形成村民住宅"满天星"式的分布格局。以安徽省芜湖市为例,2010年末,全市共有20个乡镇

489个村,平均每个农村居民点规模仅2.41公顷,相邻农村居民点之间距离平均为3.26千米,农村居住分散化的问题一直没有得到有力解决。

3. 使用效率低,浪费严重

长期以来,我国农村居民点用地处于无偿、无限期、无流动的管理模式下,并且受计划经济等的影响,我国农村居民点布局缺少或者部分不存在规划控制,许多地方农村居民点存在用地粗放、无序蔓延侵占耕地、村庄环境脏乱差等问题。这导致当前面临的严峻现实依然是农村居民点用地规模非但没有减少,反而无论是总量还是人均规模,其增幅远远超过城镇用地,而且呈加速趋势,扩展形势十分严峻。《全国国土规划纲要(2016-2030年)》显示,我国人均农村居民点用地面积为300平方米,远超国家标准上限,土地利用粗放现象严重。而且长期以来,农村居民点建设基本处于自发建设状态,农村建设是只见新房不见新村,形成大量的"村外光、村内糠"的"空心村""烂心村",导致当前我国农村居民点闲置用地面积接近于城镇用地总量,土地资源闲置浪费问题十分突出,直接影响国家耕地资源和粮食安全。

4. 违法违规现象比较严重

随着城镇化进程和新农村建设的全面实施,广大农村掀起了扩建、改建和新建住房以及兴办小农企业的新高潮。在此背景下,农村建设用地违法违规使用现象呈上升趋势。具体表现在以下四个方面:

(1)法人违法用地,主要涉及机关、团体和企业的办公、厂房等建设用地,乡镇政府及村民委员会主持建设的乡镇公路、机耕道、敬老院、中小学校、操场等公共设施公益事业建设用地。据统计,某市此类违法用地范围广、面积大,约占当地整个违法用地面积总量的50%以上,乡镇村企业违法用地亦相当严重。

(2)不经批准擅自超占乱占滥用,这是农村违法现象的重要表现形式。据某镇非农业建设用地清查资料统计,2002年1月至2004年12月,农村违法用地建房户数占总建房用地面积的24.5%。近些年来"大棚房"问题突出,尽管2018年自然资源部和农业农村部联合开展了"大棚房"专项整治行动,但各地的"大棚房"仍然大量存在。2021年自然资源部通报29宗农村乱占耕地建房典型案例,全国各地乱占耕地进行非农建设的现象依然严重。

(3)超过批准用地数量,改变批准地址违法用地。据检查验收数据统计,农村居民建房少批多占违法用地率达80%以上,平均一户一般超过20~50平方米,除此之外,批甲地占乙地、批劣地占好地、批非耕地占耕地、批旱地占水田的违法用地现象也较多。

(4)宅基地隐形市场日趋活跃。国家明确规定宅基地不准买卖,但实际上宅基地买卖的现象时有发生,尤其在城乡接合部较为突出。

二、宅基地审批

(一)审批权限

《土地管理法》第六十二条规定,农村村民建住宅,应当符合乡(镇)土地利用总体规划、村庄规划，不得占用永久基本农田，并尽量使用原有的宅基地和村内空闲地。编制乡（镇）土地利用总体规划、村庄规划应当统筹并合理安排宅基地用地，改善农村村民居住环境和条件。

农村村民住宅用地，由乡（镇）人民政府审核批准；其中，涉及占用农用地的，依照本法第四十四条的规定办理审批手续。建设占用土地，涉及农用地转为建设用地的，应当办理农用地转用审批手续。

永久基本农田转为建设用地的，由国务院批准。

在土地利用总体规划确定的城市和村庄、集镇建设用地规模范围内，为实施该规划而将永久基本农田以外的农用地转为建设用地的，按土地利用年度计划分批次按照国务院规定由原批准土地利用总体规划的机关或者其授权的机关批准。在已批准的农用地转用范围内，具体建设项目用地可以由市、县人民政府批准。

在土地利用总体规划确定的城市和村庄、集镇建设用地规模范围外，将永久基本农田以外的农用地转为建设用地的，由国务院或者国务院授权的省、自治区、直辖市人民政府批准。农村村民出卖、出租、赠与住宅后，再申请宅基地的，不予批准。

(二) 审批程序

(1) 建房户按国家和当地规定的用地标准，提出建房设想，向所在地的村民小组或村民委员会提出用地申请。

(2) 村民小组或村民委员会，根据年度控制指标和申请条件进行讨论（必要时可以提请村民大会讨论通过），予以通过的按照村镇规划的要求办理用地报批手续。

(3) 按规定权限上报批准。

(4) 政府批准后，发给用户建设用地批准书，由乡镇土地管理员（机构）配合有关人员划拨土地。

(5) 检查放线现场，核实无误后，方可施工。

(6) 工程竣工后，经乡土地管理人员（机构）验收，符合用地要求的，由县级人民政府办理登记、发证手续。

(二) 审查内容

1. 条件审查农村居民申请建房用地（宅基地）必须符合下列情况之一

(1) 由于实施乡（镇）村规划而需要安排的建房户。

(2) 原宅基地面积低于规定标准限额的，居住又确实拥挤的建房户。

(3) 一些确需分居、分家而现有基地又无法解决的建房户。

(4) 经批准由于工作需要等原因确需在集体土地上进行建房的非农业户口居民建房户。

(5) 已有正式批准手续回乡落户而又无宅基地的离休、退休、退职职工，复转军人以及回乡定居的华侨、侨眷等非农建房户。

有下列情况之一的，不得安排宅基用地：

(1) 出卖、出租或以其他形式非法转让房屋的。

(2) 一户一子（女）有一处以上（含一处）宅基地的。

(3) 户口已迁出不在当地居住的。
(4) 年龄未满周岁，又不具备分户条件的。
(5) 虽然在农村居住，但户口未迁入当地的。
(6) 其他按规定不应建房和安排宅基地用地的。

2. 用地标准审查

宅基地的面积标准由各省、自治区、直辖市根据各自的实际情况规定。

3. 选址审查

审查建房选址是否符合村镇规划要求。

三、农村集体经营性建设用地审批

（一）审批权限

《土地管理法》第六十条规定："农村集体经济组织使用乡（镇）土地利用总体规划确定的建设用地兴办企业或者与其他单位、个人以土地使用权入股、联营等形式共同举办企业的，应当持有关批准文件，向县级以上地方人民政府自然资源主管部门提出申请，按照省、自治区、直辖市规定的批准权限，由县级以上地方人民政府批准；其中，涉及占用农用地的，依照本法第四十四条的规定办理审批手续。"

（二）审批程序

(1) 用地单位或个人，必须持县以上有批准权限机关的建设项目批准文件，向当地人民政府土地管理部门提出用地申请。

(2) 土地管理部门依据上级下达的年度用地占用指标及批准给用地单位的用地计划，依据统筹兼顾、合理布局、节约用地、保护耕地的原则，会同有关部门确定建设项目的合理地点。

(3) 建设选址定点后，进行建设项目的初步设计和总平面图布置。接着用地单位持上级部门初步设计批文和工厂企业建设图件材料以及有关文件、材料，向土地管理部门正式申报用地，并按审批权限逐级报批。

(4) 建设单位与被用地单位在土地管理部门的参与下，进行协商，落实各项补偿、安置方案，并签订用地协议。

(5) 项目用地批准后，政府发给建设单位建设用地批准证书，在有关单位参与配合下，土地管理部门依据有关文件，到现场划拨土地，打桩、放线、准许施工。

(6) 建设单位取得土地使用权后，即按照设计图纸进行施工建设。建成竣工后，应如实上报土地管理部门，经检查合格的由县人民政府办理登记，发给集体土地建设用地使用证。

（三）审查内容

农村集体经营性建设用地审查比宅基地审查工作要复杂一些，必须对项目的生产规模、基建投资、选址、面积等进行核对，重点应注意以下四个方面：

(1) 项目的批准文件是否有效。目前，各地在批准项目上，按投资规模都规定了批准权限，如果一个项目没有批文，或者批文机关级别没有达到要求，就不能批给其所需用地。

（2）看选址是否合理。要有规划部门的选址意见；如是扩建项目要考虑充分利用原有基地；占用耕地要从严控制，可调整使用非耕地的，要提出新的选址意见。

（3）看用地数量和生产规模是否相等。有乡镇企业用地定额标准的地区要严格执行定额标准；尚无定额标准的地区一是要参考同类工业项目用地定额标准，二是要做好现场踏察核对工作。

（4）看总平面图布置是否合理，厂区的功能分区是否合理，车间组织是否恰当，厂区道路是否过宽，建筑密度是否太低等，仔细分析后确定报批或令其修改。

四、公共设施和公益事业用地审批

农村公共设施和公益事业用地应按照村镇规划的方案进行，需要使用土地的，应由主办单位持该项目的批准文件及其他有关资料，经乡（镇）人民政府审批后，向县级以上人民政府土地行政主管部门提出申请，按照省、自治区、直辖市规定的批准权限，由县级以上地方人民政府批准，其中涉及占用农用地的，批准权属于省级人民政府。

这类用地的审批程序与审查基本上可参照集体经营性建设用地审批管理办理。

五、集体建设用地使用权的收回

下列三种情况可以收回集体建设用地使用权：

（1）为乡（镇）村公共设施和公益事业建设需要使用土地的，经过批准，农村集体经济组织可以收回集体建设用地使用权。但对土地使用人造成的损失，应予以补偿。

（2）不按照批准用途使用土地的，经原批准机关批准，农村集体经济组织应收回土地使用权，并不予补偿。

（3）因撤销、迁移等原因而停止使用土地的，这是指乡镇企业、公益事业、公共设施的所有者因某种原因被撤销或迁移到其他地方，不再需要使用或无法使用该土地的，可以由农民集体经济组织收回土地使用权。

第五节　集体建设用地有偿流转管理

2015年起，国家在33个试点县（市、区）首先开展了为期四年多的农村集体经营性建设用地入市制度改革试点。相关制度性成果通过2020年新施行的《土地管理法》（第三次修正）予以体现，在法律层面确立了农村集体经营性建设用地入市的基本制度。该项举措是我国土地制度的重大变革，事关农民切身利益，涉及各方面利益的重大调整，始终坚持积极稳妥推进。集体经营性建设用地有偿流转标志着农村建设用地市场从无到有，逐渐建立。

一、集体建设用地有偿流转概述

（一）集体建设用地有偿流转的概念及特征

1. 集体建设用地有偿流转的概念

集体建设用地有偿流转，是指乡（镇）村各级农村集体经济组织依据土地所有权和使用权相分离的原则，将农村集体建设用地的使用权，或者乡（镇）村企业及农民个人将自己依法获取的农村集体建设用地使用权，通过租赁、土地使用权作价入股等方式，有偿让与或转让给其他单位和个人使用的行为，其实质是使用权主体的变动。

按照当前的法律政策规定及各地实践，集体建设用地有偿流转的范围包括农村集体经营性建设用地和农民宅基地。

2. 集体建设用地有偿流转的特征

参照集体建设用地有偿流转的定义，可以总结出我国集体建设用地有偿流转具有以下三个基本特征：

（1）它是指土地权利的流转，而不是土地功能或用途的流转。从总体上来看，因为农用地变为建设用地后，虽然再转变为农用地的可能性存在，但比例很低。这里所称"权利"，是指农村集体经济组织依法享有对集体土地的占有、使用、收益和部分处分的权利。

（2）它是指土地使用权的流转，而不是土地所有权的流转。从权利流转的角度来看，土地权利的流转又可以分为所有权的流转和使用权的流转。我国现行法律对集体所有土地所有权的流转，只规定了单一的流向，即只能通过征收的方式转为国有，因此，集体建设用地所有权的流转在此不作论述，只关注集体建设用地使用权的流转。这里的"土地使用权"是一个广义的概念，它应当包括对土地的占有权、实际使用权、收益权和部分处置权。

（3）从权利来源的角度来看，它包括土地使用权的初次流转和再次流转。在初次流转中流转一方必须是农村集体经济组织（即土地所有权代表），再次流转时流转一方必须是已经得到集体建设用地使用权的单位和个人。

（二）我国集体建设用地有偿流转的特点

随着我国社会经济的不断发展及土地使用制度改革的深入推进，在经济发达省份和城乡接合部，集体建设用地流转已相当普遍，集体建设用地流转已由自发、小规模出租房屋、场地等，演变为有组织、有规模、形式多样的流转。目前集体建设用地流转呈现出以下四个特点：

1. 集体建设用地流转现象普遍存在

近年来，随着农村社会经济发展，乡镇企业结构大规模调整，集体建设用地流转现象增多。无论经济发达地区还是欠发达地区，集体经营性建设用地流转的大量存在已成为一个不争的事实。不仅乡镇企业用地随着企业改制普遍流转，农村宅基地也随着房屋买卖等进行流转。有关调研显示，浙江、上海、江苏、广东等地，乡镇企业在合并、兼并、股份制改造或联营过程中，集体经营性建设用地流转大量发生。河南郑州等地城乡接合部的大型家电、建材、集贸市场等使用的土地全部是集体建设用地。

2. 集体建设用地流转主体多元化

由于经济发展投资主体的多元化，参与集体建设用地流转的主体也呈多元化趋势。集体建设用地流转的转让或出租方包括：乡镇企业、村、组集体经济组织等集体土地所有者。乡镇政府和村民委员会等政府和村民自治组织；乡镇企业、村企业和个人等土地使用者。而受让方包括本集体经济组织或其内部成员；其他集体经济组织或其他社会成员。

3. 集体建设用地流转形式多样，以土地和房屋租赁为主

仿照国有建设用地，目前集体建设用地流转形式已经涵盖了出让、转让、出租、作价入股（联营）等多种形式。在流转中，既存在以转让、出租、作价出资入股、联营、联建等形式单独流转集体建设用地使用权的，也存在土地与地上建筑物、构筑物一并流转的。在当前的集体建设用地流转形式中，土地和房屋出租已成为流转的主要形式。

4. 集体建设用地流转区位特征明显

集体建设用地流转量大且活跃的地区，主要分布在大中城市城乡结合部，其次小县城和中心集镇，而偏远农村地区相对较少。由于受城市社会经济辐射强度、市场化水平的影响，在大中城市的城乡接合部，社会对集体建设用地流转的需求非常强烈，集体建设用地流转不仅活跃，而且已具相当规模；在城镇化水平不高的远郊区，集体建设用地流转的活跃程度下降，流转形式单一，流转数量较少甚至零流转。

二、集体建设用地有偿流转方式

从各试点的具体做法以及各地方建设用地使用权流转规定或办法来看，现实中农村集体建设用地使用权流转的方式基本上借用和承袭了国有土地使用权的流转方式，概括起来主要有以下五种方式：

（一）集体土地使用权出让

集体土地使用权出让是指集体经济组织以土地所有者的身份，将土地使用权在一定年限内出让给本集体经济组织之外的土地使用者，并由该土地使用者向集体经济组织支付出让金的行为。这种流转方式在国家层面还没有公开的法律依据，是完全仿效城镇国有土地使用权出让的办法进行的，但出让方主要是乡镇一级的集体经济组织。

（二）集体建设用地使用权转让

集体建设用地使用权转让是已经取得集体建设用地使用权的企业和个人，将其使用权再次转让给新的土地使用者的行为，其实际是土地使用权的再转移。土地使用权的转让只能是对原权利剩余期限的转让。集体土地使用权转让的条件是，必须按照土地使用权出让（或出租、承包）合同规定的期限和条件对土地进行建设和利用，未满足规定条件的土地使用权不得转让。参照国有土地使用权转让的方式，集体建设用地使用权转让可包括出售、交换、赠与和继承四种方式：①出售方式，即买卖，是指土地使用者将土地使用权转移给他方，他方为此支付价金的行为；②交换方式，也叫"互易"，是指土地使用者双方约定互相转移土地使用权或一方转移土地使用权，另一方转移金钱以外标的物的行为；③赠与方式，指土地使用者自愿把自己的土地使用权

无偿转移给受赠人的行为；④继承方式，由继承人依法取得被继承人的农村集体建设用地使用权。

（三）集体建设用地使用权出租

集体建设用地使用权出租是指集体建设用地所有者或使用者将一定年限的土地使用权出租并收取租金，土地使用者取得承租集体建设用地使用权。使用权出租是目前农村集体建设用地流转的最主要形式。可分为两种：①集体土地所有者为出租主体。主要表现为农村集体将建设用地使用权或厂房出租给企业或个人，搞"招商引资"，由集体收取一定的租金。这种方式在山东、江苏、浙江、广东等省均普遍存在。②集体建设用地使用者为出租主体。主要表现为村办企业以全部或部分土地出租，靠收取租金盈利以及农民个人出租住宅，引致土地使用权的出租。

（四）集体建设用地使用权抵押

集体建设用地使用权抵押是指集体建设用地使用者作为债务人或第三人（以下简称抵押人），将其土地使用权及地上建筑物、其他附着物作为抵押物抵押给债权人（以下简称抵押权人）作为清偿债务担保的行为。以建设用地土地使用权担保的债务一经偿付，土地使用权在法律上的转让便立即失效。但如果抵押人到期未能履行债务或者在抵押合同期间宣告解散、破产的，抵押权人有权依照国家法律、法规和抵押合同的规定处分抵押财产，抵押权人对处分所得有优先受偿权。在我国现行法律体制下，集体建设用地使用权不得单独抵押，但可以与地上建筑物连带抵押。这种流转方式多存在于民营经济较发达的东南沿海一带，由于开办企业或经商的资金不足，企业或个人就以取得的土地使用权进行抵押融资。

（五）集体建设用地使用权出资或作价入股

集体建设用地使用权出资或作价入股是指集体土地所有者或使用者以一定年限的集体建设用地使用权作价，以出资或入股方式投入企业，并按出资额或股份分红，土地使用者取得集体建设用地使用权。这种流转方式在20世纪90年代前期较为常见，但由于企业经营的风险性较大，其已逐渐被土地租赁的方式所取代。

由乡镇企业兼并、破产等引起的土地使用权流转是指因经济纠纷或企业破产、兼并等导致法院裁定和判决而致集体建设用地使用权流转。这种情形在沿海一带已逐渐增多，法院判决流转主要采取拍卖方式。该种流转方式符合现行法律的规定，具有合法性。

第六节 地价管理

地价管理是土地管理的重要组成部分，是政府管理土地市场的重要内容。地价管理就是对土地价格进行管理，是依据一定时期内国家经济政策和土地市场状况等，制定相应的地价管理政策，并通过一定的地价管理制度，对土地市场中的土地价格进行调控和管理，以确保交易双方和国家等各方面的合法权益，维护土地市场的健康发展。

主要包括地价管理政策的制定和建立地价管理制度。

一、我国的地价体系

(一) 我国地价体系构成

根据我国土地管理特点和《城市房地产管理法》有关规定，我国地价体系应包含以下五种价格：

(1) 反映城镇整体地价水平，作为政府对地价实行宏观管理和控制标准的基准地价。

(2) 反映宗地在一般市场条件下的正常地价水平，作为政府对地价和地产市场进行具体管理依据的标定地价。

(3) 反映宗地在不同市场条件和不同交换形式下的地价水平，作为土地交换各方的交易最低价或期望价参考的交易底价或交易评估价。

(4) 反映具体宗地在地产交易或交换等活动中的现实价格，由土地交易双方认可并据此支付地价款的成交地价。

(5) 由以上四种类型地价衍生出的供抵押、税收、担保、典当、资产核算等方面使用的地价。

上述五方面地价相互影响、相互联系，共同构成现阶段我国的地价体系。

从地价性质来看，基准地价、标定地价、交易底价及由此衍生的其他宗地地价，是根据过去成交地价及土地收益情况评估得到的评估地价；而成交地价则是在地产交易中直接实现的现实价格。另外，从地价特点来看，基准地价属于区域平均地价，而标定地价、交易底价、成交地价及其他衍生地价都属于宗地地价。基准地价和标定地价是政府为管理地价和土地市场而组织或评估的，对其他地价具有一定的导向和控制作用，是我国地价体系的核心；标定地价、交易底价或交易评估价是土地市场中最常见且大量发生的地价形式，是地价体系的主要成分；成交地价最能反映土地市场的现实状况，是地价体系的关键参照指标。

(二) 几种主要地价类型概念

1. 基准地价

基准地价是指政府对城镇各级土地或均质地域及其商业、住宅、工业等土地利用类型分别评估的土地使用权平均价格，是分用途的土地使用权区域平均价格，对应的使用年期为各用途土地的法定最高出让年期，由政府组织或委托评估，评估结果须经政府认可。基准地价是目前区域平均价的最常见形式。

2. 标定地价

标定地价是政府根据管理需要，评估的具体宗地在正常土地市场和正常经营管理条件下某一日期的土地使用权价格。标定地价是宗地地价的一种，由政府组织或委托评估，并被政府所认可，作为土地市场的管理依据。

3. 土地出让底价

土地出让底价是政府根据正常市场状况下地块应达到的地价水平和相应的产业政

策，确定的某一地块出让时的最低控制价格标准。

4. 成交地价

成交地价也称市场交易价，是土地使用权转移双方，按照一定的法律程序，在土地市场中实际达成的交易价格。

二、地价管理的内容体系

随着我国土地市场的不断发育，为调控和规范土地市场交易行为，围绕前述五类地价类型，国家制定了相应的地价管理制度与政策，具体包括如下五个方面：

（一）基准地价及标定地价定期公布制度

《城市房地产管理法》第三十三条规定：基准地价、标定地价、房屋重置价应当定期确定并公布。市、县人民政府土地行政主管部门应当定期组织或委托评估机构，评定城市基准地价和标定地价，并拟定基准地价公布方案，报有批准权的政府批准后公布。

基准地价评估以城镇整体为单位进行，由政府组织或委托评估，评估结果须经政府认可。基准地价的作用：①宏观控制地价，反映地产市场中的地价水平和变动趋势，为政府制定管理措施和投资者投资决策提供依据；②国家征收土地使用税等的依据；③确定新增建设用地土地有偿使用收益的中央与地方分成标准的依据；④进一步评估宗地地价的基准，具有估算基值和修订初始值的作用；⑤对土地利用、流动进行引导；⑥制定协议出让国有土地使用权最低价的依据和参考标准。

标准地价是宗地地价的一种，由政府组织或委托评估并被政府所认可。标定地价的作用：①政府出让土地使用权时确定出让金额的依据；②清产核资中核定单位占用的土地资产和股份制试点企业土地作价入股的标准；③行使土地优先购买权的参考；④核定土地增值税和管理地产市场的具体标准；⑤划拨土地使用权转让、出租、抵押时，确定补交出让金的标准。

（二）出让国有土地使用权最低限价政策

1. 协议出让最低价政策

《城市房地产管理法》第十三条规定：采取双方协议出让国有土地使用权的出让金不得低于按国家规定所确定的最低价。

国土资源部2003年6月发布的《协议出让国有土地使用权规定》（国土资源部21号）中规定，协议出让最低价不得低于新增建设用地的土地有偿使用费、征地（拆迁）补偿费用以及按照国家规定应当缴纳的有关税费之和；有基准地价的地区，协议出让最低价不得低于出让地块所在级别基准地价的70%。协议出让底价低于最低价时，国有土地使用权不得出让。

2. 招标、拍卖、挂牌底价的确定

根据《招标拍卖挂牌出让国有土地使用权规定》（国土资源部令第11号）规定，市、县人民政府土地行政主管部门应当根据土地估价结果和政府产业政策综合确定标底或者底价，并在招拍挂出让活动结束之前保密。在拍卖和挂牌出让国有土地使用权时，如果竞买人的应价或报价低于底价，则不能成交；而中标人必须是能够最大限度地满足招标文件中规定的各项综合评价标准，或者能够满足招标文件的实质性要求且价格最高的投标人。

3. 全国工业用地出让最低价标准统一公布制度

自2006年国务院发布《国务院关于加强土地调控有关问题的通知》（国发〔2006〕31号）及《全国工业用地出让最低价标准》（国土资发〔2006〕307号）后，我国开始建立了工业用地出让最低价标准统一公布制度：工业用地出让最低价标准不得低于土地取得成本、土地前期开发成本和按规定收取的相关费用之和，由国家根据土地等级、区域土地利用政策等统一制定并公布。另外，工业用地必须采用招标、拍卖、挂牌等方式出让，其出让价格不得低于公布的最低价标准。低于最低价标准出让土地，或以各种形式给予补贴或返还的，属非法低价出让国有土地使用权的行为，要依法追究有关人员的法律责任。

工业项目必须依法申请使用土地利用总体规划确定的城市建设用地范围内的国有建设用地。对少数地区确需使用土地利用总体规划确定的城市建设用地范围外的土地，且土地前期开发由土地使用者自行完成的工业项目用地，在确定土地出让价格时可按不低于所在地土地等别相对应最低价标准的60%执行。其中，对使用未列入耕地后备资源且尚未确定土地使用权人（或承包经营权人）的国有沙地、裸土地、裸岩石地的工业项目用地，在确定土地出让价格时可按不低于所在地土地等别相对应最低价标准的30%执行。对实行这类地价政策的工业项目用地，由省级国土资源管理部门报国土资源部备案。对低于法定最高出让年期（50年）出让工业用地，或采取租赁方式供应工业用地的，所确定的出让价格和年租金按照一定的还原利率修正到法定最高出让年期的价格，均不得低于《全国工业用地出让最低价标准》。

（三）土地登记和土地交易价格申报制度

根据新修订的《城市房地产管理法》第三十五条规定，国家实行房地产成交价格申报制度。房地产权利人转让房地产，应当向县级以上地方人民政府规定的部门如实申报成交价，不得瞒报或者作不实的申报。涉及土地使用权转移的，不如实申报成交价属于违法行为，土地使用权将不受法律保护。

国土资源管理部门对土地交易价格申报的管理和制度建设，与健全土地登记制度配合进行，通过完善土地登记制度，加强对土地出让、转让、出租、抵押等活动的登记，来掌握土地交易价格，实施地价管理。凡涉及土地权属、面积、界址等变化的社会经济活动，都必须向国土资源管理部门申请土地登记，同时申报土地资产价格或土地交易价格。在登记时，国土资源管理部门要以基准地价和标定地价为依据，加强对申报地价和租金的审核，完善对基准地价、标定地价、地价优惠额、成交地价、租金、抵押及土地他项权力状况的登记。

（四）政府对土地使用权的转移有优先购买权

《城市房地产管理法》和《城镇国有土地使用权出让和转让暂行条例》第二十六条规定：土地使用权转让价格明显低于市场价格的，市、县人民政府有优先购买权。

实施优先购买权有以下三个程序：

（1）公布优先购买权实施的价格标准和政策规定。政府实施优先购买权的标准，一般以基准地价为依据，规定一定的变动范围，变动范围的大小可根据市场发育程度和地价评估精度确定一个交易双方申报交易地价的变动范围。条件具备的城市，也可以宗地地价作为优先购买权实施的标准。对一些政府实施土地利用规划、建设公共福利设施等属政策规定需实施的优先购买权，则应设定优先购买权的实施范围。

（2）交易双方申报成交价格。交易双方通过多种方式达成土地转移意向后，在变更土地登记之前或申请土地登记时，需向政府申报双方的成交价格，供土地登记和衡量成交价格是否正常的依据。

（3）政府实行优先购买权。交易双方申报的成交价格明显低于正常市场价格，且低于政府规定的地价标准的，政府可以实行优先购买，并宣布交易双方的土地转移合同无效，由政府支付给土地转让方资金后，收回土地使用权。对属于建设需要实行的优先购买权，则应向双方说明原因，出具必要的证明材料。[①]

（五）政府对地价不合理上涨进行干预

《城镇国有土地使用权出让和转让暂行条例》第二十六条规定：土地使用权转让的市场价格不合理上涨时，市、县人民政府可采取必要措施。该规定的主要作用是防止市场地价的不合理上涨和土地投机行为，满足社会各方面对土地的需求。其主要手段有以下五个：

（1）对地价上涨不合理的地区实行地价冻结，对一些按规划需要建设的地区，为防止地价上涨影响到规划的实施，也采取冻结地价和限制交易进行控制。

（2）限制保有土地的数量，制止土地囤积与垄断造成的地价不合理上涨。

（3）实行土地资产的累进税率，防止个人囤积和无效占用土地。

（4）适时开发新建设用地，增加土地供给量，以影响地价的升降。

（5）增加土地市场透明度，保证交易双方尽量信息对称。

三、城市地价动态监测

（一）城市地价动态监测概述

（1）地价动态监测的概念。地价动态监测是根据城市土地市场的特点，通过设立地价监测点，收集、处理并生成系列的地价指标，对城市地价状况进行观测、描述和评价的过程。

（2）地价动态监测的目的。监测目的是调查城市地价的水平及变化趋势，向社会提供客观、公正、合理的地价信息，为政府加强地价管理和土地宏观调控提供基础数据和决策依据。

（3）监测对象。城市地价动态监测的对象是城市土地的价格状况。城市土地价格状况包括城市地价的水平状况、变化状况、结构特征以及地价与相关指标协调程度等。

[①] 《城镇国有土地使用权出让和转让暂行条例》（根据 2020 年 11 月 29 日《国务院关于修改和废止部分行政法规的决定》修订）。

(4) 监测周期。城市地价动态监测在设定的周期进行。全国范围、全省（自治区、直辖市）范围和城市范围的地价监测周期按照年度和季度进行；重点区域和重点城市、重点区段以及专题性监测等，周期根据具体情况设置。

(5) 监测地价类型。城市监测地价分为商业、居住、工业三种基本类别，各类别地价的内涵应与城市的基准地价内涵一致。为了反映城市地价的综合状况，设立综合地价指标，由商业、居住和工业三种用途地价综合形成。根据不同的目的和需要，可以在三种基本类别的基础上再下设亚类用途的地价。

(6) 监测地价基准日。监测地价具有统一的基准日。季度监测地价基准日分别为各季度的最后一日，年度监测地价基准日为每年12月31日。

（二）城市地价动态监测范围

1. 监测范围确定

城市地价动态监测的范围根据不同监测目标设置。城市内部按照城市某一种标准（如规划区红线、建成区界限等）界定地价动态监测范围。跨城市区域按照行政区域宏观经济区域划分城市地价动态监测范围。

城市地价动态监测分为国家级城市地价动态监测、省级城市地价动态监测和城市级地价动态监测三个层次。国家级城市地价动态监测、省级城市地价动态监测属于区域性城市地价动态监测，城市级地价动态监测属于城市内部地价动态监测。

2. 国家级城市地价动态监测范围

国家级城市地价动态监测范围包括全国范围的城市地价动态监测、跨省（自治区、直辖市）区域的地价动态监测、重点城市地价动态监测等。全国范围的城市地价动态监测是指对全国范围内的直辖市、省会城市、计划单列市等大城市，以及主要中、小城市进行全面的地价动态监测。跨省（自治区、直辖市）区域地价动态监测是指对跨省经济区域（如长江三角洲、珠江三角洲等地区）的大城市和主要的中、小城市进行地价动态监测。重点城市地价动态监测范围是指对在重要区域或全国范围内有重要影响的城市进行的地价动态监测。

3. 省级城市地价动态监测范围

省级城市地价动态监测范围包括全省（自治区）范围的城市地价动态监测、省（自治区）内分区域的地价动态监测等。全省（自治区）范围的城市地价监测动态是指对全省（自治区）范围内的大城市、中等城市、小城市进行全面地价动态监测。省（自治区）内分区域的地价动态监测是指对省（自治区）内一定区域的大城市、中等城市、小城市进行地价动态监测。

4. 城市级地价动态监测范围

城市级地价动态监测范围包括城市主城区域建成区整体地价动态监测、城市各区域和重要区段地价动态监测等。

（三）地价动态监测信息发布

1. 国家级地价动态监测信息发布

国家级地价动态监测发布的主要信息内容包括全国总体城市地价水平值、区域城市地价水平值、重点城市地价水平值；全国总体城市地价增长率、区域城市地价增长率、重点城市地价增长率；全国总体城市地价指数、区域城市地价指数、重点城市地价指数；全国城市地价动态监测年度报告、季度报告；其他相关信息。

2. 省级地价动态监测信息发布

省级地价动态监测发布的主要信息内容包括全省（自治区）总体城市地价水平值、省（自治区）内重点区域和重点城市的地价水平值；全省（自治区）总体城市地价增长率、省（自治区）内重点区域和重点城市的地价增长率；全省（自治区）总体城市地价指数、省（自治区）内重点区域和重点在市的地价指数；全省（自治区）总体城市地价动态指数、省（自治区）内重点区域和重点城市的地价指数；其他相关信息。

3. 城市级地价动态监测信息发布

城市级地价动态监测发布的主要信息包括城市整体地价水平值、市内各级别及各区段地价水平值；城市整体地价增长率、市内各级及各区段地价增长率；城市地价指数；城市地价动态监测年度报告、季度报告；其他相关信息。

4. 信息发布方式

地价监测信息发布方式包括公告发布，通过广播、电视、报刊、网络等媒体刊登公告；新闻披露，通过广播、电视、报刊、网络等媒体发布新闻；信息系统查询，通过建立计算机查询系统，提供网上查询信息服务。

四、农村建设用地价格管理

（一）农村建设用地地价评估现状

近年来，自然资源部不断完善农村地价评估的专业化服务机制，重点提高对农村土地制度改革的支撑保障能力。

（1）加强估价专业技术队伍建设。经过20多年发展，目前，全国已有土地估价专业人员近4万人，机构3000多家，从业人员近20万人，遍布全国所有市（区、县），能够满足农村土地、房屋、在地资产等涉农产权交易评估需求。

（2）加强城乡公示地价体系建设。部署全国全面开展集体建设用地和农用地基准地价制订工作，全面开展农用地定级，支撑城乡土地市场一体化建设。

（3）完善农村土地价格评估技术规范。在《农用地分等规程》《农用地定级规程》《农用地估价规程》三个国家技术标准基础上，2020年发布《农村集体土地价格评估技术指引》，对集体经营性建设用地、宅基地、其他建设用地、农用地等各类情况的价格评估做出了详细规定。

（二）农村建设用地基准地价评估方法[①]

1. 集体建设用地定级

除参照遵循《城镇土地分等定级规程》的相关规定外，集体建设用地定级还应注意在因素因子体系及其量化评价方法、资料调查与整理、定级单元划分以及结果确定

[①] 《农村集体土地价格评估技术指引》（中估协发〔2020〕16号）。

等方面关注其可能存在的特色性差异。

(1) 因素因子体系及其量化评价方法。

1) 一般要求。

①繁华程度、交通条件、基本设施状况、产业集聚效益、环境条件、人口状况等土地质量影响因素的内涵与量化评价方法与国有建设用地类同。在确定各定级因素中所含的具体因子及其评价指标时,可在《城镇土地分等定级规程》规定的基础上,考虑城乡之间在社会经济职能、建设形态与规模等方面的差异,结合评价对象的特征,适度增减取舍,体现针对性、差异性、可行性。②鉴于集体建设用地具有覆盖范围广、空间位置分散、质量分布不连续、城乡接合部受邻近城镇或已建成区域的辐射影响明显、受区域功能规划及政策导向等影响明显的特征,在未先行开展集体建设用地分等的情况下,宜增加反映宏观区位、社会经济水平差异,以及相关规划等影响因素。③在量化各因素因子对定级单元的影响程度、确定影响规律、作用半径和功能分衰减方式、测算作用分值时,原则上遵循《城镇土地分等定级规程》中的相关规定。当评价对象空间布局具有特殊性或因素之影响规律存在区域特异性时,可在深入分析的基础上,适当调整量化模型与方法,主要体现在对因素类别的划分(点线状因素、面状因素),功能分衰减模型的选择(指数衰减、线性衰减),以及定级单元作用分的取值规则等方面。

2) 宏观区位影响度。

①内涵与作用。主要用于反映位于定级对象空间范围之外,但对定级对象具有明显辐射影响的因素,例如,与定级对象近邻的中心城镇、商业繁华区、产业园区、集中区、集散地等对定级对象土地质量的影响。②量化评价方法。属点状因素,作用半径、影响规律及功能分测算方法通常类同于商服中心,可参照《城镇土地分等定级规程》相关规定。

3) 社会经济发展状况。

①内涵与作用。社会经济因素对集体建设用地的使用价值具有重要影响,当定级对象覆盖的空间范围较大,涉及多个行政单元时,应考虑不同单元上,社会经济发展状况的差异,具体可用经济产值、人均经济收入、耕地(或建设用地)占比、人口状况等多个因子评价。②量化评价方法。属面状因素,可通过定级范围内不同行政单元上(乡、村、居、街道等)的相关统计指标量化其影响程度,相关指标测算公式参见《城镇土地分等定级规程》。上述所列因子中,耕地面积占比(或人均耕地)通常属于负向影响因子。

4) 繁华程度。主要是指商服繁华程度,以定级对象空间范围内的商服设施表征。除常规商服设施外,可根据实际情况将农贸市场、大型超市、专业市场、定期开办的集市等视作商服设施参与测算。繁华程度属点状因素,具体评价测算规则与方法参见《城镇土地分等定级规程》。

5) 交通条件。交通条件对集体建设用地质量和可充分利用程度有着重要影响,包括道路通达度、公交便捷度、对外交通便利度三类影响因素,具体因子选择和评价指标确定时，除遵循《城镇土地分等定级规程》有关规定外，还应关注以下要点：

①在道路通达度中应增加考虑对定级对象有影响的国道、省道、县道及乡村道路的影响。②在公交便捷度中，如果运行在农村的公交车辆停靠站较为灵活，无固定站点，可将其作为线状因素考量。③在对外交通便利度中，应重点考虑高速公路出入口及其他对外交通节点对定级对象的影响。交通条件通常属点线状因素，当以路网密度指标表征时，可视作面状因素，具体评价测算规则与方法参见《城镇土地分等定级规程》。

6）基本设施状况。包括基础设施完善度和公用设施完备度。除中小学、幼儿园、医卫设施等常规因子外，可根据当地的实际情况选择具有特色且具备一定规模和稳定性的设施作为因子，例如：老年活动站所、文娱场所、农家乐、乡村旅游设施、农村电商营销点、固定的物流配送中心等基础设施完善度通常为面状因素，公用设施完备度通常为点状因素，具体评价测算规则与方法参见《城镇土地分等定级规程》。

7）环境条件。除各类自然环境条件外，可根据实际情况将农村人居环境、工程地质条件、是否受地质灾害影响等纳入评价指标体系。环境条件因素通常为面状因素，具体评价测算规则与方法参见《城镇土地分等定级规程》。

8）区域规划。对定级对象土地质量分布有重要影响的各级各类国土空间规划、旅游发展规划及相关功能区划等亦应纳入评价体系。

（2）定级资料调查与整理。资料调查内容和要求总体参照《城镇土地分等定级规程》有关规定，并结合评价区域内的实际情况处理，并应关注以下三个方面：

1）地籍、土地利用、规划及社会经济发展等统计资料宜具体到村（组）等基层行政单元。

2）对位于集体建设用地定级范围之外，但对测算范围内集体建设用地质量存在明显辐射影响的城镇（集镇）中心以及其他商服设施、基础公共服务设施等，需调查其相关资料。

3）调查土地（房地产）利用或交易样本资料宜以有政策法律支持的公开市场样本为主，并关注当地的具体政策，以及对价格有影响的交易习俗、普遍做法和特殊约定等。

（3）定级单元划分与单元总分值测算。在参照《城镇土地分等定级规程》有关规定划分定级单元时，应依据集体建设用地的特点选择大小适宜的测算单元，测算各单元的作用总分值。也可将同村（组）覆盖的定级对象确定为应用评价单元，根据其所含的各测算单元分值测算应用评价单元的作用总分值。

（4）级别划分与确定。级别划分初步结果应征求相关集体经济组织和管理部门的意见。当同一村（组）内的连片建设用地初步判定为具有明显质量差异需划入不同级别时，应充分考虑集体经济组织的接受程度，并与相关管理政策导向衔接。

2. 集体建设用地基准地价测算

除参照遵循《城镇土地估价规程》的相关规定外，集体建设用地基准地价应主要在地价内涵设定、资料的调查整理与测算、成果表达方式等方面关注其可能存在的特色性差异。

(1) 基准地价内涵的设定除地价内涵设定的常规要求外,还需关注并明确以下三个内容:

1) 涉及的地类用途至少应包括商服用地、工业用地、宅基地。

2) 土地权利设定中,应明确界定是否存在特殊的权利权能限制或拓展性条件。对于经营性建设用地至少包括出让土地使用权价格。

3) 年期设定参照国有建设用地的法定最高出让年期。对于"宅基地"及"工业用地",其年期设定应与相关法律政策相衔接。

(2) 资料调查与整理。除《城镇土地估价规程》规定的调查内容与要求外,还需特别注意以下四个方面:

1) 交易样点资料。交易样点资料不仅包括买卖(出让、转让、租赁等)样点、抵押样点、还应包括各类利用集体建设用地获取生产经营收益的样点、宅基地有偿使用(含有偿退出)及经营获利的样点等。交易样点应以有政策法律支持的公开交易样点为主,在市场发育度低、样点数量较少的地区,宜进行全样本调查,可将样本的时效性要求放宽至近五年。

2) 法律政策资料。收集当地在涉及城乡统筹、集体土地利用、土地征收、移民安置以及"三农"领域的具体法律规章、政策文件、试点方案、实施办法等,并关注其落实程度。

3) 在尚未建成集体土地交易统一平台或交易资料统一归档管理机制的地区,应综合内业查档、外业调查、问卷访谈、会议座谈等多种形式全面获取各类样点资料。

4) 调查中应与交易涉及的集体经济组织、农民、用地企业、监管部门等进行充分交流,掌握交易价格形成的行为机理、限制性条件、心理价位及其他价格影响因素等。关注市场参与各方对集体建设用地与国有建设用地市场的差异感知情况与接受程度。

(3) 基准地价测算与确定。以土地级别(或均质区片、路线段等)为基础,统计不同均质空间上的集体建设用地价格或收益水平,确定基准地价。

1) 利用样点地价测算基准地价。对于集体建设用地样点不足的区域,可通过建立定级单元(或土地级别)土地质量分值与样点地价数学模型的方法,测算基准地价;也可通过建立地价与影响地价的土地条件对照表,通过差异比较,以已测算出相应基准地价的级别地价为基准进行测算。具体模型、方法的运用思路见《城镇土地估价规程》。

2) 利用土地收益资料测算基准地价。当可获取集体土地上企业生产运营的详细资料时,可通过级差收益测算方法测算各级别基准地价,具体见《城镇土地估价规程》。

(4) 基准地价修正系数表的编制。编制思路和方法参见《城镇土地估价规程》,其中地价影响因素的确定宜与定级因素因子体系适当衔接,在市场发育程度较低、地价样点数量不足的区域内,修正系数的确定可主要依据定级因素分值确定。

思考题

1. 我国建设用地市场的概念及主体是什么？建设用地市场结构如何？
2. 土地储备的程序是什么？
3. 建设用地供应有哪些方式？
4. 国有土地使用权出让的概念是什么？国有土地使用权出让的方式和程序如何？
5. 国有土地使用权转让的概念是什么？转让方式有哪些？国有土地使用权转让应具备哪些条件？
6. 国有土地使用权租赁、出租有何异同？
7. 什么是国有土地使用权抵押？哪些土地的使用权不能用于抵押？
8. 什么条件下集体建设用地使用权可以收回？
9. 什么情况下集体建设用地使用权可以流转？流转方式有哪些？
10. 我国地价管理的内容体系包括哪些？

第八章 建设用地集约利用管理

建设用地的合理利用在土地利用的大系统中发挥着极为重要的作用。城镇和乡村是人类社会赖以生存的两个相对独立又统一的空间体系。城镇和乡村在经济活动和人口迁徙中分别发挥不同的作用，前者是经济增长的主要动力和人口集聚中心，后者为经济社会发展提供农业保障、输出劳动力；各个城镇和乡村之间通过交通等基础设施互相联系，实现劳动力、资本和技术的流动。因此，这一空间体系既是人类生产生活的主要场所，也是社会财富积累的主要地域。

由于用途和属性不一致，建设用地利用管理与农用地利用管理的目标和要求有明显差异。在经济持续快速发展的背景下，人地关系日益紧张，建设用地供需矛盾突出，建设用地管理的一个重要目标就是通过严格管理建设用地开发利用行为，实现建设用地的集约利用。

第一节 建设用地集约利用的概念及意义

一、概念

"集约"是"粗放"的相对概念，集约经营原指农业土地的一种经营方式，后引申到经济领域，是指依靠科技进步和现代化管理，提高产品质量，降低物质消耗和劳动消耗，实现生产要素的合理配置，讲求经济效益和生产效益的生产经营方式。土地作为一种基本的生产要素，尤其需要在利用过程中实现集约经营。

土地集约利用的概念最早由古典经济学家大卫·李嘉图（David Ricardo，1809）等在地租理论中，通过对农用地的研究提出。他指出，农地集约利用是指在一定面积土地上，集中投入较多的生产资料和劳动，使用先进的技术和管理方法，以求在较小面积土地上获取高额收入的一种农业经营方式[1]。

---

[1] ［英］大卫·李嘉图. 政治经济学及赋税原理[M]. 劳英富，译. 北京：金城出版社，2020.

马克伟（1991）[①] 在《土地大辞典》中对"土地集约经营"词条的解释是："土地集约经营是粗放经营的对称，是指在科学技术进步的基础上，在单位面积土地上集中投放物化劳动和活劳动，以提高单位土地面积产品产量和负荷能力的经营方式。在建筑业中，集约经营则是通过对单位土地面积多投放活劳动和物化劳动，来提高土地利用率，增加建筑层数，提高土地的经济功能和负荷能力。"

随着城市化进程的加速及人地关系日趋紧张，人们对城市建设的认识开始由城市投入向经营城市转变，如何集约利用有限城市土地逐渐成为人们关注的热点。于是，在农业土地集约利用基础上，建设用地集约利用应运而生。

丘金峰（1992）[②] 主编的《房地产法辞典》在解释城市土地利用的集约程度时指出："城市土地利用的集约程度指单位面积城市土地上的投资和使用状况。衡量城市土地利用集约程度的指标有：①资金集约度，即单位面积城市土地上的土地投资额，表现为土地上的土地投资与土地面积之比；②技术集约度，即土地之上建筑物或设施在施工中和落成后所应用的先进技术程度，这往往可通过资金集约度反映；③人口集约度，即单位面积城市土地上的人口数量，通常用人口密度表示。"

杨重光（2010）[③] 认为，城市土地集约利用包括三个方面：①城市单位面积的产出率不断提高；②通过土地利用规划和城市总体规划科学和合理利用城市土地，建立合理和经济的空间布局，并且使城市的经济、社会和环境得到协调发展；③通过旧城改造和房地产开发，结合调整产业结构，调整用地结构，提高城市土地的整体利用水平，最大限度地利用现有土地。原国家土地管理局局长邹玉川在1996年土地日发表的文章中指出，城市土地内涵挖潜、集约利用的潜力来自四个方面：①城市人均占地有潜力可控；②调整城市用地布局，提高土地产出率有潜力可挖；③小城镇用地有潜力可挖；④城市空闲地和地下空间也有潜力可挖。

毕宝德（2011）[④] 认为："所谓集约度，就是指单位土地面积上所投资本和劳动的数量。所投入资本和劳动越多，则集约度越高；反之，则越低……人们在谈到土地集约经营时，往往是指耕地，言及建设用地的很少。非农用地的效益可分为两类：用于住宅建设的是所建房屋的面积；用于工业、商业和交通运输的在于所获经营利润。前类是实物性的，后类是价值性的。但两者集约经营的共同点是力争获得单位土地面积上的最大收益。"

综合上述，可以将建设用地集约利用的内涵界定为：在兼顾生态效益和社会效益的前提下，通过增加劳动、资本、技术等投入，在保证资源效率不降低的前提下，提高土地资源利用强度和效益的土地开发利用模式。换言之，建设用地集约利用就是通过增加单位土地上所承载的其他生产要素（劳动力、资本、技术等），从而使单位土地的生产力增加的一种土地利用方式。

[①] 马克伟. 土地大辞典 [M]. 长春：长春出版社，1991.
[②] 丘金峰. 房地产法辞典 [M]. 北京：法律出版社，1992.
[③] 杨重光. 城市土地节约集约利用的基础、重点与市场机制 [J]. 上海城市管理，2010（5）：17-22.
[④] 毕宝德. 土地经济学（第六版）[M]. 北京：中国人民大学出版社，2011.

二、意义

随着我国社会经济的持续快速发展，土地资源供需矛盾日益尖锐，突出表现为经济社会快速发展导致的巨大建设用地需求与粮食安全、生态安全之间的矛盾。因此，改变粗放的土地利用方式，通过土地集约利用来提高土地利用产出，成为缓解建设用地供需矛盾、维持土地可持续发展的必然途径。

（一）建设用地集约利用是贯彻科学发展观、推进资源节约型社会建设的内在要求

近年来，针对经济运行中出现的突出矛盾和问题，国家多次强调必须坚持以人为本，树立全面、协调、可持续的科学发展观，做到"五个统筹"。国家明确指出，要按照建设节约型社会的要求，积极探索建立国土资源管理的新机制，全面落实土地管理的各项措施，节约和集约使用土地，切实保护耕地特别是基本农田。"盘活存量建设用地，推进集约和节约用地，是严格土地管理的重要环节。"由此可见，为了贯彻落实科学发展观，努力建设和谐社会，统筹城乡发展，必须促进土地集约利用水平的提高。

（二）建设用地集约利用是缓解工业化、城市化发展中土地资源供需矛盾的必然选择

当前，我国正处在工业化、城市化加速发展阶段。经济增长对土地资源的依赖程度还较高，经济建设和人民生活质量的改善必然还要占用一定数量的农地。由于土地是重要的战略资源，在严格耕地保护的基本国策下，如果继续走资源低效利用、经济粗放增长的老路，宏观经济将难以持续发展，工业化、城镇化将面临严重的土地资源瓶颈。在土地资源总量有限的前提下，要想解决土地供求矛盾，应着重提高存量土地利用效率和效益，把节约集约利用土地放在首位。

（三）建设用地集约利用是土地参与宏观调控、促进经济结构调整和增长方式转变的重要手段

根据我国现实的土地产权制度和使用制度，国家提出将国土资源管理特别是土地管理列为经济宏观调控的主要手段之一。2023年《政府工作报告》指出，创新宏观调控，保持经济运行在合理区间。面对贸易保护主义抬头、疫情冲击等接踵而来的严峻挑战，创新宏观调控方式，有利于建设用地的集约节约利用。

第二节 建设用地集约利用管理体系

建设用地集约利用管理，应兼顾增量建设用地的集约利用管理和存量建设用地的内涵挖潜。我国建设用地集约利用管理主要通过"制增量""挖掘存量"两条途径来实现。本节主要阐述我国城镇、工矿、农村居民点及低丘缓坡地开发等分类建设用地的集约利用监管和存量挖潜政策。

一、城镇用地集约利用管理

城镇用地集约利用管理是建设用地利用管理的重点。由于经济增长和人口集聚的需要，城镇用地在未来的一段时间内仍将持续增长，新增城镇用地需坚持集约利用原则，加强项目选址和用地审批。

二、城乡建设用地规模管控

实行城乡建设用地总量控制制度，强化县市城乡建设用地规模刚性约束，遏制土地过度开发和建设用地低效利用。加强相关规划与国土空间规划的协调衔接，相关规划的建设用地规模不得超过国土空间规划确定的建设用地规模。依据第三次土地调查成果和土地变更调查成果，按照国家统一部署，调整完善国土空间规划，从严控制城乡建设用地规模。强化对城镇建设用地总规模的控制，合理引导乡村建设集中布局、集约用地。严格执行围填海造地政策，控制围填海造地规模。

工矿用地低效利用是导致建设用地外延式扩张的重要原因。工矿用地集约利用管理需要严格供应前门槛管理、供中集约利用考核和供后监管与退出。我国工矿用地供前管理的重点是严格供地集约利用门槛，规范工矿用地出让行为，调整工矿用地结构，明确各部门权责；供中应根据工矿用地集约利用评价的结果，测算其集约利用潜力；供后主要根据集约利用评价结果，通过税费等经济杠杆推动低效用地的退出和再利用。

三、城乡建设用地增减挂钩管理

城乡建设用地增减挂钩管理是农村居民点用地集约利用的主要途径。通过总结提炼我国现有挂钩模式，制定城乡建设用地挂钩实施规划，并从实施主体、项目区选择、挂钩指标管理和运作模式等方面，明确城乡建设用地增减挂钩管理的操作方式，从而推动农村建设用地的存量挖潜。

四、低丘缓坡地开发管理

低丘缓坡地开发拓展了建设用地的供给来源，有效缓解了用地供需矛盾。低丘缓坡地开发管理应综合考虑土地利用现状和土地适宜性，加强规划引导，周密考虑和安排低丘缓坡开发的规模、功能分区、布局、用地结构等，并加强和各类相关规划的衔接；严格实行审批管理，做好土地变更调查和确权登记，完善资金投入机制，加强验收考核和动态监管。

五、新增建设用地的集约利用考核

新增建设用地的集约利用考核是以行政区为评价单元，分析其建设用地集约利用状况，为区域建设用地集约利用考核和奖励提供依据。国家建立了建设用地评价与考核制度，主要通过集约用地水平区域位次指标和集约用地水平年度变化指标的评价和排序，对行政区建设用地集约利用进行考核，以促进建设用地集约利用水平的提高。

第三节 城镇用地集约利用管理

城镇用地集约利用管理应从增量控制和存量挖潜两部分进行。增量控制应严格实施土地集约利用标准,开展新建项目选址和用地审批,保障新增城镇用地的集约高效利用;城镇存量建设用地应着力于存量盘活,通过积极开展"旧城"和"城中村"的更新改造,推进城镇用地的二次开发。

一、概述

(一) 管理原则

(1) 可持续发展原则。城镇用地不仅包括工业、商业、交通运输业、建筑业和郊区农业等生产性部门用地,而且包括文教、卫生、行政、服务等非生产性部门用地,还包括居住、绿化等生活用地。因此,要以可持续发展为基本出发点,以生态效益为前提,以经济效益为目标,注意构建结构合理、布局得当、协调发展的最佳土地利用模式及其用地结构体系,以便实现城乡空间经济结构的合理化和最优化。

(2) 节约集约、保护耕地的原则。我国是一个人多地少的国家,人地矛盾突出,尤其是耕地资源非常有限。因此,城镇用地开发一定要注意最大限度地节约用地,保护农田。努力挖掘城市在人均占地、用地布局调整、空闲地和地下空间开发等方面的潜力,实现城乡建设用地增减挂钩,走土地集约利用的路子,既要节约和保护耕地,又要防止好地劣用、大地小用、抛荒不用等土地资源浪费现象的发生。

(3) 因地制宜、循序渐进、滚动开发的原则。城镇用地开发在规模上应避免贪多求广、一哄而上的倾向,应当根据当地经济社会发展水平,尊重经济发展的客观规律,应当合理确定建设规模和时序,充分利用现有市政基础设施和公共服务设施,严格保护自然资源和生态环境,体现地方特色;在占地类型上,要尽量占用坡地、台地等非耕地,搞分期滚动式的开发。同时,还应该注重公众参与,尊重群众意见。

(二) 实现途径

提高我国城镇用地的集约利用水平,主要是通过"控制增量""挖掘存量"两条途径:

(1) 控制增量,即在城镇用地扩张时,对单位新增建设用地的产出和投入进行考核,从而防止建设用地低水平外延扩张。

(2) 挖掘存量,即对现有的城镇用地,通过增加、清理、改造,提高单位建设用地上的劳动力、资本和技术的集聚水平。具体包括清理闲置、空闲土地,旧城改造,城中村改造等。围绕上述途径,国家设立了一系列政策规定来引导和约束地方政府、土地使用者,提高城镇用地集约利用水平。首先,严格管理地方政府的征地、批地行为,考核和评价集约利用潜力,督促地方政府重视城镇用地集约利用;其次,针对开发商圈地现象严重的问题，加大对闲置和空闲土地的清理整顿力度，促进存量建设用地的二次开发。

二、土地集约利用存在的问题

（1）发展理念错位，粗放式增长。我国曾长期实行计划经济体制，投资主体是各级政府，投资意识和行为脱离企业经营规律和市场需求，往往在争项目、要投资、占土地上下功夫。在规模上求大、在结构上求全、在效果上急功近利，大量资金投入低水平、低效益的重复建设。以往我国的土地管理是以保证项目用地为主要目标的，土地配置的方式是行政划拨。因此在用地行为上，容易导致对建设用地的低效利用和闲置浪费。

（2）土地利用结构有待进一步优化。我国各类用地比例失调，工业用地和住宅用地占建设用地的比例较高，而交通、市政及商业服务用地偏低。

（3）土地利用效率和效益有待提高。我国城市土地利用仍属于粗放型的利用模式。

（4）土地市场竞争机制扭曲，土地闲置现象普遍存在。我国政府对土地资源配置的过程中，市场机制的作用发挥得还不够好。既存在市场化不足的问题，也存在盲目市场化的问题。许多应该实行招标拍卖的土地，没有实行招标拍卖，不适当地采取划拨或协议的方式，土地划拨的范围仍然较宽，划拨用地量过大；而对一些城市土地实行简单化的拍卖，导致个别高价地，产生不好的社会影响。甚至某些城市的土地高度集中于少数开发商手里，导致土地垄断和闲置，不能有效开发和利用（吴正海，2015）[①]。

三、城镇低效用地再开发

我国现有城镇用地利用不合理、低效率的问题十分突出，加大了经济社会发展对土地资源的消耗，制约了土地利用方式和经济发展方式的转变。应通过城镇低效用地的再开发，促进存量建设用地的盘活利用。

（一）内涵及意义

1. 内涵

城镇低效用地再开发是指以节约集约用地为准则，在布局混乱、城市功能不完善、城市环境质量恶化的地区，根据城市总体规划，对该地区的建筑物和构筑物进行拆除，拓宽城市道路，新建各种必要的城市设施，重新安排合理的城市土地利用，完善城市功能，提高环境质量，彻底改变原有地区景观的大规模城市改造建设。

2. 意义

城镇低效用地再开发往往伴随着功能变更的过程（如在单一功能变更为综合功能，或者居住功能变更为商业功能的同时，高密度发展替代低密度发展）。它实质上是将原利用效益低的土地转变为利用效益高的土地，不是水平方向扩张，主要表现为利用效率的提高而不是面积扩大。再开发是在原有建筑用地上进行的，因而必须先进行拆迁，

---

① 吴正海. 我国新型城镇化进程中的城市土地集约利用问题研究［J］. 经济研究参考，2015（61）：58-65.

再根据城市发展需要,进行更新、增容、改造,其意义有以下三个:

(1) 推进节约集约用地,缓解用地供需矛盾。随着经济快速发展,我国存在着资源过度消耗和利用粗放现象。我国经济保持长期平稳较快发展态势,建设用地需求不断增大。盘活城镇低效用地有利于加大城镇低效闲置用地处置力度,增加土地供给,高效集约利用土地。

(2) 促进产业结构调整升级,实现经济发展方式转变。目前,我国城市旧城区尚存在大量低效厂房用地,布局杂乱的城中村和旧城镇,急需通过对这些低效用地进行改造,淘汰规模小、效益差、能耗大的企业,腾出土地引进高新项目、龙头项目和现代服务业,推进产业结构升级优化,实现产业集聚高效。

(3) 加快城镇更新改造,改善人居生活环境。城镇低效建设用地再开发,一方面促进城镇土地利用潜力的提高和城市经济社会的发展;另一方面可以提升城镇功能和改善人居环境,优化空间布局,增加生产生活功能设施(江奇、杨承志,2013)[①]。

(二) 管理内容

1. 确定类型

按照原国土资源部《开展城镇低效用地再开发试点指导意见》(国土资发〔2013〕3号),城镇低效用地的类型包括:城镇中布局散乱、利用粗放、用途不合理的存量建设用地;国家产业政策规定的禁止类、淘汰类产业用地;不符合安全生产和环保要求的用地;"退二进三"产业用地;布局散乱、设施落后,规划确定改造的城镇、厂矿和城中村等。主要包括:

(1) 旧城镇。在城镇建设扩展过程中,逐步形成的布局散乱、用途不合理、基础设施陈旧、房屋质量存在安全隐患的城镇用地。

(2) 旧厂矿。不符合规划用途、需要实施"退二进三"的厂矿用地,不符合安全生产和环保要求的厂矿用地,属于国家和省级规定的禁止类、淘汰类厂矿用地,利用强度、投入产出水平明显低于建设用地控制标准的厂矿用地,产业落后、企业经营困难需要退出的厂矿用地以及已闭坑的采矿用地。

(3) 旧村庄。空置闲置、布局散乱、配套设施落后、不符合规划和消防要求、房屋质量存在安全隐患的城中村和旧村庄用地,城乡规划确定的属于需要实施搬迁的村庄用地。

(4) 其他低效用地。其他经认定符合低效用地条件的建设用地,如空闲场地、废弃道路、废弃殡葬用地、废弃宗教用地等。

2. 运作模式

(1) 旧城改造。旧城改造指根据城市发展的需要,局部或整体地、有步骤地改造和更新老城市的全部物质生活环境,以便根本改善其劳动、生活、服务和休息等条件。实施旧城改造的区域一般是老旧城区,其土地属于国家所有,原用途一般为住宅用地,

---

① 江奇,杨承志. 盘活城镇存量低效用地城镇化背景下土地制度改革的新路径 [J]. 中国房地产,2013 (19): 44-47.

原土地使用者为城市居民。旧城改造除了再开发之外，还应注意对原有尚可使用或具有保留价值的城市建筑物和构筑物进行保护性修复和保护。

（2）旧厂改造。旧厂改造的途径有"退二进三"或"土地置换"，两种做法的目的及模式基本一致，但"土地置换"比"退二进三"的内涵要广泛。土地置换是指按照城市产业结构调整的要求，依据城市土地价值规律，以城市可持续发展为目标，将地处黄金地段、效益差，对居民和环境影响大的工业企业逐步迁出，用来发展第三产业，以改善城市环境，更新城市空间，提高经济效益、社会效益和环境效益。"退二进三"主要是针对部分工业企业而言，其是指工业企业由城市中心区迁移到郊区，原有厂址发展的产业由第二产业转移到第三产业，实质等同于"土地置换"。

（3）城中村改造。城中村改造是指依据区域社会经济发展计划和城市总体规划，在地方政府的主导和监督下，通过群众自愿的方式，以规范的市场化运作，实现农民转居民、村庄改社区、集体土地转为国有土地的转变以及城中村整体环境的改善、土地的保值和增值。

3. 工作程序

（1）制订方案。结合当地实际，编制城镇低效用地再开发工作方案，报上级政府同意后实施。

（2）调查建库。根据土地利用现状，结合全国第二次土地调查成果，组织开展城镇低效用地现状及潜力调查或评估工作，按照明晰产权、维护权益的要求，做好土地确权；同时将拟列入再开发范围的城镇低效用地标注在地籍图、遥感影像图、土地利用总体规划图和城镇总体规划（包括县市域总体规划）图上，建立城镇低效用地数据库。城镇低效用地数据库需经设区市国土资源部门审查汇总，报省级国土资源行政主管部门审核后，再报国土资源部备案。纳入城镇低效用地数据库的地块，方可依照有关政策进行再开发。

（3）编制规划。在充分衔接土地利用总体规划、城乡规划、产业发展规划的基础上，组织编制城镇低效用地再开发专项规划，明确目标任务、规模布局、性质用途、时序安排、保障措施等，并制订分年度实施方案，经同级人民政府批准后，报上级有关部门备案。

（4）组织实施。由再开发地块改造主体按照城镇低效用地再开发专项规划，编制包含土地利用现状评估、开发利用方向、改造提升目标、修建性详细规划、可行性研究报告等内容的再开发地块改造方案，经有关部门审核后，报同级人民政府审批。

第四节 工矿用地集约利用管理

工矿用地集约利用管理同样包括增量控制和存量挖潜两部分。增量控制应严格实施土地集约利用标准，开展工矿用地的供地管理；存量的工矿用地应开展集约利用评价，着力推进其低效用地部分的再开发利用。

一、概述

(一) 工矿用地集约利用内涵

工矿用地集约利用目前还未有统一的定义。就土地经济意义而言，工矿用地集约利用是指在符合城市总体规划、土地利用总体规划、产业发展规划以及相关法规的前提下，通过增加土地投入，不断提高土地的利用效率和经济效益。工业土地的投入包括劳动力、资本、技术，以及不同的工业类别、产业用地结构调整等形式，而且，某一城市或工业园区（开发区）的宏观投入产出与某一工业项目的微观投入产出并不相同。其基本含义是：在有限的建设用地上，通过宏观调控，科学合理布局工矿用地，以坚持节约、高效、科学、合理用地为主旨，最大限度地提高工矿用地的利用率和单位面积投入产出率，走内涵式和可持续发展道路，达到经济价值、社会价值和生态价值的最大化。

(二) 我国工矿用地利用现状

1. 供地行为不规范

我国一些工业园区管理委员会被所在地政府授予该级政府同等的土地管理权限，在用地上形成了"特区"，结果造成了管理混乱。主要表现为：行政审批主观性强，用地手续过于简化而不规范；片面强调满足投资者要求，忽视了土地调控政策的落实，难以实现土地资源的可持续利用；不同工业园区间存在着利益竞争，部分工业园区违规低价供应土地，甚至出现"零地价"招商，造成工业土地市场价格严重偏低。

2. 批后监管不到位

当前，土地管理中的"重审批、轻监管"现象导致土地批后监管机制不健全，工矿用地闲置现象普遍。"专地不专用"现象突出。一些工业企业将原划拨土地资源用于行政办公、绿化、建造花园式工厂等，擅自改变土地原批准用途，转为其他经营用地。

3. 土地粗放利用

工业用地项目普遍存在土地利用效率偏低的问题。园区规划不科学，有的工业区建设未经科学论证，盲目铺摊子，布局不合理，圈占大量耕地；有的缺少资金，基础设施配套差，对重点项目的吸引力不足，建设迟缓，造成"开而不发"的闲置局面；有的规划建设方向不明确，盲目布局工业项目，没有形成自身的特色。

二、工矿用地供地集约管理

按照2009年原国土资源部、中华人民共和国监察部《关于进一步落实工业用地出让制度的通知》（国土资发〔2009〕101号），主要从集约利用门槛管控、出让方式选择等方面明确了工矿用地供地的集约利用管理要点。

(一) 集约门槛管控

1. 《工业项目建设用地控制指标》的组成

《工业项目建设用地控制指标》（以下简称《控制指标》）由规范性指标和推荐性指

标组成。规范性指标包括容积率、建筑系数、行政办公及生活服务设施用地所占比重三项,部制定控制值。推荐性指标包括固定资产投资强度、土地产出率、土地税收等指标,部制定固定资产投资强度的推荐值,各地可参考、选择全部或部分推荐性指标制定控制值后在本地实施。

各省(区、市)自然资源主管部门以及有条件的市级自然资源主管部门,要会同同级产业等相关部门,在详细规划管控下,适应新产业、新业态和新生活方式需要,按照"多规合一"、节约集约和安全韧性的原则,因地制宜制定地方性规划标准和工业项目建设用地控制指标等土地使用标准,并纳入规划技术管理规定,作为详细规划编制审批和规划许可核发的审查依据。其中,容积率、建筑系数控制值原则上不低于《控制指标》;行政办公及生活服务设施用地所占比重原则上不高于《控制指标》;推荐性指标的控制值要结合本地区城乡经济发展水平,兼顾大中小企业投入产出状况。各地已出台地方工业项目建设用地控制指标且达到《控制指标》要求的,可适时修订,暂时未制定地方工业项目建设用地控制指标的,要先按照《控制指标》执行。

2.《控制指标》的执行要求

《控制指标》是核定工业项目用地规模、评价工业用地利用效率的重要标准,新建、改建、扩建工业项目均要严格执行。《控制指标》适用于《国民经济行业分类》(GB/T 4754)的制造业,以及与《国民经济行业分类》(GB/T 4754)的制造业对应的战略性新兴产业、先进制造业。《控制指标》覆盖城乡,国有土地上的工业项目建设要严格执行,集体土地上的工业项目建设可参照执行。

地方各级自然资源主管部门要严格依据《控制指标》审核工业项目用地,对不符合《控制指标》要求的工业项目,要按规定核减项目用地面积或不予供地。因安全生产、地形地貌、工艺技术等有特殊要求确需突破《控制指标》的工业项目,地方各级自然资源主管部门要根据建设项目节地评价相关要求开展建设项目节地评价论证。《控制指标》发布前已受理的工业项目,继续按照受理时的要求执行。各地要结合实际,探索通过增加资金和技术投入等方式提高空间利用效率,总结推广节地技术和节地模式,提升工业用地节约集约利用水平。

3.《控制指标》的监管要求

地方各级自然资源主管部门要会同地方产业等相关部门建立《控制指标》联合实施和监管机制,加强工业用地全周期管理,推动工业用地提质增效。各地在工业用地管理中,要将《控制指标》作为编制项目用地有关法律文书、项目初步设计文件和可行性研究报告等的重要依据,将《控制指标》列入建设用地供应方案、出让公告、用地监管合同等,并约定相关违约责任,依据部门职责监管约定事项履行情况,严格追究违约责任,落实处罚整改措施。

(二)出让方式选择

1."招拍挂"出让

工业项目行业门类多,对产业政策、环保标准、产业布局结构和生产技术水平要求高。各地要在坚持工矿用地招标、拍卖、挂牌出让制度的基础上,充分考虑工矿用地的特点，合理选择出让方式，进一步细化政策措施。

（1）各地要严格执行工矿用地招标、拍卖、挂牌制度，凡属于农用地转用和土地征收审批后由政府供应的工矿用地，政府收回、收购国有土地使用权后重新供应的工矿用地，必须采取招标、拍卖、挂牌方式公开确定土地价格和土地使用权人。

（2）各市、县国土资源行政主管部门应当依据年度土地利用计划、国家产业政策、土地供应政策、本地区社会经济发展目标、土地市场状况和土地供应潜力等，科学编制土地出让计划，明确工矿用地的供应规模、功能布局和供应时序，经批准的出让计划要及时向社会公布。各地要支持中小企业发展，在土地出让计划中要安排一定比例的土地用于中小企业开发利用，特别是建设多层标准厂房。

（3）为充分了解工矿用地需求，合理安排出让进度和出让规模，各地要大力推进工矿用地预申请制度，加快制定工矿用地预申请政策措施和操作程序。对列入市、县土地出让计划的工矿用地，要及时将具备出让条件地块的位置、面积、产业要求、使用年限、土地使用条件（功能分区）等信息向社会发布，接受用地申请。单位和个人对拟出让的地块有使用意向，所承诺支付的土地价格和土地使用条件符合规定的，市、县国土资源行政主管部门应适时组织挂牌或拍卖出让活动。

（4）各地在工矿用地出让中，应依据供地政策、土地用途、规划限制等具体因素，选择适宜的出让方式。对具有综合目标或特定社会、公益建设条件，土地用途受严格限制、仅有少数单位或个人可能有受让意向的工矿用地，可以采取招标方式，按照综合条件最佳者得的原则确定受让人，也可以设定专项条件，采取挂牌、拍卖方式，按照价高者得的原则确定受让人。

采用上述方式出让工矿用地的，必须严格审核把关，在签订出让合同前必须按规定时间将供地审批结果向社会公示，公示时间不少于10个工作日；供地后必须加强监管，改变用地条件的，要收回土地，追究责任。

（5）分期建设的工业项目，市、县国土资源行政主管部门可以通过竞争单位面积地价的方式确定招标、拍卖、挂牌竞得人（中标人），一次签订国有土地使用权出让合同，支付土地出让价款，再按照土地使用标准分期供地。自出让合同签订之日起两年内，办理完供地手续。分期建设的工业项目，不得改变土地用途，不得兴建职工住房。改变土地用途用于商业、旅游、娱乐、商品住宅等经营性用途的，一律收回土地使用权重新招标、拍卖、挂牌出让。

2. 协议出让

各地要规范执行《招标拍卖挂牌出让国有建设用地使用权规定》（国土资源部令第39号）和《招标拍卖挂牌出让国有土地使用权规范》（国土资发〔2006〕114号），严格落实工矿用地招标、拍卖、挂牌出让制度。依法不属于招标、拍卖、挂牌出让范围的工矿用地，方可按照《协议出让国有土地使用权规范》（国土资发〔2006〕114号）规定的程序，办理协议出让。

（1）由于城市规划调整、经济形势发生变化、企业转型等原因，土地使用权人已依法取得的国有划拨工矿用地补办出让、国有承租工矿用地补办出让，符合规划并经依法批准,可以采取协议方式。

(2) 政府实施城市规划进行旧城区改建,需要搬迁的工业项目符合国家产业政策的,经市、县国土资源行政主管部门审核并报市、县人民政府批准,收回原国有土地使用权,以协议出让或租赁方式为原土地使用权人重新安排工矿用地。拟安置的工业项目用地应符合土地利用总体规划布局和城市规划功能分区要求,尽可能在确定的工业集中区安排工矿用地。

(3) 采矿、采石、采砂、盐田等地面生产和尾矿堆放用地,鼓励采取租赁,也可以协议方式出让。各地可在不高于法律规定的工矿用地最高出让年限内,结合探矿权、采矿权出让年限,灵活确定采矿用地租赁和出让年限。

第五节 开发区集约利用评价

各类开发区目前已成为我国经济的重要增长极、实施国家战略的重要载体,在发展开放型经济和新兴产业方面发挥了显著的吸纳集聚和辐射作用,在体制创新和技术创新方面发挥了明显的先行示范和带动作用。

扩展潜力是指截至评价时点,工矿用地评价范围内尚可供应土地的面积。开展扩展潜力测算时,应对尚可供应土地面积、尚可供应工矿仓储用地面积分别进行测算,推算相应的尚可供地年数。结构潜力是指工矿用地评价范围内已建成城镇用地中,通过用地结构调整可增加的工矿仓储用地面积。强度潜力是指工矿用地评价范围内已建成城镇用地中,现状工业用地综合容积率、工业用地建筑密度、工业用地固定资产投入强度、工业用地产出强度与相应理想值的差距换算形成的用地面积。管理潜力是指通过处置到期项目用地和应收回闲置土地,可增加的土地供应面积。

一、评价目的、对象、原则

(一) 评价目的

开发区土地集约利用是以符合有关法规、政策、规划等为导向,通过增加对土地的投入,改善经营管理,挖掘土地利用潜力,不断提高开发区土地利用效率和经济效益的一种开发经营模式。开发区土地集约利用评价旨在通过基础调查,分析评价土地集约利用程度,测算土地集约利用潜力,全面掌握土地集约利用状况,推动开发区土地利用管理基础信息建设,为开发区扩区升级审核、动态监控及有关政策制定提供依据。

(二) 评价对象

(1) 开发区土地集约利用评价的对象为经国务院或省、自治区、直辖市人民政府批准并以发公告界限范围内的开发区全部土地。

(2) 各地可依据工作需要,参照本规程有关规定,开展针对特定区域的土地集约利用评价工作。

(三) 评价原则

(1) 综合性原则。评价工作应全面考察开发区土地集约利用状况，从土地利用情况、用地效益和管理绩效等多方面评价开发区土地集约利用程度和测算集约利用潜力。

(2) 主导性原则。评价指标设定应体现影响开发区土地集约利用的主导因素。

(3) 政策导向性原则。评价工作应充分反映开发区的定位和发展方向，体现国家的政策导向。

(4) 因地制宜原则。评价工作应充分考虑经济、社会发展的时空差异，因地制宜地确定土地集约利用程度评价标准。

(5) 点面结合原则。评价工作应在整体评价的基础上，选择典型样点开展深入分析。

二、开发区土地集约利用评价工作体系

开发区土地集约利用评价工作分为土地利用状况调查、土地集约利用程度评价和土地集约利用潜力测算三个方面。

(一) 开发区土地利用状况调查

开发区土地利用状况调查（以下简称用地调查）是指依照本规程的规定，对特定时间点的开发区土地集约利用状况开展基础调查，进行汇总分析，掌握用地情况，推动开发区土地利用管理基础信息建设的过程。

(二) 开发区土地集约利用程度评价

开发区土地集约利用程度评价（以下简称程度评价）是指通过基础调查研究，依据有关指标体系（见表8-1）及评价方法，确定相应理想值，计算开发区土地利用集约度分值，对特定时间点的开发区土地集约利用状况进行评价的过程。

表8-1 开发区土地集约利用程度评价指标体系

目标	子目标	指标
土地利用状况（A）	土地开发程度（A_1）	土地开发率（A_{11}）
		土地供应率（A_{12}）
		土地建设率（A_{13}）
	用地结构状况（A_2）	工业用地率（A_{21}）
		高新技术产业用地率（A_{22}）
	土地利用强度（A_3）	综合容积率（A_{31}）
		建筑密度（A_{32}）
		工业用地综合容积率（A_{33}）
		工业用地建筑密度（A_{34}）

续表

目标	子目标	指标
用地效益（B）	产业用地投入产出效益（B_1）	工业用地固定资产投入强度（B_{11}） 工业用地产出强度（B_{12}） 高新技术产业用地产出强度（B_{13}）
管理绩效（C）	土地利用监管绩效（C_1）	到期项目用地处置率（C_{11}） 闲置土地处置率（C_{12}）
	土地供应市场化程度（C_2）	土地有偿使用率（C_{21}） 土地招拍挂率（C_{22}）

资料来源：根据相关内容由笔者绘制。

（三）开发区土地集约利用潜力测算

开发区土地集约利用潜力测算（以下简称潜力测算）是指在用地调查和程度评价的基础上，对特定时间点开发区土地集约利用的扩展潜力、结构潜力、强度潜力和管理潜力进行测算，推算开发区用地潜力规模和尚可供地年数的过程。扩展潜力是指截至评价时点，工矿用地评价范围内尚可供应土地的面积。开展扩展潜力测算时，应对尚可供应土地面积、尚可供应工矿仓储用地面积分别进行测算，推算相应的尚可供地年数。结构潜力是指工矿用地评价范围内已建成城镇用地中，通过用地结构调整可增加的工矿仓储用地面积。强度潜力是指工矿用地评价范围内已建成城镇用地中，现状工业用地综合容积率、工业用地建筑密度、工业用地固定资产投入强度、工业用地产出强度与相应理想值的差距换算形成的用地面积。管理潜力是指通过处置到期项目用地和应收回闲置土地，可增加的土地供应面积。

三、评价工作程序与方法

（一）工作程序

①准备工作；②土地利用状况调查；③土地集约利用程度评价；④土地集约利用潜力测算；⑤成果编制；⑥成果验收、存档与备案；⑦成果应用与更新。

（二）技术步骤

①开展土地利用状况调查；②确定评价指标，计算其现状值；③确定评价指标权重；④确定评价指标理想值；⑤进行指标标准化处理；⑥计算土地利用集约度分值；⑦测算土地集约利用潜力；⑧编制相关成果。

（三）技术方法

①评价方法应以定量评价为主，注重定性分析与定量评价相结合，整体评价与典型分析相结合，实地调查与统计分析相结合。②用地调查应采用实地调查与空间影像判识相结合的方法。③程度评价应采用多因素综合评价法。其中，评价指标权重值的确定可采用德尔菲法、层次分析法、因素成对比较法中的一种或多种进行，指标标准化处理可采用理想值比例推算法。④潜力测算可采用趋势分析法、目标逼近法等。

（四）技术约定

（1）评价工作应设定评价时点。对应数据可选用以下一种或多种：①评价时点数据；②国家统一调查时点数据；③评价时点所在年份的年末数据或全年数据。评价工作中需要评价时点所在年份之前数据的，一般以相应年份国家统一调查时点数据、年末数据或全年数据为准。

（2）评价工作中采用的数据应与依照评价对象划定的范围相对应。各类数据口径、来源应在成果中予以说明。

（3）成果数据应统一使用法定的计量单位。

（4）鼓励采用遥感、地理信息系统等科技手段开展开发区土地集约利用评价工作。

四、评价成果

（1）评价成果包括评价报告、成果图件和基础资料汇编。

（2）评价报告和基础资料汇编应提交纸质报告及相应电子文件；成果图件应提交纸质图件以及 E00 格式、JPG 格式的电子图件。

第六节 城乡建设用地增减挂钩管理

一、政策发展历程

随着工业化、城镇化的快速推进，我国城镇工矿用地急剧增长，而伴随着人口的城镇化进程，我国农村居民点用地并没有相应减少，空心村、闲置废弃地普遍存在，人均农村居民点用地 218 平方米，远高出国家定额最高值（150 平方米/人）。为提高建设用地的节约集约利用水平，通过农村建设用地整理促进农村存量建设用地盘活，是推进农村建设用地集约利用的重要途径。我国城镇用地和农村建设用地同步增长的趋势，整理农村建设用地，实现农村建设用地减少和城镇用地增加相挂钩，促进土地资源的集约利用，对保障经济和社会的快速、健康发展有着极其重要的意义。

由于社会经济快速发展，耕地数量锐减的同时城乡建设用地大幅增长。而且当前正处于城市化加速、大批农民迁入城镇的阶段，农村建设用地规模不降反增，农村建设用地粗放利用状况形势严峻。18 亿亩耕地红线是中国经济发展的底线，但是多年的耕地占补平衡政策的实施推动大量的土地后备资源被开发为耕地，导致当前可开发为耕地的土地后备资源非常有限，单纯依赖数量挖潜的农用地开发整理难以成为"保红线"的持久方向，推进建设用地尤其是农村建设用地整理加大土地节约集约利用才是可持续发展的重要途径。2004 年，国务院《关于深化改革严格土地管理的决定》（国发〔2004〕28 号）中第一次提出"鼓励农村建设用地整理，城镇用地增加要与农村建设用地减少相挂钩"。2005 年国土资源部发布《关于印发〈关于规范城镇用地增加与农村建设用地减少相挂钩试点工作的意见〉的通知》（国土资发〔2005〕207号）规定天津、浙江、江苏、安徽、山东、湖北、广东、四川等8省（直辖市）作为试点可开展增减挂钩工作。

2008年6月27日，自然资源部（原中华人民共和国国土资源部）印发《城乡建设用地增减挂钩试点管理办法》（国土资发〔2008〕138号）。该办法指出：试点工作应以落实科学发展观为统领，以保护耕地、保障农民土地权益为出发点，以改善农村生产生活条件，统筹城乡发展为目标，以优化用地结构和节约集约用地为重点。自2009年起，国土资源部改变批准和管理方式，将挂钩周转指标纳入年度土地利用计划管理，国土资源部负责确定挂钩周转指标总规模及指标的分解下达，有关省（自治区、直辖市）负责对试点项目区的批准和管理。

2010年12月27日，《国务院关于严格规范城乡建设用地增减挂钩试点切实做好农村土地整治工作的通知》（国发〔2010〕47号）要求各地要严格规范增减挂钩试点，切实做好农村土地整治工作。严格规范增减挂钩试点，切实做到"两坚决三禁止"：①坚决扭转片面追求增加城镇建设用地指标的倾向；②坚决制止以各种名义擅自开展土地置换等行为；③严禁突破挂钩周转指标；④严禁盲目大拆大建和强迫农民住高楼；⑤严禁侵害农民权益。要切实做好农村土地整治工作，大力推进以高产、稳产基本农田建设为重点的农田整治。规范推进农村土地整治示范建设。积极组织实施农村土地整治重大工程。

2014年1月26日，财政部印发《关于城乡建设用地增减挂钩试点有关财税政策问题的通知》（财综〔2014〕7号）。该通知指出：为支持增减挂钩工作，减轻增减挂钩项目负担，对增减挂钩项目实施税费优惠政策。根据《耕地占用税暂行条例实施细则》（财政部令第49号）的有关规定，增减挂钩项目中农村居民经批准搬迁，原宅基地恢复耕种，新建农村居民安置住房占用耕地面积不超过原宅基地面积的，不征收耕地占用税；超过原宅基地面积的，对超过部分按照当地适用税额减半征收耕地占用税；新建农村居民住房社区中学校、道路等占用耕地符合减免条件的，可以依法减免耕地占用税。增减挂钩项目中新建农村居民安置住房和社区公共基础设施用地，以及增减挂钩项目所在市县利用节余指标供应国有建设用地，未超过国土资源部下达增减挂钩周转指标的，可以不缴纳新增建设用地土地有偿使用费、耕地开垦费。

2016年2月17日，国土资源部印发《关于用好用活增减挂钩政策积极支持扶贫开发及易地扶贫搬迁工作的通知》（国土资规〔2016〕2号）。该通知明确，按照应保尽保的要求，加大对扶贫开发及易地扶贫搬迁地区增减挂钩指标支持。集中连片特困地区、国家扶贫开发工作重点县和开展易地搬迁扶贫搬迁的贫困老区开展增减挂钩的，可将增减挂钩节余指标在省域范围内流转使用，充分显化土地级差收益，加大对扶贫开发及易地扶贫搬迁的支持力度。省级国土资源主管部门要建立台账，对全省增减挂钩节余指标进行统一管理。市、县级国土资源主管部门要加强对增减挂钩项目区实施管理，核定节余指标，并上报备案。

2016年9月，财政部印发的《关于城乡建设用地增减挂钩支持易地扶贫搬迁有关财政政策问题的通知》（财综〔2016〕36号）明确：城乡建设用地增减挂钩政策是通过将整治节约的农村建设用地以指标调剂的方式调整到城镇使用，不新增建设用地，不减少耕地。为支持易地扶贫搬迁工作，利用增减挂钩政策在连片特困地区、国家扶贫开发工作重点县和贫困老区开展易地扶贫搬迁的，其增减挂钩项目所在省份利用节余指标供应国有建设用地，未超过国土资源部下达增减挂钩周转指标的，视同已开垦耕地，可以不缴纳新增建设用地土地有偿使用费、耕地开垦费。

2017年4月7日，国土资源部印发《国土资源部关于进一步运用增减挂钩政策支持脱贫攻坚的通知》（国土资发〔2017〕41号），该通知明确：省级扶贫开发工作重点县可以将增减挂钩节余指标在省域范围内流转使用，并按照《关于用好用活增减挂钩政策积极支持扶贫开发及易地扶贫搬迁工作的通知》（国土资规〔2016〕2号）的规定执行。

按照"中央统筹、省负总责、市县抓落实"的脱贫攻坚工作管理体制，各省（自治区、直辖市）在优先保障国家扶贫开发工作重点县、集中连片特困地区增减挂钩节余指标流转使用的前提下，是否允许全部或部分省级扶贫开发工作重点县增减挂钩节余指标在省域范围内或市域范围内流转使用，由各省（自治区、直辖市）自行决定。

2018年国务院办公厅印发《跨省域补充耕地国家统筹管理办法》和《城乡建设用地增减挂钩节余指标跨省域调剂管理办法》的通知。

二、城乡建设用地增减挂钩项目实施规划编制

（一）编制原则

（1）保护耕地优化用地布局的原则。严格控制建设用地总量不增加，保证耕地面积总量不减少、质量不降低，用地布局更合理。

（2）自愿、合法、有偿原则。坚持政府公开透明决策与公众自愿参与相结合，提高规划的科学性和可操作性；按照相关法律法规进行规划，依法办事，规范实施；根据市场经济等价有偿法确定规划指标，充分考虑各方利益关系，增强规划的可行性和社会基础。

（3）与相关规划相衔接原则。城乡建设用地增减挂钩专项规划应在土地利用总体规划及土地整治专项规划的调控下，与城镇规划、村庄规划等专业规划相衔接。

（4）综合协调，可持续发展原则。实行生态优先，保护生态环境，注重传统与民族、民居等历史文化遗产和建筑的保护，促进城镇与农村、建新与拆旧、自然形态与规划形态的协调发展，实现土地资源的可持续利用，达到经济、社会和生态环境效益的有机统一。

（二）编制目标及任务

（1）目标。统筹确定城镇用地增加和农村建设用地撤并的规模和范围，合理安排建新区的城镇村建设比例，确保项目区建设用地总量不增加，耕地和基本农田面积不减少，质量不下降，各类用地结构和布局科学合理。

（2）任务。城乡建设用地增减挂钩项目实施规划的主要任务有以下四个：①分析农村建设用地整理潜力，确定规划期间的农村建设用地整理目标和方针；②根据项目

区划分原则，分期分批合理划定和安排挂钩项目区；③根据农村建设用地整理的规划目标测算预期投资成本，提出资金筹措计划；④对农村建设用地整理的可行性和效益进行综合评价。

（三）编制内容

城乡建设用地增减挂钩项目实施规划编制内容包括规划文本及说明、规划图件及规划附件。

（1）规划文本主要内容：①规划目的、原则、任务、依据及规划期限。②项目区的组织、领导情况。③项目区基本情况，包括项目区的人口、户数、面积、自然地理状况、土地利用现状、土地权属情况等。④项目区农村建设用地整理条件、潜力和可行性分析。⑤项目区整理规划及安置布局方案：落实拆旧地块及农村居民点迁建方案，确定拆旧区农村建设用地整理的规模、范围；确定农村建设用地整理标准、总体布局及各项工程规划；落实建新地块，确定建新区城镇、村建设用地的比例、规模、范围。⑥土地产权处置，落实建新拆旧中涉及的土地产权处理方式。⑦提出项目区农村建设用地整理的总体安排和具体实施时序，预期挂钩周转指标数量、管理措施及使用、归还计划。⑧项目区农村建设用地整理资金预算，落实经费筹措途径及预期经济效益分析。⑨实施规划的保障措施。

（2）主要规划图件，包括1:10000或更大比例尺项目区土地利用现状图、1:10000或更大比例尺项目区土地利用总体规划图、1:50000比例尺县（市、区）挂钩项目区总体布局图。

（3）相关附件，包括县级人民政府批准农村居民点撤并、改造及相关方案的文件，项目区所在地政府对项目区实施的承诺书，村民、集体经济组织及有关单位同意撤并、改造和搬迁安置补偿的意见，土地整理复垦协议，规划数据、图表等基础资料和必要的影像文件资料等。

（四）编制程序

城乡建设用地增减挂钩规划编制流程主要包括前期准备、资料收集、专项研究、规划编制及成果验收五个阶段：①前期准备阶段。成立领导小组，组织工作及技术小组，提出总体规划目标，确定项目规划方案，落实规划经费。②资料收集阶段。收集项目区涉及的村庄社会经济统计资料、自然条件资料、土地权地整理方面的真实意愿。收集权属资料、土地利用现状数据、城乡建设及基础设施资料及相关图件，并了解农户关于建设用地整理方面的真实意愿。③专项研究阶段。进行农村建设用地整理潜力、城乡建设用地需求、农村发展趋势及空间分布、投资需求及筹资能力等专项研究，编制土地平衡表及资金平衡预算书。④规划编制阶段。在前期资料收集及专项研究的基础上，系统安排各项工作，制订工作计划及技术方案。期间应与项目区人民政府或相关部门乃至上级部门进行多次沟通协调，就方案所涉及的具体问题进行协商确定解决，确保规划编制的可行性。⑤成果验收阶段。规划成果须经当地同级人民政府及其有关部门审查通过，并形成书面论证意见，然后报上级国土部门组织审查。

三、城乡建设用地增减挂钩的实施管理

（一）实施主体

挂钩工作由市、县国土资源部门负责具体组织实施，市、县人民政府组织协调，相关部门协同配合，共同推进。挂钩工作实行行政区域和项目区双层管理，以项目区为主体组织实施。

（二）项目区选择

项目区的选择应考虑以下要求：①项目区应在市、县行政辖区内设置，优先考虑城乡接合部地区。②项目区内建新和拆旧地块要相对接近，便于实施和管理，并避让基本农田。③项目区内建新地块总面积必须小于拆旧地块总面积，拆旧地块整理复垦耕地的数量、质量，应比建新占用耕地的数量有增加、质量有提高。

（三）挂钩指标管理

城乡建设用地增减挂钩工作需要根据上级下达的城乡建设用地增减挂钩周转指标进行。项目区指标有以下三个要求：①挂钩周转指标专项用于控制项目区内建新地块的规模，同时作为拆旧地块整理复垦耕地面积的标准，不得作为年度新增建设用地计划指标使用。②挂钩周转指标应在规定时间内用拆旧地块整理复垦的耕地面积归还，面积不得少于下达的挂钩周转指标。③项目区内拆旧地块整理的耕地面积，大于建新占用的耕地的，可用于建设占用耕地占补平衡。

（四）运作方式

①政府主导式，由政府牵头组织企业进行开发整理，政府是整理行为的组织策划者，负责编制土地整理规划设计、筹措资金、监督工程的执行情况，承担项目运行风险；企业是政府意志的具体执行者，负责土地整理工程的实施，保障项目的最终竣工验收。②政府与市场结合模式，由政府与企业共同承担。其特点是可以充分发挥政府与企业各自的优势，既可以保障项目的社会利益，又不会使政府的负担过重，但容易出现政府与企业互相推诿的情况。③市场运作模式，是根据规划，由企业主导项目运作，政府出台鼓励政策加以引导。其特点是政府负担和责任小，能够按照市场运作规律保障项目的经济利益，但如果引导不利，可能导致项目运作的社会效益和生态效益得不到实现。④自主整理模式，是政府通过政策引导原有居民自愿进行整理（主要通过限制开发和鼓励开发的政策来引导农民上楼），逐步实施旧村改造和土地整理。其特点是工程牵涉面小，运作时间长。

第七节 低丘缓坡地综合开发管理

城镇用地、工矿用地和农村建设用地的集约利用管理，将极大地促进新增建设用地集约利用和存量建设利用挖潜。而低丘缓坡地综合开发将拓展建设用地供给来源，

优化城乡用地布局,是促进建设用地集约节约利用的重要手段。

一、概述

(一) 概念

低丘缓坡土地综合开发利用,是指选择具有一定规模、具有成片开发利用条件的低丘缓坡土地区域,探索创新转变土地利用方式,合理确定土地开发利用的规模、用途、布局和时序,促进城镇和工业建设科学、合理和高效开发利用低丘缓坡土地。2011年原国土资源部《国土资源部关于开展低丘缓坡土地综合开发利用试点工作的通知》中指出,在浙江、湖北、江西、云南等省开展低丘缓坡荒滩等未利用土地开发试点工作。

(二) 意义

低丘缓坡土地综合开发利用是从我国人多地少、耕地资源稀缺和大部分县市地处丘陵山区的国情出发,落实十分珍惜、合理利用土地和切实保护耕地基本国策,加强土地资源节约和管理工作的重要政策;是在新形势下统筹保障发展和保护资源,拓展建设用地新空间,因地制宜保障和促进工业化、城镇化和农村新居建设用地的重要途径;是有效减少工业、城镇及农村新居建设占用城市周边和平原地区优质耕地、切实保护耕地特别是基本农田的重要举措;是统筹优化城乡用地结构和布局,充分开发未利用土地增加建设用地有效供给,缓解用地供需矛盾,促进经济社会发展与土地资源利用相协调的重要保障。低丘缓坡地综合开发利用具有显著的社会、经济和生态效益。

(1) 社会效益。通过低丘缓坡开发利用,能够提高土地利用率,缓解建设用地供需矛盾,有效拓展建设用地空间,保护优质耕地,保障区域粮食安全,创新城镇化发展思路,有利于保持地方特色和风貌。低丘缓坡区域的产业发展,将增加区域内劳动力就业机会,有利于化解社会矛盾,保持社会稳定;低丘缓坡综合开发过程中的土地利用结构优化,为保护耕地、保障发展、保育生态发挥综合性作用,对于维护农民利益、保持社会稳定等具有积极意义。

(2) 经济效益。低丘缓坡开发利用,将稳步推进促进经济的均衡发展,促进山区经济发展,实现城乡统筹、区域统筹。一方面,通过低丘缓坡土地综合开发可提高产业集约化水平,促进产业转型、升级,提高开发区居民收入水平,增加劳动就业率,提高劳动生产率;另一方面,通过用地布局的优化和土地综合整治,可提高土地利用水平,提升单位土地产出能力,通过城乡建设用地增减挂钩,可有效盘活农村建设用地,实现土地级差收益,支持新农村建设,显化农村建设用地的经济效益。

(3) 生态效益。建设用地向山地发展的过程中,特别是建设过程中,会在可控范围内对山地的植被造成短时间破坏。但通过边建设边恢复、边建设边治理,是可以恢复山地植被的,甚至可以恢复得比建设前还要好。从用地规划、生态保护、基础设施建设、财政配套措施、政绩考核制度五个方面做相关安排,将引导低丘缓坡土地综合开发利用通过工程等措施有效防治地质灾害,降低地质灾害风险;通过坡地生态环境的建设,可以减缓水土流失,降低土地退化风险;通过土地景观整治设计,可以提高生态功能和景观价值,增强生态系统服务价值,提升宜居环境;通过系统的规划,可以合理布局生态用地,加大了区域生态环境容量。

(三) 原则

要以科学发展观为统领,按照"台地工业、坡地镇村"的总体建设思路,充分发挥低丘缓坡土地资源优势,实施土地差别化管理,探索低丘缓坡土地综合开发利用的政策支撑体系,推动低丘缓坡土地规范、科学、有序开发利用,提高土地资源利用的经济、社会和生态综合效益,增强土地资源对经济社会发展的保障能力。

(1) 统一规划。以土地资源调查评价为基础,以土地利用总体规划为指导,科学编制低丘缓坡土地综合开发利用专项规划,并做好与其他相关规划的协调衔接。

(2) 统一开发。对低丘缓坡土地综合开发利用专项规划确定的"宜建"区块,在完成土地政策处理和保障农民合法权益的前提下,统一进行场地平整和配套基础设施建设。

(3) 分期建设。根据国家产业政策、区域条件、资金保障等,按照基础设施和生态环境保护工程先行的要求,确定科学合理的开发建设时序,提出相应的保障措施。

(4) 节约集约用地。严格控制建设用地规模,严格遵循节约集约用地标准和评价考核制度,严格执行国家供地政策和限制、禁止用地目录,提高项目用地准入门槛。

(5) 注重生态保护。切实保护环境,实现土地开发利用与生态建设和谐统一。

(6) 规范管理。严格依法依规进行。建设项目用地涉及农用地转用和土地征收,须按规定程序报批,切实做好被征地农民安置补偿,严格土地权属管理,维护群众合法权益。

(四) 类型

开发方式按照开发方式的差异,可以将低丘缓坡土地综合开发利用的类型概括为以下十类:

(1) 向山地布局的中心城市,推进山地城市建设。

(2) 基础设施建设项目,通过科学论证、精心选址,利用山地建设。

(3) 工业集中区用地,实现项目向园区集中、园区向山地布局。

(4) 影视、康体、休闲度假等文化旅游产业,因地制宜,充分发挥自然资源优势,向山地发展。

(5) 口岸建设,结合口岸地形地貌特征向山地布局。

(6) 教育用地,严格论证、科学选址,建设山地校园。

(7) 地质灾害防治重点地区,结合地质灾害治理,实施"削峰填谷、推石造地""减负降压、拓展新区"。

(8) 现代农业产业园为代表的现代农业产业园区,按照"宜林则林、宜耕则耕、宜建则建"的要求,充分利用山地大力发展种植业、养殖业、林业等集生产、观光、科研为一身的现代大农业建设。

(9) 以水电、风能、太阳能和大型水利设施建设为代表的能源项目用地,结合项目用地特点和移民生产生活实际需要,选择适宜建设的山地进行建设和移民安置。

(10) 矿村共建社会主义新农村,构建和谐生态矿区,改善矿区基础设施,增加农村群众收入，完善公共服务体系。

二、实施管理

（一）确权登记

做好土地变更调查和确权登记。开发前须完成土地确权登记，开发后要与年度土地变更调查和登记发证工作做好衔接。项目区范围内的土地，涉及临时用地或先行用地的，在年度土地变更调查中暂不进行地类变更，待开发建设时，按照变更调查工作要求，在年度土地变更调查中按规定进行地类变更。

（二）审批管理

（1）专项安排新增建设用地计划。根据各地低丘缓坡综合开发利用情况给予专项安排，在安排年度非耕地计划指标和林地征占用指标时，对低丘缓坡重点地区给予适当倾斜，根据低丘缓坡土地开发建设的进展情况和实际需要，专项安排建设用地计划指标，用于低丘缓坡地区土地建设开发。

（2）完善土地审批管理方式。低丘缓坡土地建设开发（占用）许可等相关手续，做好安置补偿，涉及占用耕地的，依法落实占补平衡，完成土地征转的前期工作。按照分期建设安排，办理农用地转用和土地征收手续。提前终止山林承包合同，要对农民进行合理的经济补偿。补偿标准应根据各地经济发展水平、承受能力和承包地上的林木及其他经济作物结构，由市、县（市、区）人民政府制定，并与原有关政策规定相衔接。补偿标准要广泛征求当地群众意见，做到公开、公平、公正。

（三）政策激励

（1）完善多源融资机制。引入市场机制，按照"谁投资、谁受益"的原则，发挥市场化运作机制作用，多渠道筹措资金，鼓励多元化市场主体投资综合开发利用低丘缓坡。要足额提取新增建设用地土地有偿使用费，加强项目资金使用情况审计，专款专用。

（2）多途径实现林地占补平衡。收取的森林植被补造费用在使用安排上与承担补造林任务挂钩。充分利用荒山、荒坡、荒地、荒滩等未利用地造林，加强退耕还林和城镇、"四旁"绿化工作，积极营造沿海防护林、农田林网，改造低产林，提高林分质量，努力实现林地的占补平衡。

（四）验收监管

（1）验收考核。综合开发利用低丘缓坡项目均应依法履行审批手续，禁止任何单位和个人未经批准擅自进行开发。项目区所在市、县国土资源主管部门应当建立低丘缓坡土地综合开发利用管理台账，对开发利用情况进行专项统计。项目区实施完成后，由试点项目区所在市、县国土资源主管部门进行初验，初验合格后逐级上报省级国土资源主管部门组织正式验收，并将验收结果报国土资源部备案。省级国土资源主管部门每年要对试点工作情况进行考核，考核结果报国土资源部备案。

（2）动态监管。禁止在各类保护区、国家级公益林、生态脆弱区、水源保护区等区域内进行建设。规划编制应做好规划环境影响评价工作，城镇建设、工业建设必须进行环境影响评价；结合当地的地质、生态环境等实际情况，适当降低山地开发项目建筑密度，适当增大山地建设项目绿化率；加强山地开发利用基础设施投入，提高山地开发利用的年度计划指标保障；制定相应的政绩考核制度，将山地建设中植被恢复和环境治理纳入领导绩效考核；主管部门要建立项目区数据库，及时将项目区规划审批、指标使用、项目实施、资金使用、权属调整、验收考核等情况上图入库，纳入国土资源综合监管平台，实施全程动态监测。

（五）部门协作

低丘缓坡综合开发利用是一项综合性的系统工程，涉及产业布局调整、城镇发展、地质灾害防治、水土保持、生态环境保护等方面。按照"政府主导、国土搭台、部门联动"的组织方式，建立低丘缓坡土地综合开发利用的多部门协调机制。由发展和改革委员会牵头，国土资源、住建、林业、环保等部门参与，明确相关部门的职责和要求，加强部门沟通协调，形成合力。其中，住建部门负责编制平原地区村庄向低丘缓坡搬迁后的新村建设规划方案；林业部门负责编制林地占补平衡规划方案及政策措施；水利部门负责编制水利工程建设规划方案；财政部门负责制定低丘缓坡综合开发利用的资金补助政策。各级政府和发展改革委、国土资源、住建、林业等部门，要共同努力，统筹解决相区域总体规划、土地利用总体规划的衔接、调整与修编问题。

思考题

1. 建设用地集约利用的内涵是什么及实现途径有哪些？
2. 城镇低效用地再开发的形式有哪些？其推进机制有哪些？
3. 开发区集约利用评价及其潜力测算的基本思路是什么？
4. 城乡建设用地增减挂钩的概念是什么？其实施管理的重点是什么？
5. 低丘缓坡地综合开发适宜性评价的主要内容有哪些？

第九章　土地整治

　　中共中央、国务院高度重视土地整治在保障国家粮食安全、统筹城乡发展、促进经济社会全面协调可持续发展中的重要作用。中共十七届三中全会通过的《中共中央关于推进农村改革发展若干重大问题的决定》指出："要大规模实施土地整治，搞好规划、统筹安排、连片推进"。中共十七届五中全会通过的《中共中央关于制定国民经济和社会发展第十二个五年规划的建议》进一步强调："严格保护耕地，加快农村土地整理复垦，大规模建设旱涝保收高标准农田。"《中共中央关于制定国民经济和社会发展第十三个五年规划的建议》中指出："坚持最严格的耕地保护制度，坚守耕地红线，实施藏粮于地、藏粮于技战略，提高粮食产能，确保谷物基本自给、口粮绝对安全。全面划定永久基本农田，大规模推进农田水利、土地整治、中低产田改造和高标准农田建设，加强粮食等大宗农产品主产区建设，探索建立粮食生产功能区和重要农产品生产保护区。"《中华人民共和国国民经济和社会发展第十四个五年规划和2035年远景目标纲要》中提出："强化耕地数量保护和质量提升，遏制耕地'非农化'、防止'非粮化'，规范耕地占补平衡，严禁占优补劣、占水田补旱地。规范开展全域土地综合整治。强化国土空间规划和用途管控，划定落实生态保护红线、永久基本农田、城镇开发边界以及各类海域保护线。实施重要生态系统保护和修复重大工程；科学划定自然保护地保护范围及功能分区，加快整合归并优化各类保护地。"土地整治已经上升为国家层面的战略部署，成为保发展、保红线、促转变、惠民生的重要抓手和基础平台。

　　为统一行使全民所有自然资源资产所有者职责，统一行使所有国土空间用途管制和生态保护修复职责。2018年3月，中华人民共和国第十三届全国人民代表大会第一次会议表批准成立中华人民共和国自然资源部。

第一节　土地整治概述

一、土地整治的内涵

　　我国于1999年实施的《土地管理法》，提出了"国家鼓励土地整理"，后来陆续出现了很多概念，如土地开发整理、土地整理复垦开发、土地整理复垦、土地整治、土地综合整治、农村土地整治、土地开发整理复垦等，甚至不同的概念在中央文件里同时出现，造成了概念和理解上的混乱。2003年3月，国土资源部颁发的《全国土地开发整理规划》，包含了土地整理、土地复垦和土地开发三项内容，给出了三个定义：①土地整理是指采用工程、生物等措施，对田、水、路、林、村进行综合整治，增加有效耕地面积，提高土地质量和利用效率，改善生产、生活条件和生态环境的活动；②土地复垦是指采用工程、生物等措施，对在生产建设过程中因挖损、塌陷、压占造成破坏、废弃的土地和自然灾害造成破坏、废弃的土地进行整治，恢复利用的活动；③土地开发是指在保护和改善生态环境、防止水土流失和土地荒漠化的前提下，采用工程、生物等措施，将未利用土地资源开发利用的活动。

编制《全国土地整治规划（2011-2015年）》，首先在概念上进行统一，即选择了"土地整治"这一术语。

2017年1月，《全国土地整治规划（2016-2020年）》经国务院批准正式颁布实施，明确了"十三五"期间土地整治的五项主要任务：①实施藏粮于地战略，大力推进农用地整理；②围绕美丽乡村建设，规范开展农村建设用地整理；③落实节约优先战略，有序推进城镇工矿建设用地整理；④贯彻保护环境基本国策，积极推进土地复垦和土地生态整治；⑤突出区域特色，分区分类开展土地整治。从土地开发整理到土地整治，不仅是概念上的变更，其内涵和外延也发生了深刻的变化。在范围上，已由相对孤立的、分散的土地开发整理项目向集中连片的综合整治转变，从农村延伸到城镇；在内涵上，已由增加耕地数量为主向增加耕地数量、提高耕地质量、改善生态环境并重转变；在目标上，已由单纯的补充耕地向建设性保护耕地与推进新农村建设和城乡统筹发展相结合转变；在手段上，已由以项目为载体向以项目、工程为载体结合城乡建设用地增减挂钩、工矿废弃地复垦调整利用等政策的运用转变；在内容上，已由以农用地整理为主，转向农用地、农村建设用地、城镇工矿建设用地、未利用地开发与土地复垦等综合整治活动。

实际上，土地整治是一个复杂的系统工程，它包括利用、开发、保护、治理、法规、规划、管理等诸多要素，涵盖内容非常丰富。不同的学者对土地整治有不同的理解和认识，给出的定义也不尽相同。

有学者认为，土地整治是在一定的区域内，按照土地利用总体规划确定的目标和用途，采取行政、经济、法律和工程技术手段，对土地利用结构和布局进行调整改造，以增加有效耕地面积，提高土地利用率和产出率，促进耕地规模经营、人口集中居住、产业集聚发展，改善生态环境的过程，它的关键在于形成建设合力。

也有学者认为，土地整治是在一定的区域内，按照土地利用总体规划确定的目标和用途，以土地整理、复垦、开发和城乡建设用地增减挂钩为平台，推动田、水、路、林、村综合整治，改善农村生产、生活条件和生态环境，促进农业规模经营、人口集中居住、产业聚集发展，推进城乡一体化进程的一项系统工程。

还有学者认为，土地整治，是通过土地要素的合理配置提高土地利用效率，通过土地、资本、技术结合，对人（农民）、产业以及社会经济进行综合的统筹安排，使农民从被动城市化到主动城市化，实现在一样的土地过上不一样的生活。

从以上定义不难看出土地整治的出发点和根本原则是统筹城乡发展，在区域城乡体系框架下，以全面促进城乡协调发展为前提和追求的目标。因而，我们将土地整治定义为：在一定区域内，按照土地利用总体规划、城市规划、土地整治专项规划确定的目标和用途，通过采取行政、经济和法律等手段，运用工程建设措施，通过对田、水、路、林、村实行综合整治、开发，对配置不当、利用不合理，以及分散、闲置、未被充分利用的农村居民点用地实施深度开发，提高土地集约利用率和产出率，改善生产、生活条件和生态环境的过程，其实质是合理组织土地利用。广义的土地整治包括土地整理、土地复垦和土地开发。

二、土地整治的特点

与以往开展的土地整理相比，土地整治具有"五多"的特点。

（1）多规划协调。将土地整治放在经济社会发展的大局中去考虑，土地整治规划要与土地利用总体规划、土地整理复垦开发规划、新农村建设规划、村镇体系规划、村镇建设规划和产业集聚区规划等相协调、相衔接。

（2）多目标设计。土地整治成果既要有利于政府完成耕地保护责任目标，弥补建设用地指标不足，又能解决新农村建设资金的缺口，改善农村生产生活条件，实现政府和群众期望的多个目标。

（3）多资金整合。土地整治项目既要聚合土地专项资金，又要引导其他涉农资金投入，还可以使用有关指标转让所得的收益，充分发挥资金的叠加效应。

（4）多部门联动。国土资源、财政、农业、建设、交通、水利、林业等部门要按照分工，各负其责，相互配合，协同推进，多部门联动，"组合拳"出击，形成合力，推进土地整治工作。

（5）最终形成多项成果。土地整治工作主要达到增加耕地、实现占补平衡，富余的土地通过增减挂钩有偿调剂到城镇使用的目的，可以有效破解土地管理工作的多个难题。

三、土地整治的原则

土地整治要在传统的土地整理的基础上，更新观念，创新思路，实现"四大转变"，即从单一的土地整理向土地整治转变；从土地单项资金使用向整合使用相关资金转变；从保护耕地、提高粮食生产能力的相对单一目标向促进城乡统筹发展的多目标转变；从国土部门一家管的方式向政府组织、国土部门牵头、有关部门参与的方式转变。要遵循以下基本原则：

（一）科学规划，统筹协调

树立科学规划意识，加快土地利用总体规划、村镇体系规划、全国土地整治规划、土地整理复垦开发规划等相关规划的编制，由政府组织国土、农业、建设、交通、水利等部门。按照"统一规划、统一设计、统一整治、统一发展"的要求，协调耕地和基本农田保护、城镇和村镇建设、产业发展、交通水利等基础设施建设及生态环境保护等的关系，编制土地整治项目规划和设计方案。开展土地整治的地方，要结合"三项整治"、城乡建设用地增减挂钩、新农村建设及城乡统筹发展、产业集聚区用地等工作，要按照经济、社会和生态效益相统一的原则，统筹各部门力量、统筹各相关资金。要以增加耕地数量、提高耕地质量、充分挖掘土地资源潜力、改善农村居住环境为目的，综合考虑田、水、路、林、村、房各项整治，统筹生产、生活和生态用地。

（二）整合资源，节约集约

按照"资金来源不变，使用用途不变，整合集中投放"的原则，依据村镇体系规划和土地整理复垦开发专项规划，以土地整理和城乡建设用地增减挂钩为平台，统筹农业综合开发、农村道路、水利基础设施、农村扶贫开发、环境治理、城乡建设用地增减挂钩项目等资金，整合协调农用地整理、农村建设用地整理、废弃地复垦及未利用地开发等活动，形成整体合力，改变以往不同部门分散投资、多头建设的做法。土地整治项目实施拆旧建新时，拆旧地块总面积必须大于建新地块总面积，拆旧地块整理复垦耕地应比建新占用耕地的数量多、质量高，以确保项目区内耕地数量不减少，建设用地总量不增加。涉及新村建设的土地综合整治，应积极引导农民集中居住，防止产生新一轮的分散布点。结合旧村改造和新村建设，应当促进农村人口向城镇和中心村集中，产业向集聚区集中，耕地向规模经营集中，努力提高农村土地节约集约利用水平。

（三）因地制宜，分类推进

土地整治要根据当地社会经济发展状况、农业生产水平、农民生活条件和资金保障能力等情况，因地制宜，分类推进。村庄整治条件成熟的地方，把土地整理与城乡建设用地增减挂钩项目整合成土地整治项目，通过拆旧建新和土地整理复垦等措施，实现项目区内耕地数量增加、质量提高，城乡用地布局更合理；村庄整治条件不成熟的地方，开展规模化农田整治，支持粮食生产核心区建设。对于涉及新村建设的地方，依据村镇规划体系及村镇建设规划，有序推进。

（四）尊重民意，维护权益

农民是土地整治的实施主体和利益主体。各地开展土地整治，必须充分尊重整治区域内农民的意愿，保障农民的知情权和参与权，依法保护农民的财产收益权与处置权。在土地整治的规模经营、运作模式、旧房改造、新居建设、非农就业和社会保障等方面提供多种选择，通过公告、公示、听证等方式，广泛征求村民组织和农民个人对土地综合整治方案的意见，并且依法签订协议。实现"整治前农民乐意，整治后农民满意"。

（五）政府主导，部门联动

土地整治工作综合性很强，必须以政府为主导，以土地整治项目和资金为平台，由政府整合各部门资源，统筹项目、资金和规划，建立健全工作组织协调机制，落实共同责任体系，最终形成以土地综合整治为纽带、政府主导、国土部门搭建平台、相关部门协同合作、上下联动的管理模式，达到优化配置资源、捆绑使用资金、灵活运用政策、催生综合效益的总体目标。

（六）依法依规，正确引导

土地整治是一项创新性工作，需要不断地实践、探索，但总体上应该在现有法律框架内进行。要杜绝通过土地整治，使大量农村土地非法流向城市；要防止在集体建设用地流转过程中，出现违法违规操作，导致损害农民权益的事情发生；要正确引导农民合理用地、依法建房。对于一些苗头性问题，要及时予以解决，使土地整治始终在依法依规的轨道上进行。

四、土地整治的主要任务

根据《全国土地整治规划（2016-2020年）》中提出的"十三五"期间土地整治的任务，将土地整治的主要任务归纳为以下五个方面：

（1）以大规模建设旱涝保收高标准基本农田为重点，大力推进农用地整治。建立基本农田建设集中投入制度，加强500个高标准基本农田建设示范县建设，改造提高116个基本农田保护示范区，新建5000处万亩连片的旱涝保收高标准基本农田保护示范区。组织实施基本农田整治重大工程。

（2）以改善农村生产生活条件为前提，稳妥推进农村建设用地整治。科学编制乡村土地利用总体规划，优化乡村土地利用。以"空心村"整治和乡（镇）企业用地整治为重点，尊重农民意愿，维护农民权益，稳妥推进农村建设用地整治，加强农村基础设施与公共服务设施配套建设。严格控制城乡建设用地增减挂钩试点的规模与范围，合理使用节余指标，确保增减挂钩所获土地增值收益及时全部返还农村，促进城乡一体化发展。

（3）以推进土地节约集约利用为出发点和落脚点，积极开展城镇工矿建设用地整治。有计划有步骤地推进"城中村"改造，加强土地权属管理，切实改善"城中村"人居环境。在保护和改善生态环境的前提下，充分利用荒山、荒坡进行城镇和工业建设。

（4）以合理利用土地和改善生态环境为目的，加快土地复垦。加大历史遗留损毁土地的复垦力度，全面推进生产建设新损毁土地的复垦，及时复垦自然灾害损毁的土地，努力做到"快还旧账、不欠新账"。完善土地复垦质量控制标准，加强土地复垦监测监管。

（5）以制度建设为基础，切实保障规划实施。完善规划体系，充分发挥规划对土地整治的管控作用。加强规划实施的公众参与，切实维护人民群众合法权益。健全规划实施管理制度，加强规划实施监测监管和考核评价。探索市场化运作模式，创新土地整治激励机制。加强土地整治法制、科技和队伍建设，夯实规划实施基础。

五、土地整治的意义

（1）土地整治是落实中央解决"三农"问题的决策部署、扩大内需、改善农村和农民的生产生活条件的重要抓手和平台。通过土地整治能够改善农业生产条件和农村生活环境,解决耕地经营分散、生产方式落后、村庄布局凌乱、户均占地过大、保障水平较低等问题和矛盾,促进农业由分散经营向规模经营转变,传统农业向现代农业转变,推动土地经营由分散向集约转变,推动农村城镇化,改善农业生产条件。达到耕地增加,粮食增产,农民增收,生态改善,达到土地资源利用三效益协调统一,达到社会主义新农村建设和现代农业发展的要求。

(2)整治搭建了城乡资源交换的平台,有利于城乡建设用地增减挂钩,优化土地利用空间格局,解决城镇化、工业化发展的用地需求。开展土地整理和城乡建设用地增减挂钩试点工作,有效挖掘了农村土地潜力,推进了新农村建设,促进了城乡统筹发展,有效破解了城乡建设用地的保障难题,同时也缓解了土地资源保护的压力。

(3)实施土地整治,可以有效增加农民收入、提高农民生活质量。实施土地整治建设工程,可以集聚建设用地资源,提高建设用地效率,集聚耕地资源,有利于农业规模生产和农民致富,集聚劳动力资源,增加农民的财产性收入,集聚市场资源,让农民充分享有城镇更好的教育、医疗、娱乐等社会资源。一方面,可以加快城镇化建设步伐,有效聚集市场需求与公共服务资源,以减少农村居民点重复拆迁,以及居民点点状分散对路、水、电、综合服务设施等公共服务资源的浪费,节约资金进行安置小区建设、农村环境整治,全面提高农民生活质量;另一方面,复垦后的土地,单位面积生产水平明显提高,可以促进农业增效、农民增收。

六、土地整治取得的成就

1997年,《中共中央、国务院关于进一步加强土地管理切实保护耕地的通知》(中发〔1997〕11号)提出:"积极推进土地整理,搞好土地建设。"1999年修订的《土地管理法》明确规定:"国家鼓励土地整理。"为了贯彻落实《土地管理法》规定和党中央、国务院要求,2001年,国土资源部会同有关部门组织编制了《全国土地开发整理规划(2001-2010年)》。"十一五"时期,各地各部门密切配合、积极推进,土地整治工作不断发展,在保护耕地和节约用地、促进新农村建设和城乡统筹发展等方面发挥了重要作用,取得了显著成效。

(一)促进了耕地保护和旱涝保收高标准基本农田建设,保障了国家粮食安全

2001~2010年,通过土地整治,新增耕地276.1万公顷(4142万亩),超过同期建设占用和自然灾害损毁的耕地面积,保证了全国耕地面积基本稳定,对坚守18亿亩耕地红线发挥了重要作用。同时,建成高产稳产基本农田超过1333.3万公顷(2亿亩),其中"十一五"时期1066.7万公顷(1.6亿亩),新修建排灌沟渠493万千米,建成田间道路460万千米,经整理的耕地平均亩产提高10%~20%,实现新增粮食产能130多亿斤,农田机械化耕作水平、排灌能力和抵御自然灾害的能力显著提高,农业生产条件明显改善,促进了新增千亿斤粮食工程的实施,保障了粮食连年增产。

(二)优化了土地利用布局,促进了城乡统筹发展

通过开展农村建设用地整治,既增加了耕地面积,又优化了城乡用地结构和布局,拓展了城乡发展空间。利用节约出来的一部分农村建设用地,依法依规发展乡镇企业

和非农产业,壮大了集体经济;通过实施城乡建设用地增减挂钩试点,并按有关规定将农村建设用地整治节余的建设用地指标在县域内调剂使用,获得的建设用地增减挂钩指标收益返还农村,有力地促进了新农村建设和城乡统筹发展。2006年以来,通过增减挂钩,实际复垦还耕面积9.9万公顷(148.1万亩),实际建新占用耕地面积7.6万公顷(113.7万亩),确保了耕地面积增加,建设用地总量减少、布局更合理。

(三)改善了农村生产生活条件,促进了农民增收、农业增效和农村发展

土地整治改善了农业生产条件,促进了农业规模化、产业化经营,降低了农业生产成本,增加了农民务农收入。"十一五"期间,通过土地整治,农民人均收入年均增加700余元,仅农民参加土地整治工程一项的劳务所得全国就合计超过了150亿元。通过村庄整治,改善了农村散、乱、差的面貌,农民居住条件、农村基础设施和公共服务设施大为改善,生活水平逐步提高。

(四)改善了土地生态环境,促进了生态文明建设

通过采取工程、生物等整治措施,控制了土地沙化、盐碱化,减轻了水土流失,提高了土地生态涵养能力。通过工矿废弃地复垦,改善了矿山生态环境,"十一五"时期,全国复垦了15%的工矿废弃地。通过禁止生产使用实心黏土砖,关停黏土砖企业,并加强土地复垦,促进了土地节约集约利用。通过推进农民住宅向镇区和中心村集中、工业向园区集中、土地向适度规模经营集中,减少了生活污水和生活垃圾的排放,增强了工业废水、废气、废渣处理能力,提高了能源使用效率,保护并改善了生态环境。

(五)形成了良好的工作格局,奠定了土地整治持续发展的基础

探索完善土地整治组织方式,形成了"政府主导、国土搭台、部门联动、群众参与、整合资源、整体推进"的工作机制;加强土地整治规范和标准建设,先后颁布《土地开发整理规划编制规程》《土地开发整理项目规划设计规范》《土地开发整理工程建设标准》等技术规范;部署开展农村土地所有权登记发证,并依托土地利用"一张图"工程建立了土地整治监管平台,全面加强耕地数量、质量、权属管理和动态监管;制定了一系列规章制度,完善土地整治专项资金使用管理;加强了队伍建设,截至2010年,31个省(区、市)和新疆生产建设兵团成立县级以上土地整治机构2060个。土地整治工作基本形成了规划体系比较完善、资金使用比较规范、科技支撑有力、全面全程监管的工作格局,为持续深入推进土地整治奠定了坚实基础。

土地是人类生存和发展的重要物质基础,土地问题始终是现代化进程中一个带有全局性、战略性、根本性的问题,加强和改进土地管理,对确保经济社会全面协调可持续发展具有十分重要的意义。党的十七届三中全会通过的《中共中央关于推进农村改革发展若干重大问题的决定》指出:"我国总体上已进入以工促农、以城带乡的发展阶段,进入加快改造传统农业、走中国特色农业现代化道路的关键时刻,进入着力破除城乡二元结构,形成城乡经济社会发展一体化新格局的重要时期。"随着工业化、城镇化和农业现代化同步加快推进,用地供求矛盾将更加突出,耕地保护和节约用地任务更加艰巨。始终将保护耕地、节约集约用地放到国家发展改革全局的重要战略地位,深刻把握工业化、城镇化、农业现代化同步加快推进对土地管理和利用的新要求。

第二节 我国土地整治的实践

我国是一个土地开发历史悠久、农耕文明灿烂的国家。我国土地整治的历史可以追溯到3000多年前殷周时期的井田制。战国时,秦孝公实行商鞅变法,"废井田,开阡陌,任其所耕,不限多少",鼓励开发土地。土地开发的理论也有了发展。《荀子·王制》提出了土地考察、开发、利用、治理的原则和要求。汉高祖刘邦建立西汉政权后,多次发布"方今之务在于力农"的诏令,通过减免田租,开放禁地,将山泽禁苑开放,供贫民开发耕种。汉文帝的屯田戍边,使秦汉时期比战国时期人口增加了两倍,而耕地却增加了近4倍,达到577亿亩,人均耕地968亩,成为我国历史上土地大开发时期。唐朝贞观、开元时期,全国军垦屯田500多万亩。宋、元时期,土地开发范围急速扩大,出现了"田尽而地,地尽而山",开始向山区进军,建造梯田,围垦江、河、湖、海滩地兴造农田。明初,经过长期战乱,大量土地荒芜,农业衰败,明太祖采取了一系列措施,鼓励流亡农民回归故里,耕垦荒田,"垦成熟者,听为己业""免徭役三年"。还有计划地移民垦荒,并令边境军士实行屯田。明洪武年间,全国耕地达7亿亩,人均127亩。清末,耕地增加到13亿亩。民国时期,土地整理复垦开发的雏形出现,其有力的佐证是《土地整理章程》《变更地籍整理章程》和《县行政区域整理办法大纲》等法规政策文件的颁布(姜爱林等,1998)[①]。即便当时政府腐败,战争连绵,但仍开发出1.68亿亩耕地。由此可见,中国土地整治已有悠久的历史,称得上是土地整治的发源地。只是后来产业结构发生急剧变化时,对土地整治工作的研究未及时跟上,因而减缓了推行的步伐。

我国于1999年实施的《土地管理法》,提出"国家鼓励土地整理",后来陆续出现很多概念,如土地开发整理、土地整理复垦开发、土地整理复垦、土地整治、土地综合整治、农村土地整治、土地开发整理复垦等,甚至不同的概念在中央文件里同时出现,造成了概念和理解上的混乱。2003年3月,国土资源部颁发的《全国土地开发整理规划》,包含了土地整理、土地复垦和土地开发三项内容,给出了相关的定义:土地整理是指采用工程、生物等措施,对田、水、路、林、村进行综合整治,增加有效耕地面积,提高土地质量和利用效率,改善生产、生活条件和生态环境的活动;土地复垦是指采用工程、生物等措施,对在生产建设过程中因挖损、塌陷、压占造成破坏、废弃的土地和自然灾害造成破坏、废弃的土地进行整治,恢复利用的活动;土地开发是指在保护和改善生态环境、防止水土流失和土地荒漠化的前提下,采用工程、生物等措施,将未利用土地资源开发利用的活动。现代意义上的土地整治则是在新中国成立之后,特别是在改革开放以后才逐步形成和发展起来,大规模、有组织地开展也只

---

① 姜爱林,姜志德. 论土地整理概念的科学界定 [J]. 地域研究与开发,1998,17 (1):1-4.

有10余年的时间。改革开放以来，我国的土地整治大体经历了三个发展阶段。

（一）发育阶段（1987~1997年）

20世纪80年代后期是我国土地整治由起步到发展的阶段。1987年在本溪召开了首次全国土地开发经验交流会；1988年《土地复垦规定》出台；同年在山东青州南张楼村开展了"土地整理与村庄革新"的试验；1997年，中共中央、国务院颁布《关于进一步加强土地管理切实保护耕地的通知》（中发〔1997〕11号）要求"积极推进土地整理，搞好土地建设"，土地整理的概念第一次正式写入中央文件，并明确了土地整理的内涵。

（二）发展壮大阶段（1998~2007年）

1998年以后，土地整治逐步实现了由自发、无稳定投入到有组织、有规范、有比较稳定投入的转变。1999年，新修订的《土地管理法》明确规定"国家鼓励土地整理"；2004年，国务院下发《关于深化改革严格土地管理的决定》（国发〔2004〕28号），提出"鼓励农村建设用地整理"；"十一五"规划提出要以邓小平理论和"三个代表"重要思想为指导，认真落实科学发展观和构建社会主义和谐社会的重大战略思想。变革和优化农村生产力，推动现代农业发展，建设社会主义新农村；推动区域发展，健全区域协调互动机制，促进城镇化健康发展，形成区域协调发展格局；建设资源节约型、环境友好型社会。

（三）综合发展阶段（2008年至今）

从2008年至今，我国的土地整治工作已经从土地整治发展到土地综合整治，如今正处于"四区一带"的全域土地综合整治发展阶段。

1. 土地整治阶段（2008~2012年）

此时期内重点任务是基本农田建设与保护，趋于耕地数量和质量并重。中共十七届三中全会提出"大规模实施土地整治，搞好规划、统筹安排、连片推进，加快中低产田改造"；2009年中央一号文件提出"大力推进土地整治，集中连片推进农村土地整治，实行田、水、路、林综合治理"；2010年中央一号文件提出"大力建设高标准农田""有序开展农村土地整治""严格规范增减挂钩试点，大力推进以高产稳产基本农田建设为重点的农田整治"；2011年政府工作报告"大力推进农村土地开发整理，大规模建设旱涝保收高标准农田"等为土地整治指明了方向并做了战略部署。

2. 土地综合整治阶段（2013~2017年）

土地综合整治时期不再以农地整治为主要方向，而是出现了多类型土地整治且日益重视保护生态，要求土地数量、质量、生态"三位一体"的时期。国家"十二五"规划纲要明确提出"加快农村土地整理复垦、建设高标准农田和严格规范城乡建设用地增减挂钩"。"十三五"期间，《全国土地整治规划（2015-2020年）》提出关注农村土地生态功能，突出生态良田建设、利用与保护，土地整治内涵向生态化、绿色化转型。土地整治从单纯农地整理向农地整理与村庄整治相结合的综合整治转变。

3. 全域土地综合整治发展阶段（2017年至今）

这一时期的土地整治工作更加注重土地综合整治，开始提倡保护乡村人文风貌，打造"山水林田湖草"生命共同体。

2017年,党的十九大明确指出"依据国土空间规划,对生态功能退化、生态系统受损、空间格局失衡、自然资源开发利用不合理的生态、农业、城镇国土空间,统筹和科学开展山水林田湖草一体化修复的活动"。2018年,原"国土资源部"改组并更名为"自然资源部",以更好地贯彻执行中央方针政策、统筹规划国土治理保护工作。2019年12月,自然资源部发布《关于开展全域土地综合整治试点工作的通知》(自然资发〔2019〕194号),要求在全国范围内开展全域土地综合整治试点。2020年6月,自然资源部国土空间生态修复司印发《关于全域土地综合整治试点实施要点(试行)》的函(自然资生态修复函〔2020〕37号),对试点选址、整治区域划定、村庄规划编制、整治任务确定、双5%标准、指标认定、内容审查、监测监管、验收评估、负面清单等任务作出明确要求。2021年4月国土空间生态修复司印发《全域土地综合整治试点实施方案编制大纲(试行)》,指导实施方案编制。"十四五"规划将"规范开展全域土地综合整治"作为实施乡村建设行动的一项重点内容。全域土地综合整治成为我国土地整治的发展方向。

以上发展历程也说明对土地整治已从最早的以耕地数量为首要要求,更趋向于优化土地结构,内部挖潜土地存量。更强调关注农村土地生态功能,突出了生态良田建设、利用和保护,土地整治内涵向生态化、绿色化转型。顺应了新时代生态文明建设的新要求。

纵观国内、外土地整治工作的历史,其初衷基本上都是整理农地,解决农业生产中的土地利用问题,改善农业用地生产条件,提高农用土地的利用率和产出率。当社会经济发展到一定阶段时,对土地资源的利用逐渐从单一的管理向综合开发利用转化,土地整治的内容也在不断增加,在整个社会以及经济领域中所起的作用也日益提高。

第三节 土地整治的类型体系

土地整治是人类在土地利用实践活动中不断建设土地和重新配置土地的过程。土地整治以获取土地利用的社会效益、经济效益、生态效益三者协调统一的综合效益为原则,以保护和改善生态环境为前提,以改善农业生产条件和提高土地的集约化利用程度为手段,以土地资源的可持续利用为最终目标。

土地整治是一项长期而复杂的社会系统工作,土地整治的内容随着国家经济、社会的发展而不断变化。土地整治是对低效利用、不合理利用和未利用的土地进行治理,对生产建设破坏和自然灾害损毁的土地进行恢复利用,以提高土地利用率的活动。我国现阶段土地整治的主要内容为:①调整用地结构;②平整土地,提高土地集约利用率;③道路、沟渠、林网等综合建设;④归并农村居民点;⑤恢复利用废弃土地;⑥划定地界,确定权属;⑦在保护和改善生态环境的前提下,适度开发宜农土地后备资源。按照《全国土地整治规划（2016-2020年）》的划分，主要包括大力推进农用地整治；规范推进农村建设用地整治；有序开展城镇工矿建设用地整治；加快土地复垦四个类型。本书考虑到知识体系的完整性，加入土地开发的相关内容，将土地整治的类型归纳为五个。

一、农用地整治

农用地整治的前身是农用地整理。农用地整理是指在一定区域内，依据土地利用总体规划及有关专项规划，采取行政、经济、法律和工程技术措施，对田、水、路、林、村等进行综合整治，以调整土地关系，改善土地利用结构和生产、生活条件，增加土地有效供给量，提高农用地质量，提高土地利用率和产出率的过程。农用地整治与农用地整理的内涵基本一致，农用地整治也是要增加有效耕地面积，提高耕地质量等级，大规模建设旱涝保收高标准基本农田，促进耕地布局优化，改善农业生产条件。农用地整治包括加快推进高标准农田建设、切实加强耕地数量保护和质量建设、实行耕地修复养护、推进其他农用地整理等内容。

（一）加快推进高标准农田建设

大规模建设高标准农田，"十三五"时期确保全国建成4亿亩、力争建成6亿亩高标准农田，全国基本农田整治率达到60%。优化基本农田结构布局，依据土地利用总体规划，按照现代农业发展要求，调整优化农田结构布局，形成集中连片、设施配套的基本农田格局。完善基本农田基础设施，开展土地平整归并，实现田块集中连片，降低基础设施占地率，增加农田耕作层厚度。加强高标准农田建后管护，严格执行高标准农田建设评定标准，将整治后的耕地划为永久基本农田，统一命名、统一标识、统一监管，纳入国土资源综合监管平台，实行永久保护，严禁建设占用。

（二）切实加强耕地数量保护和质量建设

科学合理补充耕地，加大农用地整理，增加有效耕地面积；加强耕地质量建设，着力改善耕作条件，提高补充耕地质量。积极推进低效、损毁和废弃建设用地整理还耕，恢复耕地生产功能。加强耕地质量建设和产能提升，积极开展耕地质量建设和保护，全面提高耕地生产能力，健全耕地质量等级评价制度。积极开展特色农业土地整理，挖掘区域特色资源利用潜力，提高农用地质量，推动特色农业资源的开发与保护，开展重要农业文化遗产保护与建设，加强生态保护和修复。加强耕地全方位管护，依托国土资源综合监管平台，并结合相关部门管理信息系统，将土地整治项目和高标准农田建设信息及时、全面、准确上图入库，实现相关部门信息共享，实行耕地实时动态监测。

（三）实行耕地修复养护

加强退化土地修复，开展农田防护与生态环境建设，实施水土保持工程，增强农田抵抗自然灾害的能力。积极治理污染土地，推进污染土地综合治理。

（四）推进其他农用地整理

合理引导农业结构调整，坚持保护生态、农地农用，合理配置其他农用地，促进优势农产品发展。加强园地整理，积极开展中低产园地整理，完善配套基础设施，促进园地集约利用、规模生产，发展特色品种、农产品加工和休闲农业，提高园地综合效益。加强林地改造，全面停止天然林商业性采伐，通过生态自我修复和充分利用宜林荒山荒坡、沙荒地造林，扩大林地面积，有效改善生态环境。推进草地综合治理，加强天然草原的保护建设，落实草原禁牧和草畜平衡制度，合理利用草地资源。

二、农村建设用地整治

农村建设用地是指乡（镇）村建设用地，即乡（镇）村集体经济组织和农村个人投资或集资，进行各项非农业建设所使用的土地。主要包括：乡（镇）村公益事业用地和公共设施用地，以及农村居民住宅用地。农村集体建设用地分为三大类：宅基地、公益性公共设施用地和经营性用地。根据《全国土地整治规划（2016-2020年）》，农村建设用地整治包括以下三个主要内容：

（1）优化农村建设用地布局。统筹乡村土地利用，以新农村建设和城乡发展一体化为目标，以经济社会发展规划和土地利用总体规划为依据，探索编制乡村土地利用规划，并做好与村镇建设规划等相关规划协调衔接。优化农村居民点布局，要按照发展中心村、保护特色村、整治空心村的要求，建设新型农村社区，合理引导农民居住集中，优化用地结构布局，提高节约集约用地水平。

（2）推进农村闲置低效土地整理。优先开展"空心村"等土地整理，坚持节约用地、改善民生、因地制宜，推进农村建设用地整理。加强缩并村庄土地整理，科学划定农村居民点扩展边界，加强中心村建设，逐步缩并分散、零星居民点，防止农村建设用地盲目扩张。尊重农民意愿、充分考虑农民实际承受能力，鼓励农民搬迁腾退出原有宅基地，并优先复垦为耕地。加强乡村特色景观保护，开展农村土地整治，注重保留当地传统农耕文化和民俗文化的特色，遵循历史传承，尊重自然、顺应自然、保护自然，依托当地实际情况整治利用土地，减少对自然的干扰和破坏。

（3）稳妥推进城乡建设用地增减挂钩。全面实行城乡建设用地增减挂钩政策，推进农村土地综合整治，加强高标准农田建设，优化城乡建设用地结构布局，促进美丽乡村建设和新型城镇化发展。坚持规划统筹引导，调整优化城乡建设用地布局，推动城乡土地要素合理配置和平等交换，促进土地城镇化与人口城镇化相协调。切实维护农民权益，确保农民共享发展成果。拓展增减挂钩范围，支持脱贫攻坚和易地扶贫搬迁，增减挂钩指标安排向重点地区倾斜，支持当地运用增减挂钩政策推动扶贫开发和易地扶贫搬迁等工作。加强监督管理，确保增减挂钩规范有序开展。

三、城镇工矿建设用地整治

全面推进旧城镇、旧工矿以及"城中村"改造，拓展城镇发展空间，促进土地节约集约利用，提升土地价值，改善人居环境，保障城镇化健康发展。

（一）积极推进城镇低效用地再开发

合理确定再开发范围，坚持以人为本，按照有利于提高节约集约用地和提升城镇发展质量的要求，围绕城市产业结构调整、功能提升和人居环境改善，合理确定城镇低效用地再开发范围，加强对历史文化遗产的保护。加强规划统筹引导，充分利用土地调查成果，开展城镇存量建设用地调查，摸清城镇低效用地的现状和再开发潜力，查清土地权属关系，了解土地权利人意愿。完善城镇低效用地再开发激励机制。

（二）积极推进旧工矿用地改造

充分挖掘利用旧工矿用地，在条件适宜地区，积极实施工矿用地功能置换，在调查评价和治理修复的基础上，结合周边环境将低效工矿用地转型改造利用，提高土地利用效率和综合效益。优化工矿用地结构和布局，完善工矿用地投资评价机制，促进淘汰效益低、占地多、污染高的落后产业。加强工矿用地生态修复和景观建设，对土壤、水体污染严重的区域，采取工程技术、生物修复等措施进行专项治理，防止污染扩散。

（三）强化节地建设和生态建设

改进城镇建设用地整理方式，按照"区域—单元—项目"多层次，依据城市规划，科学划定整治单元，合理安排开发时序，有序推进土地整治，优化用地结构布局。积极探索推行节地技术，总结各类节约集约用地技术和模式，建立健全节约用地激励机制和政策。提升城镇土地景观生态功能，优化城镇用地结构，提高生态用地比例，扩大城市生态空间。加强城镇历史文化保护，防止大拆大建破坏城镇历史风貌，在新城新区建设中，注重挖掘文化内涵，融入传统文化元素，延续历史文脉，保存地域人文魅力空间。

四、土地复垦

"土地复垦"在我国出现于20世纪50年代末、60年代初，在各种文献中称为"复田"，即恢复利用被采矿破坏的土地。随着社会的发展，"复田"这一术语越来越显露出它的局限性，逐渐被"土地复垦"所代替。1988年1月21日国务院所发布的《土地复垦规定》中则明确规定了土地复垦的含义和范围，指出"凡是在生产建设过程中，因挖损、塌陷、压占等造成破坏的土地，采取整治措施，使其恢复到可利用的状态，称作土地复垦，凡因从事开采矿山资源、烧制砖瓦、燃煤发电、兴修水利、农田基本建设、修筑铁路、公路和各种道路等以及各种建筑物和废弃物压占等一切活动，而人为造成土地破坏和废弃的都属于土地复垦范围，还有各种污染、自然灾害造成破坏废弃的土地以及村庄四旁坑、洼、塘、废弃宅基地等也同于土地复垦的范围。

土地复垦的对象主要包括六个：①生产、建设过程中因各种活动挖损、塌陷、压占等造成破坏和废弃的土地复垦；②因各种活动、原因、自然灾害等破坏和荒废的土地复垦；③工业排污造成对土壤的化学污染而废弃的土地；④各种道路改线、建筑搬迁、废弃旧宅基地压占和城镇、村庄垃圾压占的、废弃的土地；⑤因兴修水利、农田基本建设，村庄四旁坑、塘、洼地以及各种边角、坡、田坡和零星闲散废弃地；⑥其他荒芜废弃地。

《全国土地整治规划（2016-2020年）》将土地复垦的对象归纳为生产建设活动损

毁土地的复垦、历史遗留损毁土地和自然灾害损毁土地的复垦。

1. 生产建设活动损毁土地的复垦

（1）生产建设活动新损毁土地的复垦。已删除坚持土地复垦和生产建设相结合，编制土地复垦方案，在生产工艺、建设方案中落实土地复垦各项要求。确定的复垦任务纳入生产建设计划，土地复垦费用列入生产成本或者建设项目总投资。

（2）组织实施土地复垦重大工程。开展重点区域土地复垦，组织实施重点煤炭基地土地复垦工程、"7918"高速公路和"四纵四横"高铁沿线土地复垦工程、"南水北调"水利工程沿线土地整治工程。

2. 历史遗留损毁土地的复垦

在调查评价损毁土地复垦潜力的基础上，综合考虑土地损毁前的特征和损毁类型、程度和复垦的可行性等因素，尊重自然规律，立足农业发展、生态改善，因地制宜恢复利用，统一规划，确定复垦的重点区域，合理安排复垦土地的利用方向、规模和时序，组织实施土地复垦重大工程。加大政府对土地复垦的资金投入，吸引社会投资进行复垦，鼓励土地权利人自行复垦。

3. 自然灾害损毁土地的复垦

（1）加大灾毁土地复垦力度。根据自然灾害损毁土地的情况，有针对性地采取措施，及时复垦灾害损毁土地，减少因自然灾害损毁而流失的耕地数量。对灾毁程度较轻的土地，鼓励受灾农户和土地权利人自行复垦；对灾毁程度较重的土地，制定灾毁土地复垦规划，按项目进行复垦。充分尊重当地群众意愿，结合生态农业发展和生态环境建设；对地处偏远、地质环境较差的灾毁土地，因地制宜实施复垦。

（2）加强山洪和地质灾害损毁土地的复垦。开展山洪和地质灾害易发区调查评价，查清山洪、泥石流、滑坡、崩塌等灾害隐患点的基本情况，结合工程、生物等措施，复垦已损毁土地，加强山洪和地质灾害易发区生态环境建设，有效降低山洪和地质灾害的发生概率。

（3）推进土地生态环境整治示范工程建设。坚持保护优先、自然恢复为主，在加强退化土地生态环境建设和生态功能区保护的基础上，针对水土流失、土地沙化、土地盐碱化、土壤污染、土地生态服务功能衰退和生物多样性损失严重的区域，结合退耕还林、退牧还草，治理水土流失，推进土地生态环境综合整治，提高退化土地生态系统的自我修复能力，增强防灾减灾能力。

五、土地开发

（一）土地开发的概念

土地开发是指人类通过工程措施、生物措施和技术措施等，使各种未利用土地资源，如荒山、荒地、荒滩、荒水等，投入经营与利用；或使土地利用由一种利用状态改变为另一种状态的活动，如将农地开发为城市建设用地。通过土地开发活动，可以有效地扩大土地利用范围，使原来不适宜某种用途的土地变为适宜该用途的土地；同时，通过土地开发活动，可以有效地改善土地利用条件，提高土地利用效率。

土地开发实际上是为合理而有效地利用土地创造必要条件而进行的经济、技术的投入过程，其结果是可利用土地面积的增加和土地利用条件的改善、土地利用率和产出率的提高。土地开发的过程是为合理的土地利用创造条件，增加土地的可利用面积，改善土地利用条件，进行必要的经济技术的投入。中国是一个人多地少、土地资源相对短缺的国家，随着我国社会经济的发展，大量农用地不断被各项建设事业占用，人地矛盾越来越突出，因而，必须通过广泛筹集资金，加大对土地开发的经济技术投入力度，使有限的土地后备资源得以开发，使土地利用条件得以改善，挖掘土地潜力，提高土地利用率，扩大土地利用空间与利用深度，以满足社会经济发展不断增加对土地的需求。

（二）土地开发的特点

（1）土地开发必然带来生态环境的变化。土地是由土壤、植被、气候、水文及地质、地貌组成的综合体，构成了完整的生态系统。从生态学的角度看，土地开发就是要打破原有的生态平衡，从而建立新的生态平衡。土地开发是人类作用于自然，它有可能对原有生态系统产生积极有利的影响，也有可能完全相反地产生消极的有害的影响，如开发荒山、改良土壤可能恢复植被，减少水土流失，使生态环境向良性方向转化；反之，不合理的毁林开荒、围湖造田，则有可能造成水土流失、土地沙化，产生洪涝灾害等。

（2）土地开发必然带来社会、经济结构的变化。土地开发与社会生产方式密切相关。土地开发总是在一定的社会经济条件下进行的，同时，土地开发也将决定社会经济结构的组合方式。如开发荒地可以引起地区经济结构的改变，增加经济收入，同时使原来以经营林牧为主的人转化为以经营农业为主的农民；沿海滩涂的开发不仅可增加农用地面积，产生一定的经济效益，同时大量外来移民的到来，将会使原来荒凉的滩涂兴起新的社区，甚至崛起新的城镇；城市新区的开发使原来的农田转化为城市建设用地，经济结构也将由第一产业生产转变为以第二、第三产业为主。

（3）土地开发具有经营性的特点。土地开发是为合理而有效地利用土地创造条件而进行的经济技术的投入过程，通过土地开发增加了可利用土地面积，改善了土地利用条件，可提高土地利用率和产出率。所以土地开发是可以产生经济效益的。因此，土地开发可以当作一个生产过程，实行专业化经营，某些组织或个人可以向国家和集体取得土地开发权，通过资金、技术、劳动的投入，使之能满足市场的需求而获得利润。土地的开发管理权和经营权可以分开，国家或集体土地的开发权可以以一定的形式依法转让。从这个意义来看，土地开发是一个典型的经济行为，土地开发的经营也应遵循市场经济规律。

（4）土地开发是一个开发、利用、再开发、再利用的循环往复的过程。未利用地被开发为可利用的农地，低产农地转化为高产农地，农地转化为村庄，农地和村庄又将被开发为城市。土地开发和利用不断相互更替，循环往复。但每一个循环的过程都不是机械地重复，都是在前一个循环的基础上有更大的进步。在这一循环过程中，土地利用条件不断得以改善，土地也在不断升值。

（三）土地开发的类型

我国现阶段的土地开发主要有以下六种类型：

（1）宜农荒地的开发。宜农荒地主要是指在现代经济技术条件下，可以开垦的天然荒草地、疏林地、灌木林地和其他未被利用的土地。

（2）闲散地开发。闲散地主要指面积零碎、分布散乱的尚未利用的废坑塘、滩洼地、四旁闲地等以及自然破坏的土地。闲散地开发主要是将这些尚未利用的面积零散、分布散乱的土地开发成为可利用土地的过程。

（3）中低产田开发。已利用的农田由于种种原因产出低、效益差成为中低产田。中低产田开发就是利用现有的经济技术水平，对中低产田进行技术改造，使其利用条件得以改善的过程。中低产田开发是农业土地开发的主要任务。

（4）沿海滩涂的开发。沿海滩涂主要指分布于海岸潮间带的那部分涨潮淹没、退潮露出的土地。沿海滩涂开发的形式多种多样，如围海造田、围海养殖，也可用作工业排废处理场所，更可填海进行城市建设等。

（5）城市新区的开发。城市新区的开发也叫城市土地的第一次开发，它将是城市新建城区内的农业土地转化为城市用地并进行城市基础设施配套建设，使其适应城市建设需要的过程。城市新区的开发重点是在城市规划的基础上，进行城市道路、供水、供电、供气、防洪、排涝等基础设施的建设。

（6）城市土地再开发。随着城市建设的发展和科技水平的进步，原有的城市建设区的基础设施、城市布局、城市功能、城市环境以及城市建筑，均已不能满足现代城市生活的需要，为此而进行的原有城市建筑地段的再加工、再改造过程，就是城市土地的再开发过程。

第四节　土地整治规划管理

一、土地整治规划概述

（一）土地整治规划的概念、特点及作用

1. 土地整治规划的概念

土地整治规划是指在土地利用总体规划的指导和控制下，对规划区内未利用、暂时不能利用和已利用但利用不充分的土地，确定实施开发、利用、改造的方向、规模、空间布局和时间顺序。土地整治规划内容主要包括：制定规划期内土地整治战略，评价农用地整治、建设用地整治、未利用地开发和土地复垦潜力，明确土地整治的指导原则和目标任务，划定土地整治重点区域，安排土地整治工程（项目），提出规划实施的保障措施和重大政策等。

2. 土地整治规划的特点

（1）土地整治规划属于土地利用专项规划。土地整治规划是为充分挖掘土地利用潜力，提高土地利用效率，改善土地生态环境，促进土地资源可持续利用而采取的开发、利用、整治与保护相结合的综合措施。它与土地利用总体规划的区别是，土地利用总体规划的对象是一定区域内的全部土地资源，而土地整治规划的对象主要是利用效率不高和暂时没有开发的未利用地与废弃地。目前，土地整治规划的主要目的是增加有效耕地面积，实现耕地总量动态平衡，确保国家粮食安全和社会稳定。因此，从规划的对象、解决问题的性质来看，土地整治规划属于土地利用规划体系中的专项规划。

（2）土地整治规划是土地利用总体规划的深化与完善。土地整治规划虽然属于专项规划，具有一定的独立性，但它是以土地利用总体规划为指导的，是实现土地利用总体规划目标的重要手段。首先，土地整治规划将对土地利用总体规划确定的土地整治内容进行深化、补充和完善；其次，土地整治规划通过确定土地整治项目的位置、范围、类型、规模、建设时序等，使土地利用总体规划制定的土地开发、土地整理和土地复垦目标得到具体落实。可以说，土地整治规划是土地利用总体规划的延伸，是总体规划的深化、细化。

（3）土地整治规划的手段灵活但弹性较小。我国地域广阔，土地利用的自然、社会、经济条件差异较大，土地整治规划的对象、目标和重点也会有所差异，因而必须采取灵活的手段，才能更切合实际地搞好规划。如西北、华北地区干旱缺水，土地开发必须"以水定地"，与生态环境建设紧密结合。东部沿海经济发达地区，重点应以整理基本农田、建设高标准农田为主。煤炭能源基地，应该以复垦废弃工矿地、重建生态系统为主。西南岩溶地区则应以坡改梯和水土保持为主。尽管不同区域可以采取灵活多样的土地整理措施，但是土地整治规划本身的弹性是较小的。首先，土地整治规划的主要目标和内容是由土地利用总体规划制定的，必须与总体规划相衔接；其次，在土地整治区的划分、项目的选定和建设占用耕地指标任务的安排上，还受到农业、水利、交通、电力、城镇、林业、水土保持等相关部门规划的制约，必须与这些规划相协调。

2001年以来，我国共编制了三轮土地整治规划，分别是《全国土地开发整理规划》《全国土地整治规划（2011-2015年）》和《全国土地整治规划（2016-2020年）》。第一轮土地整治规划的编制健全了规划体系，有效推动了土地整治工作的开展，落实了以建设促保护的耕地政策，取得了显著成效。第二轮土地整治规划在深刻领会土地整治工作的内涵，在土地整治已由单纯农地整理向农地整理与村庄土地整治相结合的综合整治转变。第二轮规划目标、内容更全面。第三轮规划目标包括高标准农田建设加快推进、耕地数量质量保护全面提升、城乡建设用地整理取得积极成效、土地复垦和土地生态整治力度加大、土地整治制度和能力建设进一步加强。

3. 土地整治规划的作用

编制土地整治规划是落实国民经济和社会发展五年规划及土地利用总体规划的重要手段，是指导地方科学开展土地整治工作的重要依据。科学编制和严格实施土地整治规划，有利于有效整合资源，合理引导资金，规范推进土地整治各项活动，优化用地结构，促进耕地保护和节约集约用地目标的实现；有利于统筹协调农村土地整治、资源环境保护和经济社会发展，促进土地资源可持续利用和经济社会可持续发展；有利于统筹推进农业产业发展、农村基础设施建设和农民增收，更好地发挥土地整治在新农村建设和城乡统筹发展中的基础平台作用。《国务院关于严格规范城乡建设用地增减挂钩试点切实做好农村土地整治工作的通知》（国发〔2010〕47号）明确要求科学编制农村土地整治规划，合理安排增减挂钩试点的规模、布局和时序，必须依据土地整治规划。《关于中央分成的新增建设用地土地有偿使用费分配使用及管理有关事项的通知》（财建〔2009〕625号）要求从2010年起必须依据土地整治规划安排项目和资金。其具体作用主要有以下三个方面：

（1）土地整治规划是实现土地利用总体规划的重要措施。土地利用总体规划属于宏观控制性规划，它制定的土地整治内容必须通过专项规划进行深化、细化和完善，它制定的土地整治目标必须通过专项规划逐步分解落实。当前土地利用总体规划实施中存在着宏观控制与微观落实相脱节的问题，就迫切需要编制全国范围的、分层次的土地整治规划，逐级落实土地利用总体规划确定的土地整治任务和目标。

（2）有计划地实现耕地总量动态平衡。由于我国人口多，人均耕地少，耕地后备资源不足，土地利用所面临的突出问题是：一方面，人口不断增加，为确保粮食安全，解决十几亿人的"吃饭"问题，现有耕地数量不能再减少；另一方面，随着我国经济快速发展及工业化、城市化的进程加快，还将占用部分耕地。因此，实现全国耕地总量动态平衡意义重大、任务艰巨。通过编制土地整治规划，有重点有计划地实施土地整治，提高土地利用率，增加耕地面积，补充建设用地，是实现耕地总量动态平衡的主要途径。

（3）规范土地整治活动。编制各级土地整治规划，明确土地整治的方向、重点，有利于科学指导和规范各地土地整治活动，有助于抑制土地整治过程中的不规范行为和短期行为，对促进土地整治事业的健康有序发展将起到积极的作用。

（二）土地整治规划的指导思想、总体目标和原则

1. 指导思想

在习近平总书记系列重要讲话精神和治国理政新理念新思想新战略指导下，紧紧围绕统筹推进"五位一体"总体布局和协调推进"四个全面"战略布局，牢固树立创新、协调、绿色、开放、共享的发展理念，按照党中央、国务院决策部署，坚持最严格的耕地保护制度和最严格的节约用地制度，实施藏粮于地和节约优先战略，大力推进农用地整理和高标准农田建设，夯实农业现代化基础；坚持城乡统筹发展，大力推进城乡散乱、闲置、低效建设用地整理，推动美丽宜居乡村建设和新型城镇化发展；以保护生态环境为前提，大力推进废弃、退化、污染、损毁土地的治理、改良和修复，促进土地资源永续利用。

2. 总体目标

土地整治规划的总体目标是全面提高土地资源利用效率，为实现经济社会可持续发展提供土地保障。具体可以分为以下四个方面：

（1）服务和服从于经济建设这个中心，保障经济发展的用地需求。

（2）落实土地利用总体规划的目标任务，实现规划期内耕地总量动态平衡。

（3）土地整理全面、有序开展，工矿废弃地得到有效复垦利用，在保护和改善生

态环境的前提下，宜农未利用地得到适度开发。

(4) 促进土地资源的可持续利用，全面提高土地资源利用效率。

3. 原则

(1) 土地整治规划的基本原则。

1) 坚持促进"三农"发展。按照有利生产、方便生活、改善环境的要求，以基本农田整治为重点，提高高产稳产基本农田比重，逐步与散乱、废弃、闲置、低效利用的农村建设用地整治相结合，实施田、水、路、林、村综合整治，充分发挥土地整治的经济、社会和生态综合效益，促进农民增收、农业增效、农村发展。

2) 坚持统筹城乡发展。立足保障和促进科学发展，规范推进农村建设用地整治，开展城镇建设用地整治，挖掘存量建设用地潜力，优化城乡建设用地结构与布局，促进小城镇和大中小城市协调发展，加强农村基础设施建设和公共服务，推进城乡基本公共服务均等化，促进城乡一体化发展。

3) 坚持维护农民合法权益。把维护农民和农村集体经济组织的主体地位放在首位，以人为本，依法推进，依法保障农民的知情权、参与权和受益权，确保整治前农民自愿、整治中农民参与、整治后农民满意。

4) 坚持耕地数量、质量和生态管护相统一。立足发展现代农业和解决农村民生问题，按照稳定和提高农业基础地位的要求，加快农村土地整理，适度开发宜耕后备土地，补充有效耕地数量，提高农用地质量，改善农业生态环境，夯实农业农村发展基础，保障国家粮食安全。

5) 坚持因地制宜、量力而行。根据当地经济社会发展水平，顺应农民改善生产生活条件的愿望和能力，以满足农民生产生活实际需要为前提，防止一哄而上、盲目推进。要围绕农村经济社会发展和农民生产生活中最迫切需要解决的问题，优先安排农民住宅、农村基础设施、公共服务设施和发展非农产业用地。

(2) 土地整治规划的编制原则。在坚持土地整治规划指导思想的前提下，规划编制应遵循以下六项原则：

1) 依据有关法律、法规、政策和土地利用总体规划。

2) 上下结合，与相关规划相协调。

3) 保护和改善生态环境，经济、社会和生态效益相统一。

4) 因地制宜，统筹安排，切实可行。

5) 在多方案比较的基础上确定规划方案。

6) 政府决策和公众参与相结合。

二、土地整治规划编制程序

1. 组织准备

建立由政府负责，自然资源、发展和改革、财政、农业、建设、环保、水利等相关部门参加的规划编制工作领导小组，负责制订工作计划、审查规划方案、协调重大问题、落实编制经费等。由自然资源管理部门牵头设立规划编制工作组，负责规划编制具体工作。

2. 调查分析

省级规划以县为单元，市县规划以乡镇为单元，收集自然资源条件、经济社会状况、生态环境状况、土地利用现状、相关规划及标准等基础资料，必要时进行实地踏勘和补充调查，分析评价土地整治的条件和潜力，开展土地整治重大问题研究。

3. 拟订方案

在土地整治潜力评价和重大问题研究的基础上，明确土地整治战略和目标，根据土地利用总体规划和当地经济社会发展要求等，与相关规划协调，提出土地整治规划方案，并与上级规划相衔接。

4. 协调论证

采取多种方式广泛征求公众意见，组织有关部门、专家对规划供选方案进行论证，综合各方面意见，修改、确定规划方案，完善规划成果。

5. 评审报批

组织有关部门和专家对规划成果进行评审。规划成果经同级人民政府审核同意后，报上级自然资源管理部门审批。

三、土地整治规划的主要内容

（一）规划目标

1. 内涵

土地整治规划目标是指为保障经济社会可持续发展对土地资源的需求，在规划期间通过土地整治所要达到的状态和要完成的任务。主要包括规划期内农用地整治、农村建设用地整治、城镇工矿建设用地整治、土地复垦、土地开发的规模及增加耕地与其他用地的面积。

2. 确定目标的依据

（1）国民经济和社会发展的要求。

（2）土地利用总体规划的要求。

（3）生态建设和环境保护的要求。

（4）土地整治的潜力。

3. 确定目标的步骤

（1）提出初步规划目标。初步规划目标必须在依据国民经济和社会发展、土地利用总体规划和生态建设与环境保护等要求和土地整治潜力的基础上提出。

（2）对初步规划目标进行可行性论证。对初步规划目标进行可行性论证，主要是分析影响土地整治规划目标实现的各种因素，包括规划期间补充耕地及各类用地的需求量、土地整治可提供的用地量、投资能力等。

（3）确定规划目标。根据论证结果，经过上下反馈、充分协调和修改完善，由规划领导小组审核确定规划目标。

（4）总体安排。依据土地整治供需分析和所要达到的规划目标，在与上级规划充分协调的基础上，落实规划期间农用地整治、农村建设用地整治、城镇工矿建设用地整治、土地复垦的规模以及整理后可补充耕地、其他农用地、建设用地的数量，并将这些指标分解到下级行政区域。

（二）土地整治分区

1. 分区目的

土地整治区是为规范土地整治活动和引导投资方向，在规划期内有针对性地安排土地整治项目而划定的区域。土地整治分区一般适用于县级土地整治规划，其目的是：明确各区土地整治方向和重点；分类指导土地整治活动；引导投资方向；为安排项目提供依据；因地制宜地制定土地整治措施。

2. 划区原则

划定土地整治区应遵循以下三个原则：①应覆盖区域范围内的全部土地，原则上不打破乡（镇）界线；②各分区应明确土地整治的重点方向及相关要求；③分区命名应体现方位特征。

（三）重点区域与重点项目

1. 重点区域

根据土地整治潜力调查评价结果，明确土地整治重点区域，因地制宜安排土地整治活动。重点区域类型有以下五个：

（1）农用地整理重点区，是指以开展农用地整治增加耕地面积和提高耕地质量、建设高标准基本农田为主的区域。

（2）城乡建设用地整理重点区，是指以旧村庄、旧城镇、旧厂矿、"城中村"等低效利用的存量建设用地优化整合利用为主的区域，包括农村建设用地整理重点区和城镇工矿建设用地整理重点区。

（3）土地复垦重点区，是指以各类建设挖损、塌陷、压占、污染及灾害等损毁土地复垦补充耕地为主的区域。

（4）宜耕后备土地资源开发重点区，是指以荒草地、盐碱地、沙地和滩涂等其他土地开发补充耕地为主的区域。

（5）土地综合整治重点区，是指统筹推进田、水、路、林、村综合整治的区域。土地整治重点区域原则上不打破乡（镇）界线。

2. 重点项目

重点项目是围绕规划确定的土地整治任务，集中资金成规模开展的土地整治活动。重点项目可分为农用地整理、高标准基本农田建设、农村建设用地整理、城镇工矿建设用地整理、土地复垦、宜耕后备土地资源开发、土地综合整治等重点项目。重点项目的安排应遵循以下五项原则：

（1）落实省级规划确定的重点工程，优先安排在重点区域内。

（2）土地整治基础条件好，具备一定规模，分布相对集中。

（3）预期效益明显，具有较强的示范意义。

（4）具备较好的群众基础。

(5) 国家规定的其他要求。重点项目应明确规模、布局和建设时序，编制项目列表；绘制分布图。

（四）投资与效益

1. 投资估算

根据规划确定的目标任务，按照土地整治类型，分类估算资金需求，进行资金供需平衡分析，提出资金筹措方案。

重点项目投资可采用单位面积标准法、系数法等估算。

资金来源包括：增建设用地土地有偿使用费；耕地开垦费；土地复垦费；用于农业土地开发的土地出让金收入；农业、水利、农发等相关部门资金；企业、个人等社会投资；其他资金。

2. 效益分析

（1）经济效益分析。经济效益分析的重点是对通过土地整治的投入产出进行分析，一般采用静态分析法，主要测算投入量、预期净产出和投资回收期等。

（2）社会效益分析。可从土地整治后增加耕地对扩大农村剩余劳动力就业、降低生产成本、增加农民收入、土地经营规模化和集约化、改善农业生产和农民生活条件、促进农村现代化建设等方面进行定性与定量相结合的评价。

（3）环境效益分析。可根据植被覆盖率增加、防治土地退化面积、治理和改善农田生态环境、提高旱涝保收能力等方面进行定性与定量相结合的评价。

四、土地整治规划成果

规划成果一般包括规划文本、规划图件、规划说明、规划数据库和规划附件。

（一）规划文本

规划文本一般包括以下十个内容：

(1) 前言。简述规划目的、任务、依据，规划范围和规划期限。

(2) 背景与形势。简述土地整治的自然、经济、社会条件和土地利用状况，以往土地整治情况，土地整治面临的机遇与挑战等。

(3) 土地整治潜力。简述土地整治的潜力类型、级别、数量及其分布状况等。

(4) 规划原则和目标。明确土地整治的原则、目标、任务和主要规划指标。

(5) 土地整治区域安排。阐明各土地整治分区的范围，明确区域土地整治的方向和要求。

(6) 土地整治各类任务安排。阐述农用地整治特别是高标准基本农田建设、城乡建设用地整治等的任务和措施。

(7) 重点项目。阐明重点项目的范围、规模、实施时序和资金安排等。

(8) 投资和效益。阐明土地整治的资金需求规模、筹资渠道，以及经济、社会、环境效益分析等。

(9) 保障措施。阐明实施规划需采取的行政、法律、经济和技术手段等。

(10) 文本附表。主要包括土地利用现状表、基本农田现状表、土地整治潜力汇总表、土地整治规划指标分解表、土地整治重点项目表。

（二）规划图件

1. 一般应包括以下图件

（1）土地利用现状图；

（2）土地整治潜力分布图；

（3）土地整治重点项目分布图；

（4）高标准基本农田建设布局图；

（5）土地整治分区图；

（6）根据需要可编制土地整治专题图，主要包括农用地整治图、城乡建设用地整治图、土地复垦图等。

2. 图件内容

（1）土地利用现状图，可通过土地利用现状分类或土地规划用途分类进行转换形成，同时标注水系、交通、地名和行政区划要素等。

（2）土地整治潜力分布图，可按照土地整治类型分别制图，主要包括农用地整治潜力分布图、农村建设用地整治潜力分布图、土地复垦潜力分布图、宜耕后备土地开发潜力分布图等。

（3）土地整治重点项目分布图，应在土地利用现状图上标注重点项目的布局和范围，同时编制重点项目表。

（4）土地整治分区图，应在土地利用现状图上标注各类土地整治分区。

（5）土地整治专题图，应在土地利用现状图上标注相应的专题要素。

3. 编绘要求

（1）以基期年土地利用现状图为底图，以乡（镇）行政区域为基本单元，比例尺与同级土地利用总体规划图相一致，可根据行政辖区的面积适当调整比例尺大小。图件要素应经过合理取舍，能够充分表达土地整治规划内容。文字标注还需包括行政区、道路、水系、重点项目名称等。

（2）平面坐标系统采用"1980"西安坐标系，高程系统采用"1985国家高程基准"，投影系统采用高斯—克吕格投影，宜按6°分带。

（3）各种图面配置应包括图名、图廓、图例、方位坐标、比例尺、相邻地区名称、界线、编图单位、时间等。

（三）规划说明

规划说明主要阐述规划编制的依据和过程，一般包括以下11个内容：

（1）以往土地整治工作情况。说明土地整治取得的经验、成效和问题等。

（2）编制规划的简要过程。阐述规划编制各阶段的主要工作。

（3）规划基础数据。说明规划采用的自然、人口、经济、土地利用等基础数据的来源及转换过程。

（4）土地整治潜力调查评价。阐明规划采用的调查评价方法、评价过程与结果。

（5）主要规划内容。说明确定规划目标的依据、总体安排和指标分解依据等。

（6）土地整治分区和重点项目。说明分区的依据和方法，重点项目确定的原则和方法。

（7）投资与效益。说明资金测算的依据、方法和结果，说明效益评价的方法和结论，分析规划实施的可行性。

（8）方案比选。说明规划方案的形成过程、比选方法、确定最终方案的依据。

（9）环境影响评价。分析评价规划方案实施对环境可能造成的影响，提出对策措施。

（10）征求意见情况。说明规划论证、征求部门和公众意见，以及处理情况。

（11）其他需要说明的问题。

（四）规划数据库

规划数据库是土地整治规划成果数据的电子形式，包括符合土地整治规划数据库标准的规划图件的栅格数据和矢量数据、规划文档、规划表格、元数据等。规划数据库内容应与纸质的规划成果内容一致。

（五）规划附件

规划附件根据情况可包括规划编制工作报告、调研报告、规划基础研究报告等。

第五节 全域土地综合整治概述

国土空间综合整治是构建政府主导、社会协同、公众参与的工作机制，加大投入力度，完善多元化投入机制，实施综合整治重大工程，修复国土功能，增强国土开发利用与资源环境承载能力之间的匹配程度，提高国土开发利用的效率和质量。

党的十三大会议提出在"十四五"规划时期要高举中国特色社会主义伟大旗帜，深入贯彻党的十九大精神，坚持以习近平新时代中国特色社会主义思想为指导，全面贯彻党的基本理论、基本路线、基本方略。坚持农业农村优先发展，全面推进乡村振兴；坚持完善新型城镇化战略，提升城镇化发展质量；坚持优化区域经济布局，促进区域协调发展。这体现了这一时期的土地整治已经不仅局限于土地的综合整治，更强调形成"四区一带"的国土空间综合治理格局。

一、全域土地综合整治的内涵

全域土地综合整治是以科学规划为前提，以乡镇为基本实施单元，以农用地整理、建设用地整治和乡村生态保护修复等为主要内容，将山水林田湖草等全要素作为作用对象，以保护耕地、集约节约用地、改善生态环境为核心目标的土地整治模式。

二、全域土地综合整治的具体内容

（一）推进形成"四区一带"国土综合整治格局

分区域加快推进国土综合整治。以主要城市化地区、农村地区、重点生态功能区、矿产资源开发集中区及海岸带（即"四区一带"）和海岛地区为重点开展国土综合整治。开展城市低效用地再开发和人居环境综合整治，优化城乡格局，促进节约集约用地，改善人居环境；农村地区实施田水路林村综合整治和高标准农田建设工程，提高耕地质量，持续推进农村人居环境治理，改善农村生产生活条件；生态脆弱和退化严重的重点生态功能区，以自然修复为主，加大封育力度，适度实施生态修复工程，恢复生态系统功能，增强生态产品生产能力；矿产资源开发集中区加强矿山环境治理恢复，建设绿色矿山，开展工矿废弃地复垦利用；海岸带和海岛地区修复受损生态系统，提升环境质量和生态价值。

（二）实施城市化地区综合整治

（1）推动低效建设用地再开发。坚持统筹规划、明晰产权、利益共享、规范运作，以棚户区和城中村改造、城区老工业区搬迁改造为重点，积极稳妥推进低效建设用地再开发。坚持集中成片改造、局部改造、沿街改建相结合，推进城镇建设用地集约利用，保障人居环境安全，确保城区污染场地无害化再利用；依法处置闲置土地，鼓励盘活低效用地，推进工业用地改造升级和集约利用；以大中城市周边区域为重点，分类开展城中村改造，改善生产生活条件，增加建设用地有效供给。严格保护具有历史文化和景观价值的传统建筑，保持城乡特色风貌。

（2）加强城市环境综合治理。推进城市大气、水、土壤污染综合治理，完善城镇污水、垃圾处理等环保基础设施。强化重点区域大气污染防治联防联控，严格控制大气污染物排放总量，逐步消除重污染天气，切实改善大气环境质量。推进绿道网络建设，连接城乡绿色空间，形成有利于改善城市生态环境质量的生态缓冲地带。发展立体绿化，加快公园绿地建设，完善居住区绿化。强化城市山体、水体、湿地、废弃地等生态修复，构建城市现代化水网体系，建设生态景观廊道。加强地质灾害综合防治，以长江三角洲、华北平原、松嫩平原、汾渭盆地等地区为重点，实施城市地质安全防治工程，开展地面沉降、地面塌陷和地裂缝治理，修复城市地质环境，保障人民群众生命财产安全。

（三）推进农村土地综合整治

（1）加快田水路林村综合整治。以耕地面积不减少和质量有提高、建设用地总量减少、农村生产生活条件和生态环境改善为目标，按照政府主导、整合资金、维护权益的要求，整体推进田水路林村综合整治，规范开展城乡建设用地增减挂钩。加强乡村土地利用规划管控。全面推进各类低效农用地整治，调整优化农村居民点用地布局，加快"空心村"整治和危旧房改造，完善农村基础设施与公共服务设施。稳步推进美丽宜居乡村建设，保护自然人文景观及生态环境，传承乡村文化景观特色。

（2）推进高标准农田建设。大规模建设高标准农田，整合完善建设规划，统一建设标准、监管考核和上图入库。统筹各类农田建设资金，做好项目衔接配套，形成工作合力。在东北平原、华北平原、长江中下游平原、四川盆地、陕西渭河流域、陕北黄土高原沟壑区、山西汾河谷地和雁北地区、河套平原、海南丘陵平原台地区、鄂中鄂北丘陵岗地区、攀西安宁河谷地区、新疆天山南北麓绿洲区等有关县（市），开展土地整治工程，适度开发宜耕后备土地，全面改善相关区域农田基础设施条件，提高耕地质量，巩固提升粮食综合生产能力。

（3）实施土壤污染防治行动。开展土壤污染调查，掌握土壤环境质量状况。对农用地实施分类管理，保障农业生产环境安全。对建设用地实施准入管理，防范人居环境风险。强化未污染土壤保护，严控新增土壤污染，加强污染源监管，开展污染治理与修复，改善区域土壤环境质量。在江西、湖北、湖南、广东、广西、四川、贵州、云南等省份受污染耕地集中区域优先组织开展治理与修复。建设土壤污染综合防治先行区。

（四）加强重点生态功能区综合整治

（1）强化水源涵养功能。在大小兴安岭、长白山、阿尔泰山地、三江源地区、甘南地区、南岭山地、秦巴山区、六盘山、祁连山、太行山—燕山等重点水源涵养区，严格限制影响水源涵养功能的各类开发活动，重建恢复森林、草原、湿地等生态系统，提高水源涵养功能。实施湿地恢复重大工程，积极推进退耕还湿、退田还湿，采取综合措施，恢复湿地功能。开展水和土壤污染协同防治，综合防治农业面源污染和生产生活用水污染。

（2）增强水土保持能力。加强水土流失预防与综合治理，在黄土高原、东北黑土区、西南岩溶区实施以小流域为单元的综合整治，对坡耕地相对集中区、侵蚀沟及崩岗相对密集区实施专项综合整治，最大限度地控制水土流失。结合推进桂黔滇石漠化片区区域发展与扶贫攻坚，实施石漠化综合整治工程，恢复重建岩溶地区生态系统，控制水土流失，遏制石漠化扩展态势。

（3）提高防风固沙水平。分类治理沙漠化，在嫩江下游等轻度沙漠化地区，实施退耕还林还草和沙化土地治理；在准噶尔盆地边缘、塔里木河中下游、塔里木盆地南部、石羊河下游等重度荒漠化地区，实施以构建完整防护体系为重点的综合整治工程；在内蒙古、宁夏、甘肃、新疆等地的少数沙化严重地区，实行生态移民，实施禁牧休牧，促进区域生态恢复。重点实施京津风沙源等综合整治工程，加强林草植被保护，对公益林进行有效管护，对退化、沙化草原实施禁牧或围栏封育。在适宜地区推进植树种草，实施工程固沙，开展小流域综合治理，大力发展特色中草药材种植、特色农产品生产加工、生态旅游等沙区特色产业。

（五）加快矿产资源开发集中区综合整治

（1）实施矿山环境治理。开展矿山地质环境恢复和综合治理，推进历史遗留矿山综合整治，稳步推进工矿废弃地复垦利用，到2030年历史遗留矿山综合治理率达到60%以上。严格落实新建和生产矿山环境治理恢复和土地复垦责任，完善矿山地质环境治理恢复等相关制度，依法制定有关生态保护和恢复治理方案并予以实施，加强矿山废污水和固体废弃物污染治理。

（2）加快绿色矿山建设。进一步完善分地区分行业绿色矿山建设标准体系，全面推进绿色矿山建设，在资源相对富集、矿山分布相对集中的地区，建成一批布局合理、集约高效、生态优良、矿地和谐的绿色矿业发展示范区，引领矿业转型升级，实现资源开发利用与区域经济社会发展相协调。到2030年，全国规模以上矿山全部达到绿色矿山标准。

（3）加强海岸带修复治理。推进渤海湾、江苏苏北沿海、福建厦门—平潭沿海、广东珠江口等海岸带功能退化地区综合整治，恢复海湾、河口海域生态环境。加强陆源污染控制，削减入海河流污染负荷。严格执行养殖废水排放标准，控制养殖尾水排放。提高污水、垃圾收集处理率，改善海岸带旅游区环境。推进近岸海域生态恢复，整治受损岸线，重点对自然景观受损严重、生态功能退化、防灾能力减弱、利用效率低下的海域海岸带进行修复整治，到2030年完成整治和修复海岸线长度2000千米以上。

（4）推进海岛保护整治。重点推进有居民海岛整治、拟开发海岛与偏远海岛基础设施改善与整治，保护海岛自然资源和生态环境，治理海岛水土流失和污染。加强领海基点海岛保护工程建设，修复生态受损的领海基点海岛。规范无居民海岛开发利用，保护修复生态环境。

三、全域土地综合整治的原则

（一）坚持国土开发与资源环境承载能力相匹配

树立尊重自然、顺应自然、保护自然的生态文明理念，坚持人口资源环境相均衡，以资源环境承载能力为基础，根据资源禀赋、生态条件和环境容量，明晰国土开发的限制性和适宜性，科学确定国土开发利用的规模、结构、布局和时序，划定城镇、农业、生态空间开发管制界限，引导人口和产业向资源环境承载能力较强的区域集聚。

（二）坚持集聚开发与均衡发展相协调

以集聚开发为重点，鼓励有条件地区率先发展，最大限度地发挥要素集聚效益，提高对周边地区的辐射带动能力。兼顾效率与公平，统筹配置公共资源，推动城乡区域协调发展。加大对革命老区、民族地区、边疆地区、贫困地区和资源型地区的扶持力度，提升自我发展能力。优先保障民生设施建设空间，促进基本公共服务均等化。

（三）坚持点上开发与面上保护相促进

坚持在保护中开发、在开发中保护，对资源环境承载能力相对较强的地区实施集中布局、据点开发，充分提升有限开发空间的利用效率，腾出更多空间，实现更大范围、更高水平的国土保护。针对不同地区国土空间特点，明确保护主题，实行分类分级保护，促进国土全域保护，切实维护国家生态安全。

（四）坚持陆域开发与海域利用相统筹

在促进陆域国土纵深开发的同时，充分发挥海洋国土作为经济空间、战略通道、资源基地、安全屏障的重要作用，扩大内陆地区分享海洋经济发展效益的范围，加强陆地与海洋在发展定位、产业布局、资源开发、环境保护和防灾减灾等方面的协同共治，构建良性互动的陆海统筹开发格局，提高海洋资源开发能力，加快建设海洋强国。

（五）坚持节约优先与高效利用相统一

落实节约优先战略，加强全过程节约管理，完善市场调节、标准管控、考核监管，健全土地、水、能源节约集约使用制度，大幅降低资源消耗强度，提高利用效率和效益，形成节约资源的空间格局、产业结构、生产方式和消费模式，推动资源利用方式根本转变，实现绿色发展、循环发展和低碳发展。

（六）坚持市场调节与政府调控相结合

积极完善中国特色社会主义市场经济体制，在更大程度、更广范围发挥市场配置资源的决定性作用，提高资源配置和国土空间开发效率。大力推进供给侧结构性改革，更好发挥政府在国土空间开发利用与保护中的作用，完善自然资源资产用途管制制度，强化国土空间用途管制，综合运用经济、行政和法律等手段，科学引导人口流动、城乡建设和产业布局，合理优化空间结构。

四、全域土地综合整治存在的问题

实施全域土地综合整治是新时期弥合城乡二元鸿沟与治理突出环境问题的理想途径。然而，从当前试点实践来看，全域土地综合整治正面临四大困局（肖武等，2022）[①]。

（一）资金来源

推进整治实践需要系统回答"钱从哪里来"的问题。相比于传统土地整治自上而下地下达补充耕地或增减挂钩等具体目标，且其资金主要来源于新增建设用地土地有偿使用费或耕地开垦费，全域土地综合整治赋予各地更大的创新空间，鼓励政府与政策银行设立生态基金、发行绿色债券拓展资金来源渠道。但从当前实践来看，大部分地区的全域土地综合整治仍以政府财政资金为主，市场化的投融资机制创新不足，导致整治资金总量有限，且难以在时序上满足不同整治阶段的资金需求。

（二）动力差异

从主体来看，全域土地综合整治项目的主要驱动者仍是政府。其中，政府从公众利益出发，利用政府支出支付施工方劳务，进行项目拆迁补偿和具体实施。而企业、公众等社会主体参与动力缺乏，甚至鲜有市场化企业作为主体直接开展整治。从区域来看，全国90%以上的整治试点项目分布在胡焕庸线东侧，且大多位于浙江、广东等社会经济基础较好、建设用地指标需求较大的平原地区。相比之下，新疆、宁夏等西北不发达地区试点较少，整治意愿明显不足。从内容来看，受建设用地增减挂钩以及节余指标省内调剂政策激励，浙江等省份开展建设用地整治动力充足但由于生态价值实现机制缺乏，如何开展生态红线内或自然保护区内的全域土地综合整治，仍面临不知"谁来整、怎么整"等困惑。

（三）组织效率

全域土地综合整治是多层次、全方位参与的过程，组织管理上需要自然资源、农业、水利、环保等多部门横向协同、纵向联动，形成统筹合力。然而现实中，在纵向层面，部门间多属于依靠科层制层级关系的垂直式协调，难以实现平等磋商；在横向

---

① 肖武，侯丽，岳文泽. 全域土地综合整治的内涵、困局与对策[J]. 中国土地，2022（7）：12-15.

层面，不同部门常常因目标不一且存在信息壁垒，影响整治实践效率。尽管为破解上述问题，许多地区成立了由省委领导、多部门参与的全域土地综合整治专班，但专班非制度，临时性的跨部门组织方式也一定程度上影响着整治实践的可持续性。

（四）实施阻碍

在具体推进过程中，全域土地综合整治面临多项约束。①用地布局优化难。由于用地布局调整不可避免会涉及权属、永久基本农田等内容，导致权属调整缺乏行之有效的政策路径，永久基本农田的调整可能性也较小。②产业引入难。产业跟进是全域土地综合整治过程中的重要一环，但相比经济发达地区具有充裕的资本、技术与人才，落后地区往往很难吸引人才，引进多样化产业，导致整治后仍陷入"发达地区更发达、落后地区难发展"的循环怪圈。③整治成效评价难。当前，国家已出台的整治标准主要针对农用地整理与复垦，缺乏建设用地与生态修复的相关标准和规范。同时，在各地整治成效评估过程中，评价标准不一、评价指标不一，导致评价结果差异大、难比较，全域土地综合整治总体成效评估面临困境。

五、全域土地综合整治在各地的实践

（一）湖北省"政、银、企"三方联动助力全域土地综合整治

2020年1月，湖北省自然资源厅、中国农业发展银行湖北省分行、湖北省长江产业投资集团有限公司在汉签订战略合作协议，"大手笔"推进全域国土综合整治。

此协议以"补短板、惠民生、保生态、促发展"为重点，通过全域规划、整体设计、综合治理，优化生产、生活、生态空间，推动农村一二三产业融合发展，促进乡村振兴和环境改善。协议将着力搭建国土整治投融资平台，共建重大项目，打造一批示范村镇，为建设"山青、水绿、林郁、田沃、湖净、村美"的湖北版"富春山居图"注入更大动能。

为破解耕地破碎化、空间布局无序化、资源利用低效化、生态质量退化"四化"问题，湖北省委省政府提出改革土地管理制度，激活农村资源资产要素，助推乡村振兴和生态文明建设。2019年11月，湖北省政府印发《关于推进全域国土综合整治的意见》，湖北成为继浙江之后第二个发文部署全域国土综合整治的省份。

湖北出台的全域国土综合整治意见，配套了系列支持政策：通过整治节余的建设用地指标和补充耕地指标，可在全省范围内优先调剂使用；允许合理调整规划和永久基本农田布局；允许使用规划预留指标扩大村庄建设规模，支持农村一二三产业融合发展；允许省级交易或调剂部分补充耕地指标用于项目奖补；允许将整治产生的指标收益和经营性收入作为金融和社会资本投资还款来源；按照建设用地整治复垦面积的30%奖励用地指标等一系列高含金量政策。

协议通过搭建"政、银、企"合作平台，掀开了新时期国土综合整治新篇章。湖北省自然资源厅强化政策引导、制度保障和行业监管，为市县政府与政策性金融机构和省级投融资主体合作搭建了平台，构建了多元化、可持续的资金保障机制。

（二）全域土地综合整治试点助力乡村振兴，以湖南省兰溪米市为例

湖南省益阳市兰溪镇地处平原区，兰溪米市是全国十大米市之一，有着湖南省鱼

米之乡、民俗文化之乡的美誉。

2020年1月，兰溪镇被自然资源部选为国家第一批全域土地综合整治项目试点地。为解决乡村耕地碎片化、空间布局无序化、土地资源利用低效化、生态质量退化等多维度问题，益阳市充分发挥规划引领作用按照"全域统筹、整村推进、逐项实施"的原则，组织开展农用地、建设用地和生态环境3个方面、7个类型项目的全要素整治；借鉴"空心房"整治成熟经验，用活用好城乡建设用地增减挂钩指标，将保障被拆迁农民安置和农村公共设施建设用地后节余的土地指标，优先用于乡村振兴项目建设同时，助力打造农业、文化、旅游城乡融合示范区，推动农村一二三产业融合发展。

兰溪镇全域土地综合整治项目涉及14个建制村、3个村级水产养殖基地和1所中学，面积3765.67公顷。自试点开展以来，益阳市坚持把全域土地综合整治作为推动乡村全面振兴的新引擎、新动能，积极探索新路径、新模式，力争实现整治项目区耕地数量和质量双提高、空间布局更合理、生态环境大幅改善，提升当地农民群众幸福感、获得感。

（三）浙江省大力推行全域土地综合整治试点，解决粮食困境、统筹城乡发展

新时期土地整治是保障粮食安全、促进城乡融合的重要抓手，是推进农村有机更新、实现农业农村现代化与乡村振兴战略的重大平台。

浙江省地处长三角地区，人多地少，素有"七山一水二分田"之称。作为我国经济强省，其较早开始面临资源约束趋紧、发展空间受限、环境质量退化等现实问题。2018年，在总结该工程经验基础上，浙江省率先启动全域土地综合整治试点，并出台《全域土地综合整治与生态修复工程三年行动计划》。3年多来，全省共批准实施3批599个全域土地综合整治工程，整治土地超1140万亩，建成高标准农田33万亩，盘活存量建设用地1.4万亩，在改善生态环境、缩小城乡差距、提升乡风文明等方面取得了显著成效。

在推行试点过程中，浙江省政府重视理念的创新，在整治内容的全域综合性、整治过程的时空统筹性、整治目标的多元融合性等方面积极创新；在行动计划落实过程中，浙江省政府坚持以村庄规划为引领，打造系统工程体系；以民生诉求为根本，鼓励多元主体共治；以村庄特征为基础，探索靶向施策设计。此外，浙江省政府还建立了健全的保障机制：构建"多跨协同"工作机制、出台指标交易激励政策、强化科技赋能整治全程。

浙江省全域土地综合整治在组织、规划、工程、政策等多方面取得了突破，为提高整治全过程的科学性与效益性奠定了重要基础。笔者认为，立足浙江省经验，全域土地综合整治应基于多角度进行统筹考虑，推动实现整治"一子落"、国土空间发展"全盘活"的目标。

思考题

1. 土地整治的内涵及特点是什么？
2. 土地整治的原则有哪些？

3. 土地整治的主要任务有哪些?
4. 土地整治规划的概念及特点是什么?
5. 土地整治规划的编制程序如何?
6. 土地整治规划的主要内容是什么?
7. 土地整治规划的成果有哪些?
8. 土地整治项目的立项程序是什么?
9. 土地整治项目设计管理内容包括哪些?
10. 土地整治项目验收的程序如何?
11. 土地整治项目验收的方法有哪些?验收的内容主要是什么?
12. 全域土地综合整治的内涵是什么?
13. 全域土地综合整治的具体内容是什么?
14. 全域土地综合整治的原则是什么?
15. 请论述"四区一带"的国土综合整治格局。
16. 请根据所学知识论述全域土地综合整治过程中存在的问题,并提出合理建议。

第十章　国土空间生态修复

第一节　国土空间生态修复概述

一、国土空间生态修复的内涵

生态修复,是恢复生态学中出现的新词,是生态恢复重建中的一个重点内容。

在党的十九大报告中,多次提出要"统筹山水林田湖草系统治理""推进资源全面节约和循环利用""实施重要生态系统保护和修复重大工程"等,那什么是生态修复？我们不妨从"生态修复"的概念说起,来对其内涵进行探讨。

在生态修复的研究和实践中,涉及的相关概念有生态恢复(Ecological Restoration)、生态修复(Ecological Rehabilitation)、生态重建(Ecological Reconstruction)、生态改建(Ecological Renewal)、生态改良(Ecological Reclaim)等,虽然在含义上有所区别,但是都具有"恢复和发展"的内涵,也就是使原来受到干扰或者损害的系统在恢复后实现可持续发展,并为人类所持续利用。如 Restoration 是指对受到干扰、破坏的生态环境修复使其尽可能恢复到原来的状态。Reclamation 是指将被干扰和破坏的生境恢复到使它原来定居的物种能够重新定居,或者使原来物种相似的物种能够定居。Rehabilitation 是指根据土地利用计划,将受干扰和破坏的土地恢复到具有生产力的状态,确保该土地保持稳定的生产状态,不再造成环境恶化,并与周围环境的景观(艺术欣赏性)保持一致。Reconstruction 是指通过外界力量使完全受损的生态系统恢复到原初状态。Renewal 是指通过外界的力量使部分受损的生态系统进行改善,增加人类所期望的人工特点,减少人类不希望的自然特点。20 多年来,国内外许多学者从不同的角度对这些概念有不同的理解和认识,尚无统一的看法。恢复生态从术语到概念学术上用得比较多的是"生态恢复"和"生态修复",生态恢复的称谓主要应用在欧美国家,在我国也有应用,而生态修复的叫法主要应用在日本和我国。而我国将生态修复(Ecological Remediation)的概念界定为协助退化、受损生态系统恢复的过程。生态修复方法包括自然恢复、辅助再生、生态重建等。生态修复目标可能是针对特定生态系统服务的恢复，也可能是针对一项或多项生态服务质量的改善。

然而仅仅强调生态系统单一要素的保护修复已不能满足新时期高质量发展的总体要求。曹宇等（2019）[①]认为，在中国不断促进自然资源统一管理的国家战略背景下，实现退化生态系统的"整体保护、系统修复、综合治理"，已从过去单一要素的保护修复转变成为以多要素构成的统一的国土空间生态修复，国土空间生态修复亦从以往的单一目标向具有显著区域性、空间性、系统性、功能性、综合性等提升区域生态系统整体稳定性与安全性的目标转变。吴次芳等（2019）[②]认为，从总体上来看，国土空间生态修复的目标是生态系统整体平衡，而不是针对环境要素进行的技术主义治理。

在概念上，袁兴中等（2020）[③]认为，国土空间生态修复是以不同空间尺度范围内结构紊乱、功能受损甚至遭到破坏的区域性生态系统为修复对象，为实现国土空间格局优化、生态系统稳定、功能提升的目标，按照"山水林田湖草生命共同体"的理念，对长期遭受高强度的国土开发建设、资源开发利用以及自然灾害等的影响而使生态系统严重退化、生态产品供给能力不断下降的重要生态区域，以生态修复理论为指导，通过国土要素的空间结构调整与优化以及生态功能恢复，实施适合当地生态环境特点与可持续发展的修复工程措施，重建可持续发展的生态系统。

2020年1月自然资源部办公厅印发的《省级国土空间生态修复规划编制指南》中，将国土空间生态修复的概念界定为遵循生态系统演替规律和内在机理，基于自然地理格局，适应气候变化趋势，依据国土空间规划，对生态功能退化、生态系统受损、空间格局失衡、自然资源开发利用不合理的生态、农业、城镇国土空间，统筹和科学开展山水林田湖草一体化保护修复的活动，是维护国家与区域生态安全、强化农田生态功能、提升城市生态品质的重要举措，是提升生态系统质量和稳定性、增强生态系统固碳能力、助力国土空间格局优化、提供优良生态产品的重要途径，是生态文明建设、加快建设人与自然和谐共生的现代化的重要支撑。

二、国土空间生态修复的特点

国土空间生态修复不同于传统生态学意义上的生态系统修复，同时也并非纯粹工具视角下的概念，而更加注重整体平衡。从总体上看，国土空间生态修复具有以下五个特点：

（1）系统性。国土空间生态修复包括生态、经济、社会修复等多层含义，最终要求实现区域内生态、经济、社会的协调统一发展。

（2）整体性。改变传统单一治理手段导致的割裂模式，将各个方面需求统一纳入

[①] 曹宇, 王嘉怡, 李国煜. 国土空间生态修复：概念思辨与理论认知 [J]. 中国土地科学, 2019, 33 (7)：1-10.

[②] 吴次芳, 肖武, 曹宇, 方恺. 国土空间生态修复 [M]. 北京：地质出版社, 2019.

[③] 袁兴中, 陈鸿飞, 扈玉兴. 国土空间生态修复：理论认知与技术范式 [J]. 西部人居环境学刊, 2020, 35 (4)：1-8.

国土空间生态修复的内涵中,强调"山水林田湖草"的整体保护与系统修复。

(3) 综合性。涵盖国土空间内的所有自然资源,将所有自然资源纳入修复范畴,调和趋于失调的人地关系,整合现有分散的自然资源治理手段,推进生命共同体综合治理修复。

(4) 地域性。地域分异规律导致的地域间自然资源本底、社会经济差异、生态足迹和资源承载能力的不同,使得生态保护与修复侧重点各异,需要因地制宜,采取适地、适时、适宜的国土空间生态修复手段才能予以有效解决。

(5) 尺度性。与一般的主要集中于地块层面的环境生态修复不同,国土空间生态修复具有显著的尺度性。不同的国土空间尺度,有不同的国土空间生态修复内容(吴次芳等,2019)[1]。

三、国土空间生态修复的原则

目前,我国已进入决胜全面建成小康社会,进而全面建设社会主义现代化强国的新时代,加强生态保护和修复对于推进生态文明建设、保障国家生态安全具有重要意义。在切实推进国土空间生态修复的过程中应注意以下四项原则:

(1) 坚持保护优先,自然恢复为主。牢固树立和践行"绿水青山就是金山银山"理念,尊重自然、顺应自然、保护自然,像保护眼睛一样保护生态环境,像对待生命一样对待生态环境。遵循自然生态系统演替规律,充分发挥大自然的自我修复能力,避免人类对生态系统的过多干预。

(2) 坚持统筹兼顾,突出重点难点。着眼于提升国家生态安全屏障体系质量,聚焦国家重点生态功能区、生态保护红线、自然保护地等重点区域,突出问题导向、目标导向,坚持陆海统筹,妥善处理保护和发展、整体和重点、当前和长远的关系,推进形成生态保护和修复新格局。

(3) 坚持科学治理,推进综合施策。坚持山水林田湖草是生命共同体理念,遵循生态系统内在机理,以生态本底和自然禀赋为基础,关注生态质量提升和生态风险应对,强化科技支撑作用,因地制宜、实事求是,科学配置保护和修复、自然和人工、生物和工程等措施,推进一体化生态保护和修复。

(4) 坚持改革创新,完善监管机制。坚持依法治理,深化生态保护和修复领域改革,释放政策红利,拓宽投融资渠道,创新多元化投入和监管模式,完善生态保护补偿机制,提高全民生态保护意识,推进形成政府主导、多元主体参与的生态保护和修复长效机制[2]。

---

[1] 吴次芳,肖武,曹宇,方恺. 国土空间生态修复 [M]. 北京:地质出版社,2019.
[2] 《全国重要生态系统保护和修复重大工程总体规划(2021—2035年)》(发改农经〔2020〕837号)。

第二节　国土空间生态修复发展历程

近 20 年来，中国不断深化生态保护修复战略部署，系统开展顶层设计，推动生态保护修复制度改革创新，持续加大生态保护修复投入，稳步提升生态保护修复监管能力，为保障经济社会可持续发展奠定了坚实的生态安全基础。生态系统具有提供自然资源和生态系统服务的多重属性，是人类社会发展的根本性、基础性支撑。加强生态保护修复成为建设美丽中国的重大任务和加快推进生态文明建设的优先行动。本节将对 20 年来我国国土空间生态修复发展历程进行梳理（王夏晖等，2021）[①]。

一、以生态建设与重点治理为主的阶段（1997~2006 年）

在 1997 年党的十五大提出"实施可持续发展战略"的背景下，国家将生态环境保护上升到与经济社会发展同等重要的地位，生态保护事关国家环境安全的观念初步形成。启动实施一大批重点区域生态恢复工程，有效遏制了局部区域生态恶化趋势。

1998 年，国务院印发《全国生态环境建设规划》，确立了该阶段生态保护工作聚焦重点地区、重点生态问题，实施一批重点工程的总基调。2000 年，国务院印发《全国生态环境保护纲要》，提出重要生态功能区、重点资源开发区、生态良好地区"三区"推进的战略思路，引入生态系统服务功能和分区分类管理的政策，工作思路从重点区域治理转向保护优先、分区分类管理。2005 年，国务院印发《关于落实科学发展观加强环境保护的决定》，首次将生态环境保护摆在同经济发展同等重要的战略地位。2006 年，《国民经济和社会发展第十一个五年规划纲要》突出强调了源头保护、自然恢复，推动生态保护和建设的重点从事后治理向事前保护转变，从人工建设为主向自然恢复为主转变；同年发布的《全国生态保护"十一五"规划》，是中国首个生态保护五年专项规划，进一步强调了保护优先、维系自然生态系统的完整和功能、实施分区分类指导，标志着生态保护工作进入新阶段，至此源头保护、分区分类、自然恢复的观念初步形成。

二、以生态空间和生态功能保护恢复为主的阶段（2007~2011 年）

在 2007 年党的十七大提出的生态文明理念引领下，按照分区分类的推进思路，深入推进重要生态功能保护区、生态脆弱区等重要生态空间保护和生态功能恢复，重点生态功能区保护制度初步建立。

2007 年，《国家重点生态功能保护区规划纲要》印发实施，首次提出生态功能保

[①] 王夏晖，何军，牟雪洁，等．中国生态保护修复 20 年：回顾与展望［J］．中国环境管理，2021（5）：85-92．

护区属于限制开发区的理念。2008年，在《全国生态功能区划》中提出，在全国划分50个重要生态功能区，明确了水源涵养、水土保持、防风固沙、生物多样性维护和洪水调蓄等各类生态功能区的保护方向；同年印发的《全国生态脆弱区保护规划纲要》则主要明确了生态脆弱区的保护任务。至此，我国初步形成了以重要生态功能区、生态脆弱区为重点的生态空间保护政策。2010年，国务院印发《全国主体功能区规划》，确定25个国家重点生态功能区，继承其属于限制开发区的定位，并将原有的重要生态功能区、生态脆弱区有关政策要求，以国家重点生态功能区的制度形式确立下来。2011年，国务院《关于加强环境保护重点工作的意见》首次提出，在重要生态功能区、陆地和海洋生态环境敏感区、脆弱区等区域划定生态保护红线，以一条红线管控重要生态空间的思路初见雏形。

三、以山水林田湖草沙系统保护修复为主的阶段（2012年至今）

在习近平生态文明思想指引下，按照"山水林田湖草是生命共同体"理念，生态保护修复工作逐渐向生态系统整体保护、系统修复、综合治理转变。

党的十八大以来，生态文明建设纳入中国特色社会主义建设"五位一体"总体布局，提出尊重自然、顺应自然、保护自然的生态文明理念和坚持节约优先、保护优先、自然恢复为主的方针。党的十九大报告提出"坚持人与自然和谐共生"的基本方略，正式确立建设美丽中国战略。2018年召开的全国生态环境保护大会正式确立了习近平生态文明思想，为新时期生态保护修复工作提供了思想指引和方法路径。这一时期，生态保护修复工作加快推进，有关部门编制实施全国生态保护与建设规划、全国生态保护规划、全国重要生态系统保护和修复重大工程总体规划等重要规划，对生态保护修复目标、任务、工程和政策措施进行部署。国家持续组织开展全国生态状况变化遥感调查评估工作，对全国生态系统质量与功能进行综合评估。《关于划定并严守生态保护红线的若干意见》印发实施，生态保护红线制度上升为国家战略。国家先后组织实施三批山水林田湖草生态保护修复工程试点和首批山水林田湖草沙一体化保护修复工程项目，以重大工程和政策机制创新，推动重要区域生态系统整体保护修复的理念得到强化和落实。2019年，国务院新一轮机构改革加快推进生态文明建设，提出编制实施国土空间生态修复规划这一创新举措，加大力度推进山水林田湖草生命共同体的全方位系统综合治理。科学编制国土空间生态修复规划，成为系统实施国土空间生态修复重大工程的优先任务。2020年，随着《省级国土空间生态修复规划编制指南》的颁布，国土空间生态修复规划编制工作在全国范围内有序开展，并对国土空间生态修复的概念进行了清晰界定。

总体而言，过去20年是中国生态保护修复事业长足发展和体制机制创新变革的重要时期。在此期间，生态保护修复在国家治理体系中的地位和作用逐渐提升，生态保护修复观念由重生态建设、轻预防保护逐步转变为保护优先、自然恢复为主，生态保护修复模式由局部恢复、末端治理逐步转变为生态空间严格管控、生态系统整体保护修复，初步构建起以维护国家生态安全、稳定和提升生态系统服务功能、改善生态环境质量为核心，涵盖生态系统"结构、过程、格局、功能、质量"综合调控的生态保护修复体系。

第三节 国土空间生态修复的类型体系

国土空间生态修复应以国土范围内各类型生态系统为对象，重点改善或治理中、宏观尺度上受损的、结构与功能紊乱或遭受一定程度生态风险的生态系统。过去，中国的生态修复常常针对的是小尺度上的污染场地修复（如土壤污染、地下水污染）、城镇村生态环境治理（如农村环境治理、海绵城市建设）、大型基建区生态修复、矿山环境生态修复、海岸带湿地生态修复、河流生态修复、水土保持生态修复、荒漠化和沙化治理等。在新时期中国生态文明与山水林田湖草生命共同体理念下的国土空间生态修复，仍需重点围绕以上生态环境受损区、重要生态功能区、重要生态脆弱区、重要生态敏感区以及重要生态安全区，强化修复的系统性、整体性以及尺度性，明确国土空间格局与生态服务功能之间相互作用机制和关系，通过构建、启动或加速生态系统修复国家战略来恢复、维持或提升生态系统向全社会持续提供自然产品和生态服务。故此，根据人类活动对于生态系统的不同干扰和影响程度，可从以下三个方面界定国土空间生态修复的主要类型和内容（曹宇等，2019）。[①]

一、国土空间生态恢复

国土空间生态恢复的对象是结构和功能未受到明显干扰与损害但处于不稳定或不安全状态的生态系统。

恢复过程强调人类活动的积极引导作用，而不是仅利用各类人工生态工程的干预手段，生态工程的目标往往较为明确，且通过具体的工程手段能较快地扭转生态系统中存在的问题，虽然其短期结果是可预期的，但经过受损和工程修复的二次人工干扰后的生态系统长期发展状况却难以预测，尤其是各种生态工程的后期维护问题，还需大量的资金和人员投入。自然生态系统长期的演化和发展是一种动态平衡状态，尽可能减少人为干扰，以保持其原本的发展与演化轨迹。因此，国土空间生态恢复的核心是保护优先，自然恢复为主，通过构建生态空间相关保护政策、制度框架等方式引导人们减轻对不稳定或不安全的生态空间的负面干扰，增加人与生态环境的有益互动，并辅以必要的工程恢复措施，以在物种组成和群落结构方面重建原有的生物完整性，从而实现对区域生态平衡的维持。

---

① 曹宇，王嘉怡，李国煜. 国土空间生态修复：概念思辨与理论认知［J］. 中国土地科学，2019，33（7）：1-10.

二、国土空间生态整治

国土空间生态整治的对象是处于轻度退化状态的生态系统。

现阶段中国大力开展国土综合整治，国土综合整治是国土空间生态整治的重要依托。国土空间生态整治将整治范围从类似土地整治项目的小尺度扩展至中、宏观尺度层面，其整治对象亦从具体的面向耕地、村庄、林地、水体等整治要素转向对整个国土空间格局和生态功能的调整和优化，国土资源要素及各类生态系统即为国土空间生态整治的重要载体。长期以来，中国开展的相关生态修复活动或多或少都与国土综合整治活动交叉重叠，随着当前中国国土综合整治越来越强调生态型整治，国土空间生态修复战略的提出亦为促进国土综合整治的转型升级提供了良好的契机。国土空间生态整治强调以"山水田林湖草"生命共同体系统构建为主导方向，注重景观与生态规划，通过土地利用空间配置方式上的调整优化区域内生态空间安全格局。当然，仅仅依靠构建合理的生态空间格局，片面地追求轻度受损生态系统的"自然恢复"，可能并不能真正解决生态修复问题，国土空间生态整治同样离不开相关的生态设计、具体的生态工程等技术手段，并加以长期的维护和管控，不断提升生态系统的稳定性，为人类的生产生活环境提供持续的生态系统服务。

三、国土空间生态重建

国土空间生态重建的对象是在强烈的人类活动或自然干扰下已经受到严重损害的生态系统，针对该类型国土空间的生态修复则需对生态系统进行直接而主动的人为干预及积极的生态建设，诸如严重污染的河流水域、矿山废弃地、大型基建区等原有生态系统结构和生态功能已严重退化或损坏的地区。

国土空间生态重建需要根据原有生态系统的自然和社会经济条件进行合理的国土空间生态规划，在中、宏观尺度上通过大型景观生态工程建设进行国土生态空间格局与功能的重构，并结合微观尺度上的景观生态设计以及其他各类工艺措施，具体任务涉及国土空间生态重建的分类分级与分区、生态空间安全格局识别与预测、生态重建区划、生态重建时序等不同层次的内容，其重点是要明确国土生态空间结构和布局、正确处理好各种生态关系，最终目的是重塑区域生态系统的整体稳定性，实现格局—过程—功能的有效匹配和发挥，重建人与自然和谐共生的生态系统。

第四节 国土空间生态修复规划

一、国土空间生态修复规划的体系定位

国土空间规划体系总体框架可以总结为"五级三类四体系"。①从规划层级来看，

对应我国的行政管理体系，国土空间规划分为五个层级：国家级、省级、市级、县级、乡镇级。②从规划内容来看，国土空间规划分为总体规划、详细规划和相关的专项规划三种类型。③从规划运行方面来看，分为规划的编制审批体系、实施监督体系、法规政策体系和技术标准体系。其中，保护修复规划是国土空间规划的重要专项规划，是一定时期内开展国土空间生态保护和修复工作的行动纲领。④从规划层级来看，省级国土空间生态修复规划要依据国家、省级国民经济和社会发展规划纲要、国土空间总体规划，衔接全国生态保护和自然资源利用规划、全国重要生态系统保护和修复重大工程总体规划等相关规划，落实全国和省级生态保护格局、生态修复目标任务，维护国家生态安全、强化农田生态功能、提高城市生态品质，同时作为市县级国土空间生态修复规划编制、科学开展生态修复工作的依据。

市级国土空间生态修复规划是落实市级国土空间总体规划和省级国土空间生态修复规划关于生态修复目标任务等内容的重要规划，是一定时期内市域国土空间生态修复工作的总体安排。市级国土空间生态修复规划具有承接性、协调性、实施性、指导性，需落实国家级、省级国土空间生态修复规划的目标指标、空间布局、工程项目安排等要求，同时是指导县级国土空间生态修复规划编制的必要依据，在国土空间生态修复规划体系中发挥承上启下的作用。

县级保护修复规划要衔接市县国土空间总体规划划定的三条控制线，落实和深化省、市级保护修复规划要求，对本行政区域国土空间生态保护和修复做出具体安排，具有约束性。

二、国土空间生态修复规划编制原则

（一）战略引领，科学编制

贯彻党中央、国务院决策部署，落实国家和区域重大战略，按照国家和所在省域相关政策法规、技术规程要求推进规划编制。坚持人与自然和谐共生基本方略和节约优先、保护优先、自然恢复为主的方针，坚持以水而定、量水而行，按照保证生态安全、突出生态功能、兼顾生态景观的次序，基于充分调查评价和深入研究分析，统筹安排规划期内生态修复工作。

（二）问题导向，因地制宜

立足区域自然地理格局和生态系统状况，准确识别突出生态问题，科学预判主要生态风险。因地制宜合理确定规划目标，明确需要解决的重大问题和重点任务，研究提出基于自然的生态修复途径模式和保障措施。

（三）统筹协调，加强衔接

统筹考虑自然生态系统各要素与农田、城市人工生态系统之间的协同性，注重山上山下、岸上岸下、上游下游、河流海洋的系统性，体现综合治理，突出整体效益。与国家和区域重大战略、国土空间总体规划和国家重大生态修复规划加强衔接。

（四）充分论证，公众参与

坚持"开门编规划"，建立跨部门多领域合作编制工作机制，组建由经验丰富的技术单位参与的规划编制团队，邀请权威专家学者成立咨询委员会，充分听取社会公众意见[①]。

三、国土空间生态修复规划编制任务

省级国土空间生态修复规划的编制任务主要包括以下五个：

（1）贯彻党中央、国务院重大决策部署和省级党委政府要求，衔接区域发展战略，落实国家、省级国土空间规划以及国家重大生态修复规划明确的生态修复任务。

（2）基于生态系统演替规律和内在机理，结合气候变化影响，识别生态问题，预判重大生态风险。

（3）谋划省域国土空间生态修复总体布局，逐步推进国土空间全域生态保护修复，实行山水林田湖草整体保护、系统修复、综合治理。

（4）明确省域国土空间生态修复目标任务，确定生态修复重点区域和重点工程，推进解决生态、农业、城镇空间突出生态问题，筑牢生态安全屏障，提供优质生态产品，助力国土空间格局优化。

（5）提出规划实施的机制政策和保障措施。

四、国土空间生态修复规划编制程序

（一）准备工作

1. 组织准备

（1）建立协调机制。建立由省级自然资源主管部门牵头，发展改革、财政、生态环境、住房城乡建设、水利、农业农村、林草等相关部门参与的规划编制工作协调机制，负责审定工作计划、审查规划方案、落实编制经费，及时协调解决规划编制中的重大问题。

（2）组建编制团队。由省级自然资源主管部门牵头组建规划编制工作团队，负责技术方案制定、调查分析、基础研究、成果编制等工作。

（3）强化咨询论证。坚持行政逻辑与技术逻辑相结合，在规划编制各阶段充分听取高等院校和研究机构相关领域专家学者意见，咨询论证重大问题，特别是注重研究分析重要分歧意见。

2. 技术准备

（1）拟订工作方案。明确编制工作的指导思想、基本原则、目标任务、技术路线、专题设置、进度安排、成果要求、工作组织和经费保障等。

（2）收集基础资料。需要收集的资料主要包括：

1）自然地理数据资料。包括相应层级行政边界等基础测绘和地理国情监测数据，以及地形地貌、地质、水文、气候、土壤、生物等自然地理信息。

---

① 《自然资源部国土空间生态修复司关于印发〈省级国土空间生态修复规划编制技术规程（试行）〉的函》（自然资生态修复函〔2021〕11号）。

2）生态基础数据资料。包括基于遥感解译的历史多期全省生态系统现状数据、各类生态系统调查监测数据，生物多样性、荒漠化/沙化、水土流失、冰川、矿山地质环境、海岸带环境、海岛海域调查等专项调查监测成果等，相关科研成果。

3）土地基础数据资料。包括第三次全国国土调查成果、历史多期全省土地利用现状，以及土地利用变更调查数据等。

4）自然资源调查监测数据资料。包括耕地、森林、草原、湿地、水、海洋、矿产等自然资源调查监测成果数据。

5）经济社会数据资料。包括人口、经济、农业、城镇建设，以及相关部门、行业的专项数据。

6）相关规划和成果。包括生态保护红线、永久基本农田、城镇开发边界三条控制线划定成果，自然保护地建设情况，林草、矿产、海洋、产业、交通、水利等相关领域规划或成果，村庄规划成果，城市更新成果等。基础数据和资料，经过校准核验，可以作为基础调查成果进行使用。

（3）确定底数底图。以第三次国土调查成果作为规划现状底数和底图基础，以其他各类调查监测成果为补充。统一采用"2000国家大地坐标系"和"1985国家高程基准"作为空间定位基础。

（4）评估既往工作。针对本省域范围内，已开展的生态建设和生态修复类规划或工程项目，进行简要评估，总结实施成效与问题等。

（二）分析评价

1. 基础评价

以气候、地形地貌条件、水系等为基础，充分利用省级国土空间规划的资源环境承载能力和国土空间开发适宜性评价（以下简称"双评价"）结果及其中有关自然地理格局、人口经济分布与水土等自然资源的空间匹配关系的分析结果，研究省域自然地理格局，形成相关基础分析图件。立足自然地理格局，充分利用"国土三调"等数据资料，有条件的省份可开展补充调查，重点以流域、区域、海域为单元，针对生态、城镇、农业空间以及三类空间相邻或冲突区域，分析自然和人工生态系统的规模、分布、结构、质量及演替。

利用"双评价"中生态系统服务功能重要性和生态脆弱性评价结果，识别生态服务功能重要和生态脆弱国土空间的分布范围、程度，分级分类评价生态系统完好、受损、功能退化等生态本底状况，明确空间分布和严重程度，形成省域生态现状底图。其中，在三类空间、各流域、景观邻接区域，针对生态连通性、生态隔离缓冲等系统性生态问题进行评价。针对水生态空间，注重陆海统筹，对重点江河湖泊及水库、饮用水水源地、河口海湾等，以流域为单元对陆海关系、江湖关系、水沙关系、湖库关系、江坝关系、上中下游关系等进行评价。陆域生态空间对森林、灌丛、草地、湿地、荒漠等生态系统进行评价，对历史遗留矿山以流域（或区域）为单元对生态负面影响（地貌、土壤、水体、植被、生物多样性等维度）进行评价，上述评价按自然保护地、生态保护红线区域、一般生态空间分级开展。海域以海岸带、河口、海湾、近海海域、海岛为对象,按海洋功能区划确定的8类主导功能分区分别开展评价,对红树林、珊瑚礁、海草床等典型生态系统进行评价。城镇空间评价原生自然生态系统、生态隔断与连通性、人居生态环境、内涝等城市病状况,以及历史遗留、在产、规划矿山(能源、非能源、金属三类)、重大基础设施生态负面影响。农业空间重点评价农田生境丰富度、生物多样性、周边区域生态连通性、生态基础设施状况、矿山生态负面影响,以及生态廊道建设可行性等,兼顾农村人居生态环境评价。对基础数据和评价结果分区分类进行空间表达和叠置分析,找出空间和数据上存在的冲突,予以协调整合。

2. 问题识别

依据基础评价结果,分析诊断生态系统存在的突出问题和薄弱环节。有关问题可参照如下,各省份需结合实际情况,突出主要问题,体现地区特点。

(1) 系统性问题分析。综合考虑省域自然地理格局与生态系统分布,利用区域水、土资源匹配和水资源在各系统间的平衡问题评价基础,分析跨空间、跨流域(或区域)、跨生态系统的(水、土)资源要素配置不合理、生态连通性差、缺少生态隔离或过渡、物质能量信息流动人为干扰大等问题。

(2) 生态空间生态问题诊断。在基础评价的基础上,采取定性或定量的分析评价方法,分析陆域和海域生态系统面积减少、质量降低、功能退化、脆弱化,以及生境破碎化、生物多样性下降等问题的分布、程度、胁迫因素、成因机制及关联性,分析生态保护红线内、河流湖泊周边历史遗留矿山生态损毁问题及区域关联性。聚焦关键重大生态问题和风险,识别生态问题在空间上分布相对聚集或各生态系统问题相互关联的关键区域。

(3) 城镇空间生态问题诊断。研究城镇建设、水电开发、基础设施建设、工矿布局等与生态破坏的空间关系,分析城镇空间开发建设对生态空间的胁迫,识别各主要城市在生态系统质量、城内外蓝绿网络连通性、人居生态品质等方面问题以及内涝、热岛效应等城市病,识别城镇周边、重要交通干线周边历史遗留、在产矿山生态破坏、水土污染、土地损毁等问题分布及程度。

(4) 农业空间生态问题诊断。研究农业农村开发对生态空间胁迫的分布范围和程度,以及农业开发利用不合理导致的生态问题,评估农田生态系统的复合功能及生态增值服务,识别农田及周边生态廊道、生态过渡带和景观连通性、生物多样性问题,分析居民点、农田周边历史遗留和在产矿山生态问题,以及农村自然风貌破坏、人居生态恶化和生态基础设施不足等问题。

(5) 风险和挑战研判。依据省级国土空间规划研判到2035年国土空间开发利用保护的发展趋势,对未来城镇扩张、基础设施建设等的生态影响进行动态分析预判,提出应对思路。分析全球气候变化对陆地水循环的复杂影响和水安全问题,沿海地区巨灾和极端气象等自然灾害风险,气候变化对生物栖息地环境以及生物多样性的改变。分析人口变化及资源约束趋紧可能导致的长期生态隐患,包括资源需求刚性增长、资源利用方式转变等重大问题,生态重要、脆弱地区人地关系复杂、治理难度加大等长期挑战。

3. 综合评价

基于基础评价和问题识别，从自然和人为两方面研判主要生态问题的原因机理和初步对策方向。评估省域国土空间的生态系统退化程度（完好、轻度退化、中度退化、严重退化）与恢复力水平。

综合评价结果进行分区分类空间表达，结合基础评价和问题识别结果，初步确定拟开展生态修复的重点区域。其中，生态系统恢复力评价，可考虑降水等气候条件、地形地貌、土壤、植被丰富度和生产力等因素，针对区域内不同类型生态系统的特点，辅以遥感与GIS空间分析，定性与定量相结合进行综合评价。

（三）专题研究

根据需要，结合实际，合理设置重大专题。主要内容包括统筹和科学推进省域生态修复的各类重大问题；围绕促进人与自然和谐共生，科学开展山水林田湖草一体化保护修复的模式、市场化投入机制；从生态系统演替规律和内在机理、自然地理格局演变出发，结合气候变化和人类活动影响，分析和判断区域性重大生态问题和生态风险；区域性水平衡研究，系统分析地表水、地下水分布及变化对生态系统的影响，研究保护修复的对策；生物多样性保护，生态廊道连通、生态网络建设、生态修复分区、重大工程布局等。

（四）规划重点内容

1. 规划目标指标

立足落实国家重大战略部署和相关规划任务安排，结合省域生态修复需求，以山水林田湖草一体化保护修复为主线促进安全、优质、美丽国土构建，分别提出到2025年、2030年、2035年分阶段国土空间生态修复目标。根据国土空间生态修复规划目标，坚持上下衔接、统分结合、简明适用、定性与定量相结合等原则，合理设立生态修复指标体系。

2. 生态修复分区

在省级国土空间规划确定的主体功能分区和生态安全格局的基础上，结合国家生态安全屏障、国家/区域重大战略的生态支撑区和重要生态治理区（未纳入以上两类区域的生态功能重要、生态脆弱、生态问题突出的区域），以气温、降水、地形地貌等自然地理格局为根本，以重点流域、区域、海域等为基础单元，突出自然地理和生态系统的完整性、连通性，进行国土空间生态修复分区，并明确各分区生态修复的主攻方向，谋划省域国土空间生态修复总体布局。在一级分区下可根据修复需求，以各级流域和地貌单元、生态系统分布为基础进行多级分区。分区划定应全覆盖、不交叉、不重叠。

3. 重点区域指引

生态修复重点区域是修复任务落地的空间指引。

以生态修复分区和省级国土空间规划"三区三线"、主体功能分区为基础，依据综合评价中生态修复重点区域识别，结合国家、区域生态安全格局和重大战略，并统筹各相关部门生态修复任务区域，确定每个生态修复分区下的修复重点区域。

（1）重点区域按照三类空间分类划定，在边界模糊、所属空间不明确的区域，以问题为导向，按照主要生态问题分布划定修复重点区域。

（2）生态空间重点区域，需涵盖影响国家生态安全战略格局和省域生态安全的重要区域，主要包括全国与省级国土空间规划确定的重点生态功能区、自然保护地、生态保护红线，对省域生态安全有重大影响的关键地区（重要山脉、河流、湖泊、自然岸线、河口、海湾、海岛，跨省域共用水域空间等）和重要生态廊道等。

（3）城镇和农业空间重点区域，可结合国家重大战略支撑地区、区域发展战略支撑地区（如重要城市群地区、依托重要交通干线发展区）、集中连片特殊困难地区、跨地市生态问题区等明确。各区域间和区域内部，根据轻重缓急程度，在时序上统筹安排生态修复任务。

4. 分区分类修复

（1）生态空间生态修复。围绕国家和区域生态安全格局，消除或避免人为胁迫，提高生态系统自我修复能力，提升生态系统质量和稳定性，促进生态系统良性循环。

重点任务为：在生态功能空间，充分考虑气候变化、水资源条件，围绕水源涵养、水土保持、生物多样性维护、防风固沙、海岸防护、洪水调蓄等生态系统服务功能，针对水土流失、石漠化、土地沙化、海岸侵蚀及沙源流失、滨海湿地丧失和自然岸线受损、矿山生态破坏、生物多样性降低甚至丧失等生态退化、破坏问题，按生态系统恢复力程度，科学确定保育保护、自然恢复、辅助修复、生态重塑等生态修复目标和措施，维护生态安全，提升生态功能。

（2）农业空间生态修复。突出农田、牧草地等的生态功能。以重点区域为空间指引修复提升农田生态功能。对村庄内部生态修复治理以方向性和政策性指导为主。

重点任务为：围绕农田、牧草地的生态功能提升，保护乡村自然山水，以乡村全域土地综合整治为生态修复的主要手段，实施重点生态功能区退耕还林还草还湖还湿，推进历史遗留矿山综合治理和绿色矿山建设，恢复退化土地生态功能和生物多样性，促进乡村国土空间格局优化，助力生态宜居的乡村建设。

（3）城镇空间生态修复。依据问题识别和综合评价结果识别各城镇生态修复任务主攻方向，对一般城镇的生态修复以方向性和政策性指导为主，重点关注城市群、都市圈、省域重点地市，以及"两矿区"、省级矿业发展集聚区、重大基础设施等，针对性开展生态修复，提升城市生态品质。

重点任务为：统筹城内城外，保护和修复各类自然生态系统，连通原有河湖水系，重塑健康自然的河岸、湖岸、海岸，修复原有的自然洼地、坑塘沟渠等，通过竖向设计建设雨水花园、下凹式绿地和绿道系统，促进水利、市政工程生态化，完善蓝绿交织、亲近自然的生态网络，科学开展国土综合整治，减少城市内涝、热岛效应，提高城市韧性，提升城市人居生态品质。加快历史遗留矿山生态修复，推进绿色矿山建设。结合生态廊道建设，修复提升城镇特色风貌和人文景观。

（4）生态廊道和网络建设。基于自然地理格局，以保护和丰富生物多样性为目标，根据跨空间、跨流域、跨区域、跨行政边界等的系统性生态问题评价与识别结果，加强生态廊道和生态网络建设。

重点任务为：以河流水系、重要动物栖息和迁徙路线、重要交通水利等基础设施等为脉络，保护和维持现有良好的生态廊道，在问题突出区域连通生态廊道，改善陆海之间、流域水系之间、陆地重要生态系统之间的整体性、连通性。在城镇、农业与生态空间相邻或冲突区域，发挥生态廊道的过渡或隔离作用，根据实际需要建设边缘地带过渡带或生态隔离带。构建生物多样性保护网络，保护和恢复动植物栖息地及其迁徙廊道，有效避免和治理外来物种入侵。

5. 生态修复工程

以（一级或多级）分区为基础，以重点区域为指引，一方面落实国家生态保护修复重大工程，另一方面统筹和部署省域生态保护修复重点任务，谋划布局省级生态修复重点工程，工程确定后全部"上图入库"。

明确省级重点工程实施的主要目标、实施区域、任务措施、组织模式、投资需求等。工程部署要遵循山水林田湖草综合治理的思路，避免针对单一生态要素分别部署工程。按照轻重缓急合理安排时序，对工程项目开展全过程动态监测和生态风险评估，加强适应性管理，对可能导致偏离目标或者对生态系统造成新的破坏的措施和技术、空间布局和时序安排等按规定程序报批后进行相应调整修正。

6. 综合效益分析

综合考虑规划期内生态修复活动的实施范围、预期目标、工程内容、技术要求、投资计划和实施路径，科学合理分析规划实施的生态效益、社会效益和经济效益。

7. 规划传导

以省域国土空间生态修复分区和重点区域为指引，统筹市、县级国土空间生态修复需求，通过分区传导、控制性指标分解、重点工程布局、政策要求等方式，对市、县级国土空间生态修复规划编制提出指导和约束要求。

省级修复规划确定的控制性指标，下级规划不得突破。依据事权划分和资金来源，市、县级规划一是落实省级重点工程项目要求，二是部署市、县级重点修复工程，形成分级完备的项目库。

8. 实施保障

（1）组织领导。建立领导和协调机制等。

（2）政策制度。相关政策衔接、法制建设、市场化机制创新等。

（3）技术规范。技术标准规范配套、相关重大理论研究、信息化建设（基于省域自然资源"一张图"和国土空间基础信息平台，开展省级国土空间生态修复信息系统建设）等。

（4）监测监管。工程项目监测评估和适应性管理，规划监管、评估、考核等。

（5）公众参与。专家论证、公众参与和宣传教育培训等。

（五）协调论证

对制定的省级修复规划成果与相关空间规划区划政策进行协调衔接，采取多种方式广泛征求公众意见，组织有关部门、专家对规划成果进行论证，综合各方面意见后修改规划方案、完善规划成果。规划成果协调论证情况要在规划说明中形成专章，包括专家论证意见、公众意见采纳情况等。对存在重大分歧和颠覆性意见的处理建议，需经充分论证后形成决策方案。

（六）规划报批

规划成果论证完善后，按《国土空间规划管理办法》要求报批。规划经批准后，应按要求向社会公告。涉及向社会公开的图件，应符合国家地图管理有关规定并依法履行地图审核程序。

思考题

1. 请简述国土空间生态修复的特点。
2. 国土空间生态修复应遵循什么原则？请谈谈你的看法。
3. 请简述国土空间生态修复的类型及内容。
4. 请简述国土空间生态修复规划的重点内容。

第十一章 土地利用督察与动态监测

除了对农用地、建设用地和未利用地及其中的特殊用地实施各有侧重的管理以外，在我国特殊的土地利用管理体制下，还需要加强中央对地方政府的监管。建立国家土地督察，有利于实行最严格的耕地保护制度，有利于及时发现和总结各地的经验，帮助和支持省级人民政府更好地履行耕地保护责任目标。要保障土地督察的快速准确，需要借助土地利用动态监测，随时记录数据变化情况，一旦发现与原定目标不一致的地方，立即采取纠偏措施进行调整，以保障土地利用行为的合理合法，3S技术手段在土地利用动态监测中发挥了重要作用。

第一节 土地督察

一、土地督察的内涵、特点及任务

（一）土地督察的内涵

土地督察是一项全新的工作，国家土地督察制度是一项全新的制度，需要一个在实践中不断推进和完善的过程。土地督察是指为了加强对地方人民政府土地行政权力的制约，国家土地督察机构通过行使土地督察的调查权、审核权、纠正权和建议权，代表中央政府对各省、自治区、直辖市以及计划单列市人民政府土地利用和管理情况进行监督检查的专业性的内部行政监督。土地督察的实施，是落实习近平新时代中国特色社会主义思想、加强和改善土地宏观调控的重大举措，填补了当前对地方政府的土地利用和管理行为纠正监督机制的不足，既可以发挥地方政府的积极性，又提高了中央政府的监管能力。其具体内涵包括土地督察目标、主体、客体、职责等方面。

1. 土地督察目标

土地督察目标的确定是土地督察制度建设的基础，是有效实施土地督察的前提，只有明确了土地督察目标，才能进行土地督察的内容、对象、方式、技术以及组织形式等具体的制度建设。《国家土地督察条例》[①]（征求意见稿，下同）中将土地督察的目标规定为：落实最严格的土地管理制度，完善土地执法监督体制，规范土地督察工作。即土地督察工作从属于土地管理工作，土地督察目标取决于土地管理目标。2017年发布了我国首部土地督察发展规划《土地督察"十三五"发展规划》。明确了"十三五"土地督察工作的四项主要目标：围绕中心服务大局，土地督察成效更加显化；土地督察工作的法治化规范化信息化建设水平显著提升；符合国家治理体系和治理能力现代化要求的土地督察业务体系基本健全；土地督察队伍建设和党的建设迈上新台阶。

2. 土地督察主体

土地督察主体是指根据法律、法规的授权而享有国家土地督察权力，能够以自己的名义独立从事土地督察活动，并对行为后果承担法律责任的国家机关。土地督察主体是国家土地总督察和副总督察、国家土地总督察办公室、派驻地方的国家土地督察局以及各督察局向其督察范围内的有关地区派出的国家土地督察专员和工作人员。

土地督察主体应保持独立性。《国家土地督察条例》第四条规定：国家土地督察机构依法独立行使督察职权，不受其他行政机关、社会团体和个人的干涉。明确表述了国家土地督察机构独立的法律地位。此外，国家土地督察机构的独立性还体现在人事组织、工作经费和权力行使：人事组织上，国家土地总督察和副总督察、国家土地总督察办公室、派驻地方的国家土地督察局的设置及其督察区域由国务院直接确定，隶属于中央政府；工作经费上，国家土地督察局所需经费列入中央财政预算，由中央政府保障；权力行使上，国家土地督察机构在国务院的领导下，对全国的土地利用和管理情况进行监督检查，向国务院报告工作，督察结果直接上报中央。

3. 土地督察客体

土地督察客体是指被纳入土地督察范畴的土地行政行为。《关于建立国家土地督察制度有关问题的通知》（国办发〔2006〕50号）指出，土地督察客体为"各省、自治区、直辖市以及计划单列市人民政府土地利用和管理情况"。土地督察客体实质上是土地督察关系主体之间的权利义务所共同指向的土地行政利益，其外在表现形式是一切由于土地行政权力的行使，而必须置于土地督察主体监督之下的地方人民政府涉及中央权力和利益的土地利用和管理行为。

4. 土地督察职责

派驻地方的国家土地督察局，代表国家土地总督察履行监督检查职责。《关于建立国家土地督察制度有关问题的通知》（国办发〔2006〕50号）规定国家土地督察机构的主要职责是"监督检查省级以及计划单列市人民政府耕地保护责任目标的落实情况；监督省级以及计划单列市人民政府土地执法情况，核查土地利用和管理中的合法性和真实性，监督检查土地管理审批事项和土地管理法定职责履行情况；监督检查省级以

[①] 2015年11月19日，国土资源部部务会审议通过了《国家土地督察条例（草案送审稿）》。2016年4月13日，《国家土地督察条例》起草列入国务院立法计划预备项目。

及计划单列市人民政府贯彻中央关于运用土地政策参与宏观调控要求情况；开展土地管理的调查研究，提出加强土地管理的政策建议；承办国土资源部及国家土地总督察交办的其他事项"。

《国家土地督察条例》第十九条进一步阐述督察职责：①监督检查省、自治区、直辖市和计划单列市人民政府执行土地管理法律法规和落实宏观调控政策的情况；②参与土地管理重大决策，开展土地利用和管理的调查研究，向国务院提出加强和改善土地管理的政策建议；③监督检查省、自治区、直辖市和计划单列市人民政府主要负责人对耕地保有量、基本农田保护面积、土地利用规划和年度计划执行等负总责和耕地保护责任目标落实情况；④监督检查省、自治区、直辖市和计划单列市人民政府土地审批事项和法定职责履行情况；⑤监督检查地方人民政府土地执法问责制落实情况；⑥监督检查省、自治区、直辖市和计划单列市的土地利用方向、布局、强度、效率等情况；⑦法律、行政法规规定的其他职责。

（二）土地督察的特点

（1）直接授权，层层代表，落实层级负责制。国务院直接授权于国土资源部，由土地总督察代表国务院负责督察体系构建和行使监督检查权，而派驻地方的土地督察局代表总督察负责在督察范围内落实对地方政府的土地利用和管理情况进行监督和检查。

（2）各地派驻，垂直监督，实现信息的及时反馈。国土资源部向地方派驻9个土地督察局，实现了对地方政府土地利用行为的垂直监督。作为"钦差大臣"的土地督察局通过调查核实，发现地方政府存在违规、违法的举动便可以直接向国土资源部汇报情况，这样既简化了信息递送上级机关审核的程序，也缩短了违法案件立案的时间。

（3）责权分明，原则清晰，实施有效的监督检查。土地督察局主要职责包括四个方面：①保护耕地；②审核农用地转用和土地征收的合法性与真实性；③监督运用土地政策参与宏观调控情况；④开展调查并提出建议。而其主要权力归纳为调查权、审核权、纠正权及建议权。督察机构职权设置遵循的三个原则：①中央与地方土地管理事权的划分不改变；②土地利用与管理行为的全方位监督检查；③监督与调查研究并重。明确了权责和原则，土地督察工作就能进入规范化和制度化的轨道。

（4）统一分编，财政拨款，加强了督察队伍建设。建立土地督察制度得到了国家领导人的高度重视，国务院办公厅在《关于国家土地督察机构行政编制》的批复中已经明确提出了划拨一定数量的国家土地督察行政编制，其中进一步规定一些领导职位数与行政公务人员的需求数。同时，其在下达的通知中也明确提出了国家土地督察局所需经费列入中央财政预算，给予了督察队伍建设的强大物质保障。

（三）土地督察的任务

2017年发布了我国首部土地督察发展规划《土地督察"十三五"发展规划》，锁定了"十三五"时期中国土地督察事业的六大重点任务：

（1）履行土地督察职责。严守耕地保护红线，督导节约集约用地，维护群众合法土地权益，跟踪服务土地领域改革，维护土地利用和管理秩序。

（2）优化整合督察业务。稳步推进例行督察，深化细化日常督察，统筹优化专项督察。

（3）打造土地督察新格局。完善对省督察的机制，探索构建部门协同督察机制，完善与部司局的工作格局，提升土地督察专报水平，建立土地督察政务公开机制，加强调查研究和形势分析，加强督察理论与实务研究。

（4）加强土地督察制度建设。形成基本完善的土地督察工作法律法规体系，优化土地督察工作核心业务制度，健全土地督察业务工作的基础制度，落实完善土地督察工作相关制度。

（5）推进土地督察信息化建设。畅通多源网络体系，构建统一督察业务网；整合在线土地督察统一系统平台，提升数据综合分析能力；建立完善数据获取、更新、共享机制；建立保障机制，夯实信息化工作基础。

（6）全面加强党的建设。坚持全面从严治党，加强党风廉政建设。

二、土地督察的内容体系

（一）土地督察的机构设置

我国土地督察机构采用隶属于传统行政部门的监管机构的设置模式。在这种设置模式中，监管机构虽不能完全摆脱部门行政长官的影响，但法律赋予其较大的监管权力，在一定范围内可以单独决定监管政策。2008年7月，国务院《国土资源部主要职责内设机构和人员编制规定》中指出：国务院委托国土资源部组织实施国家土地督察制度，向地方派驻9个国家土地督察局。所以，我国土地督察机构设置主要包括以下两个层面：

（1）设立国家土地总督察及其办公室。国务院设立国家土地总督察，由国土资源部部长兼任；另设2名副总督察，其中1名由国土资源部副部长兼任，另1名为专职副总督察（副部长级）。另外，在国土资源部设立国家土地总督察的办事机构，即国家土地总督察办公室（正局级），负责国家土地督察制度的具体实施和土地督察工作的组织协调。

（2）向地方派驻9个国家土地督察局。国土资源部受国务院委托，向地方派驻9个国家土地督察局（正局级）：①国家土地督察北京局，督察范围为北京市、天津市、河北省、山西省、内蒙古自治区；②国家土地督察沈阳局，督察范围为辽宁省、吉林省、黑龙江省及大连市；③国家土地督察上海局，督察范围为上海市、浙江省、福建省及宁波市、厦门市；④国家土地督察南京局，督察范围为江苏省、安徽省、江西省；⑤国家土地督察济南局，督察范围为山东省、河南省及青岛市；⑥国家土地督察广州局，督察范围为广东省、广西壮族自治区、海南省及深圳市；⑦国家土地督察武汉局，督察范围为湖北省、湖南省、贵州省；⑧国家土地督察成都局，督察范围为重庆市、四川省、云南省、西藏自治区；⑨国家土地督察西安局，督察范围为陕西省、甘肃省、青海省、宁夏回族自治区、新疆维吾尔自治区、新疆生产建设兵团。每个国家土地督察局设局长1名、副局长2名和国家土地督察专员（司局级）若干名。根据工作需要，国家土地督察局可以适时向其督察区域内的有关省、自治区、直辖市及计划单列市派出督察专员进行巡视与督察。派驻地方的国家土地督察局，代表国家土地总督察履行监督检查职责。

2018年3月，中华人民共和国第十三届全国人民代表大会第一次会议表决通过了关于国务院机构改革方案的决定，批准成立中华人民共和国自然资源部。将国土资源部的职责，国家发展和改革委员会的组织编制主体功能区规划职责，住房和城乡建设部的城乡规划管理职责，水利部的水资源调查和确权登记管理职责，农业部的草原资源调查和确权登记管理职责，国家林业局的森林、湿地等资源调查和确权登记管理职责，国家海洋局的职责，国家测绘地理信息局的职责整合，组建自然资源部。

土地督察机构也由国家土地总督察办公室转变为国家自然资源总督察办公室，承担对自然资源和国土空间规划等法律法规执行情况的监督检查工作。

（二）土地督察检查的主要内容

从土地督察制度的运行来看，土地督察检查的内容主要包括监督地方政府土地利用及管理行为的合法性和合理性、管理效率等。

（1）监督地方政府土地利用及管理行为的合法性和合理性。对地方政府土地利用及管理行为的合法性监督，是指土地监督主体监督地方政府制定的土地法规、发布的决定、审批的用地申请、征收土地的决定及农用地转非农业建设用地的决定等土地管理行为是否符合国家的土地管理法律、法规及国家土地政策的要求，以及监督检查地方政府土地管理部门工作人员在国家土地管理中遵守国家的法律、法规的情况。"依法行政"是我国行政管理的一种基本原则，同样也是我国土地行政管理的基本原则，是我国的土地管理逐步走向现代化、规范化的切实保障。地方政府的土地管理机构及其工作人员在土地利用及管理过程中的一切活动必须合乎国家的法律要求。对土地管理工作人员遵纪守法的监督，即对土地管理工作人员的活动实施广泛而全面的监督，以推动国家土地管理活动的顺利开展。

对地方政府土地利用及管理行为的合理性监督是指，监督地方政府土地管理部门土地管理及利用行为是否遵循了国家土地管理的客观规律及要求，是否具有合理性。最直接的表现是监督地方政府的用地审批、土地使用权出让等行为是否切实贯彻了中央土地政策，是否以实现土地收益的最大化与耕地保护相结合为原则等，如果出现非理性用地甚至是违法用地批地行为，则通过行使相关的监督检查权，督促相关部门及时整治违法用地批地现象，促成地方政府土地管理及用地的理性化。

（2）监督检查地方政府土地管理效率。土地督察不仅对省、自治区、直辖市以及计划单列市人民政府的土地管理和用地行为进行监督检查，还应根据地方政府的实际土地管理及用地状况要求向更微观、更全面的方向拓展。

首先，监督授权环节制约土地管理及用地行为。土地管理及用地行为的授权环节包括地方政府土地管理部门的产生、机构设置、土地使用权受让主体的授权等，这些涉及土地管理及用地行为的投入成本和投入质量。反映到地方政府实际当中，则是用地审批、土地使用权受让主体的合法性问题。只有通过对政府用地批地权力的合法性及其行为的合理性、土地使用权授让权的合法性等的监督检查,才能有效监督地方政府的土地管理及用地行为。

其次,通过监督土地管理及用地行为的运行环节制约地方政府土地管理及用地效率。土地督察制度的内容不仅应当包括对地方政府执行中央土地政策的情况监督监察,更应促成地方政府制定相关地方性土地管理政策的积极性,从而使中央土地政策得到更切实的贯彻实施;同时还应包括对地方政府执行中央各种土地政策及地方自己制定的土地政策的积极性及合理性进行监督监察,防止地方政府出现非理性用地状况,从源头上防止地方政府违法违规用地现象的出现。

(3) 监督监察手段及方式的多样化。中央与地方政府在土地利用过程中处于一个多样性的矛盾统一体中,中央与地方政府的土地收益分配矛盾也有诸多表现形式,并且不同地区的土地管理体系及政府用地行为也存在很大区别,由此地方政府以不同的形式不同程度地执行中央土地政策,其土地管理及用地行为大相径庭,政府违法违规的表现形式更为多样化。对此,国家土地督察必须拓展其制度内容,促成土地督察机构监督监察手段的多样化及监督监察灵活性的提高。

目前,土地督察已经形成以强化事前及事中监督为主、事后监督为辅的土地监督检查体系,对地方政府的土地利用及管理按实施进程进行纵向的监督检查。这种监督方式能有效从源头上监督地方政府的用地行为,但新的政府违法用地行为,要求土地督察部门不仅要有事前、事中及事后纵向的监督检查体系,也要有对地方政府具体土地管理及用地行为之外的补充机制及措施,如对地方政府土地管理及土地利用行为的诱发因素、发展态势等进行调研与分析,提前确定监督重点,合理安排与开展监督工作,确保这些行为与中央土地政策要求保持一致,从而确保监督检查工作的及时性;另外还要求土地监督工作的开展要注重灵活性的提高,具体是要处理好与地方政府相关部门的关系,防止关系僵化导致监督工作难以开展、监督效能不高等现象的出现。

(三) 土地督察的权力配置

土地督察权力的内容和大小不仅关系到土地督察目标能否实现,而且关系到中央和地方权力的划分。土地督察权力来源于国务院的授权。具体主要包括以下四个:

(1) 调查权。国家土地督察机构通过巡回检查、接受举报、调查研究、相关部门提供材料、运用遥感监测技术等方式,对地方政府的耕地和基本农田保护情况,土地利用规划和年度计划的执行情况,土地审批、征收、出让或划拨等过程中的违法违规等情况展开调查。在进行调查过程中,有权要求地方政府对土地管理和利用情况向其报告,查阅复制案卷,进入违法现场进行实地勘察,规定相关部门的协助配合义务,以及所掌握的材料转移提交的义务。这种调查带有强制性,因而是最能体现土地督察人员的地位和权威的权力。

(2) 审核权。为了使国家土地督察机构实施监督检查的端口前移,强化事前和事中监督,根据《国务院办公厅关于建立国家土地督察制度有关问题的通知》(国办发〔2006〕50号)相关规定,由国务院审批的农用地转用和土地征收事项,省级人民政府应将上报文件同时抄送派驻地区的国家土地督察局;由省级和计划单列市人民政府审批的农用地转用和土地征收事项,应及时将批准文件抄送派驻地区的国家土地督察局。国家土地督察局应对农用地转用和土地征收两项审批事项是否符合法律法规规定的权限、标准、程序等进行合法性审查。这种合法性审查,不影响省级和计划单列市人民政府现有土地管理职权的行使,这只是一道把关环节,不涉及中央与地方政府职权的划分。对农用地转用审批的合法性审查,主要是控制农用地转为建设用地的总量和速度,保护耕地;对土地征收的合法性审查,主要是规范地方政府的征地行为,保护被征地农民的合法权益,防止因征地而引发群体性事件的发生。

(3) 纠正权。国土资源管理部门及其工作人员要严格执行国家土地管理的法律法规和方针政策,依法行政,对土地利用情况的真实性和合法性负责。凡玩忽职守、滥用职权、徇私舞弊、不执行和不遵守土地管理法律法规的,依照有关法律法规追究有关领导和人员的责任。具体来说,国家土地督察机构发现有关政府土地行政行为有违法违规情况,应当在30日内提出纠正案,发出纠正意见书。纠正案由土地督察机构移送省级行政机关,督促其改善与处理。省级行政机关应当自接到意见之日起30日内进行纠正,并将纠正情况及时报派驻地方的土地督察局,如果预期未反馈的,土地督察机关有权质询。有关政府机关未按要求进行纠正或者没有达到纠正要求的,由国家土地总督察责令整改,地方政府应采取措施进行整改,并将整改情况及时反馈。有关地方政府未按整改要求进行的,由国家土地总督察责令限期整改,省级人民政府应当在3个月内,采取有效措施进行整改并及时报告。在责令限期整改期间,暂停被责令限期整改地区的土地审批。有关人民政府在结束整改后,将其整改的情况报派驻地区土地督察局审核,派驻地区的国家土地督察局应该进行验收,对已经达到整改要求的下发结束限期整改通知,并恢复该地区的土地审批。

(4) 建议权。土地督察机构的建议权,主要包括督察工作建议权和督察问责建议权两大内容。其中土地督察工作建议权又包括对轻微违法行为的建议权和完善土地管理工作的建议权。国家土地督察机构在监督过程中,通过认真细致的实地调查研究,对各地好的做法和典型经验进行总结推广,发现地方政府土地利用和管理工作有可能产生的违法违规行为,有权提出改正的督察建议。关于土地督察问责建议权,土地督察机构发现违法土地行政行为时,国家土地督察机构有权根据调查、审查的结果,对负有领导责任的人员和直接责任人提出问责建议的权力;土地督察机构认为需要依法给予国家工作人员行政处分的,通过国家土地督察移送通知书的方式,向行政监察机关提出给予行政处分的建议。

(四) 土地督察的核心业务

目前,我国土地督察机构围绕耕地保护和发现、查纠、预防土地管理违法问题,开展了大量工作,例行督察、专项督察、日常督察是土地督察的三项核心工作。

(1) 例行督察。例行督察,就是国家土地督察机构集中利用一段时间,对督察区域内一个地区某时间段内的土地审批和供应情况进行全面审查和评估,从而及时发现土地利用年度计划执行情况、中央土地调控政策和国家产业政策执行情况、建设用地审批的合法性和真实性、供地政策执行情况和节约集约用地等存在的主要问题。突出重点做好例行督察。结合督察区域实际、信息化技术水平，进一步研究和完善省域督察方式，省域研判、驻点督察、实地抽查相结合，重点监督检查地方推进耕地"三位一体"保护、节约集约用地和土地执法职责履行总体情况，揭示普遍性问题。聚焦地方在永久基本农田特殊保护、耕地占补平衡新机制落实、低效用地和闲置土地处置、土地出让、土地执法、农民土地权益保障、土地登记抵押融资方面的问题，结合历年掌握的情况和工作实际，选择重点地区驻点督察，选取其他地区开展抽查核查，发现重大典型问题。对地方落实例行督察意见情况开展"回头看"。坚持发现问题与解决问题并重，以解决问题为最终目标，依法依规、实事求是提出督察意见，强化分类整改、区别对待，突出对重大典型问题的整改。落实省级政府主体责任，推动地方整改解决问题，促进土地管理长效机制的建立和完善。加强工作统筹，做好与专项督察、日常督察的协同配合。严格督察整改标准，加强问题台账管理，强化督察成果应用。更实际地与年度土地变更调查、卫片执法检查工作相衔接。对出现的问题，依据《违反土地管理规定行为处分办法》及有关法律法规进行问责。督察结果作为土地违法问责的重要依据。

例行督察作为土地监管方式的一种创新举措，它全面审查一个地区一定时间内土地利用和管理情况，同时采用卫星遥感图片和全球定位系统（GPS）技术等先进科技手段，对建设用地等进行实地核查，使督察工作变局部监督为全方位监督，变临时性监督检查为经常性监督检查，变"发现问题、再行督察"的被动督察为"提早介入、审查复核"的主动督察，提高了监管的主动性、全面性、准确性和科学性，大大增强了督察工作的威力和效力，因而成为土地督察工作的品牌。

（2）专项督察。专项督察是国家土地督察机构根据群众来信举报、新闻媒体曝光、自身调研等渠道掌握的情况，针对一些地方擅自设立或变相扩大开发区、大量闲置建设用地、违反土地供应政策等突出问题，组织开展专门督察的活动形式。例如，2007年土地督察刚一亮相，派驻各地的全国土地督察机构先后就北京市顺义区"以租代征"问题，河南省政府通过调整土地利用总体规划，在焦作市擅自改变基本农田位置的行为问题，云南省曲靖市违法占用基本农田进行非农业建设，地方政府不制止、不查处问题，大连市未经批准、非法占用农用地问题，开展专项督察，并向这些省、市政府发出整改意见书，引起极大反响。2008年又根据媒体披露、网友网上举报、网下群众举报、实地巡查等所掌握的情况，对存在问题的9个省（自治区、直辖市）、66个市（县、区）开展专项督察，对土地违法违规问题突出的6个省发出整改意见。这其中就包括影响较大的浙江省东阳市横店圆明新园项目违法用地问题、海南省海口市和文昌市严重"以租代征"问题、河北省石家庄市公安干警在农村圈地建别墅问题等。除了向相关省市政府发出整改意见书，国土资源部还暂停了一些市县2008年当年的土地利用计划指标执行。国家土地督察机构通过专项督察适时"亮剑"，不仅有效制止了土地违法事件，还有力增强了土地督察机构的权威度和公信力。

（3）日常督察。新形势下，国家自然资源督察机构应继续深化业务融合，做实日常督察，提高"严督明察"工作能力，聚焦重大违法违规行为的"精准打击"，通过不断增强的社会影响力展示自己的软实力。新的自然资源日常督察制度，与原有的土地督察日常督察制度不同，以发现问题清单为主线，以提高督察效能为目标，整合推进原土地例行督察、日常督察、专项督察等核心业务，工作内容设定则吸收土地例行督察涉及部门多、内容全面的特点，重点关注聚焦督察区域热点、敏感问题；核查方式继承原土地日常督察"覆盖面广、时效性强"的优点，督促整改发挥原土地专项督察解决问题"短、平、快"的优势。内业审核主要在局机关进行，提前圈定疑似问题，降低实地核查的频次；实地核查弱化督察业务种类，现场工作暂不区分类型"打包实施"。以《督察发现问题清单》为平台，通过"挂账销号"制度，密切督察机构与地方党委政府的协作配合，各尽其责，充分调动地方主动配合、自觉整改的积极性，提高督察工作效能（尹明，2020）[①]。

（4）调查研究与形势预测分析。调查研究是针对土地利用和管理中的特定问题组织专门调查、分析和研究，提出完善土地管理制度、改进土地管理工作的对策和建议。调查研究一般反映的是一定时期内地方政府执行国家土地管理法律法规政策的实际情况和存在的问题，向地方提出加强和改进工作的建议，而且要反映土地管理法律法规政策不符合客观实际的问题，向中央政府和有关部门提出完善法律法规政策的建议。国家土地督察机构成立以来，围绕土地管理实践中存在的热点、难点问题，先后组织开展了大量的调研，掌握了督察区域土地利用管理基本态势和趋势，针对苗头性、倾向性问题提出了大量行之有效的政策建议，并为构建共同责任机制与土地执法监管长效机制、农村宅基地管理和新农村建设用地、扩内需项目用地、抗震救灾和灾后重建特殊土地政策实施情况、规范农业结构调整用地、"未批先用"对策、违规社区扩区问题等方面决策提供重要参考。2009年以来，建立并实施了土地利用和管理形势观测分析制度，在全国选择部分市、县、乡（镇）建立了数百个形势分析观测点，构建了形势分析监测网络和监测指标体系，形成了独立的数据采集渠道和定期分析预警机制。从2009年开始，国家土地总督察办公室和各派驻地方的国家土地督察局分别形成各季度的土地利用和管理形势观测分析报告。

三、土地督察的程序

土地督察分为程序开始、土地调查、做出决定和决定的实施四个基本阶段。

1. 土地督察开始阶段

土地督察是行政机关内部自上而下的行政监督行为，土地督察程序的启动具有主动性，依职权开始是土地督察程序开始的方式。但是，并非任何时候任何情况土地督察机构都能够启动督察程序，其依职权启动督察程序，应当符合两个基本条件："第一，启动土地监督的主体拥有相应的监督权；第二，监督主体已经初步掌握了开始行政程序的基本事实。"所以，土地督察机构虽然可以依职权开始督察程序，但是不能随意启动，必须在掌握被监督事项的某些信息之后，才可以开始土地督察程序，对被监

[①] 尹明. 探索建立自然资源日常督察制度 [J]. 中国土地，2020（5）：25-27.

督事项进行调查。

2. 土地督察调查阶段

（1）发现。发现是指土地督察机构通过信息收集、监督检查和调查研究等方式，及时发现政府的土地违法违规行为。首先，从发现方式上来看：第一，被动获得信息的方式，从提交的备案审批案卷中发现，即对省级人民政府抄送上报国务院和本级审批的农用地转用和土地征收事项进行认真审查，从中获取新增建设用地和农用地转用情况信息；第二，采取主动方式获得信息，国家土地督察机构可以通过投诉热线、上访接待日、土地监督论坛、新闻媒体等方式获得相关信息，建立公众参与的监督体系，完善对土地违法违规问题的发现机制。其次，从监督的技术手段上来看，国家土地督察机构利用卫星遥感等现代监测技术对重点区域及时监测、快速核查，建立土地督察信息系统。

（2）表明身份和回避。作为行政程序中一种普遍性的制度，国家土地督察机构的工作人员在履行职责时，应当出示土地督察证件，以证明其职权即将开始，不但可以减少督察阻力，保证督察工作顺利进行，而且从客观上也起到遏制土地督察人员在土地督察时滥用职权的作用。

回避是指与行政行为有利害关系的行政主体不得参加该行政行为的调查和决定的制度。为了排除非法干预，保证对违法违规土地行政行为的实体处理结果更加公正，维护土地督察的公正性和权威性，回避制度被运用到土地督察程序中来，与被督察单位或者督察事项有利害关系的应当回避。

3. 土地督察决定阶段

（1）集体决定。应当赋予土地督察机构对有关地方人民政府在土地管理和利用过程中的行政行为的违法确定权，而该权力行使的结果是：如果该行为一旦被认定违法，无论是对行政主体，还是对相关行政相对人，都会有一系列影响，因此在对土地行政行为监督决策的重大事项方面，应当采用集体决定的方式，由土地督察机构领导集体讨论决定。在最后决定的形成方式上，可以采取"一把手"根据会议讨论意见做出选择，或者根据大多数人的意见做出决定，或者采取投票方式做出决定。这种以领导集体讨论的方式做出决定，可以防止领导个人滥用职权，同时也使得土地督察决定更加准确合理。

（2）书面决定。为了规范土地督察行政行为，提高监督行政效率，土地督察机构在行使土地督察权时，应当按照法定形式进行，否则就不能产生土地监督的法律效力。土地督察机构应当根据土地违法情节的轻重，以书面的形式分别向被监督主体发出督察建议书、纠正意见、整改意见书、限期整改决定。这些书面的文书应当按照国家土地督察机构统一制定固定的格式进行。以书面、规范的格式做出决定，一方面是国家土地督察机构的监督权的体现，另一方面也是对监督权的行使做出限制，防止权力滥用。

4. 土地督察决定的实施阶段

（1）纠正。首先，纠正案的提出。国家土地督察机构发现有关政府土地行政行为有违法违规情况，应当在 30 日内提出纠正案，发出纠正意见书。其次，纠正案的移送。纠正案由土地督察机构移送省级行政机关，督促其改善与处理。再次，纠正案的执行。有关政府机关未按要求进行纠正或者没有达到纠正要求的，由国家土地总督察责令整改，地方政府应采取措施进行整改，并将整改情况及时反馈。而后，纠正案的强制执行。有关地方政府未按整改要求进行的，由国家土地总督察责令限期整改，省级人民政府应在 3 个月内，采取有效措施进行整改并及时报告。最后，纠正案的验收程序。有关人民政府在结束整改后，将其整改的情况报派驻地区土地督察局审核，派驻地方的国家土地督察局应该进行验收，整个纠正程序完成。

（2）信息反馈。一项完整的权力运行制度，应该包括信息的收集、信息的运用以及信息的反馈，土地督察权力的运行也不例外。土地督察主体在履行监督察看职权过程中，对地方人民政府贯彻落实土地宏观调控的土地行政行为做出相应的处理决定后，应当对这些处理决定的落实情况实时追踪察看。有关政府根据国家土地督察机构的建议实施完成土地整改行为后，应该将其整改的情况及时报土地督察机构知晓。信息的反馈机制是督察主体对地方政府违法违规行为进行追踪监督的表现，同时，通过对地方政府整改情况进行了解，有利于土地督察机构及时总结督察工作中的经验教训，使土地督察更加完善。

四、土地督察的方法

为了保证土地督察起到预期作用，对土地违法行为起到强有力的震慑和控制作用，土地督察工作必须探讨出行之有效的方法。

（一）日常督察与专项督察相结合

国家土地督察机构，除根据国务院授予的法定职权行使其日常监督职能外，还可根据不同时期、不同阶段对土地利用与管理中的热点、难点问题及事关全局的问题，明确重点，开展专项督察。如对地方政府土地利用总体规划的执行情况进行督察，对《限制用地目录》和《禁止用地目录》的实施和用地计划的落实以及耕地保有量指标真实性的督察，对土地违法案件查处过程中数据的真实性和程序的合法性，以及土地市场管理中的出让方式、出让价格与出让程序的督察等。

（二）全面督察与个案督察相结合

监督检查土地管理审批事项和土地管理法定职责履行情况是国家土地督察机构行使的主要职责之一，其目的是对地方上报的农用地转用和土地征收两项审批事项是否符合法律法规规定的权限、标准、程序进行合法性审查。在开展这种形式的全面审查时，不可忽略对具体个案实质意义上的审查，因为具体个案具有典型性和代表性，只有通过个案的审查，才能发现带普遍性的问题，才能找到问题的症结。

（三）定期检查与临时抽查相结合

各督察机构对辖区内政府土地法定职责的履行和工作的开展，除了制订专门的时间表、定期进行检查外，还可进行不定期的抽查，并将抽查结果予以通报或公开曝光，以接受公开监督。抽查方式可采取各督察机构自行抽查或相互交叉抽查两种方式进行，此举可弥补定期检查的不足。

（四）被动审查与主动抽查相结合

按照法定职责，各督察机构对地方政府上报的有关农用地转用和土地征收事项进行合法性审查，在审查备案过程中，还可针对某些项目进行抽查，防止"化整为零"，弄虚作假，蒙混过关。

（五）书面审查与实地勘查相结合

督察机构在对具体申报项目审查监督过程中，除开展书面审查外，还要深入实地进行勘查，这样既能掌握实情，开展工作调研，又能防止犯官僚主义。因为在用地审批过程中，批甲地占乙地，批劣地占好地，以及批少占多的现象经常发生。只有深入实地进行勘察，核实用地面积，明确四至范围，才能确保审批项目的真实性与合法性，才能做到权属清楚，面积准确，用途合法，防止因征地行为引起的矛盾纠纷。

（六）专门监督与社会监督相结合

开展土地督察工作，除了依职权行使专门督察权外，还要发挥社会监督的作用，特别是群众监督和新闻舆论的监督，其作用不可小觑。因为许多违法行为的发现以及违法线索的获取，大多来自群众的信访和新闻媒体的曝光，在征地拆迁、安置补偿问题上，显得尤为突出。因此，要相信群众，充分发挥社会舆论的监督作用。

（七）"圈外"监督与"圈内"监督相结合

土地督察工作在重点监督新增建设用地即"圈外"用地、防止地方政府建设占地无序扩张的同时，对于"圈内"土地即原有划拨用地的管理和存量土地的处置方也不可忽视。因为原有划拨地及存量地，犹如地方政府的一块"自留地"，可随意处置。如果对其监管不力，势必造成国有土地资产的大量流失，影响土地市场的健康发展。因此，加强"圈内"监督，对地方政府在土地市场管理与土地资产处置中出让方式、出让价格和出让程序的审查也是必不可少的。

（八）明察与暗访相结合

有些违法用地项目，隐蔽性较强，很难及时发现，其原因有两种：一种是受利益驱使，违法当事人达成某种默契，采取欺上瞒下的手段，不经法定程序非法用地；另一种情形是慑于某种权威或受胁迫，群众不敢反映，害怕遭到打击报复。基于此类原因，开展国家土地督察工作，必须深入一线，既明察，又暗访。只有这样，才能掌握实情，看清真相。

（九）"点、线、面"相结合

土地督察将省级和计划单列市人民政府的土地利用和管理行为作为土地督察的主要内容，应通过研究建立能够全面反映土地利用和管理情况的指标体系，对省级和计划单列市范围内的土地利用和管理形势进行总体评判，从"面"上掌握省级行政区域土地管理的基本态势；同时还要把握重点，以例行督察区域为单元，从"点"上进行深入剖析，通过对市、县级人民政府土地利用和管理行为的典型调查和剖析，真实全面地反映省级和计划单列市人民政府土地利用和管理的状况；此外还要从"线"上深入把握地方土地管理和利用的现状，根据国家土地总督察对年度工作的总体要求和督察区域的实际情况，对当年未进行实地督察（尤其是例行督察）的区域进行土地督察巡视，巡视的内容应涉及事关土地督察工作的全局性问题和批后监管、节约集约用地、征地补偿、土地闲置等热点、难点问题，巡视的对象为县级以上人民政府。

（十）事前预防与事后查处相结合

虽然按照规定，国家土地督察机构对发现的土地违法行为不承担直接查处的职能，也就是说"督而不查"，只起到一般预防的作用。但是，对于一些涉及面积大、问题较严重的典型土地违法行为，如不采取严厉的制约措施，不从全过程进行督察，或者只重视发现问题，不注重处理结果，势必造成土地执法"雷声大，雨点小"。因此，督察工作要将预防与查处结合起来，才能产生震慑力，通过特殊预防达到一般预防的目的，维护法纪的权威。

五、土地督察的信息反馈与纠错问责

土地督察的本质是对地方政府土地违法的督察，通过土地督察督促地方政府尤其是省、自治区、直辖市以及计划单列市人民政府依法依规利用和管理土地，及时纠正地方政府土地违规违法行为是土地督察的首要任务。现行国家土地督察制度规定土地督察机构对违法违规行为只享有纠正权和建议权，不具有独立办案权和处罚权，因此在对土地督察结果的相关信息进行上报与公开的基础上，要通过提出纠正意见、提出整改意见、责令限期整改、约谈地方领导、暂停建设用地审批等形式实现对地方政府土地违法违规行为的督促整改，并通过建立与健全纠错问责机制，赋予土地督察机构行政问责权来进一步强化土地督察的督察力度。

（一）强化土地督察结果的信息报告、通告与公开

各个派驻地方的国家土地督察局向国家土地总督察、副总督察负责并报告工作，国家土地总督察向国务院负责并报告工作。一般工作层面上的报告即在法律上表现为报告权，土地利用和管理信息与工作情况报告的形式主要包括督察工作报告、定期报告、专报、工作简报、专门工作汇报等。通过报告，中共中央、国务院以及国土资源部和国家土地总督察、副总督察能够了解土地督察工作情况，以及国家土地利用和管理政策、法律法规落实、执行情况；同时，报告提出的当前土地利用和管理形势及主要问题，土地督察工作意见和建议，可为政策制定、工作决策和具体工作部署提供依据、参考和建议。

对监督检查发现的土地利用和管理问题，国家土地总督察或派驻地方的国家土地督察局要进行督促整改，整改工作由省级和计划单列市人民政府组织实施；对监督检查发现的土地利用和管理中的违法违规问题，由国家土地总督察通报监察部等部门依法处理。国家土地督察机构对其工作情况、发现的问题及对问题的处理意见或建议，主要向以下五个单位进行通报：①通报问题所涉及地区政府及其所在的省级和计划单列市人民政府，同时包括国土资源管理部门；②通报公安、检察等司法机关，对涉嫌在土地利用和管理方面违法犯罪的责任人进行侦查、起诉；③通报纪检监察部门，以涉嫌在土地利用和管理方面违反党纪政纪为线索，对违反党纪政纪责任人进行处理；

④以区域性公告方式，通报区域内土地利用和管理存在的严重和突出问题，督促相关地方政府加强整改；⑤以新闻发布或消息传媒方式，通过新闻媒体通报土地利用和管理重点案件及土地违法违规突出问题，利用媒体和社会力量监督促其整改。此外，各地方督察局之间应建立督察成果定期交流制度，以便各督察局之间相互学习，加强土地督察的成效。

同时，要实行土地督察结果的社会公开制度。加强土地督察的透明度，对土地督察结果定期进行公布—充分利用各种媒体和新闻舆论的力量，在多做积极正面报道的同时，对严重的土地违法违规案件的查处、纠正情况，要通过媒体进行公开，加大宣传，增强公众对地方政府的舆论监督力度，发挥土地督察结果对地方政府土地利用和管理行为的约束效果，以震慑违法行为，迫使地方政府加快整改。

（二）提出有效的纠正、整改、政策等建议

国家土地督察作为行政监督体系的组成部分，和行政机关内部自上而下层级监督的一个重要环节，按照国务院授权对省级和计划单列市人民政府土地利用和管理情况进行监督检查，并提出有效的工作纠正、整改、奖励与政策等方面的建议：①工作纠偏建议，即对土地利用环节的地方政策制定、制度建设、工作规范等问题，提出改进建议。②整改与问责建议，主要包括：对在土地利用与管理的违法违规行为提出具体的整改建议；对在土地利用和管理方面违反土地管理规定的有关单位及责任人，向具有问责权限的机关提出问责建议，例如，向土地执法机关提出行政处罚建议，向监察机关和任免机关提出处分的建议，将有关土地利用和管理问题的线索提交纪检监察、巡视、审计、司法及其他有关部门，建议核实、处理等。③奖励性建议，在督察区域内找准督察工作与地方利益的结合点，积极采纳地方政府的合理建议，对促进土地节约集约利用和耕地保护的典型经验和做法等好的方面要及时推广并给予奖励。④政策建议，即通过调查研究，积极与地方政府共同研究建立依法依规用地、集约节约用地的长效机制，树立"保护与保障并重，督察与服务并举"的理念，提出对各地好的做法和典型经验进行总结推广建议，对于不好的做法进行经验教训总结，以及有关政策和法律法规进一步改革完善的建议。

（三）建立与地方政府和国土资源部门的沟通磋商、共同责任机制

建立派驻地方的国家土地督察机构与地方政府的良性互动关系，应在互信的基础上加强沟通和交流，建立日常交流和高层交流两个对话平台。日常交流体现在建立和完善信息沟通机制，对常规信息、数据报送和审批文件的报备等工作要以制度的形式固定下来；高层交流体现在建立联席会议制度，对土地管理和宏观调控中遇到的重大问题、重要工作的进展情况要及时沟通，交换意见，共同研究和磋商。在建立多层次的沟通磋商机制的基础上，变领导层面的对话为对话和实质性的联合调研、联合督察相结合，建立土地督察与省级政府协调有关部门的联动机制，加强联合督办的力度。

地方国土资源部门作为地方政府的重要组成部分，即是土地督察的监督对象，同时又是与土地督察并肩作战的战友，土地督察机构既不能把地方国土部门对立起来，也不能完全依赖地方国土部门。土地督察机构与地方国土资源部门的沟通联系，主要

体现在土地利用和管理信息的交换与土地执法监管的协作上。在信息沟通方面，土地督察机构要与地方国土资源管理部门建立土地管理信息和土地违法统计信息的共享，土地违法案件和信访情况通报转办制度，建立健全日常沟通和重大突发事件应急协调机制；在协作方面，除土地执法监察外，适时扩大协作的范围，建立联合调研和对策研究制度，例如与国土部门开展对地区社会经济发展有重大影响的项目用地政策的调研，对土地利用和管理中出现的倾向性、苗头性问题的对策研究，建立对地方政府领导的问责、耕地保护领导干部离任审计等工作领域的协作。

同时，土地督察部门应建立与地方政府和国土部门的土地管理与耕地保护共同责任机制。在土地督察工作中，不仅要求国土资源管理部门加强土地管理，更要求政府各部门形成土地管理的合力，推进以落实各级政府纵向责任和相关部门横向责任为主要内容的保障机制：①强化地方人民政府土地管理和保护耕地的主体责任，细化政府主要领导作为第一责任人的职责，层层量化耕地保护责任目标，建立依法依规、节约集约用地评价考核制度，耕地保护责任考核的动态监测和预警制度；②落实政府相关部门土地管理和保护耕地的共同责任，加快建立部门耕地保护绩效考评、失职问责、渎职追究和日常工作联席会议制度，形成政府主导、多部门联动的土地执法监管长效机制，完善土地案件移送和联合办案工作制度；③广泛开展宣传，扩大耕地保护信息公开范围，明确土地权利人保护耕地的义务，调动全社会参与保护耕地的积极性，增强全社会保护耕地的共同责任意识。

（四）建立警示约谈平台，加强对土地违法问题的跟踪督察

为增加土地督察的有效性，应建立有效的警示约谈平台，规范两级约谈机制，总督察负责约谈省（自治区、直辖市）、计划单列市和部分省会城市的省级领导，派驻地方的督察局长负责约谈地市级、县级领导。通过"严格的程序，严肃的形式，严厉的措施"约谈，达到督察目的。

各派驻地方的土地督察局要充分利用警示约谈契机，密切与省级政府的沟通协作，敦促各地党委高度重视土地管理工作，地方政府加强土地法制宣讲，提高依法管地用地意识，积极构建土地管理新格局。土地督察机构在与地方政府约谈过程中，应使各地政府深刻认识违法违规用地问题的严重性，深入分析问题存在的深层次原因，认真反思，吸取教训，正确处理好地方经济社会发展与耕地保护的关系。要以警示约谈为平台，与地方政府领导建立联系，建立"党委领导、政府负责、部门协调、公众参与、上下联动"的土地管理新格局，加强对土地违法问题的跟踪督察，严肃指出土地卫片执法检查和土地督察发现的主要违法用地问题，对违法用地严重的地方政府提出批评，督促各地要对土地卫片执法中发现的违法用地案件进行查处问责，加强预警，遏制违法用地反弹的势头。

（五）加强后续整改的监督检查和评估验收工作

土地督察整改意见的落实是实现督察效果最大化的重要前提。土地督察过程中发现的一些严重的土地利用和管理问题整改落实难度较大，因此需要对整改结果进行严格的督促检查和验收。首先，应建立严格规范的后续整改监督检查和评估验收制度，严密跟踪省级和计划单列市人民政府对土地督察意见的落实情况，对有问题的，已经做出督察意见的项目，要严格后续的检查和验收，在规定的时间内，严格按照规定的标准进行验收，督促地方政府把问题纠正、整改到位，不达标准的不能通过验收，依照有关行政处理方案进行处理。其次，要建立督察效果评估制度，对验收后的项目要及时地检验和评估督察效果，对于验收通过的项目，在一段时间内持续观察其情况，看整改后问题是否有反复，是否对促进地方政府的土地利用和管理起到积极的促进作用。

对于限期整改地区的土地违法违规问题，相关省级人民政府要组织有关地方人民政府和部门进行认真整改，并依法严肃追究有关责任人的责任；要完善耕地保护、土地征收等管理制度，落实耕地保护责任，切实维护被征地农民的合法权益；要强化地方政府责任，规范土地管理行为，建立土地执法监管长效机制。限期整改期间，除国务院批准立项的能源、交通、水利等基础设施项目，保障性安居工程，环保、救灾等涉及民生的急需建设项目用地外，暂停对限期整改地区农用地转用和土地征收的受理与审批，同时暂缓受理建设用地预审。相关省级人民政府在限期整改期限内完成整改工作的，向国家土地总督察提出结束限期整改的申请。有关派驻地方的国家土地督察局负责对整改情况进行检查，对结束限期整改的申请提出审核意见。对达到整改要求的，经国家土地总督察批准结束限期整改，恢复农用地转用和土地征收的受理和审批等。

第二节　土地利用动态监测

土地利用动态监测是指运用遥感技术和土地调查等手段和计算机、监测仪等科学设备，以土地详查的数据和图件作为本底资料，对土地利用的时空动态变化进行全面系统地反映和分析的科学方法。土地利用状况不是永恒的，它常随着自然条件和社会经济条件的变化而变化，对土地利用动态变化进行监测，随时掌握土地利用变化趋势，采取相应对策，确保管理目标的实现，是土地利用监督的一个主要方面，也是实现土地利用监督和对土地利用进行调控的技术基础。目前我国开展的土地利用动态监测，主要是针对耕地和建设用地等土地利用变化情况进行及时、直接和客观的定期监测，检查土地利用总体规划和土地利用年度计划执行情况，重点核查每年土地变更调查汇总数据，为国家宏观决策提供比较可靠、准确的依据，对违法或涉嫌违法用地的地区及其他特殊情况进行快速的日常监测，为违法用地查处和突发事件处理提供依据。

一、土地利用动态监测的特点与作用

（一）土地利用动态监测的特点

1. 监测成果的多样性

为适应各级土地管理机构的需求，通过土地利用监测定期提供全国和各省（自治

区、直辖市)、地、县的土地利用现状资料．包括面积数据和反映土地利用空间分布的图件资料。同时，除开展按固定调查项目连续监测外，还需做固定项目的专题调查。如对建设用地占而未用，耕地撂荒、开发、复垦和灾害毁地等专题项目的实时调查。

2. 监测体系的层次性

为保证监测任务的完成，各级土地管理部门都应有相应的监测机构，各级机构互为关联形成体系，体系包括国家、省（自治区、直辖市）、地、县若干层级，各层级组成有机整体，既要保证监测成果的统一性和可比性，又能开展本辖区的监测任务，提供本地区的监测成果。在体系中分两个基本层次：一层是国家和省级的，重点提供全国和全省（自治区、直辖市）的土地利用宏观数字；另一层是县、乡级的，提供本辖区的土地利用资料。两个基本层次的监测指标、技术手段和精度要求上可有区别，但在监测指标和数据传输的上下层面上应能接口。

3. 技术要求的区域性

我国地域广阔，不同地区之间的自然条件、经济发展程度和土地利用水平差异较大，故可将全国土地分成若干类型区和重点监测区，不同地区的监测周期、方法手段和精度要求上应有所不同。

4. 技术手段的综合性

根据我国土地利用监测的任务和要求，在技术手段上宜采用卫星遥感、航空遥感、抽样调查和地面调查相结合的方法，发挥各自优势，求得总体功能上满足各项需要。

(二) 土地利用动态监测的作用

土地利用监测的目的在于能及时地掌握土地利用及其时空动态变化状况，有效地利用土地资源，使其发挥最佳利用效益。因此，土地利用动态监测的作用主要有：保持土地利用有关数据的现实性，保证信息能不断得到更新；通过动态分析，揭示土地利用变化的规律，为宏观研究提供依据；能够反映规划实施状况，为规划信息系统及时反馈创造条件；对一些重点指标进行定时监控，设置预警界线，为政府制定有效政策与措施提供服务；及时发现违反土地管理法律法规的行为，为土地监察提供目标和依据；等等。

二、土地利用动态监测的内容

从土地管理的目标和任务来看，土地利用动态监测的主要内容包括以下四个：

(1) 区域土地利用状况监测。通过土地利用状况的监测，来反映土地结构的变化，对土地利用方向的变化进行控制和引导。监测主要内容包括土地利用变化的动态信息、耕地总量的动态平衡情况、农业用地内部结构调整情况、基本农田保护区状况以及后备土地资源的开发利用监测等。监测重点是耕地变化和建设用地扩展。耕地减少的去向主要是非农业建设占地和农业结构调整。农业结构调整占用耕地，有可逆性特点，耕地尚能恢复，而被非农业建设占用，耕地就难以恢复。所以监测非农业建设用地扩展是重中之重。

(2) 土地政策措施执行情况监测。政策的制定依靠准确的信息，同时信息又是执行政策的反馈。土地利用监测是获取土地信息和反馈土地政策、检验土地管理措施执行结果的主渠道，如规划目标实现情况监测、建设用地批准后的使用情况监测、土地违法行为监测等。这一类的监测一般是专题监测。

（3）土地生产力监测。土地生产力受制于自然和社会经济两大因素，呈现出动态变化。尤其是自然因素对土地生产力的影响，主要影响因素是气候和大气条件，如干旱、异常的大暴雨和降雪量明显增多，冷暖急剧交替等。这些因素的变化还会在地区间、年际表现出强烈的差异。另外，砍伐森林、灌溉田野、建设城市、疏干沼泽等人类活动也会导致近地面气层的温度、空气湿度、风速等的小气候变化，从而影响农业生产的地域环境。气候条件又直接影响土壤风化，影响土壤物质移动的特点和土壤中水、气、热的状况，从而使得农用地生产力呈现动态变化。这就需要进行动态监测，掌握生产力动态变化的方向与规律，为调整生产力布局和确定合理对策提供依据。如《基本农田保护条例》中规定，县级以上农业行政部门应当逐步建立基本农田保护区内耕地地力与施肥效益长期定位监测网点，定期向本级人民政府提出保护区内耕地地力变化状况报告以及相应的地力保护措施，并为农业生产者提供施肥指导服务。土地生产力监测的重点是土壤属性、地形、水文、气候、土地的投入产出水平等指标。

（4）土地环境条件监测。环境影响土地利用，土地也是环境的一部分。对土地环境条件的监测，重点是考察环境条件的变化、环境污染等对土地利用产生的影响。如对农田防护林防护效应的监测、基本农田保护区内耕地环境污染的监测与评价、自然保护区生态环境监测、土地植被变化监测等。除此之外，还要监测环境破坏，即指人类不合理利用环境所导致的破坏环境效能，造成生态系统失衡，资源枯竭，危及人类生存的一种环境问题，如水土流失及风蚀，土地沙化、盐渍化，地面沉降等。

三、土地利用动态监测方法

（一）监测区的划分

监测区是土地利用动态监测的基本单元，可以根据土地利用特点、土地性质、地理位置、土地利用率和土地经济价值加以划分，或者根据具体任务确定。监测区原则上不小于县级行政区。监测时应以土地变更调查数据和图件为本底，利用航空和卫星遥感图像的处理与识别等技术，从遥感图像上提取变化信息，绘制基本监测图。基本监测图是指在监测区，按县级行政辖区、地（市）行政辖区范围以及其他特定区域分幅，标注有关土地利用及其变化特征等要素的遥感影像图以及动态传感监测图等。县级行政区和其他特定区域基本监测图，成图比例尺一般为1:25000~1:50000；地（市）行政辖区基本监测图，根据辖区面积等具体情况确定成图比例尺。

不同监测区的内容和方法不尽相同。如划分为中心城市区（城市市区和与之接壤的农村地区即城乡接合部）、重要资源区（农业、林业、旅游、矿业、能源和自然保护区等）、农村地区（农地、林地、休闲地、农村住宅区等）和未利用土地区（小片无人长期居住的未开垦利用地），其监测内容除共同部分外，兼具各区的个性内容，如中心城市区应监测城市化对农业土地的影响和损失、土地利用变化与人口增长之间的关系等；重要资源区应监测资源政策对土地利用产生的作用和影响与该区毗邻的土地利用变化资料；农村地区应监测土地利用变化对土地利用效益的影响，城乡交接地带土地利用变化等；未利用土地应监测土地的效应、资源开发对野生生物和环境质量可能产生的影响等。

（二）具体监测方法

土地利用动态监测方法依其不同标志可分为调查资料法和遥感资料法；实地调查法和遥感图像解译法；全面调查法和抽样调查法。

1. 遥感技术（RS）

众所周知，由于遥感对地观测技术具有覆盖面广、宏观性强、快速、多时相、信息丰富等优点，因而较普遍地应用于土地调查制图和监测中。遥感技术有卫星遥感和航空遥感两种。卫星遥感资料具有空间的宏观性和时间的连续性等特点，其优势在于大面积的动态监测，主要用于突然沙化、草原退化、土壤侵蚀、沿海滩涂的开发利用、土地受灾面积等土地利用的动态变化的监测。航空遥感具有分辨率高、荷载量大、机动灵活的特点，用航空遥感做点状或带状的抽样调查或典型调查，是补充和监测卫星遥感调查的必要手段，主要可用于耕地增减变化和建设用地扩展速度的监测，农田防护林系、自然保护区生态环境监测等。

土地利用监测对遥感资料的要求：①遥感资料分辨力。衡量卫星遥感资料在土地利用监测中应用效果的主要标志是识别地类能力和地类面积量测精度；地类判读精度和面积量测精度主要取决于遥感资料的分辨力，同时也与判读地物的光谱特征有关。②遥感资料的覆盖度。利用卫星遥感资料进行全国或全省（自治区、直辖市）土地利用监测，需要定期提供其辖区内全面覆盖并具有特定时效性的遥感资料，这是开展土地利用监测工作的前提。

土地利用遥感动态监测是基于同一区域不同年份的图像间存在着光谱特征差异的原理，来识别土地利用状态或现象变化的过程。其重点是核查每年土地变更调查汇总数据，为国家宏观决策提供比较可靠的依据；对违法或涉嫌违法用地的地区及其他特定目标等进行的日常快速监测，可为违法用地查处及突发事件处理提供依据。应用遥感技术进行土地利用动态变化实施动态监测的关键，在于及时发现并提取 RS 图像中的土地利用信息发生变化的区域，信息提取的好坏，直接影响监测的精度。土地利用变化信息提取工作包括两方面：一是各监测时相的土地利用类型的提取；二是不同监测时相土地利用变化信息的分类提取。前者生成不同时期土地利用现状分类图，后者生成土地利用动态变化分类图。其具体流程如图 11-1 所示。

2. 土地调查技术

土地调查的方法主要有普查、抽样调查、重点调查等。运用土地调查与统计可以对土地利用结构调整、土地等级变化等进行分析。一般在遥感资料的基础上，通过土地调查进行检查和补充。在遥感资料缺乏的地区或年份，也只能依靠土地调查来反映土地利用状况。

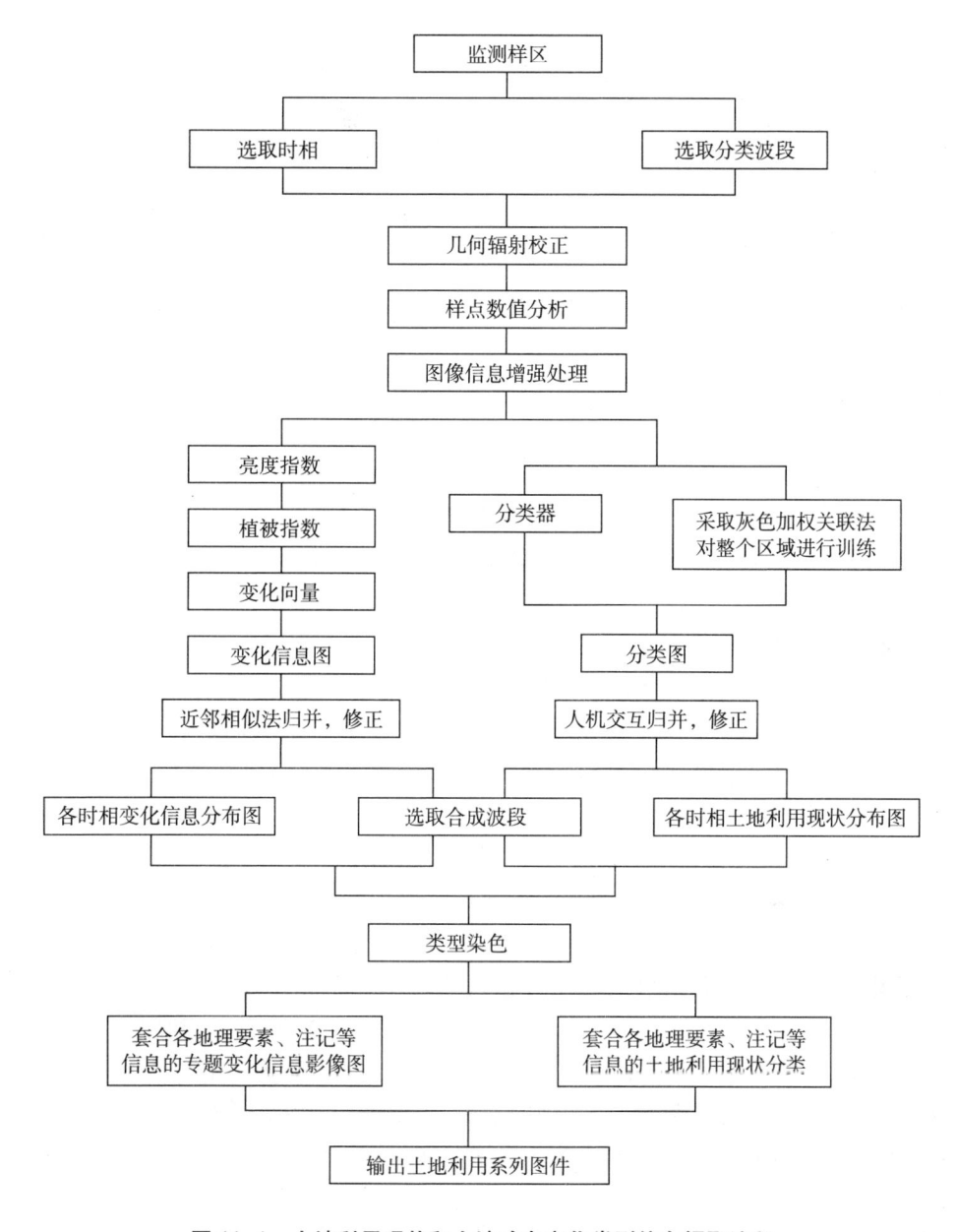

图 11-1 土地利用现状和土地动态变化类型信息提取流程

资料来源：欧名豪. 土地利用管理（第三版）[M]. 北京：中国农业出版社，2016.

城镇地籍调查、土地详查、土地变更调查等一系列调查工作和历年土地统计工作目前已在全国普遍开展。利用这些数据和信息进行土地利用动态监测，也能够准确地反映出土地利用结构的变化情况，数据准确性较高，能满足土地微观管理的需要。缺点是工作量大，时点性差，仅适用于小范围和专题性的监测，对区域性的土地利用监测不太适用。

3. 土地信息系统（LIS）技术

《土地管理法》第三十条规定，国家建立全国土地管理信息系统，对土地利用状况进行动态监测。土地信息系统本身是一门技术，可以对各种信息、数据和图形进行处理和输入输出。目前的土地利用动态监测，无论是采用遥感资料，还是土地详查成果，都需要借助信息系统和计算机，对各种信息进行处理，才能使土地利用监测快速、便捷、准确。

土地信息系统是以计算机为核心，以土地详查、土壤普查、规划、计划、各种遥感影像、地形图、控制网点等为信息源，对土地资源信息进行获取、输入、存储、处理统计、分析、评价、输出、传输和应用的大型系统工程。土地信息系统的功能主要包括：存储、自动检索、更新、三维信息共享、再生、保密等。土地信息系统是一个综合系统。与土地利用监测有关的信息系统有土地利用现状系统与规划系统、地籍系统、土地分等定级系统、土地估价系统、法规监察系统等。其中，对规划信息系统除要求有土地信息系统的一般功能外，还需要能够对各类数据分析和预测，自动生成规划方案并择优，根据监测结构进行规划方案更新等功能。

4. 动态监测预警技术

《土地管理法》规定，严格限制农用地转为建设用地，对耕地实行特殊保护。确保耕地总量动态平衡就成为土地利用的战略目标。在实施土地利用动态监测时，需要对耕地的利用和保护建立专项的动态监测网络，对耕地利用系统进行预警。

耕地利用系统动态监测预警的主要内容包括警义、警源、警兆和警度等。警义是指预警的指标，这些指标包括人地关系密集度、耕地利用投入水平、生态环境背景、耕地利用效果及投资潜力。警源是指产生耕地利用系统警情的根源，可分为自然警源、外在警源和内在警源。自然警源是指各种可能引发自然灾害从而对耕地利用造成破坏的自然因素；外在警源是指耕地利用外输入的警源，主要有对城市规模的不加控制、农产品价格的变化和工业"三废"排放等因素；内在警源则是耕地利用自身运动状态及机制，主要有耕地保护制度、地权制度、耕地开发利用行为、耕地管理行为和耕地经营收益等因素。警兆包括景气警兆和动向警兆，景气警兆一般以实物运动为基础，表示耕地生态经济系统某一方面的景气程度，如耕地面积、播种面积、耕地利用基础设施等；农产品价格、农民收入水平和征地成本等不直接表示耕地生态经济景气程度的价值指标，均属于动向警兆。警度是对耕地利用警情的定量刻画，以判定警义指标变化是否有警情或警情如何，一般分为无警、轻警、中警、重警和剧警，不同的指标，相同警度的值域可能不一样，或同样的值域，不同指标的警度也不一样。耕地利用系统动态监测一般要经过确定警情、寻找警源、分析警兆、预报警度四个逻辑过程，以此来确定耕地利用变化的合理与否。

四、土地利用动态监测分析评价

（一）土地利用动态监测分析的内容

（1）地类变更分析。主要包括对土地总面积变化的分析，耕地、园地等各类土地面积变动的分析。具体的指标为，各地类在变更中，变更涉及的增减面积，实际增减面积（及减去同地类之间变化的面积），净增减面积，变化量占同地类总面积的比重等。

（2）权属变更分析。该分析也具体落实到地类的变化，但其前提是权属性质的变化。包括国有土地、集体土地的所有权、使用权的变化，土地纠纷调解情况。

（3）耕地变化动态分析。耕地动态变化分析不仅要较详细地反映耕地减少的原因和耕地增加的来源，而且要分析减少原因的合理性和增加耕地的力度。这些分析不能单独从数量上做比较分析，还要根据地区特点做出分析，为以后土地管理提供有价值的意见。

（4）土地利用结构变化分析。土地利用结构变化是反映土地资源在人类利用行为干预下，土地利用发展趋势。依据地域差异规律，选择好当地土地资源利用方向是社会经济发展中研究的重要问题。结构变化分析的重要指标是各类用地结构中所占的比重。

（二）土地利用动态监测分析指标体系

对土地利用监测分析评价，通常采用以下五个指标体系：

1. 土地利用结构与利用程度指标

通过监测反映土地利用结构变化和利用程度的指标主要有：土地利用率、土地农业利用率、垦殖指数、复种指数、水面利用率、森林覆盖率、草原载畜量等。

（1）土地利用率是指已利用的土地面积与土地总面积之比，反映了土地利用程度。

（2）土地农业利用率是指农业用地面积（农、林、牧、渔业用地面积）占土地总面积的比重，用以衡量土地农业利用程度。

（3）垦殖指数是指耕地占土地面积的百分比，用以衡量土地开发利用程度。

（4）复种指数是指全年农作物总播种面积与耕地面积的比例关系，用以表示耕地的利用程度。

（5）水面利用率是指在水面总面积中，已利用水面所占的比重，用以衡量水面的利用程度。

（6）森林覆盖率是指森林面积（按成林郁闭面积计）占土地总面积的比重，用以表明土地林业利用程度。

（7）草原载畜量是指每平方千米草原饲养牲畜的头数，用以说明牧区草原利用程度。

上述指标可以从各个侧面，综合评价一个地区的土地利用程度。应该指出的是，对某个地区来讲，上述指标值并不是越大越好，而是有一个适宜值，在适宜值范围内，土地利用综合效益最佳。

2. 土地集约经营程度指标

分析评价土地集约经营程度的主要指标有：

（1）每公顷耕地拥有农机马力（功率单位）数。该指标可用来说明耕地农业机械化程度。

(2) 有效灌溉面积比率。该指标用来说明耕地中人工灌溉程度和农田水利化程度。

(3) 平均每公顷耕地肥料（有机肥和化肥）施用量。该指标可用来反映肥料投施和培肥地力情况。

(4) 每公顷耕地耗电数。该指标可用来表明农业电气化程度。

(5) 每公顷耕地用工量。该指标可用来表明和分析活劳动投入程度。

利用上述指标，可以从纵向和横向两个方面对地区或农业企业的土地集约经营程度进行分析、评价。但对于某个地区或某个农业企业，上述指标值并非越大越好，而是应该根据土地报酬递增减现象，确定土地利用集约经营的合理界限。

3. 土地利用社会经济效益监测分析指标

土地利用社会经济效益监测分析指标主要有土地利用投入产出率、土地经济密度（净产值）、土地纯收入、万元产值占地、土地利用投资效果系数、土地利用投资回收期、人口密度、城市化水平、人均居住面积、交通运输条件等。

4. 土地环境和生产力监测分析指标

土地环境和生产力监测分析指标主要有气候（降水、光温、湿度、风向与风速等）、植被（植物群落、森林覆盖率、草层高度与质量等）、能量产投比、光能利用率、环境质量达标程度（水质、空气、噪声等）、文物古迹与风景旅游资源、矿产资源分布等。

5. 土地管理政策措施的监测分析指标

土地管理政策措施的监测分析指标主要是反映国家土地管理法规的要求落实情况、土地利用规划实施情况、土地利用合法性情况等的指标。可包括土地利用目标实现程度（耕地保有量水平、人均建设用地水平、土地利用结构优化程度、闲置土地利用水平、补充耕地数量等）、基本农田保护率、土地利用年度计划执行情况、违法用地面积和查处结案率等。

思考题

1. 建立国家土地督察的现实意义是什么？
2. 土地督察的法定职权与核心业务形式包括哪些？
3. 土地督察的方法有哪些？
4. 如何保障土地督察结果的有效性？
5. 土地利用动态监测的内容主要有哪些？
6. 土地利用动态监测常用的方法有哪几种？

参考文献

[1] Food and Agriculture Organization. The role of legislation in land use planning for developing countries [R]. Rome：FAO, 1985.

[2] 毕宝德. 土地经济学（第六版）[M]. 北京：中国人民大学出版社, 2011.

[3] 毕宝德. 土地经济学（第五版）[M]. 北京：中国人民大学出版社, 2006.

[4] 蔡健, 陈巍, 刘维超, 丁兰馨. 市县及以下层级国土空间规划的编制体系与内容探索 [J]. 规划师, 2020, 36（15）：32-37.

[5] 曹宇, 王嘉怡, 李国煜. 国土空间生态修复：概念思辨与理论认知 [J]. 中国土地科学, 2019, 33（7）：1-10.

[6] 邓绶林. 地学辞典 [M]. 石家庄：河北教育出版社, 1992.

[7] 董峻. 全国 26% 承包地已流转，农业部要求不能搞强迫命令 [EB/OL]. (2014-02-23) [2023-09-02]. https：//www.gov.cn/govweb/jrzg/2014-02/23/content_2619466.htm.

[8] 杜栋. 控制论与控制理论是一回事吗 [J]. 河海大学机械学院学报, 1999, 13（1）：57-61.

[9] [法] 亨利·法约尔. 工业管理与一般管理 [M]. 迟力耕, 张璇, 译. 北京：机械工业出版社, 2007.

[10] 高国力. 我国主体功能区规划的特征 [J]. 中国农业资源与区划, 2007, 28（6）：8-13.

[11] 高文文, 张占录, 张远索. 外部性理论下的国土空间规划价值探讨 [J]. 当代经济管理, 2021, 43（5）：80-85.

[12] 葛京凤. 地产价格评估原理与方法 [M]. 北京：中国环境出版社, 2002.

[13] 国家林业局. 林地分类：LY/T 1812—2009 [M]. 北京：中国标准出版社, 2009.

[14] 国家统计局农村社会经济调查司. 中国农村统计年鉴（2022）[M]. 北京：中国统计出版社, 2022.

[15] 国土资源管理理论与实践编委会. 国土资源管理理论与实践：上册 [M]. 北京：中国大地出版社, 2003.

[16] 韩松. 论农村集体经营性建设用地使用权 [J]. 苏州大学学报（哲学社会科

学版），2014（3）：70-75.

［17］黄锦东，卢艳霞，周小平．中国基本农田保护20年实施评价及创新路径［J］．亚热带水土保持，2012，24（2）：27-31.

［18］黄小虎，边江泽．论耕地总量动态平衡［J］．中国农村经济，2000（1）：39-42.

［19］黄小虎．怎样认识耕地总量动态平衡［J］．中国土地，1998（12）：16-18.

［20］黄锦锦，朱晨红．"股份+合作"土地流转模式的实践和启示——以宁阳县蒋集镇郑龙村为例［J］．山东国土资源，2011，27（1）：56-58.

［21］姜爱林，姜志德．论土地整理概念的科学界定［J］．地域研究与开发，1998，17（1）：1-4.

［22］江奇，杨承志．盘活城镇存量低效用地——城镇化背景下土地制度改革的新路径［J］．中国房地产，2013（19）：44-47.

［23］蒋蔚．三明市农村土地承包经营权抵押贷款的启示［J］．福建农林大学学报（哲学社会科学版），2012，15（6）：30-34.

［24］孔凡文，等．城市土地利用管理［M］．大连：大连理工大学出版社，2011.

［25］李勇，杨卫忠．农村土地流转制度创新参与主体行为研究［J］．农业经济问题，2014（2）：75-80.

［26］李元．中国土地资源：第1卷［M］．北京：中国大地出版社，2000.

［27］林坚．中国城乡建设用地增长研究［M］．北京：商务印书馆，2009.

［28］林坚，刘文．土地科学研究对象和学科属性的思考［J］．中国土地科学，2015，29（4）：4-10.

［29］林培，程烨．“耕地总量动态平衡”政策内涵及实现途径［J］．中国土地科学，2001，15（3）：12-14.

［30］林旭．论农地流转的社会风险及其防范机制［J］．西南民族大学学报（人文社会科学版），2009（8）：206-210.

［31］刘书楷．土地经济学［M］．北京：中国农业出版社，1996.

［32］刘书楷．土地经济学［M］．徐州：中国矿业大学出版社，1993.

［33］刘彦随．区域土地利用系统优化调控的机理与模式［J］．资源科学，1999，21（4）：60-65.

［34］陆红生．土地管理学总论（第六版）［M］．北京：中国农业出版社，2015.

［35］马静．城乡统筹背景下芜湖市农村居民点用地整理研究［D］．安徽农业大学硕士学位论文，2012.

［36］马克伟．土地大辞典［M］．长春：长春出版社，1991.

［37］［美］欧文·B.塔克．现代微观经济学［M］．北京：中信出版社，2003.

［38］［美］冯·贝塔朗菲．一般系统论：基础、发展和应用［M］．林康义，魏宏森，译．北京：清华大学出版社，1987.

［39］欧名豪．土地利用管理（第三版）［M］．北京：中国农业出版社，2016.

[40] 史育龙．主体功能区规划与城乡规划、土地利用总体规划相互关系研究 [J]．宏观经济研究，2008（8）：35-40.

[41] 孙蕊，孙萍，吴金希，等．中国耕地占补平衡政策的成效与局限 [J]．中国人口·资源与环境，2014，24（3）：41-46.

[42] 孙施文．从城乡规划到国土空间规划 [J]．城市规划学刊，2020（4）：11-17.

[43] 谭朝艺．乡镇级国土空间规划编制的思考 [J]．中国土地，2021（1）：19-21.

[44] 谭永忠，吴次芳，王庆日，等．"耕地总量动态平衡"政策驱动下中国的耕地变化及其生态环境效应 [J]．自然资源学报，2005，20（5）：727-734.

[45] 唐世界．耕地总量动态平衡及实施措施 [J]．农业经济，2000（1）：36-37.

[46] 王梅农，刘旭，王波．我国耕地占补平衡政策的变迁及今后走向 [J]．安徽农业科学，2010，38（33）：19034-19037.

[47] 王秋兵．土地资源学 [M]．北京：中国农业出版社，2002.

[48] 王万茂，王群，严金明，吴克宁，师学义．土地利用规划学（第九版）[M]．北京：中国农业出版社，2021.

[49] 王万茂，王群．土地利用规划学（第二版）[M]．北京：北京师范大学出版社，2010.

[50] 王夏晖，何军，牟雪洁，等．中国生态保护修复20年：回顾与展望 [J]．中国环境管理，2021（5）：85-92.

[51] 王秀芬，陈百明，毕继业．新形势下中国耕地总量动态平衡分析 [J]．资源科学，2005，27（6）：28-33.

[52] 魏莉华．新《土地管理法实施条例》亮点解读 [J]．资源与人居环境，2012（8）：9-11.

[53] 吴次芳，叶艳妹，吴宇哲，岳文泽．国土空间规划 [M]．北京：地质出版社，2019.

[54] 吴次芳，肖武，曹宇，方恺．国土空间生态修复 [M]．北京：地质出版社，2019.

[55] 吴宇哲，许智钇．大食物观下的耕地保护策略探析 [J]．中国土地，2023（1）：4-8.

[56] 吴正海．我国新型城镇化进程中的城市土地集约利用问题研究 [J]．经济研究参考，2015（61）：58-65.

[57] 夏增．我国将实行耕地总量预警制度 [N]．人民日报，1998-06-26（1）.

[58] 夏柱智．虚拟确权：农地流转制度创新 [J]．南京农业大学学报（社会科学版），2014，14（6）：89-96.

[59] 向昀，任健．西方经济学界外部性理论研究介评 [J]．经济评论，2002（3）：58-62.

[60] 肖武，侯丽，岳文泽．全域土地综合整治的内涵、困局与对策［J］．中国土地，2022（7）：12-15.

[61] 谢代银，邓燕云．中国农村土地流转模式研究［M］．重庆：西南师范大学出版社，2009.

[62] 熊昌，盛谭荣，岳文泽．快速城市化背景下不同建设用地扩张的驱动差异探讨：以浙江省义乌市为例［J］．自然资源学报，2018，33（12）：2124-2135.

[63] 徐利民．耕地保护动态监测系统研究［A］//中国土地学会．土地信息技术的创新与土地科学技术发展：2006年中国土地学会学术年会论文集．北京：地质出版社，2007.

[64] 许牧，陈瓦黎．试论土地科学［J］．中国土地科学，1990，4（1）：1-4.

[65] 杨重光．城市土地节约集约利用的基础、重点与市场机制［J］．上海城市管理，2010（5）：17-22.

[66] 杨守玉，王厚俊．"三农"视角下的土地流转制度创新［J］．农业经济问题，2009（2）：73-76.

[67] 尹明．探索建立自然资源日常督察制度［J］．中国土地，2020（5）：25-27.

[68] 应松年．《中华人民共和国行政诉讼法》修改条文释义与点评［M］．北京：人民法院出版社，2015.

[69] ［英］大卫·李嘉图．政治经济学及赋税原理［M］．劳英富，译．北京：金城出版社，2020.

[70] 袁兴中，陈鸿飞，扈玉兴．国土空间生态修复：理论认知与技术范式［J］．西部人居环境学刊，2020，35（4）：1-8.

[71] 于景元．从系统思想到系统实践的创新——钱学森系统研究的成就和贡献［J］．系统工程理论与实践，2016，36（12）：2993-3002.

[72] 赵小风，黄贤金，钟太洋，等．耕地保护共同责任机制构建［J］．农村经济，2011（7）：19-22.

[73] 赵选民，王颖．土地流转信托：农村金融制度的一项创新［J］．人民论坛，2014（8）：81-83.

[74] 张凤荣．中国土地资源及其可持续利用［M］．北京：中国农业大学出版社，2000.

[75] 张光宇．控制论应用新分支——土地控制论［J］．中国软科学，1999（5）：39-44.

[76] 张建仁．湖北农村城市化进程中的农用地利用问题研究［M］．武汉：中国地质大学出版社，2006.

[77] 张群，吴次芳．我国土地用途管制的制度演变与优化路径［J］．中国土地，2019（3）：23-26.

[78] 张文焕，刘光霞，苏连义．控制论·信息论·系统论与现代管理［M］．北京：北京出版社，1990.

[79] 郑海霞,封志明. 中国耕地总量动态平衡的数量和质量分析[J]. 资源科学,2003,25(5):33-39.

[80] 郑新奇. 耕地总量动态平衡几个理论问题的思考[J]. 中国土地科学,1999,13(1):32-33.

[81] 郑振源. 土地资源人口承载潜力研究的概念和方法问题[J]. 中国土地科学,1992,6(2):17-22.

[82] 周成. 土地经济学原理[M]. 北京:商务印书馆,2003.

[83] 朱强. 农地流转风险与防范研究[M]. 北京:北京师范大学出版社,2013.

[84] 钟太洋,黄贤金,陈逸. 基本农田保护政策的耕地保护效果评价[J]. 中国人口·资源与环境,2012,22(1):90-95.

[85] 中华人民共和国国家质量监督检验检疫总局. 土地基本术语:GB/T19231—2003[M]. 北京:中国标准出版社,2003:12.

[86] 中国科学院-国家计划委员会自然资源综合考察委员会. 中国自然资源手册[M]. 北京:科学出版社,1990.

[87]《中国资源科学百科全书》编辑委员会. 中国资源科学百科全书:下[M]. 北京:中国大百科全书出版社,2000.

[88] 中国自然资源丛书编撰委员会. 中国自然资源丛书:土地卷[M]. 北京:中国环境科学出版社,1995.

[89] 自然资源部. 国土常识[EB/OL]. (2009-06-16)[2023-06-18]. https://www.mnr.gov.cn/zt/hd/tdr/2009/gtzs/201807/t20180709_2047524.html.

[90] 自然资源部. 通报!2021年耕地保护督察发现的45个土地违法违规典型案例[EB/OL]. (2022-11-29)[2023-09-02]. https://www.mnr.gov.cn/dt/ywbb/202211/t20221129_2769097.html.

[91] 自然资源部. 通报67个耕地保护督察发现违法违规重大典型问题[EB/OL]. (2023-04-14)[2023-09-02]. https://www.mnr.gov.cn/dt/ywbb/202304/t20230414_2781713.html.

[92] 自然资源部. 2020年督察发现的违法占用耕地建设"大棚房"问题[EB/OL]. (2021-01-21)[2023-09-02]. https://www.mnr.gov.cn/dt/ywbb/202101/t20210121_2599331.html.

后 记

在我国社会经济快速发展的背景下，土地资源的利用和管理不断面临新的问题和挑战。特别是近年来深化改革进入新阶段，为了顺应市场经济发展的内在要求、助力产业发展、保障公民的合法权益、促进乡村发展等，《中华人民共和国土地管理法》《中华人民共和国房地产管理法》《中华人民共和国耕地占用税法》《中华人民共和国土地管理法实施条例》等法律法规对土地利用管理制度均做了较大的修改。国土资源行政主管部门、规划主管部门、农业农村主管部门等也都做了机构和职能的调整。为了培养符合时代要求的土地资源管理高级专门人才，需要对土地利用管理的框架结构、内容体系和管理方法等进行更新。这是本书编写的初衷和动力。

本书的编写从开始组建团队到最终定稿经历了 8 个月的时间。期间，公共管理学院的领导和全体教师都给予了极大的支持和鼓励。编写团队由 7 位土地资源管理系的专业课任课教师和 11 位土地资源管理专业的硕士生/本科生组成，团队成员之间合理分工、相互协作，先后进行了 5 次线上或线下讨论。几乎每章的编写都采取教师加学生的撰写模式，从而让学生在参与中学习和锻炼，也增进了师生之间的相互了解和友谊。衷心感谢公共管理学院的领导、同事和编写团队的每位成员。

本书的顺利出版，还要特别感谢经济管理出版社任爱清编辑及其他同志，正是他们认真、高效的工作作风和热诚、耐心的校勘才能让本书得以进一步完善并较快地印刷。出版社编校人员对书稿进行了逐字逐句的细致校对，对不恰当的表述提出了非常合理的修改建议，体现了较高的业务水平和专业素养。在此，谨对他们表示衷心的感谢和崇高的敬意。

国际国内环境日新月异，土地资源的利用方式和技术手段在不断发生变化，土地利用管理也不断面临新问题和新要求，因此，相关的理论、内容、方法等都要不断地更新和调整。由于笔者的知识和水平有限，在本书编写中对于前沿性问题的把握和分析尚有很多不足之处，在内容阐述上可能会存在疏漏甚至谬误，恳请读者多提批评意见。

编者
2023 年 11 月